미스터 체어맨

폴 볼커 회고록

폴 볼커, 크리스틴 하퍼 지음
남민호 옮김

미스터 체어맨

폴 볼커 회고록

폴 볼커, 크리스틴 하퍼 지음
남민호 옮김

PAUL A. VOLCKER
KEEPING AT IT

글항아리

앙케에게

당신은 이 지혜로운 늙은 앵무새가
나이 아흔이 되어서도 회고록을 쓸 수 있게
다른 누구보다 더 큰 힘과 용기를 주었소.

이 회고록은 너무도 자주 말하고 싶었지만 그저 마음속에 담아두었던

사랑 이야기가 만들어낸 하나의 작은 잔영일 뿐이라오.

추천사

폴 볼커 하면 1970년대 내내 미국뿐 아니라 전 세계를 괴롭히던 지속적인 인플레이션을 불과 몇 년 사이에 잠재운 초긴축 통화정책의 주인공으로 기억되고 있다. 사라진 줄 알았던 인플레이션의 공포가 어두운 그림자를 드리우고 있는 이때, 그의 이름을 떠올리는 이들이 비단 중앙은행 사람들만은 아닐 것이다.

지난 70여 년 동안 미국 재무부, 연준, 민간 조직을 넘나들며 미국뿐 아니라 자유세계 전체의 통화·금융정책 수립과 집행에 깊이 관여해온 볼커의 여정을 되짚어보는 것은 이 책을 읽는 기쁨을 더해줄 것이다. 또한 볼커의 학교 교육 과정과 다양한 조직에서 근무한 이력을 따라가다 보면 미국 사회가 어떤 방식과 절차를 통해 유능한 인재를 양성하는지, 그렇게 길러진 인재들이 서로 어떻게 협업하는지를 잘 이해하게 될 것이다.

볼커는 통화긴축을 꺼리는 정책 당국과 사회 일반의 성향이 디플레이션을 피하고 싶은 정서와 맞닿아 있음을 지적한다. 그는 디플레이션이 발생하는 이유가 통화정책 때문이 아니라 금융불안이 금융위기로 발전하여 금융이 제 기능을 수행하지 못하는 데 있다고 보았다. 자꾸 미루기만 하는 대신 필요할 때마다 적절한 통화긴축정책을 쓰기 위해서는 금융안정에 대한 지속적인 감시가 긴요하다는 지적은 통화와 금융을 담당하는 정책 당국이 경청할 점일 것이다.

이성태, 전 한국은행 총재

경제는 우리의 일상과 생활에 너무나 큰 영향을 준다. 그 가운데서도 물가가 올라 실질소득이 감소하고 구매력이 떨어져 고통받는 상황인 인플레이션 아래서는 가정이 평온하고 행복한 삶을 누리기가 힘들다. 하지만 정치적인 인기를 누리기 위해, 또는 무지의 소산으로, 때로 불가피하게 인플레이션을 유발하는 정책들이 쉽사리 등장하곤 한다. 지금도 전 세계에 고통스러운 인플레이션의 공포가 엄습하고 있다.

인플레이션이 전 세계를 흔들어 수많은 사람이 좌절하던 1970년대를 종식하고 새로운 경제 안정과 번영으로 나아갈 길을 열었던 폴 볼커. 세계경제가 흔들리는 2023년 지금, 그의 이름을 다시 떠올리게 되는 것은 우연일 수 없다. 그렇기에 그가 걸었던 발자취를 통해 오늘날 우리가 과

연 어떤 대응 방식을 찾아야 하는지 실마리를 얻을 수 있다고 믿는다.

경제 전문가로서 자신의 경험과 지식에 기초해 최선의 결정을 내리고, 그 결정에 따라 소신을 지키기 위해 굳건히 싸우기도 하며, 연방준비제도라는 거대한 조직을 이끌면서 세상에 보인 그의 리더십은 그 자체로도 흥미로운 관심의 대상이다. 이 책은 그의 그런 전문성과 리더십이 어떻게 형성되었는지 생각할 기회가 될 것이라 확신한다.

어렵고 힘든 시기는 언제나 올 수 있지만, 그 시기를 헤쳐나갈 전문성과 리더십을 갖춘 개인, 조직, 국가에게 이는 오히려 새로운 도전과 기회가 될 것이 분명하다. 의사결정을 해야 하는 모든 이와 그러한 위치에 오르려 노력하고 있는 모든 이에게, 폴 볼커의 발자취를 통해 그 준비를 지금 시작해보기를 권하며 일독을 추천한다.

서승환, 연세대학교 경제학과 교수 겸 총장

———

볼커가 장기간의 연준 의장 임기를 마치고 인수합병에 특화한 자문 회사인 제임스울펀슨(11장에서 언급된다)의 회장으로 근무했을 당시, 나는 그의 바로 옆 사무실에서 프로젝트를 함께 수행하는 엄청난 행운을 누렸다. 그는 한눈에 보기에도 명석했지만, 가장 주목할 만한 특징은 도덕적 원칙을 고수하려는 올곧음이었다. 그는 원칙을 훼손할 거라 판단되는 사업은 매번 거절했다. 그러한 품성을 극적으로 드러내는 일화가 하나 떠오른다. 1990년에 한 회사가, 자기들의 이익을 위해 연준에 로비해준다면 울펀슨에 2500만 달러(현재 기준 약 800억 원)를 제공하겠노라고 볼커에게 제안해왔다. 그는 한 치의 망설임도 없이 제안을 거절했다. 또한 볼커는 이를 데 없이 화려한 경력에 비하면 놀라울 정도로 겸손했으며, 주목받는 것에 결코 신경을 쓴지 않았다. 볼커는 연준 의장직을 내려놓은 이후에도 그의 판단력과 의문의 여지 없이 탁월한 도덕성 때문에 여러 복잡한 프로젝트의 수행을 도와달라는 요청을 끊임없이 받았다. 사람들은 볼커가 오직 최선의 결과라고 믿는 것만을 고려하여 과감한 결정을 내릴 수 있다는 점을 알고 있었다.

1980년 초반에 인플레이션을 잠재웠을 때, 그는 그의 정책이 경기침체와 높은 실업률을 초래한다는 점을 인식하고 있었다. 실제로 실업률은 10퍼센트까지 치솟았다. 하지만 그는 인플레이션을 억제하기 위해서는 그 정도로 높은 수준의 금리가 불가피하다는 점도 알고 있었다. 그는 금리를 인하하라는 극심한 압박에 시달렸지만, 맡은 소임을 다하기 위한 여정을 포기하지 않았다.

이 책은 현대 통화시스템의 형성에 기여했던 한 비범한 인물의 자서전이다. 그의 경험은 그의 위대한 면면과 함께, 그가 어떻게 우리가 '볼커 의장'으로 알고 있는 인물이 되었는지에 대한 깊은 통찰을 선사할 것이다.

토머스 찬수 강,
얼라이드인벤터스 CEO, 전 서울증권(구) CEO 및 BT울펀슨 전무이사

한국에 계신 독자 여러분, 안녕하세요. 현재 뉴욕에서 격월간지 『블룸 버그마켓Bloomberg Markets』의 편집장으로 일하고 있는 크리스틴 하퍼입 니다.

제게는 크나큰 행운이었는데, 출판업자로 성공한 한 친구가 2017년 에 제게 볼커 씨가 회고록을 집필하시는 것을 도울 의향이 있는지 물 어왔습니다.

물론이었죠! 그의 집필을 돕는 작업은 20세기 경제사의 가장 중요 한 인물 중 하나이자 매우 명석하고 친절한 사람으로부터 많은 것을 배울 수 있었던, 정말로 경이로운 경험이었습니다.

회고록을 집필하던 시점에 인플레이션이라는 현상은 역사 속으로 완전히 사라진 듯했습니다. 정말이지 대부분의 경제정책 결정자와 이 코노미스트들은 인플레이션을 자극하려 노력하고 있었는데, 볼커 씨는 그러한 방향이 지극히 우려스럽다고 생각했습니다. 오늘날 매우 많은 나라에서 인플레이션이 빠른 속도로 재발하면서, 1970년대와 1980년대 초에 고착화되어 있던 인플레이션을 정복한 볼커 씨의 성공이 다시 관심을 받고 있습니다.

그는 더 이상 우리 곁에 없지만, 저는 오늘날의 상황에서 그가 우리에게 전할 메시지가 있다면 회고록을 집필하던 당시와 똑같으리라고 생각합니다. 즉, "나는 여러 국가가 하나씩 하나씩 파괴적인 인플레이션을 경험하면서 물가안정을 회복하기 위해 고군분투하는 것을 지켜보았다. 그 후에 인플레이션에 대한 승리가 눈앞에 보이면, 통화 당국은 긴장을 풀고 경기를 부양할 수 있다는 기대감에 '약간의 인플레이션'을 수용한다. 그 결과 인플레이션의 확산 과정이 다시 처음부터 전개된다". 바꿔서 표현하자면, 멈추고 싶은 유혹에 굴하지 말고 쉼 없이 전진하라keep at it는 뜻입니다.

볼커 씨가 한국의 독자들이 그의 회고록을 읽게 되었다는 사실을 알았더라면 매우 기뻐했을 것입니다. 볼커 씨는 생전에 눈부신 경제발전을 이뤄낸 한국에 경탄했기 때문입니다. 그는 조국에 깊은 애정을 가진 자긍심 강한 미국인이었지만, 다른 한편으로는 전 세계의 경제정책 결정자들과의 긴밀한 관계를 소중하게 여겼으며 세계적 차원의 협력이 평화와 번영에 꼭 필요하다고 생각했습니다.

독자 여러분도 이 책을 읽으면서 제가 이 책을 공동 집필하면서 느꼈던 것만큼이나 큰 즐거움을 누리시길 빕니다.

크리스틴 하퍼

들어가며

어느 지혜로운 늙은 앵무새

몇 년 전 나는 이런저런 점에서 이 회고록과 연관된 듯한 이야기를 들었다. 어떤 외로운 노인에 관한 이야기였다. 그는 아내를 먼저 떠나보내고 자식들과도 멀리 떨어져 살고 있었는데, 하던 일도 이미 그만둔 터였다. 말동무가 몹시 아쉬웠던 그는 앵무새를 사기로 결심했다. 동네에 있는 애완동물 가게를 찾아가 맨 처음 눈에 들어온 앵무새를 가리키며 가격을 물었다.

가게 주인은 "그 앵무새는 훌륭한 녀석이에요. 가격은 5000달러입니다"라고 말했다.

"아니, 무슨 앵무새 한 마리 값이 5000달러나 되오?"

"영어를 모국어로 쓰는 데다가 프랑스어, 독일어, 이탈리아어, 스페인어 등등 유럽연합에서 중요한 언어란 언어는 다 구사할 줄 알거든요."

"나는 늙어서 더는 일도 안 하고 있고 유럽연합에는 관심도 없다오. 저기 있는 젊은 앵무새로 하겠소."

"좋습니다. 그런데 그 새는 1만 달러예요."

"아니, 어떻게 1만 달러나 나가는 겁니까? 저 새는 뭐가 그렇게 특별한 거요?"

"어리기는 하지만 지금 한창 여러 언어를 배우고 있거든요. 벌써 만다린어, 광둥어, 일본어를 배웠고요, 요즘엔 한국어도 배우고 있습니다. 저 녀석이야말로 21세기에 적합한 앵무새죠."

"나처럼 늙은 사람이 21세기를 얼마나 오래 살 수 있겠소. 저기 저구석에 깃털도 빠지고 눈도 멀겋게 뜨고 있는 늙은 앵무새는 얼마요? 내게는 녀석이 딱 어울릴 것 같으니 저걸로 하겠소."

"네, 알겠습니다. 그런데 저 새는 2만5000달러입니다."

"아니, 저 털이 허옇게 센 노쇠한 앵무새가 어떻게 2만5000달러나 나갈 수 있는 거요?"

"그 이유는 도저히 알 수가 없어요. 다만 저희가 아는 유일한 사실은 다른 앵무새들이 저 늙은 앵무새를 의장님이라고 부른다는 것뿐입니다."

나는 이 이야기를 사람들에게 아마 100번쯤은 들려주었을 텐데, 이번이 마지막이 되지 않을까 싶다. 지금도 나는 꽤나 자주 의장님Mr. Chairman이라고 불리곤 한다. 그리고 대부분은 사실상 명예직이기는 해도 여전히 몇몇 작은 단체의 의장직을 맡고 있다. 그중 하나가 공직자에 대한 교육과 훈련을 증진하려는 노력의 일환으로 내가 2013년에 창립한 볼커 연맹Volcker Alliance이다. 요즘에도 낯선 사람들이 종종 길거리나 버스에서 내게 말을 걸어오는데, 그들 대부분은 약 40년 전 내가 특정한 의장, 즉 워싱턴에 있는 연방준비이사회Federal Reserve Board(이하 연준이사회)의 의장을 역임하던 시절을 떠올린다. 당시 기록적인 수준으로 치솟던 인플레이션, 10퍼센트의 실업률, 그리고 20퍼센트를 넘는 금리가 그들에게 아주 오랫동안 지워지지 않는 깊은 인상을 남겼기 때문일 것이다.

그 후로 우리는 2008년에 시작된 대침체Great Recession를 포함하여 많은 금융위기를 겪어왔다. 그리고 금융위기 이후에는 으레 볼커 룰Volcker Rule과 같이 금융산업 규제를 전면적으로 개혁하는 조치들이 이어지곤 했다.

비록 연준 의장으로서 했던 일이 내 인생에서 중요하기는 해도 그것이 이 회고록을 쓰기로 결심하게 된 근본적인 이유는 아니다. 미합중국의 효율적인 운영이 망가져가는 것을 한동안 경험하면서 사회 전반에 대한 우려가 점점 깊어진 것이 집필을 결심한 이유다.

소수의 사람들에 집중된 부wealth의 영향력이 갈수록 커져왔고, 정당 간에, 심지어는 한 정당 내부에서도 극단적인 분열이 일어나면서 공공정책 결정의 핵심 요소들이 마비되어버렸다. 그 핵심 요소들이란 국방에서부터 노령 은퇴자 지원에 이르기까지 많은 분야의 공공 프로그램에 필요한 재원이 마련되도록 예산안을 신중하게 수립하는 것, 그리고 국제관계와 이민정책, 건강보험 등 많은 부문에서 합리적인 전략을 수립하는 것이다. 사회기반시설의 재구축과 같이 의문의 여지 없이 필요한 사업마저도 그저 논의에 그칠 뿐 실상은 우리의 실행능력을 넘어서는 일로 여겨지는 지경에 이르렀다.

그런데 대중이 이보다 더욱 간과하는 문제가 하나 있다. 알렉산더 해밀턴Alexander Hamilton이 미합중국 출범 당시 정부의 진정한 시금석이라고 역설했던 "훌륭한 행정부를 만들어내는 능력과 경향"[1]이 약화되고 있다는 점이다. 우리는 재능 있고 헌신적인 공직자들로 구성된 유능한 정부 조직이 필요하다는 점에 대해 오랫동안 충분히 주의를 기울이지 못했다. 이는 너무도 많은 정책 실패, 효율성의 급격한 저하, 가장 중요하게는 정부 자체에 대한 엄청난 불신으로 이어졌다. 이를 반영하듯, 여론조사 결과를 보면 60년 전에는 미국인의 75퍼센트가량이 정부가 대체로 일을 잘한다고 생각했는데 최근에는 그렇게 답하는 비율이 20퍼센트에도 못 미치고 있다.[2]

내가 공직의 길을 걷기 시작했던 1950년대 초반에는 사람들이 개인적인 자부심을 갖기 위해서 공직에 지원했다. 민주당과 공화당 모두 지도력이 강했던 덕분에, 미국이 유럽의 경제 회복을 지원하고 자유세계에서 민주주의의 복원을 도우면서 교역과 투자를 전 세계적으로 확대해나갈 수 있었다. 그 결과는 분명해 보였다. 전보다 더 강건하고 부유해진 대부분의 나라에서 인구가 크게 증가했다는 사실이 대변하듯 인류의 생활 여건이 역사상 그 어느 때보다 급격하게 향상되었다.

돌이켜보면 미국이 자유국가와 신흥국들의 범연합체를 이끌어나가는 과정에서 오만이라는 중대한 결함으로부터 완전히 자유롭지 못했다는 사실을 인정하지 않을 수 없다. 우리는 길고, 불필요하며, 궁극적으로 승리할 수 없었던 여러 전쟁을 시작했다. 자유경쟁시장체제와 급속한 기술혁신 때문에 국민의 상당수가 감내해야 했던 비용을 인식하지 못했다. 혁신을 거듭해온 금융시장이 정해진 규율에 따라 스스로를 통제할 수 있을 거라 기대했다. 다른 나라들, 특히 중국의 경제 규모와 경제적 중요성이 증대되고 국가적 야심이 점점 커져가면서 오직 미국만이 세계적인 영향력을 가질 수 있다는 안이한 가정이 얼마나 쉽게 무력화될 수 있는지를 과소평가했다.

20세기 말 소비에트 연방의 몰락, 중국의 개방과 경제 발전은 어떤 이들에게 우리가 역사의 끝자락에 와 있다는 믿음을, 다시 말해 전 세계적으로 민주적 가치와 영속적 경제성장이 승리했다는 믿음을 심어주었다. 허나 지금 우리는 전혀 다른 상황에 처해 있다. 오랜 동맹국들이 미국을 보며 크게 당혹스러워하고 있으며 지도자로서의 지위에 의문을 제기하고 있다. 민주주의와 법치주의를 확산시키려는 우리의 꿈이 위협받고 있는 상황이다.

나는 성인이 된 후 70년을 사는 동안 행복하게도 미국의 국가 운영을 돕는 작은 역할을 수행했다. 그 과정에서 미국식 통치의 뛰어난 점들과 몇 개의 크나큰 실책을 목도했다. 나는 독자들이 이 회고록으로부터 교훈을 얻어내기를 바란다. 특히 내 삶의 대부분을 바친 금융·통화 정책과 관련된 사안들에서만큼은 그럴 수 있기를 희망한다.

하지만 나는 이러한 개인적 희망보다 더 원대하고 중요한 목표가 있음을 깨달았다. 바로 우리의 국가 운영 과정 전반에 대한 신뢰를 회복해야 한다는 것이다. 볼커 연맹이 그 목표를 달성하는 데에 기여할 수 있기를 바란다.

그리 쉽지만은 않으리라.

차례

PAUL A. VOLCKER
KEEPING AT IT

1장 공직자의 아들

대공황과 그 이후 발발한 제2차 세계대전의 한복판에서 성장했다는 사실을 감안하면 어린 시절은 비교적 안락한 편이었다. 운 좋게도 나의 고향인 뉴저지주 티넥은 빠르게 번창하고 있었다. 게다가 나는 너무 어려 전쟁에 참전할 수도 없었다. 하지만 돌이켜보면, 비록 어리기는 했어도 지방정부에서 아버지가 맡았던 중요한 역할이 내가 성장한 후 인생과 세상을 바라보는 관점에 심대한 영향을 주었다는 점에는 의심의 여지가 없다.

— 모범 도시

"행정은 과학입니다. 그래서 저는 이 지역사회의 공직자와 주민 여러분이 도시를 관리할 사람은 행정이라는 과학을 철저하게 배운 사람이어야 한다는 데 동의해주신 점을 기쁘게 생각합니다."[1]

티넥의 시 관리인city manager으로서 은퇴를 계획하기까지 만 2년이나 남아 있던 1948년, 왜 자신의 후임자를 서둘러 채용하려는지를 설명하면서 이 말을 남긴 사람은 바로 나의 아버지였다.

아버지는 더 나은 삶을 살기 위해 깊이 생각하는 분이었다. 독일 이민자 가정의 큰아들이었던 아버지는 뉴욕 브루클린에서 유년기를 보내면서 오늘날의 기준에서 보자면 비교적 온건한 패싸움에 휘말리기도 했고 다른 짓궂은 일들도 저질렀다.[2] 그렇지만 아버지는 보이스고등학교와 렌슬리어공과대학 토목공학과 학생 시절에 받았던 엄격한 전통적 교육을 더 좋아했는데, 학급에서 운동이나 공부 모두 우등생이었다.

뉴욕주 이리 운하의 재건을 돕는 일을 시작하면서 아버지는 주 북부에 위치한 라이언스라는 자그마한 도시로 이주했다. 그곳에서 아버지는 그 도시의 영향력 있는 집안의 무남독녀로 배서대학을 졸업한 어머니를 만났다. 부모님은 1915년에 결혼해서 펜실베이니아주 레버넌이라는 도시로 이주했다. 그해에 아버지가 그곳의 토목기사로 채용되었기 때문이다.

하지만 아버지는 곧 더 큰 기회가 있음을 알게 되었다. 당시에는 지방행정 자체도 개선될 필요가 있었는데, 특히 뉴저지주의 케이프메이라는 도시는 확실히 그러했다.

케이프메이는 한때 필라델피아의 부유층과 한두 명의 대통령도 자주 찾아오던 여름 휴양지였지만, 웅장하고 고풍스러웠던 빅토리아 양식 호텔들은 이미 낡아 있었다. 시의 재정 상태는 거의 파산 지경이었다.

시 지도자들은 도시를 근본적으로 변화시켜야 한다는 결론에 다다랐다. 그들은 1925년에 초당적인 시간제 의회와 별도의 전문적인 시 관리인을 두는, 당시로서는 이제 막 고안된 자치정부 시스템을 뉴저지주에서 최초로 도입했다.

아버지는 혼돈 속에서 시민사회의 질서를 만들어내야 하는 시 행정 업무에 매력을 느꼈다. 그러니 다른 수많은 사람과 함께 연봉 4500달러의 케이프메이시 관리인 직책에 지원한 것은 어찌 보면 당연한 일이었다. 아버지가 시의 관리인으로 임명되던 날, 『레버넌데일리뉴스』는 "당연히 뉴저지주의 모든 눈이 최초의 시 관리인으로 임명된 볼커 씨를 주시할 것이다"[3]라고 보도했다. 아버지는 내가 태어나기 2년 전인 그의 나이 서른다섯 살 때 어머니, 세 명의 누나와 함께 케이프메이로 이주했다.

시 관리인이라는 직책은 아버지의 적성에 무척이나 잘 어울리는 일이었다. 그는 순식간에 시의 재정 상태를 개선했다. 또한 뉴저지주에서 케이프메이와 경쟁했던, 나무도 없는 방파제 해변에 조잡한 집들이 늘어서 있는 다른 휴양지들을 깎아내리지는 않으면서도 "그늘진 거리와 황금빛 모래사장"을 갖춘 "시원한 케이프메이, 해변길 따라 32킬로미터"라고 도시를 홍보하는 재능도 발휘했다.

전국적으로 유명한 해안로와 잔교, 웅장한 호텔, 최고 수준의 오락시설들을 가진 64킬로미터 북쪽의 애틀랜틱시티와 관련된 이야깃거리가 또 하나 있다. 1920년대에 그 도시의 홍보 담당자들이 미인대회를 개최하기 시작했는데, 케이프메이도 거의 매년 대회 참가자를 내보내고 있었다.

무척이나 엄격했던 아버지는 시 관리인 업무를 시작한 지 몇 주 지나지 않아 그러한 관행에 마침표를 찍었다는 뉴스로 신문 머리기사를 장식했다. "우리는 케이프메이의 어떤 젊은 여성에게도, 도덕성이 의심되는 도시의 흘끔대기 좋아하는 남자들에게 수영복 입은 모습을 보여주라고 부추기지 말아야 합니다."[4]

그러던 중 뉴저지주 북쪽의 훨씬 더 큰 지방자치단체 하나가 재정과 행정 양 측면에서 위기에 빠져들고 있었다. 유권자들은 정치인들을 해임하고 의회와 시 행정을 분리하는 의회-관리인council-manager 형태의 자치정부를 도입하기로 결정했다. 뉴욕시에서 20분 거리에 있는 이 뉴저지주 티넥이라는 도시에서 1930년에 아버지를 시 관리인으로 채용했는데, 아버지가 추가 보수 없이 시의 토목 기사 업무를 수행하기로 동의해준 덕분에 티넥은 그 즉시 지출을 줄일 수 있었다.

아버지는 케이프메이에 이어 티넥 또한 발전시켰다. 20년의 재직 기간 중에 대공황 및 제2차 세계대전이 있었음에도 티넥의 부채는 500만 달러에서 180만 달러로 줄어들었고 인구는 두 배나 늘어났다. 또한 총 38만여 제곱미터의 공원들을 보유하게 되었으며 시민들이 부담하는 세금도 줄어들었다.

안경을 끼고, 파이프 담배를 피우며, 키가 193센티미터나 되었던 아버지는 장대하고 권위 있는 인상을 풍겼다. 아버지는 특혜를 구하러 온 사람들이 볼 수 있도록 사무실 책상 뒤 벽면에 조지 워싱턴의 명언이 적힌 액자를 걸어두었다. "청탁이 들어왔을 때 '안 됩니다'라고 말해야 하는 순간 '좋습니다'라고 말하려는 선량한 본성을 억눌러야 한다.5 당신의 선택에 따라 훼손되거나 증진되는 것은 사익이 아닌 공익임을 명심하라."

내가 아는 한 지역사회에서 아버지의 권위가 심각한 도전을 받은 적은 딱 한 번뿐이었다. 당시에는 내가 너무 어려 그 도전의 의미를 알지 못했지만, 그가 시 의회에서 회의를 마치고 두세 명의 측근과 함께 일찍 귀가하는 것이 매우 드문 일임은 아주 잘 알고 있었다. 나중에서야 나는 사건의 전말을 알게 되었다.

경찰 및 소방 부서의 전문성을 높여야겠다고 굳게 결심한 아버지는 새로운 경찰 책임자를 다른 도시에서 구하겠다는 계획을 의회에 통보했다. 트집 잡기 좋아하던 시장은 아버지의 결정에 격렬하게 반대하면서, 지역의 훌륭한 고참 경찰관들 중 한 명을 승진시킬 것을 요구했다. 아버지는 시 법률(아버지가 대부분의 내용을 마련했을 것이다)에 따르면 경찰 책임자의 임명은 시 관리인인 그의 책임이라고 주장하면서 시장의 요구를 거부했다.

시 의회는 아버지를 해임할 수 있었지만, 시민들의 지지를 받지 못할 것을 알고 있었기 때문에 그의 급여를 한동안 지급하지 않는 것으로 사태를 대충 수습하려 했다. 사건은 결국 법원까지 갔는데, 법원은 신속하게 아버지를 지지하는 판결을 내렸다. 티넥은 전문성 있는 경찰 책임자를 얻었고, 시장은 영향력을 잃었으며, 아버지는 다시 급여를 받게 되었다.

아버지가 공직을 수행하면서 보여주었던 엄격함과 절제의 이면에는 건조한 유머 감각과 타고난 정치 감각이 숨어 있었다. 내가 좀 크고 나서부터 그는 시장, 시 의원 또는 영향력 있는 주민들과 의논할 일이 있을 때 나를 데리고 다니곤 했다. 또한 그는 도시에서 상대적으로 영향력이 약한 노동자들을 방문하는 데에도 각별한 주의를 기울였다. 아버지는 특히 정보 공개에 대해서도 엄청난 열정을 보였다. 모든 가구가 시의 운영 현황에 대한 상세한 연례보고서를 받아 보았는데, 거기에는 예산, 지출 및 세수, 경찰차와 소방차의 대수, 시가 소유한 시설물들의 상태와 공무원들의 급여액 등이 기재되어 있었다.

당시 시 관리인의 급여는 초임 연봉이 8000달러로, 그때 기준으로는 그리 높은 편이 아니었다. 나는 대공황 기간에 아버지가 자원해서 자신의 연봉을 2000달러 삭감했고, 그 후로도 한참이 지난 뒤에야 원래 수준의 급여를 받았다는 사실을 나중에 알게 되었다.

티넥의 성공 소식 그리고 시 의회와 관리인을 분리하는 의회-관리인 형태의 지방정부는 전국적으로, 심지어는 국제적으로도 널리 알려졌다. 1945년에 연방수사국FBI이 발표한 통계에 따르면 티넥은 미국 전역에서 가장 낮은 범죄율을 기록한 도시였다. 『새터데이이브닝포스트』는 "범죄 없는 티넥"이라는 제목으로 1면 머리기사를 썼다.6 아버지는 티넥의 범죄율을 낮추는 데 도움이 된 대규모 청소년 오락 프로그램들과 경찰의 전문성에 대한 자부심을 갖고 있었다. 하지만 그는 뉴욕여성단체연합에서 "티넥에는 정말 범죄가 없을까?"라는 제목으로 연설하면서, 티넥이 범죄와의 전쟁에서 절대적인 승리를 거두었다고 선언한 언론 보도가 불편하게 느껴진다는 점을 분명하게 전달했다.

얼마 뒤 미 육군은 제2차 세계대전 이후 미국이 점령한 국가에서 실시할 민주적 자치 교육의 전시물에서 홍보할 모범 도시로 1만 개의 지원 도시 중 티넥을 선정했다.7 아버지는 그 도시를 헌신적이며 전문적으로, 그리고 정치적 편향 없이 관리함으로써 전쟁으로 폐허가 된 그의 부모님의 조국 독일과 내가 본받을 만한 훌륭한 선례를 창조해냈다.

아버지는 종종 내게 공직에 나가기보다는 기업에 취직하라고 얘기했는데, 정말로 그러길 원했는지는 알 수 없다. 여하튼 나는 그 얘기에 크게 신경쓰지 않았다.

― 이름 계승자

1927년 노동절 아침 10시 반경, 뉴저지주 케이프메이에서 알마 볼커는 몸집이 큰 아이를 출산했다. 곧이어 아이의 할아버지가 보낸 축하 전보가 배달됐다. "드디어 가문의 이름을 계승할 아이가 태어났구나Der Stammhalter ist da!"

독일의 한 중소도시에 있는 명문 공립고등학교 교장의 슬하에서 열명의 자식(아들 아홉과 딸 하나) 중 하나로 태어났던 나의 할아버지 아돌프 볼커는 형제자매 중 가장 먼저 미국으로 이민을 왔다. 얼마 지나

■ 그 후로 거의 45년이 지나 대인플레이션(1965~1982년)의 종료를 알리는 페르 야콥손Per Jacobsson 강의에서 나는 무의식적으로 이 반문 기술을 흉내 냈다. "중앙은행은 과연 승리했는가The Triumph of Central Banking?"

지 않아 할아버지는 형제 몇 명도 데려왔다. 나는 두 세대 만에 처음 태어난 남자 후손이었으며, 이후로도 아주 오랫동안 집안의 유일한 남자아이였다. 내 위로는 세 명의 누나(한 명이 더 있었는데 유아기에 사망했다)가 태어났기 때문에 집안 어른들은 아주 오랫동안 가문의 계승자를 기다려온 터였다. 나는 자라면서 가문의 이름을 짊어진다는 사실을 조금은 힘겹게 받아들였다. 누나들, 심지어는 어머니와 아버지마저도 내가 집안에서 유일한 남자아이라는 특권의식을 갖지 않도록 엄청나게 노력하는 듯했다. 가족은 나를 '버디Buddy'라고 불렀다. 적어도 '리틀 폴'이나 '폴 2세'보다는 괜찮게 들리는 별명이었다.

어렸을 때 나는 친구들과 놀면서도 몇 시간 동안이나 거의 말을 하지 않을 정도로 꽤 과묵한 아이였다. 내가 다닌 첫 번째 유치원의 원생 기록부에 (내 눈에는 아름다웠던) 파머 선생님은 "폴은 단체 토론에 참여하지 않는다"라고 적어두었다. 정말 놀라운 관찰력이다. 그런 성향은 지금까지도 나에게 고질적인 어려움으로 남아 있다. 시간이 흐르면서 회의를 주재하는 일은 제법 편해졌지만 다른 이들의 주목을 끌기 위해 애쓰는 사람들(누나들부터 대통령 자문위원들까지)과 함께 있을 때면 여전히 불편함을 느끼는 경향이 있다.

큰누나 루스는 내 삶의 무대에서 등장과 퇴장을 자주 반복했는데, 특별한 순간이면 마치 수호천사처럼 내 앞에 나타났다. 내가 초등학교에 다닐 때 큰누나는 집을 떠나 보스턴에 있는 시먼스대학에 다니고 있었고, 졸업 후에는 이스트먼코닥이라는 회사와 그 자회사에서 그녀 평생의 전문 직업인 과학 사서로 일했다. 제2차 세계대전 중 그녀가 테네시주 오크리지에서 외부와 격리된 채로 2년을 보내던 때는 우리 모두 무척이나 당혹스러웠다. 그곳에서 누나와 함께 일했던 과학자들은 우리가 모르게, 어쩌면 누나에게도 비밀로 한 채로, 히로시마에 투하된 '리틀 보이'라는 원자폭탄을 만들고 있었던 것이다. 그녀는 테네시주 킹스포트에서 문화단체들을 적극적으로 후원하며 바쁜 여생을 보냈다.

둘째 누나 루이스는 천성적으로 감정이 풍부했으며, 예술적이고 활동적인 데다 포부도 큰 페미니스트였다. 그녀는 부모님의 관심을 너무 많이 바란 나머지 어린 동생을 끊임없이 괴롭혔다. 나는 지금도 감정 표현을 자제하던 아버지가 우리 가운데 가장 아꼈던 아이는 둘째 누나였다고 굳게 믿고 있다. 루이스는 나중에 바너드대학과 시카고대학에서 학위를 받은 뒤 사회활동가가 되었고, 나를 예술과 프로이트 정신분석학의 세계로 이끌어주었다. 그녀는 1966년, 47세가 되던 해에 암으로 숨질 때까지 나의 가장 열렬한 지지자였다.

차분하고 나와 나이가 가장 비슷했던 버지니아 누나는 자연스럽게 어릴 적 소꿉친구이자 비밀을 털어놓을 수 있는 상대였고, 가끔은 차 뒷좌석에서 나와 전투를 벌이던 전사이기도 했다. 키가 180센티미터가 넘는 누나들* 중에서 버지니아 누나만이 유일하게 결혼했다. 누나는 다섯 자녀를 두었고 나와는 아주 멀리 떨어져 살았지만, 나중에 그녀 가족이 동부로 이사를 오면서 다시 가까워졌다. 그녀가 2011년에 세상

* 우리는 롱펠로가에 살았는데, 우리 가족의 큰 키는 티넥 주민들에게 재미있는 이야깃거리였다.

을 떠났을 때 나는 우리 가족의 진짜 가장이 되었다.

내가 성장하던 시절에 티넥의 주민들은 거의 모두 중산층이었다. 대규모 사유지도 없었고 눈에 띄게 부유한 가정도 없었다. 가난해 보이는 작은 동네가 있기는 했는데 결코 빈민가라고 할 수는 없었다. 남자들은 대부분 뉴욕에 있는 직장으로 통근했고 엄마들은 자녀와 집에 머물렀는데, 시 전체적으로 어린아이가 아주 많은 편이었다. 흑인은 딱 한 가족이 있었다. 티넥 주민들은 보통 5:1이나 6:1의 비율로 공화당에 표를 몰아주었다.■

당시 미국 경기가 전반적으로 심각한 침체를 겪고 있었을지 몰라도, 내 주변에서 경기침체의 징후를 찾기는 힘들었다. 조지워싱턴 다리가 막 준공되었기 때문에 티넥과 인접한 지역에서는 주택단지 개발 붐이 일어났다. 원래는 6차선이었지만 지금은 14차선의 2층 상판을 갖춘, 토목공학의 역사에서 웅장한 기념비라고 할 만한 그 다리는 뉴욕시와 인접한 뉴저지주 도시들의 경제를 지탱하는 절대적으로 중요한 역할을 해오고 있다. 그 후로 80년이 흘러 철도 터널과 지하도들이 무너져 내릴 지경인 지금, 우리는 조지워싱턴 다리보다 규모가 작은, 21세기에 반드시 필요한 사회기반시설마저도 건축할 엄두를 내지 못하고 그 재원도 마련할 수 없는 참혹한 상황에 직면했다.

오늘날의 기준에서라면 내 어릴 적 경험의 지평은 많은 면에서 협소했다고 볼 수 있다. 당시에 비행기 여행은 사실상 불가능했다. 모든 활

■ 자랑스럽게도 오늘날의 티넥은 유대인, 흑인, 라틴아메리카인 그리고 이슬람 주민들이 상당히 많이 사는 다문화 도시가 되었다.

동에는 많은 시간이 소요되었다. 여객선으로 대서양을 건너는 데에는 일주일이 걸렸고, 장거리 전화를 거는 데도 적잖은 시간이 필요했으며, 뉴욕주 북부에 사는 조부모님을 뵈러 가려면 꼬박 하루를 잡아야 했다.▪

하지만 거기에는 보상이 따랐다. 열두 살 때 내가 무척이나 좋아했던 브루클린다저스의 야구경기를 보러 혼자서 티넥에서 출발해 버스를 한 번 갈아탄 뒤 지하철로 환승해서 뉴욕 이벳필드까지 여행할 기회가 있었다. 그 다저스가 여전히 브루클린에 있다고 해도(지금은 로스앤젤레스에 있다) 요즘 어떤 엄마가 아이에게 그런 여행을 허락하겠는가?

어머니는 모든 가사를 도맡았다. 가족들의 이야기를 잘 들어주었고, 이해심이 많았으며, 인내심을 가지고 아이들의 다툼을 중재했다. 그러면서도 어머니는 가족이 지켜야 할 규칙을 정했다.

아버지는 어머니보다 다가가기 어려웠다. 아버지와 나는 낚시할 때 그리고 어떤 공학 원리를 설명할 때만 가까웠다. 아버지는 민물 배스든 바다 배스든 상관없이 배스에 대한 진정한 열정을 할아버지로부터 물려받았다. 한번은 아버지가 나를 학교에서 데리고 나와 이튿날에 학교로 돌려보내면서, 왜 하루 동안의 낚시가 적어도 하루 동안의 학교 공부만큼은 가치가 있다고 생각하는지 설명하는 편지를 선생님에게 써 보낸 적도 있다.[8]

제2차 세계대전이 발발하기 전에 우리 가족은 매년 7월이면 노 젓

▪ 나는 시간이 지나고 나서야 당시 일류 학교였던 렌슬리어공과대학과 배서대학에 다니던 부모님의 거의 모든 급우가 버스나 기차로 금방 갈 수 있는 인근 동네에 살았다는 것을 깨달았다.

는 배, 카누, 야외 화장실이 늘어선 뉴저지주 교외의 호숫가에서 한 달간 오두막을 빌려 지내곤 했다. 비버 호수는 엄청나게 큰 개복치와 농어, 가끔 나타나는 큰입배스로 가득했다. 아버지는 매주 수요일 저녁과 주말이면 그곳에서 배스 모양의 가짜 미끼를 단 플라잉 낚싯대나 쇠로 만든 미끼가 걸린 캐스팅 낚싯대를 던지며, 내게 호수에 있는 섬과 호숫가의 움푹 들어간 곳 부근으로 배를 저어달라고 부탁했다. 나의 낚시 인생에서 맨 처음으로 진정한 성취감을 맛보았던 순간은 혼자 낚시를 나가서 처음으로 배스를 낚아 올린 때였다.

루 게릭 선수가 지금은 루게릭병으로 알려진 질환으로 선수생활을 예상보다 일찍 마감하면서, 뉴욕양키스 홈구장에 운집한 6만2000명의 팬에게 건넨 고별 연설에서 자신이 "지구상에서 가장 운이 좋은 사람"이라고 확신에 차서 말하던 것을 라디오를 통해 들었던 곳도 바로 비버 호수였다.9 그 연설을 회상할 때면 감상에 젖은 내 눈가에는 아직도 눈물이 맺히곤 한다. '철마The Iron Horse'는 비록 양키스구단 소속이기는 했지만 브루클린다저스 팬인 내게도 진정한 영웅이었다.

내가 바라보던 비버 호수의 풍경은 보트 창고, 그리고 수상스키 타는 사람들을 매달고 호수 여기저기를 쏜살같이 달리던 크리스 크래프트 보트를 소유한 아주 멋진 저택 몇 채로 채색되었다. 나는 그 풍경 한가운데 서 있고 싶은 마음에 어머니에게 "왜 우리는 저런 멋진 보트를 가질 수 없죠?"라며 우는소리를 했다.

"저 사람들은 집을 담보로 대출을 받은 거야"라고 어머니는 말씀하셨다. "우리는 돈을 빌리지 않았단다."

이 말에는 볼커 가족의 타고난 경제관념이 명확하게 담겨 있다. 나는 지금까지 살아오는 내내 이 문장을 간직해오고 있다.

티넥의 가장 유명하고 존경받는 시 관리인의 아들이었던지라 내게는 불편한 점들도 따랐다. 누구도 직접 말을 꺼내지는 않았지만, 가족에게 불명예를 안길지 모를 그 어떤 일도 해선 안 된다는 것은 너무나도 자명했다. 아버지가 한 세대 전에 브루클린 길거리에서 저질렀던 짓궂은 장난질을 해서도, 돌을 던져 가로등을 부수는 아이들 틈에 끼어서도 안 됐다. 눈 치우기나 공원 잔디 깎기 같은 시의 아르바이트 일자리도 가족에 대한 특혜로 비칠 수 있었다. 가장 중요한 것은 '날라리들'이 들락거린다던 티넥다이너라는 식당에는 절대 얼씬거리지 말아야 한다는 것이었다.

사실 나의 10대는 사교적인 면에서 삭막한 시기였다. 나이 많은 누나들과 살았는데도 나는 여자애들 앞에만 서면 수줍음을 탔다. 데이트도 없었고 댄스파티에도 가지 않았다. 하지만 공부나 운동은 쉬운 편이었다. 나는 그 큰 고등학교 학급에서 학업상의 1등을 목표로 삼지 않았는데, 다른 아이들이 나를 공부만 잘하는 얼뜨기로 보는 게 싫었기 때문이다. 대신 나는 여유 만만한 아이로 비치기를 원했다. 어떤 농구 시즌엔가는 집에 단 한 번도 숙제를 가져오지 않았다는 점을 뿌듯해했다. 키 201센티미터의 장신에 마른 체형이었던 나는 진정한 농구 스타로 성장하기에 충분한 실력을 갖추겠다고 스스로를 심하게 압박하지도 않았다.

고학년 필수 과정이었던 연구 보고서를 쓸 때도 나는 쉬운 길을 택했다. 지방자치단체의 의회-관리인 제도를 서술하는 데 필요한 연구를 집에서 아버지와의 인터뷰로 해치울 수 있었기 때문이다. 그 보고서는 지금 읽어도 잘 읽힌다.

고등학교 시절 초기, 어느 날 저녁에 가족회의가 열렸던 것이 기억난다. 부모님은 내가 사립학교에 가면 더 좋지 않겠느냐고, 이를테면 좀 더 도전의식을 자극하는 훌륭하고 규율이 강한 교육을 받지 않겠느냐고 물어보았다. 나는 절대 그렇게 생각하지 않는다고 말씀드렸다. 티넥 고등학교에서 너무나도 편하게 지내고 있었고, 그곳이 바로 내가 생활하던 곳이기 때문이었다.

누나들 전부를 포함하여 가족 모두가 대학을 나왔기에 나의 대학 진학은 아주 당연시되었다. 나와 누나들이 가끔 떠올리곤 하는 사실인데, 어머니는 당시 최고의 여자대학이었던 배서대학의 1913년 졸업생 가운데서 수석을 차지했다.[10] 그녀는 배서대학에 확고한 애정이 있었지만, 훗날 그 대학이 예일대학과의 합병을 고려하다가 결국 남녀공학으로 바뀌었을 때는 몹시도 화를 냈다. 어머니는 버지니아 누나가 웰즐리대학에서 공부하겠다고 결정한 것에 동의했는데, 웰즐리대학 또한 여대라는 게 그 이유였다.

우리 가족에게는 누구도 의문을 제기하지 않은 철칙이 하나 있었다. 우리가 16년 내내 미국 최고의 대학에 다니면서 지불해야 했던 수업료, 방세, 식비가 온전히 부모님의 몫이라는 것이었다. 대학원에 진학해서는 당연히 우리 스스로 그 비용을 감당했다.

아버지는 내가 자신이 다녔던 RPI, 즉 렌슬리어공과대학으로 진학하기를 바랐다(그가 속했던 1911년 졸업생 동창회의 깃발은 아직도 내 낚시 도구 보관실 벽에 걸려 있다). 그는 훌륭한 공학 교육에 담겨 있는 정밀성과 책임감이 사람들을 어떤 직업에 대해서도 잘 준비시킬 수 있을 것이라 믿었다.

그런데 그때, 난데없이 가족의 지인 한 분이 내가 전혀 염두에 두고 있지 않았던 아이비리그의 프린스턴대학에 지원해보라고 제안했다. 나는 특권층이 다니는 '명문대 진학 준비용' 사립학교를 다니지 않았다. 신장이 큰 농구 센터라면 공립고등학교 출신이라고 해도 입학을 허가받을 수 있었겠지만, 나는 농구를 그만큼 잘하진 못했다. 아버지도 그 제안에 반대했다. 아버지는 내가 사람들과 어울리지 못해 외톨이가 될 것이고, 대학 공부를 더 열심히 준비한 학생들과의 경쟁 때문에 힘들어할 것이라고 우려했다. 그럼에도 나는 프린스턴대학에 지원하기로 결심했다. 입학 지원서의 두꺼운 양피지와 신고딕 양식의 대학 건물을 보면서 느낀 부유함과 상류층의 배타성이 아직도 또렷하게 기억난다.

입학을 허가받은 뒤에도 넘어야 할 난관이 또 하나 있었다. 어머니는 내게 한 달 용돈으로 누나들과 똑같이 25달러를 주겠다고 했다.

나는 "1930년대 이래로 물가가 두 배나 오른 걸 모르세요?"라고 불평했다. "이제 부잣집 아이들과 지내야 하고 전 남자란 말이에요. 해야 할 것들이 많다구요."

지원군을 얻기 위해 누나들에게 도와달라는 편지를 썼고, 누나들은 나를 지지해주겠노라고 굳게 약속했다. 하지만 최종 결정권은 어머니에게 있었고 어머니는 완강하셨다. 결론은 25달러였다.

나중에 경제학을 공부하면서, 당시 어머니가 인플레이션이 명목 화폐nominal money의 가치를 떨어뜨린다는 점을 인식하지 못하는 소위 '화폐 환상money illusion'에 빠져 있었다는 걸 알게 되었다. 아니면 어머니는 단순히 용돈을 적게 주는 것이 좋은 훈련이라고 생각했을 수도 있다. 나는 1학년 때 축구 경기장의 핫도그 가판대 아르바이트를 해서 부족한 용돈을 보충했다.

아버지는 당시 프린스턴대학 총장이자 행정학 교수였던 해럴드 도즈와 개인적으로 약간의 친분이 있었다는 점으로부터 나의 학교생활에 대해 어느 정도는 안도감을 느꼈던 것 같다. 도즈 총장은 지방정부의 전문성을 적극적으로 옹호했을 뿐만 아니라 의회-관리인 제도를 지방정부의 이상적인 모델로 확립하는 데 주도적 역할을 했던 전국시민연맹NML(지금은 NCL)의 의장직도 계속 맡아오던 분이었다.

나와 알고 지내던 사이는 아니었지만 당시 군대에 있던 티넥고등학교의 선배 두 명도 입학 허가를 받았다. 프린스턴대학의 1949년 졸업생 중 거의 절반이 공립학교 출신이었다. 또한 프린스턴대학은 사람들이 기억하는 한 사상 처음으로 흑인 학생의 입학을 허가했는데, 미 해군과 대학 간에 체결된 V-12 통합 교육 프로그램 덕분이었다. 제2차 세계대전이 프린스턴대학의 전통에도 영향을 미쳤던 것이다.

나의 군 입대 자격은 계속 불확실한 상태로 남아 있었다. 내 나이가 징집 대상 연령에 이르자 5월에 신체검사를 받으라는 통지서가 날아왔다. 나는 심리적인 딜레마에 빠져 있었다. 진주만 사건 이후 청년 남성들은 군 복무가 미국 시민으로서 져야 할 당연한 의무라고 인식하게 되었기 때문에 나 또한 군에 입대해야 한다는 책임감을 느끼고 있었다. 반면, 전쟁이 막바지에 이르고 있어서 실제로 전투에 참여하는 것은 말할 것도 없고 장기간의 군사훈련을 받을 가능성도 별로 없어 보였다.

딜레마는 곧 해결되었다. 군에서 신장 198센티미터 이상의 남자는 더 이상 원치 않았기 때문이다. 약간의 죄책감을 느끼기는 했지만, 나는 같은 티넥 출신의 새 급우 돈 멀로니Don Maloney와 함께 티넥을 떠나 프린스턴대학 기숙사인 노스도드홀 4층으로 향했다.

2장 프린스턴, 하버드, 런던

이제 갓 입학한 1949년 졸업생들의 새 학기가 시작되던 1945년 7월 초, 프린스턴대학에는 정원보다 적은 수의 학생들이 다니고 있었다. 내가 그 후에 만날 급우 대부분이 아직 군 복무 중이었기 때문이다. 여기 저기 흩어져 있던 예비역들은 더 일찍 개강하는 강의를 듣기 위해 캠퍼스에 다시 나타나기 시작했다. 그들은 보통의 학생들과 달라 보였는데, 전시 군생활이라는 힘겨운 과정을 겪으면서 얻은 경험들 때문인지 좀더 성숙해 보였다. 신입생이든 복학생이든 상관없이 우리 모두는 캐넌그린이라는 학교 광장에 모여 모닥불을 크게 피워놓고 일본의 항복을 기념했다.

명문대 준비 학교에서 나보다 더 많이 공부했을 다른 급우들에 뒤쳐질까 두려워 나는 1학년 과목들을 무척 열심히 공부했다. 결국 나는 다른 학생들이 힘겨워했던 수학과 과학을 포함한 여러 과목에서 최고 성적을 받았다. 그리고 큰 키 덕분에 자연스럽게 신입생 대표 농구

선수가 되었다. 돈 멜로니도 수업을 잘 따라왔고 급우들 사이에서는 딕시랜드 재즈의 명연주자로 통했다. 티넥고등학교는 마치 아버지가 느낀 불안감이 기우였음을 나중에 증명이라도 하려 했던 듯 우리를 아주 잘 준비시켰던 것이다.

얼마 지나지 않아 나는 다시 꾸물거리는 습관에 빠져들었다. 시험 주간 전까지는 공부에 손을 대지 않았다. 그리고 체력 좋은 대학 대표 농구선수가 되기 위한 힘든 훈련에도 참가하지 않은 탓에 2년 동안 거의 벤치 신세를 졌다. 캠퍼스에서는 소프트볼과 테니스, 기숙사에서는 브릿지와 포커 게임, 동네 식당에서는 핀볼을 하며 시간을 헛되이 흘려보냈다.

그 시절을 돌아보면 배움의 기회를 많이 흘려버렸다는 생각이 든다. 그래도 다행히, 당시에는 좀 이상하게 보였겠지만 몇몇 교양과목을 수강했다. 근현대미술사를 공부한 덕분에 모네와 마네, 고야와 벨라스케스, 브라크와 피카소의 그림을 구별할 수 있게 되었다. 그리고 소포클레스, 아리스토파네스, 유리피데스, 플라톤 철학에 대한 지식을 조금은 갖고 있다. 헌법과 전 세계 종교에 관한 강의에서 배운 내용은 요즘에도 매우 유용하다. (그런데 최근 프린스턴대학을 졸업한 막내 손자가 나와 비슷한 이유로 한탄한 적이 있다. 라크로스 같은 운동에만 너무 힘을 쏟은 나머지 정신의 지평을 넓혀줄 배움의 기회를 많이 놓쳐버렸다는 얘기였다.)

나의 관심을 사로잡은 강의를 담당한 교수님들과 단 한 번도 가깝게 지내지 못한 것은 지금도 아쉬움으로 남아 있다. 나는 그들이 미숙한 학부생에게는 별 관심을 두지 않은 채 자신의 연구에만 몰두하는 홀

롱한 학자들이라고만 생각했다. 그래서 단지 기말고사 시험문제를 풀고 거의 매번 좋은 성적을 받는 것으로만 그들과 관계를 쌓았다. 지금은 왜 교수들이 학생에게 다가서려 하지 않았는지 의아스럽다. 농구 코치도 나를 규율에 적응시키기 위해 그다지 많이 노력하지 않았다.

진로를 결정할 때면 나타나는 나의 우유부단함은 학부 전공을 선택할 때도 영향을 미쳤다. 공공·국제관계학과SPIA에서 막 개설한 새 프로그램은 소수의 학생에게 학과에서 선정한 경제·정치·역사학부의 고급 과목을 선택할 재량권을 주었다. 하나의 학부만 선택할 필요가 없었던 것이다.

재량권에 대한 반대급부는 SPIA에서 특화시킨 과정에 의무적으로 참여하는 것이었다. 매 학기 학생들이 소규모 그룹을 만들어 국내 및 국제 주제를 번갈아가며 공공 프로그램에 관한 공동 연구를 추진하는 콘퍼런스 과정이었다. 참가 학생들은 선배 몇 명의 지도하에 최종 보고서를 작성하여 지도 교수와 그 콘퍼런스에 초대된 참석자들에게 제출했다. 많은 노력을 요하는 일이었다. 우리는 각자 전체 주제의 한 부분씩을 맡아 연구했고, 그 후에는 최종보고서에 자신의 관점을 담아내기 위한 협상을 벌였다.

나와 많은 급우에게 그 콘퍼런스는 프린스턴대학의 교육에서 가장 기억할 만한 학과 과정이었다. 나는 뉴딜정책의 세부 프로그램에 대한 정치적·관료주의적 저항에 관해 공부했고, 그 후에는 미국이 당시 내전으로 분열돼 있던 중국에 어떻게 접근해야 하는지를 연구했다. 여하튼 SPIA(오래전 우드로윌슨스쿨로 이름을 바꿨다)는, 나중에 내가 가르친 학생들도 같은 얘기를 했는데, 학생들 사이에서 학부 과정 가운데 최고로 평가되는 훌륭한 전통을 이어오고 있다.

1960년대에 엄청난 규모의 기부금이 들어와, 기부자들의 표현대로라면 "공직에 복무할 남성과 여성의 훈련 및 교육"[1]을 위한 대학원 과정이 개설되었다. 학생들을 가르치기 위해 우드로윌슨스쿨로 돌아간 적이 두 번 있는데, 연방준비제도Federal Reserve System(이하 '연준')의 의장직을 마친 후 두 번째로 돌아갔을 때 마침내 종신교수직을 수여받았다.

나는 공직 수행을 위한 대학원 교육을 선도할 우드로윌슨스쿨의 가능성에 몰두해 있었다. 프린스턴대학의 교훈은 우드로 윌슨이 살던 시대부터 줄곧 "조국을 위한 봉사"였다. 대학 250주년 기념식 때 "그리고 모든 국가를 위한 봉사"라는 구절이 추가되었는데, 내겐 좀 과장되게 들렸다. 20년 후, 그 교훈은 단순히 거만하게만 느껴지는 "조국을 위한 복무와 인류를 위한 봉사"로 바뀌었다.[2]

나의 이후 경력을 생각했을 때, 내가 경제학을 전공하지 않았다는 점이 이상하게 여겨질 수도 있겠다. 더군다나 나는 많은 학생이 듣던 경제원론도 수강하지 않았다. 수백 명의 학생이 수강하던 그 경제학 입문용 대형 강의는 나의 지적 호기심을 자극하기에는 부족했다. 1학년 학업성적이 좋았다는 점을 고려해, 2학년 때 중간 수준의 강의를 건너뛰고 바로 10~20명 정도의 고학년생과 좀더 실력 있는 학생들만 신청할 수 있었던 고급 경제 이론 강의를 듣기로 결심했다.

그 강의를 따라가기 위해 나는 공부를 제법 열심히 해야만 했다. 전통적인 화폐경제학과 은행업 과목도 사정은 비슷했다. 두 과목 모두 전통적인 오스트리아 자유학파의 걸출한 망명 학자들인 오스카르 모르겐슈테른과 프리드리히 루츠 교수가 가르쳤다. 그들은 동부 유럽 출신인 미제스와 하이에크를 포함하여 자유시장주의를 옹호하는 학자들의 이론을 중시했다. 지금에서야 어떻게 그게 가능했는지 모르겠지만, 영국 경제학의 전통을 이어받아 거시경제를 관리하기 위해 적극적인 재정정책을 실행해야 한다고 주장했던 케인스와 그의 이론은, 내가 기억하는 한, 어떤 관심도 받지 못했다.

나는 노동경제학, 재정학, 회계학, 산업조직론 등 당시에 일반적이었던 경제학 과목을 많이 수강했다. 하지만 진정으로 흥미를 느낀 과목은 통화론과 은행론, 통화정책론이 전부였다. 자산·부채와 자본의 상태를 철저하게 기술하는 대차대조표의 외견상의 정밀함은 질서를 추구하는 나의 감각에 부합했다. 통화공급의 중요성과 '자연이자율' 가설은 쉽게 이해될 정도로 명료했다.

나의 대학 시절 이후 교과서에 그려진 이상적인 세계는 더 이상 탐욕, 위험추구risk-taking, 합리적(또는 비합리적) 기대, 회계 부정, 규제 오류가 뭉뚱그려진 현실세계를 제대로 반영할 수 없었다. 질서 정연하고 경쟁을 보장하는 자유경쟁시장 이론은 분명히 어느 정도 수정될 필요가 있었다.

그 시절에 어머니와 경제학에 관해 얘기한 기억은 없지만, 지금 와서는 그랬으면 좋았겠다는 생각이 든다. 얼마 전에 어머니가 1911년에 경제학 교과서로 사용한 배서대학 허버트 밀스 교수의 『경제학 개론』

을 발견했다. 밀스 교수가 연준이 창설되기 2년 전의 경제 이론을 서술하며 보여준 명확성은 감동적이었다. 더 눈길을 끌었던 것은 책 여백에 어머니가 급하게 써놓은 많은 양의 메모였는데, 어머니는 경제학을 열정적으로 공부했던 게 분명했다. 내가 걸어온 길을 돌아보면 어머니가 그 책에 수기로 적은 한 문장은 나의 미래를 꿰뚫어 보는 듯했다. "인간 심리를 배제하는 경제법칙은 신뢰할 수 없다."

프린스턴대학의 학업에서 단연코 가장 의미 있었던 도전은 졸업 필수과목인 4학년 논문 과정이었다. 그때는 더 이상 고등학교 시절처럼 가족의 도움에 기대어 손쉽게 논문을 쓸 수 없었다.

남들보다 일찍 대학교에 입학했기 때문에 나의 4학년 생활은 1948년 2월에 시작되었다. 나는 봄 학기를 미적대면서 보냈고, 여름방학 때 뉴욕에 가서 사무직 아르바이트를 한 뒤 9월에 4개월간의 마지막 학기를 다니기 위해 프린스턴으로 돌아왔다. 연구는 말할 것도 없고 졸업논문 주제도 못 정한 상태였다. 그런데 어떤 연유에서인지, 설립된 지 35년도 안 된 연준에 관해 논문을 꼭 써봐야겠다는 생각이 들었다. 중앙은행의 정책을 주제로 한 대중의 논의가 점점 더 활발해지고 있었다. 나는 화폐론과 은행론 강의를 좋아했기 때문에 논문에 쓸 잠재적 소재는 많아 보였다. 하지만 논문 주제를 정하고 난 뒤에도 나는 손가락 하나 꿈쩍하지 않고 있었다.

논문 지도 교수인 그레이엄Frank Graham 교수님을 처음으로 찾아뵈었던 순간이 기억난다. 나는 모르고 있었지만 그는 미국에서 국제무역론 분야의 저명한 학자 중 한 사람이었고, 물가안정이 공공정책의 핵심 목표라고 확신했다. 내 졸업논문 주제에 대해 말씀드리고 나서 시간이 부족할 것 같다는 걱정을 토로하자 교수님은 나를 안심시켰다. "걱정할 필요 없어. 5월까지는 아직 시간이 많이 남았잖아."

"그런데 저는 2월에 졸업할 예정이라서요."

"이런, 지금 바로 시작해야겠구나."

내가 새로 지어진 파이어스톤 도서관의 작은 책상에 들어 앉아 공부에만 몰두한 것은 학창 시절에 딱 한 번 있던 일이었다. 나는 오랜 역사를 지닌 영국의 중앙은행인 영란은행Bank of England의 적절한 역할을 '최종 대부자lender of last resort'로 정의한 것으로 알려진 19세기 중반의 저술가 월터 배젓에서 시작하여, 중앙은행 업무의 기원과 이론, 정책 운영의 실제 등을 공부했다. 그리고 '진성어음주의real bills doctrine' 이론가들과 빅셀의 '자연이자율', 그리고 연준의 재할인율, 공개시장운영 open market operation 및 지급준비금 간의 상호관계에 대한 여러 글을 읽어나갔다. 당시 가계신용에만 적용되던 '선택적' 신용통제의 역할 등, 그 밖에도 다른 많은 읽을 거리가 책상 위에 가득 놓여 있었다.

11월 중순까지는 노란색 노트 위에 휘갈긴 글씨로(요즘 내가 쓰는 알아보기 힘든 글씨로) 논문을 매주 한 챕터씩 작성하고 있었다. 목요일이나 금요일마다 그레이엄 교수님께 노트의 복사본을 제출했고, 그는 매주 월요일이면 어김없이 사려 깊고 유용한 조언과 함께 복사본을 돌려주었다.

요즘 어떤 학생이 그렇게 완성도 낮고 알아보기 힘든 글씨로 작성한 자료들을 감히 원로 교수에게 보여드리려 할 것인가? 어떤 교수가 그렇게 신속하고 건설적으로 응답해줄 것인가?

그레이엄 교수님은 그렇게 암묵적인 방식으로 내 논문과 경제학자로서의 자질에 대해 꾸준한 격려를 보내주었다. 마지막에 그는 내 논문에 최고 등급인 숨마 쿰 라우데summa cum laude를 부여했다. 또한 교수님은 내가 그 유명한 마셜 장학금이나 다른 대학원 과정에 지원하도록 각별한 주의를 기울였다.

내 논문의 어떤 부분은 제2차 세계대전 이후 금융시장과 금융정책에서 일어난 급격한 변화에 관해 이해하기 어려울 정도로 상세하게 설명한 탓에 다시 읽기가 약간 부끄럽다. 그러나 창립 이후 연준이 발전시켜온 중앙은행 업무의 이론과 실제에 대해 검토한 내용은 나의 관점을 형성하는 데 도움을 주었다. 좀더 중요하게는, 물가안정의 중요성과 통화정책의 핵심적 역할에 대한 결론 부분은 오늘날에도 읽어볼 만한 가치가 있다.

당시 연준의 정책은 1930년대에 고착화된 후 제2차 세계대전 중에도 유지되었던 저금리 기조를 지속시키는 데 집중되어 있었다. 당시 금리 수준은 2008년에 일어난 글로벌 금융위기 이후 시점과 놀라울 정도로 비슷하게 낮았는데, 재무부와 특히 트루먼 대통령에게는 대공황기의 잔재인 '싸게 빌린 돈easy money'이 중요한 듯했다. 차입 비용은 낮은 수준에서 유지되었고 금융시장은 안정되어 있었다. 트루먼 대통령은 그가 매입한 제1차 세계대전 자유채권의 가격이 시간이 지나면서 하락하자 속았다고 느꼈던 것[3]을 기억하고 있었다(채권 가격은 금리가 상승하면 떨어지고 금리가 하락하면 올라간다).

정치적 압력(대통령의 직접적 압력을 포함하여)에다 경제성장세가 둔화될 가능성(비록 통계로는 그러한 징후가 보이지 않았지만)까지 더해지면서 연준은 자금 차입 기회를 줄일 수 있는 소소한 조치들마저도 취하기를 꺼려했다. 어딘지 익숙한 모습 아닌가? 당시에도 중앙은행은 오늘날과 마찬가지로 인플레이션의 초기 단계에서 물가상승 압력에 대응하는 것을 너무도 자주 망설였다. 이 글을 쓰고 있는 지금도 연준은 이 되풀이되는 문제에 직면해 있다.

프린스턴이라는 상아탑에 있었던 나는 그러한 걱정거리들을 알지 못했다. 나는 물가안정을 중앙은행의 핵심 목표로 공식 인정할 것과 중앙은행을 당파적 이해에 따라 움직이는 정치권으로부터 독립시켜야 한다는 점을 강력하게 호소하면서 졸업논문을 끝맺었다.

— 하버드

프린스턴대학을 졸업하고 나서는 일자리를 얻는 것이 가장 시급했다. 대학원 개학 전까지 8~9개월의 여유가 있었기에 인턴과 같은 임시직 일자리가 안성맞춤이었다. 나는 순진하게도 기차를 타고 워싱턴으로 가서, 이제 갓 졸업한 미래의 이코노미스트에게 관심을 보일지 모를 연방정부기관들의 문을 두드려가며 하루 이틀을 보냈다. 대개는 가장 낮은 직급의 인사 담당 직원 외에 누구도 만나지 못했다. 예외가 있었는데, 연준이사회였다.

아마도 연준에 관해 썼던 나의 졸업논문이 관심을 끈 것은 아닐까 추측해본다. 나는 몇 년 후에 잘 알고 지내게 될 선임 이코노미스트 두 명과 긴 인터뷰를 가졌다. 그들은 내게 만족스러울 만큼 관심을 보였지만, 결론은 이미 정해져 있었다. 연준이사회는 생면부지의 학부 졸업생을 채용하지 않았고, 대학원 공부를 시작한 사람만 인턴을 할 수 있었다(그때와 달리 조사국Research Department은 오래전부터 박사학위를 가진 사람만을 채용해오고 있다).

뉴욕으로 돌아와 대형 은행 두 곳의 경제 연구 부서에 지원했다. 그러다가 갑자기 큰 행운이 찾아왔다. 티넥에 살던 뉴욕 연방준비은행 Federal Reserve Bank of New York■의 부총재가 우연히 나의 계획에 관해 아버지와 얘기를 나눈 뒤 인터뷰를 마련해준 것이다.

그래서 나는 뉴욕 연방준비은행 건물에서 속기사들 옆에 있는 작은 책상 앞에 자리를 잡게 되었다. 옆에 앉은 신입 동료는 케인스 경제학을 강력하게 비판하는 글을 썼던 경기변동론의 대가 아서 번스 Arthur Burns 교수에 대한 얘기들로 나를 즐겁게 했다. 번스는 그의 의붓아버지였다. 그때는 나와 번스 교수의 행로가 그 뒤로 그렇게 자주 교차할 것이라고는 전혀 예상하지 못했다. 뉴욕 연방준비은행에서 보낸 그 시기에 나는 월가의 경제 교사가 된 알베르트 보이닐로베르Albert Wojnilower와 헨리 코프먼Henry Kaufman도 알게 되었는데, 나중에 그들은 경제를 비관적으로 전망한 탓에 '미스터 글룸Mr. Gloom'과 '닥터 둠

■ 뉴욕 연방준비은행은 워싱턴에 있는 연준이사회의 이사 7명과 함께 연방준비제도를 구성하는 12개의 지역 연방준비은행 가운데 하나다.

Dr. Doom'이라는 별칭으로 불리곤 했다.

나는 정식 업무도 담당했는데, 대개는 그 시절의 기계적인 계산기들을 가지고 긴 시간을 보내는 것이었다. 대학원으로 떠날 때쯤엔 시중은행의 지급준비금에 영향을 미치는 요인들인 '연준의 일시적 이중계상 자금float'과 '통화량'의 복잡한 계절 조정 패턴을 능숙하게 계산해낼 수 있었다. 반복적인 데이터 처리 작업이기는 했어도, 그 일은 시중은행이 연준에 예치하는 지급준비금의 적정 수준을 유지하기 위해 필요시 국채를 매일 얼마나 많이 매입하고 매도해야 하는지를 결정하는 데 필수적인 기술적 정보를 제공했다. 대략 얘기하자면, 지급준비금의 수준은 미국의 전체 통화공급량(통화량)의 증가 폭에 직접적인 영향을 주고, 간접적으로 단기금리(화폐의 가격)에 영향을 미친다.■ 요즘이라면 좋은 컴퓨터 프로그램으로 단 몇 초면 끝냈을 일을, 나는 몇 시간이나 고되게 일하고 나서야 마칠 수 있었다.

그사이에 어느 학교의 대학원으로 진학할지를 결정해야 했다. 먼저 명성이 자자한 하버드대학의 경제학과를 방문했다. 하버드대학 로스쿨도 괜찮은 선택지로 보였다. 아니면 이미 공공정책을 특화시켜오고 있는 예일대학 로스쿨을 선택할까? 프린스턴대학에서 공부한 내용을 생각하면 세 선택지 모두 열려 있었다. 그래서 나는 언제나처럼 다시 꾸물거리면서 선택을 미뤘다.

최종적으로 하버드대학의 로스쿨과 경제학과 대학원 모두 나의 입

■ 뒤에서 알게 될 테지만 시간이 지나면서 연준은 금리와 통화량 조절 각각에 두었던 상대적 가중치를 조정했다.

학을 허가했다. 나는 결정을 내려야만 했다. 그때 운 좋게 얻은 정보
가 있었다. 얼마 전에 개설된 하버드 공공행정대학원에서 새로 들어
오는 학부 졸업생 몇 명에게 행정장학금을 준다는 것이었다. 한 명당
1200달러의 장학금을 받았던 것으로 기억한다. 그 정도면 생활비로는
충분했고, 다른 학교에 합리적으로 요구할 수 있는 수준보다 훨씬 많
은 편이었다. 또 하나의 장점은 프린스턴대학의 SPIA에서처럼 원하는
강의를 선택할 폭넓은 재량권이 주어진다는 점이었다.

나는 내가 원했던 모든 경제학 강의를 수강하는 동시에 약간 변형
된 형태의 정치경제학 박사학위도 받을 수 있게 되었다. 당시 막강했던
하버드대학 경제학과는 1938년에 지어진 클래식한 건물, 리타워빌딩을
접수했다. 이후 그 빌딩은 공공행정학과의 새로운 보금자리로 자리잡
았다. 한 줌도 안 되는 리타워스쿨 학생들이 경제학 대학원 강의실과
공동 도서관에서 마구 섞여 2년을 함께 보냈다. 아마 이러한 좋은 결
과를 얻기 위해 대학원을 선택할 때 꾸물거린 것이었는지도 모르겠다.

그 시절에는 프린스턴대학의 경제학과 하버드대학의 경제학이 서로
다른 지적 세계에 속해 있었다. 하버드대학의 가장 저명한 교수들은 케
인스와 그의 일반이론General Theory으로부터 깊은 영향을 받았다. 케인
스의 주요 추종자였던 앨빈 핸슨Alvin Hansen의 강의와 논문은 명료했
다. 그는 케인스의 '소비함수'와 '투자승수'가 얼마나 정교하게 서로 영
향을 주고받는지를 단순한 도표와 수식으로 설명했다. 학문적 수준이
높았던 로런스 클라인Laurence Klein이라는 학생은 좀더 공식화된 수학
적 방식으로 그 모든 내용을 표현해냈는데, 그의 작업은 '계량경제학'

의 활용을 앞당기는 발판이 되었다.

핸슨은 자신의 경험적 판단에 기초하여 미국이 몇 년 동안 공황기를 거친 후 '장기 정체secular stagnation' 국면에 빠져 있다고 단언했다. 미국이 대공황에서 벗어날 수 있었던 것은 오직 전시 상황에서의 지출과 연방정부의 막대한 재정적자 덕분이었기 때문에, 그는 정부의 재정적자 기조를 유지할 필요가 있다고 주장했다.

인플레이션은 제2차 세계대전에 이어 한국전쟁 기간에 다시 발생했지만, 심각한 위협으로 받아들여지지는 않았다. 실제로, 대중에게 많이 알려지지 않았던 아서 스미시스Arthur Smithies라는 교수는 매주 그의 강의에서 어느 정도 인플레이션을 지속시키는 것이 경제에 얼마나 중요한지를 설파했다. 그가 생각했던 인플레이션율은 2퍼센트나 3퍼센트 수준에 불과했던 것으로 기억하지만, 어찌 됐건 인플레이션은 인플레이션이었다.

그 교수들은 강의에 헌신적으로 임했다. 그러나 내가 느끼기에 그들의 분석에는 석연치 않은 무언가가 있었다. 잘은 몰라도, 단 몇 개의 변수로 현실 경제의 복잡함을 그렇게 쉽게 표현할 수는 없지 않나 하는 생각이 들었다. 분명 민간이 투자할 새로운 기회들이 다시 생겨나서 경기가 부양되면 장기간 지속된 성장 정체 현상이 끝날 것이고, 결국 그것이 자본주의가 경험해온 역사였다. 그리고 만성적인 인플레이션을 유발하는, 다시 말해 의도적으로 자국 통화의 가치를 매년 조금씩 떨어트리는 그런 정부의 경제적 목표와 도덕적 가치는 도대체 무엇이었단 말인가? 나의 어머니는 진실을 꿰뚫어 보셨을 것이다.

하버드대학 그리고 당시 새롭게 부상하고 있던 매사추세츠공과대학 MIT의 경제학부는 토빈James Tobin, 듀젠베리James Dusenberry, 솔로Robert Solow 등 많은 소장학자를 영입하는 데 성공했다. 이미 크게 존경받는 학자였던 MIT의 새뮤얼슨Paul Samuelson 교수는 가끔 하버드대학에 오곤 했다. 이후 그들은 그들이 받은 노벨경제학상을 무기 삼아 핸슨의 단순한 확실성에 문제를 제기했다. 그렇지만 한편으로 그들은 학계뿐 아니라 정치권에서도 케인스주의적 사고방식이 뿌리내리는 데 있어서 주도적인 역할을 했다.

동시에 하버드대학에는 좀더 오랜 역사를 가진 오스트리아학파의 전통적 이론으로 나를 이끈 가교가 있었다. 하벌러Gottfried Haberler 교수와 펠너William Fellner 교수[4]는 국제무역론과 국제금융론, 고급 이론경제학을 가르쳤다. 그들을 인플레이션 옹호론자로 볼 수는 없었다. 감사하게도 그들은 워싱턴에 있는 연구기관에서 은퇴 이후의 삶을 보냈는데, 연준의 신임 의장으로 취임하여 인플레이션과의 전쟁을 지휘하느라 고군분투하던 나에게 위로와 격려의 원천이 되어주었다.

존 윌리엄스John Williams도 핸슨과 또 하나의 대조를 이루었다. 윌리엄스와 핸슨은 그 유명한 재정정책세미나Fiscal Policy Seminar를 공동으로 운영하면서 학생 및 다른 참가자들과 토론했다. 윌리엄스는 매주 며칠씩 뉴욕 연방준비은행 자문 일을 했는데, 경제제도에 대한 관심이 많았고 현실 경제를 추상적으로 이론화하는 것에 대해 본능적인 의심을 품고 있었다.

특히 그는 당시 뉴햄프셔주 브레턴우즈에서 44개국 정상이 체결한 외국 통화의 환율 통제 협약에 회의감을 느꼈다. 제2차 세계대전이 유럽과 아시아에서 한창 진행 중이었지만, 각국 대표들은 1944년 7월에 마운트워싱턴 호텔에서 2주 가까운 시간을 보내며, 그들 바람대로라면 또 다른 대공황과 세계대전을 미연에 방지할 전 세계적 경제 협력 시스템을 구축했다. 당시 미 재무부 장관이었던 헨리 모건도 주니어Henry Morgenthau Jr.는 개회사에서 그 절박함을 다음과 같이 표현했다.

우리 모두는 이 시대의 엄청난 경제적 비극을 경험했습니다. 1930년대에 전 세계적으로 퍼진 경제공황을 보았습니다. 통화의 무질서가 이 국가에서 저 국가로 확산되면서 국제무역과 국제투자, 심지어 국제사회의 신뢰관계를 파괴하는 것을 보았습니다. 그 결과 발생한 실업과 비참한 현실도 보았습니다. 정책 수단들은 방치되어 있었고 부는 낭비되었습니다. 우리는 그 희생자들이 세계 곳곳에서 선동가와 독재자에게 현혹되는 것을 보았습니다. 극심한 혼란과 고통이 파시즘의 밑거름이 되어 결국 전쟁으로 이어지는 것을 보았습니다.[5]

다시 전 세계적인 위기가 찾아올 수도 있었다. 제2차 세계대전 이후의 평화와 번영은 앞서 말한 44개국 정상회의에서 타결된 소위 브레턴우즈체제라는 합의안의 유지 여부에 달린 듯했다. 금은 여전히 모든 통화의 기반으로 인식되었는데, 합의안은 금 가격을 1온스(약 28그램)당 35달러에 고정시키기로 결정했다. 그 외 모든 외국 통화의 달러 대비 환율도 고정되었으며, 미 재무부는 1온스당 35달러의 가격에 모든 국가가 보유한 달러화를 금으로 교환해주겠다고 약속했다.

그렇지만 윌리엄스는 브레턴우즈에서 창설된 IMF가 새로운 환율시스템을 유지하고 효과적으로 운영할 수 있을지를 의심했다. 그는 좀더 비공식적인 협력 채널이 필요할 것이라고 생각했는데, 상호 이해에 기반하여 먼저 미국과 영국부터 그런 채널을 가동시켜야 한다고 보았다. 달러화와 파운드화가 전 세계적으로 통용되는 기축통화였기 때문이다.

나중에 나는 그의 주장이 틀렸다는 것을 증명하느라 몇 년을 바쳐야만 했다. 그의 주장을 좀더 주의 깊게 듣지 않았던 게 후회스럽다.

하버드대 대학원 생활 2년 차에는 공부도 열심히 하고 사람들과도 적극적으로 어울리며, 새로 지어진 대학원 기숙사에서 살았다. 가끔 보스턴의 유명 레스토랑인 더긴파크나 올드랍스터하우스에 가서 10달러도 안 되는 가격에 그럴듯한 저녁을 즐겼다. 혹은 아주 가끔 그 악명 높은 올드하워드 희극 극장에도 갔는데, 오래전에 파괴되었지만 당시만 해도 하버드의 신성한 전통으로 여겨지는 곳이었다. 내 얘기로 돌아오면, 나는 여전히 낯을 너무 많이 가려 웰즐리대학 여대생과의 데이트는 거의 해보지 못했다.

내가 기억하기로는, 우리 공공행정학과 학생들 거의 전부가 당시 지역 정치권의 부패로 악명이 자자했던6 캔자스시티 출신의 단순하고 투박한 트루먼 대통령에 대해 비판적인 시각을 갖고 있었다. 그러면서도 대부분은 정부에서 일할 수 있기를 간절히 원했다. 결국 나는 공공행정학과에 등록했고 정부 업무에 관한 필수 과목 두 개를 수강했다. 순수경제학을 전공하고 있던 친구들마저도 워싱턴에서 일하고 싶어했다.

나는 훗날 경제학에서 압도적 지위를 차지하게 될 과목 하나를 일부러 수강하지 않았다. 바로 데이터 중심의 과학적 경제분석 방법으로서 당시 새롭게 등장했던 계량경제학이었다. 박사 과정의 마지막 해였는데, 경제학 박사 과정을 밟는 대학원생들은 마지막 해에 계량경제학을 수강하지 않아도 됐다. 나는 운 좋게 휴식을 취한다고 생각했다. 이미 매우 높은 수준의 통계학 과목들을 수강했고, 수학은 복습할 필요를 못 느꼈기 때문이다.

마침 그때는 미 재무부가 조세 수입 추정법에 대한 검토 업무를 지원하기 위해 여러 대학에서 선발한 계량경제학자들을 모아 하나의 팀을 만들던 중이었다. 하버드대학에도 일이 맡겨졌는데, 재무부는 내게 '회귀분석'을 실행하는 컴퓨터에 입력할 기초 데이터를 수집해달라고 부탁했다. 다행히도 나는 그 팀의 지도자들과 절친한 사이였기에 계량경제학의 사고방식 및 접근법, 단점들에 대해 어느 정도 감을 잡을 수 있었다. 최근에 인간 심리를 강조하는 행동경제학파가 부상하고 난 이후에야 계량경제학적 접근법이 누려온 최고 지위가 충분히 도전받는 듯하다.

대학원 생활이 끝나갈 때쯤 나는 정치경제학 박사학위에 필요한 일반시험을 통과했다. 그 후에는 외국으로, 아마도 영국으로 가서 미국과 영국의 통화정책과 은행 규제에 대한 접근 방식의 차이점에 관해 논문을 써야겠다고 생각했다.

재무부는 내가 돌아올 때 일자리를 주겠노라고 제안했다. 매우 구미가 당겼음에도 제안을 받아들이겠다는 확약을 줄 수가 없었다. 나는 재무부 직원 명단에 정식으로 포함되었지만 1년 동안 휴직 직원이 되었다. 그 1년은 나중에 매우 중요한 의미가 하나 있었다. 40년 후 내 공무원 연금 수령액을 몇 푼 더 올려준 것이다.

— 런던

당시 막 설립되었던 로터리재단이 해외 유학생 지원 프로그램을 신설한 덕분에 외국에서 공부하겠다는 계획을 손쉽게 추진할 수 있었다.

장학금 신청서는 각 지역의 로터리클럽이 제출해야 했다. 아버지는 시 관리인으로서 20년간 일하다 은퇴한, 티넥에 있는 로터리클럽의 열성 회원이었다. 아버지의 몇몇 친구가 내가 적합한 후보자라는 언질을 주었다.

장학금 신청서를 제출하기 위해서는 먼저 대학을 선택해야 했고 설득력 있는 학업 계획서도 제출해야 했다. 내가 중앙은행에 관심이 있고 외국어를 유창하게 구사할 수 없다는 점을 감안했을 때, 영국은 명백한 선택지였다. 옥스퍼드와 케임브리지대학은 이미 로터리클럽 장학생을 받았기 때문에, 대신 나는 런던정경대학을 선택했다. 그 학교는 금융에 대해 깊은 관심을 갖고 있었다. 세계적인 대도시 중 하나인 런던에서 생활한다는 점도 매력적이었다.

홀랜드아메리카해운의 암스테르담호를 타고 유럽으로 건너가는 데 75달러의 운임과 5일이라는 시간을 꼬박 써야 했다. 유럽에 건너가서 가장 먼저 한 일은 로마, 베니스, 파두아, 베로나, 리옹, 랭스, 샤르트르와 파리를 돌며 그랜드 투어를 하고 있던 두 누나와 합류하는 것이었다. 루이스 누나는 그전에 풀브라이트 장학생으로 선발되어 옥스퍼드 대학으로 와서 이미 1년을 보낸 상태였다. 그녀는 따뜻함을 느끼기 위해 기꺼이 집으로 돌아갈 거라고 했다. 루스 누나와 내게는 모든 게 새로웠다. 그렇다 해도 우리는 과하게 이성적으로 행동했고 극도로 돈을 아꼈다. 수십 년이 흐른 지금도 프랑스 전역에서 가장 훌륭한 레스토랑 중 하나로 인정받는 리옹 근교의 라피라미드에서 비싼 저녁을 먹자던 루이스 누나의 계획에 반대했던 걸 후회한다. 일류 셰프인 폴 보퀴즈가 그 레스토랑에서 요리사 경력의 초기 시절을 보내던 중이었다. 루스 누나와 나는 너무 비싸다며 그 식당에 가자는 제안에 반대했다. 나중에 유럽 여행이 끝날 때쯤 내게 여분의 돈이 있다는 것을 알았다. 새빌양복점에서 40파운드짜리 고급 양복을 맞춰 입고 해러즈백화점에서 주문 제작한 목욕 가운을 사는 데 그 돈을 썼다. 65년이 흐른 지금도 '오래전 그날들'을 회상하기 위해 가끔 그 옷들을 입곤 한다.

런던에 도착하고 나서는 금방 그곳 생활에 적응했다. 로터리클럽에서 주던 생활비는 내 기억에 2000달러 혹은 그보다 조금 더 많았는데 생활비로는 충분한 돈이었다. 런던 중심가의 전형적인 민박집B&B의 일주일치 숙박비가 겨우 3파운드(약 8달러 50센트)였다. 방은 작았고 침대 길이는 너무 짧았으며 전기 히터는 두 시간마다 동전을 넣어줘야 했다. 하지만 나에게 중요했던 것은 숙소 위치였다.

제2차 세계대전 이후 불과 6년밖에 지나지 않은 터라 런던이 완전히 복구되기까지는 아직 한참의 시간이 필요한 상황이었다. 런던 중심가의 높은 생활비를 부담스러워하던 영국 학생들에 비하면 나는 경제 사정이 나은 편이었다. 그들은 런던 변두리에 살았고 많이들 아르바이트를 했다. 런던정경대 대학원생의 구성은 매우 국제적이었는데, 대영제국령에서 온 학생들까지 포함해도 영국인은 절반에 지나지 않았다.

런던 생활의 첫해는 환상적이었다. 나는 영국 사회의 계급이 여전히 말투와 직업에 따라 확연히 구분된다는 것을 알게 됐다(외국 유학생 대개가 그들이 신사인지 여부에 대한 의문으로부터 오는 혜택을 누렸다. 당시 신사들에게 보내는 우편물에는 '미스터'라는 호칭이 사용되었다). 정치는 더 흥미진진했다. 윈스턴 처칠이 의회의 다수석을 되찾던 날 저녁, 나는 새로 사귄 노동당 소속 친구 몇 명과 함께 노동당에 투표하라고 집집마다 문을 두드리고 다녔다. 영국 곳곳에 있었던 로터리클럽은 가끔, 주로 주말에 나를 초대했고 덕분에 나는 영국 중상류층 생활을 엿볼 충분한 기회를 누렸다.

학업에서는 나의 고질적인 나쁜 습관과 관련해 좋은 교훈을 얻었다. 영국 경제학계에서 은행업 및 금융시장 분야에 관한 연구를 이끌던 학자는 세이어스Richard Sayers 교수였는데, 그는 영란은행의 역사를 연구하는 역사학자이기도 했다. 나중에는 통화정책의 적절한(그가 보기엔 제한적인) 역할에 대한 보고서를 썼던 신뢰받는 공식 위원회의 의장으로도 활동했다. 세이어스 교수는 프린스턴대학의 그레이엄 교수처럼 나의 지도 교수였다.

몇 주가 흐르고 나서 나는 더 이상, 영국 대학에서는 미국에 비해 더 높은 직책인, 교수님을 찾아뵙기를 미룰 수 없었다. 영국에 온 목적을 말씀드렸을 때 그는 오랜 경험을 통해 자신이 물어야 한다고 느꼈던 단 하나의 질문만을 던졌다. "자네 여기에 공부하러 온 건가 아니면 놀러 온 건가?" 나는 놀란 나머지 깊은 숨을 들이마셨다. 나는 학문에 전념하겠다는 내 의지를 분명히 과대평가하고 있었다.

나는 세이어스 교수님이 주관하던 주간 세미나에 매주 참석했는데, 교수님은 세미나에 종종 '시티the City', 즉 은행을 비롯한 금융기관의 고위급 인사들을 초대하곤 했다. 그중 한 명이 강력하게 개진했던 주장은 지금까지도 내 가슴에 남아 있다. 그는 전쟁 때문에 사실상 중단되었던 국제 은행 업무와 자유로운 외환 거래가 다시 시작되고 있다는 점에 주목했다. 그는 1920년대 후반처럼 앞으로도 투기와 과도한 위험 추구 현상이 계속해서 나타날 것이라고 예견했다. 또한 그는 앞으로 찾아올 불가피한 위기가 정부의 규제를 받는 은행시스템 내부가 아니라 공식적인 감독이 미치지 않는 시스템 외부에서 발생한다면 더 대응하기 어려울 것이라고 주의를 주었다.

나중에 나는 1980년대에 발생한 라틴아메리카 은행 위기와 그후 채 10년도 지나지 않아 발생한 아시아 통화위기를 구별할 때 그 경고를 떠올렸다. 전자는 상환능력이 없는 남미 국가 등 신흥국에게 미국과 외국계 은행들이 막대한 규모의 신용을 공급하여 초래된 위기였지만 수습이 가능했다. 반면 후자는 통화 투기의 연쇄적 확산과 국제 자본의 이동으로 전개 양상이 복잡했기에 매우 치명적이었다.

한편 나는 긴 방학 동안 친구 한두 명과 유럽 전역을 여행하고 싶다는 유혹을 떨쳐버릴 수가 없었다. 독일 주요 도시의 대부분은 여전히 폐허였다. 뮌헨 중심가의 모든 건물이 파괴된 탓에 지하에 있는 호텔 방에서 묵어야 했다. 뮌헨에서 멀리 떨어진 곳에 살고 있던 친척들을 찾아뵙고 볼커 가문의 계승자라는 지위를 확인받고 싶었지만 그러지 못했다. 일부 국가가 여전히 소련의 지원을 얻기 위해 동쪽으로 향하려는 유혹에 빠져 있던 상황에서, 그 여행은 민주적 가치 수호의 중요함과 더불어 전쟁의 참혹함을 피할 수 있었던 미국의 행운에 대한 나의 인식을 더욱 강하게 만들었다.

이후 봄이 다가오자 박사학위 논문에 필요한 진지한 연구를 시작하려 노력했다. 세이어스 교수님은 영국 시중은행의 최고위급 인사들을 소개시켜주었다. 나는 영국과 미국 중앙은행의 정책 운용상의 대비점들에 대해 그들과 대화한 내용을 적어둔 13×18센티미터 크기의 메모 카드를 지금도 몇 개 보관하고 있다.

하지만 예상대로 영란은행은 아무나 방문할 수 있는 곳이 아니었다. 시간은 점점 줄어들고 있었고, 게다가 나는 다정다감하고 똑똑한 영국인 대학원생과 사랑에 흠뻑 빠져 있었다. 논문을 마쳐야겠다는 생각은 점점 더 멀어져갔다.

미룰 수 없는 문제가 또 하나 있었다. 미국 재무부와 뉴욕 연방준비은행 모두 답을 듣고 싶어했던 질문이었다. 과연 나는 미국으로 돌아갈 것인가?

나는 런던 대사관에서 재무부의 부 재경관으로 일하고 있던 샘 크로스Sam Cross라는 미국 청년과 친한 사이였다. 그의 직업은 영국 기준으로는 보수도 좋았고 흥미진진한 정책적 질문들을 접할 수 있었기 때문에 신출내기였던 내게는 안락해 보였으며, 전문성 측면에서도 흥미로울 것 같았다. 그래서 젊은이의 패기와 확신으로 가득 차 있던 나는 런던에 있는 샘의 후임자로 임명해주든가 당시 매혹적이고 이국적인 분위기로 명성이 높았던 베이루트로 보내준다고 약속하면 기꺼이 재무부로 돌아가겠노라는 의사를 재무부에 전했다.

답변은 명료했다. 재무부 직원의 근무지는 신참 직원이 아니라 재무부가 결정한다는 것이었다. 그래서 나도 결정을 내릴 수밖에 없었다. 나는 다소 낮은 자리지만 나중에 인생의 주제가 된 정책적 질문들을 접할 수 있었던 '이코노미스트-C'라는 직급을 부여받고 뉴욕 연방준비은행으로 돌아왔다.

3장 젊은 이코노미스트

나는 1952년에 뉴욕으로 돌아왔다. 대선 투표는 이미 끝났지만, 아들라이 스티븐슨이 선거 때 나의 동료들에게 불러일으켰던 열정을 어느 정도는 감지할 수 있었다. 워싱턴에서는 얻기 힘든 명민함과 유용한 경험을 겸비한 스티븐슨은 다소 근엄했던 아이젠하워와는 신선한 대조를 이루었다. 그러한 면모들은 내가 민주당에 가입하기에 충분한 근거가 되었는데, 수십 년 전 모든 당적을 버렸음에도 위키피디아에서는 무슨 연유에서인지 아직도 그 꼬리표가 나를 따라다닌다.

티넥에 있는 우리 집의 추수감사절 만찬은 언제나 성대하고 활기찬 가족 행사였다. 그해 추수감사절 만찬이 끝나갈 때쯤 대학 룸메이트 멀로니가 찾아왔다. 멀로니는 펜실베이니아의과대학 동창생의 여동생, 바버라 밴슨을 데리고 왔다. 그녀는 펨브로크대학을 갓 졸업한 차였다. 시간이 한참 흐른 뒤에, 그녀는 우리 집에 도착했을 때 인상적이었던 건 내가 영국 여왕을 위한 전통 건배사를 외친 것밖에 없었다고 말하곤 했다. 바버라는 예뻤고 냉소적인 유머 감각도 나와 비슷했다. 마침 그때 내가 런던에서 만나던 여자 친구는 아주 멀리 있었다. 그 후로 2년이 안 돼서 나는 바버라와 결혼했고, 그녀는 나의 직장인 뉴욕 연방준비은행과 이벳필드 중간쯤의 브루클린하이츠에 있던 나의 집으로 이사해왔다. 그녀는 금세 나처럼 브루클린다저스의 열정적인 팬이 되었다.

— 뉴욕 연방준비은행

금융에 관심이 많은 젊은 이코노미스트에게 연준, 특히 뉴욕 연방준비은행에서 일할 기회는 경력 면에서 큰 혜택이었다. 뉴욕 연방준비은행은 아직 학문적 경력이 짧은 이코노미스트에게 1년 내외의 단기 일자리를 제공하기도 했다. 나와 동료들은 점심을 함께하면서 자주 허물없이 토론하고 논의했다. 뉴욕 연방준비은행에서 자문역 일을 시작했던 앨런 그린스펀Alan Greenspan도 가끔 토론에 합류했다.

뉴욕 연방준비은행의 견고한 벽 안에서 누구도 의문을 제기하지 않은 것으로 기억되는 하나의 원칙은 연준의 가장 중요한 책무(효율적 경제정책의 토대)가 화폐 가치의 안정성 유지라는 것이었다. 어느 정도의 인플레이션은 경제에 이롭다는 스미시스와 핸슨의 주장을 뉴욕 연방준비은행에 있는 그 누구도 지지하지 않았다.

연준은 대공황기와 제2차 세계대전을 거쳐 한국전쟁 초반까지 이어진 물가 상승기에 금리를 역사상 가장 낮은 수준으로 유지했다. 3개월 만기의 재무부 채권인 트레저리 빌Treasury bill의 금리는 0.4~0.6퍼센트, 만기가 긴 트레저리 본드Treasury bond의 경우는 2.5퍼센트였다. 나는 학부 졸업논문에서 연준의 이러한 원칙 없는 접근법은 저금리를 요구하는 정치권의 압력이 물가안정이라는 중앙은행의 책무를 압도하도록 방치하는 것이라고 신랄하게 비판했다. 만일 연준이 자신에게 주어진 책무가 저금리를 유지하는 데 있다고 인식했다면 연준은 당연히 재무부의 일개 부서가 되어야 하지 않겠는가! 결국 재무부와 트루먼 대통령이 공개적으로 충돌하고 나서야 연준의 독립성이 인정받게 되었다. 내가 논문에서 그러한 조치가 필요하다고 호소한 지 2년이 넘게 흐른 뒤인 1951년의 일이었다.

연준이사회의 신임 의장이었던 마틴William M. Martin은 재무부 차관보로 근무하던 시절에 연준을 재무부의 감독에서 벗어나게 한 연준-재무부 협약the Accord을 성사시켰다. 그는 연준이 물가안정과 금융안정을 유지할 책임을 져야 한다고 강력하게 주장하기 시작했다. "파티의 흥이 막 달아오르려 하는 바로 그 순간에"[1] 펀치볼punch bowl을 치우는 것이 연준의 역할이라는 그의 명제는 중앙은행의 전통적인 지혜로 자리잡았다.

1952년에는 물가가 상당히 안정을 되찾았으며, 이후 약 15년간 경제가 빠르게 성장하면서 실업률은 낮은 수준을 유지할 수 있었다. 그 기간 중에는 사전에 방지할 수 있었던 주택 건설과 재고투자의 과열이 반복적으로 나타나면서 분명히 세 번의 짧은 경기침체기가 있었다. 하지만 미국 경제는 전반적으로 강한 성장세를 보였고 물가는 안정적이었다. 이 사실은 미국 경제가 지속적인 또는 장기적인 정체기에 돌입했다고 우려하던 하버드대학의 일부 교수들을 안심시켰다.

내가 뉴욕 연방준비은행에서 막 일을 시작했을 무렵, 밀턴 프리드먼이 자유경쟁시장과 순수 '통화주의'의 장점들에 대해 강력한 논리를 전개하면서 명성을 얻고 있었다. 통화공급의 최적 증가율을 산출하고 그 준칙을 어떤 상황에서도 고수하라는 통화정책에 대한 그의 조언은 가장 좋게 말한다 해도 순진했고, 위험스러울 정도로 잘못된 방향을 가리키고 있었다. 그렇게 경직적이고 고정적인, 거의 기계적인 준칙을 따라 통화정책을 운용한다는 것은 기본적으로 연준의 인간적 판단을 배제한다는 것을 의미했다. 놀랍지 않게도, 통화주의 접근법은 내가 새로 사귄 연준 동료들 사이에서는 확실히 인기가 없었다.

나는 시간을 따로 내서 '통화공급'과 경제활동 간의 장기적이고 순환적인 관계를 이해하기 위해 노력했다. 프리드먼은 쉽게 현금화할 수 있고 널리 통용되기 때문에 경제주체들이 선호하는 자산인 화폐의 공급량이 국민총생산GNP▪으로 측정한 경제활동 규모보다 빠르게 늘어날 것이고, 늘어날 수밖에 없다는 점을 그의 분석이 명료하게 보여준다고 단언했다. 당시의 전문용어로 표현한다면, 명목 GNP를 통화량으로 나눈 화폐의 '유통 속도'는 느려진다고 주장한 것이다. 사실 당시에도, 그리고 이후 수십 년이 지나도록 지속된 현상을 보면, 화폐의 유통 속도는 대체로 빨라지는 경향을 보였다.

▪ 한 국가의 거주자들이 1년간 생산한 모든 재화와 서비스를 시장가격으로 평가하여 합산한 것을 의미한다.

당시 뉴욕 연방준비은행 입장에서 당장 더 중요했던 문제는 제도적 변화들로 인해 '통화'라는 단어가 무엇을 의미하는지를 정확하게 정의하기가 어렵다는 점이었다. 이자를 주는 저축성예금과 요구불예금을 동일한 통화라고 할 수 있는가? 양도성 예금증서처럼 단기간만 예치하는 '정기예금'의 경우는 어떠한가? 규제들도 바뀌고 이미 시간도 많이 흘렀던 터라 우리는 M1, M2, M3 등으로 알려진 두세 개의 대안적인 통화지표를 개발하는 것으로 일을 마무리 지었다.

프리드먼은 나보다 나이는 열다섯 살 많고 키는 41센티미터가량 작았는데,[2] 내가 만났던 경제 교사들 가운데 이론에 대한 믿음이 가장 강하고 설득력이 있는 사람이었다. 그가 자유경쟁시장과 통화주의를 옹호하면서 보인 단순 명료함은, 경제분석에서라면 몰라도 실제 논쟁에서는 반박하는 것이 거의 불가능했다. 프리드먼은 미시간 호수 근처에 있는 시카고대학의 교수로, 미국 동서부 연안에 있는 대학들이 주창한 '해수파saltwater' 경제 이론과 경합하던 '담수파freshwater' 통화분석 운동을 이끌었다. 그의 진영에는 당시 시카고대 경영대학 학장이었고 나중에 닉슨과 레이건 행정부에서 일하게 될 조지 슐츠George Shultz라는 소장학자가 있었다. 프리드먼은, 비록 통화정책 연구에 대한 기여가 구체적인 사유는 아니었지만, 1976년에 노벨 경제학상을 수상했다.

비록 프리드먼이 사용한 용어들의 정의가 모호하고 정교하지 않았지만, 나는 인플레이션이 진행되는 과정에서 통화공급이 근본적으로 중요한 영향을 미친다는 그의 기본 주장을 높이 평가하게 되었다. 한참 뒤에 내가 연준 의장으로 재직하며 인플레이션에 강력히 대응하려면 화폐공급 제한이 핵심이라는 점을 분명히 하려 노력하던 과정에서, 나는 프리드먼이 주장한 화폐와 인플레이션 간의 관계에 대한 기본 지식에 의존했다.[3] 하지만 한편으로는, 프리드먼이 90대의 나이에 자신이 화폐, 물가 및 경제활동이 맺고 있는 관계의 안정성을 지나치게 강조했을 수 있다고 고백한 보고서[4]를 읽으면서 스스로에 대해 약간의 지적 만족감을 느끼기도 했다. 내 관점에서 그 고백은 늦은 감이 있었다.

뉴욕 연방준비은행의 내부 분위기는 그렇게 친밀하지는 않았다. 위로는 총재에서부터 아래로는 젊은 이코노미스트와 관리자에 이르기까지 거의 모든 사람이 기껏해야 한 층을 사이에 두고 모래알처럼 동떨어져 지냈다. 연구와 관련된 메모들은 대개 총재의 짧은 코멘트 한 줄도 없이 직급의 계단을 따라 위아래로 오고 갔으며, 회의가 있긴 했으나 거의 열리지 않았다.

한번은 그렇게 경직된 분위기를 변화시키려는 시도에 동참한 적이 있었다. 연준 전체 직원에게 적용되는 연금제도의 이사회는 12개의 지역 연방준비은행 각각에서 선출된 1인 대표들로 구성되었는데, 뉴욕에서는 부총재가 단독 입후보한 선거의 투표 결과로 대표를 선출하는 관행이 이어져왔다. 1943년에 뉴욕 연방준비은행에 입행하여 연구직 가운데 상대적으로 선임연구원이었던 매들린 맥위니 데일Madeline McWhinney Dale이 경선에 참여하기로 결심하고 내게 선거 캠프 총책임자를 맡아달라고 부탁한 것은 그런 점에서 상당히 이례적이었다.

우리는 유쾌한 시간을 보냈다. 나는 모든 직원에게 "맥위니와 함께 승리의 길로"라는 구호가 적힌 선거운동 배지를 나눠주고, 급조된 4인

조 남성 밴드에 합류해 모든 층(신성시되던 이사실이 있던 층은 제외하고)을 돌며 선거운동을 했다. 우리가 마련한 '정강정책'도 나누어주었다. 폴란드어에 능숙했던 통계 전문가 밀코위츠는 야간 청소조로 일하던 폴란드 이민자들로 구성된 대규모 선거인단 앞에서 연설할 기회를 마련해주었다. 맥위니는 압도적인 승리를 거두었다.[■] 그녀는 브루클린 하이츠에 있는 우리 집으로 와서 나와 바버라와 함께 축하 파티를 가졌다.

나중 어느 해인가, 나는 뉴욕 타임스퀘어 광장의 유서 깊은 애스터 호텔에서 열릴 뉴욕 연방준비은행 직원들의 연례 크리스마스 파티 준비위원회의 의장직을 맡아달라는 부탁을 받았다. 파티는 가이 롬바르도 스타일의 밴드로 완성되었는데, 1700명도 더 되는 사람이 파티에 참석했다. 그 파티에서는 마틴 의장의 펀치볼 원칙이 지켜지지 않았던 것 같다. 어쨌든 나중에 경영진은 크리스마스 파티가 뉴욕 연방준비은행이 지켜가야 할 전통이라고 결정했다.

뉴욕 연방준비은행에서 근무하던 상대적으로 젊은 한 간부가 지적인 면과 정책적인 면 모두에서 지도자로서 두각을 나타내고 있었다. 나비넥타이를 매고 다니는 미시간대학 경제학 박사였던 로버트 루사Robert Roosa는 제2차 세계대전에 참전하여 현 중앙정보국CIA의 전신인 전략사무국OSS에서 일했는데,[5] 그 때문에 옥스퍼드대학에서 수여하는

■ 매들린 맥위니는 다른 방면에서도 새로운 길을 개척했다. 1960년에 그녀는 연준의 최초 여성 간부가 되어 뉴욕 연방준비은행의 신설 부서였던 금융시장통계국을 관리했다. 1970년대에는 여성제일은행First Women's Bank 설립에 도움을 주었고, 그 은행의 회장직을 맡았다.

로즈 장학금을 받지 못했다. 나보다 9년 선배였던 루사는 이미 명석한 경제분석가로 존경받고 있었고 연준 전체의 정책 토론에서도 강한 목소리를 내고 있었다. 희미한 기억이기는 한데, 루사는 내 채용을 주도한 사람이 바로 자신이었다는 사실을 나중에 잊지 않고 얘기해주었던 것 같다. 그는 자연스럽게 나의 멘토가 되었다.

내게 처음으로 주어진 업무는 시중은행 통계 분석, 경제전망 업무의 일부, 법안 관련 질문들에 대한 답변, 정책을 결정하는 연방공개시장위원회(이하 FOMC)에서 참고할 회의자료 준비 등 중간급 이코노미스트들이 통상적으로 하던 일이었다. (루사의 온갖 잡일을 도맡아 하던 사람으로서, 언젠가 은퇴를 앞둔 수석부총재에게 경의를 표하는 시를 써달라는 부탁을 받은 적이 있다. 나는 교수형에 처해질 어떤 영국 병사를 위한 죽음의 행진을 묘사한 키플링의 시 「대니 디버Danny Deever」에서 독특한 시구들을 따왔던 것으로 희미하게 기억한다. 다행히도 루사와 수석부총재였던 로엘스는 키플링을 잘 알지 못했다.)

무슨 방법을 썼는지 모르겠지만, 루사는 내가 입행한 지 2년이 지나자 워싱턴에서 열리는 FOMC 회의에 참석할 기회를 마련해주었다. 마틴 의장이 회의를 주재하는 모습을 직접 지켜볼 기회는 좀처럼 쉽게 주어지지 않는 특혜였다. 그는 다른 모든 위원에게 발언 기회를 준 뒤, "네, 결론에 가까워져서 매우 기쁩니다. 자, 이렇게 합의합시다"라는 투의 코멘트로 회의를 마무리했다. 처음으로 참석한 FOMC 회의에서 나는 권한을 행사하는 법에 대한 흥미로운 교훈을 얻었다.

나는 마틴 의장이 호의적이고 인격적으로 겸손하면서도 연준의 정책과 독립성에 관한 한 강철처럼 단호하다는 사실을 나중에야 알게 되었다. 그는 나의 영웅들 가운데 한 명이었다. 수십 년이 지나고 나서, 여러 연준 의장의 비서로 내리 일했던 캐서린 맬러디Catherine Mallardi는 내가 업무로 지친 것처럼 보일 때면 마틴 의장을 만나보라고 권유하고는 했다.

뉴욕 연방준비은행에서 일하던 시절에 나에게 가장 놀라웠던 일은 루사가 연준 고위 간부들을 설득해서 교육의 일환으로 나를 트레이딩 데스크trading desk에 배치해준 것이었다.

트레이딩데스크는 당시 연준 전체 조직에서 핵심 중의 핵심이었다. 그곳은 뉴욕 연방준비은행이 각 지역에 예치된 시중은행의 지급준비금을 증가 혹은 감소시키기 위해 재무부 채권(국채)을 사고파는 곳이었다(국채를 매입한다는 것은 뉴욕 연방준비은행이 시중은행의 지급준비금 계좌에 돈을 입금한다는 것을 의미했고, 반대로 국채 매도는 지급준비금을 감소시켰다■). 지급준비금의 총량은 경제 전체의 통화량과 이자율에 영향을 주었고, 이는 다시 경제활동에 영향을 미쳤다. 간단히 말해서 트레이딩데스크는 통화정책과 금융시장의 접점이었다.

트레이딩룸에는 혜택받은 소수의 직원을 제외하고는 출입이 금지되었는데, 트레이딩을 지시하는 간부들, 몇 명의 트레이더, 제한된 수의

■ 시중은행들은 자신들이 예치한 자금의 일정 비율을 지역 연방준비은행의 지급준비금 계좌에 예치할(아니면 은행 금고에 예치할) 의무를 지고 있다. 지급준비금을 늘리거나 줄임으로써 연준은 은행예금의 증가 또는 감소 폭에 영향을 미치고, 그 결과 전체 통화공급량에도 영향을 미치게 된다. 이는 간접적으로 단기금리에도 영향을 준다. 연준의 정책운용상 목표는 단기금리 조절이었다.

사무보조원, 마지막으로 내가 전부였다. 각 채권별 시장가격은 국채 전문 딜러들이 전화로 계속 알려오는 즉시 커다란 칠판 위에 시시각각 업데이트되었다.

나는 말 그대로 몇 달이 지나서야 국채 전문 딜러에게 전화를 걸어 그들과 거래해도 좋다는 허락을 받았다. 우리가 통화를 할 때 우려했던 바는 무심코 사용한 단어들이나 목소리 톤이 거래 상대방에게 통화정책 방향의 변화를 암시하지 않을까 하는 점이었다.

딜러들도 더빈앤드컴퍼니C.J. Devine & Company, 차일즈앤드컴퍼니C.F. Childs & Company, 설로몬브러더스Salomon Brothers, 디스카운트코퍼레이션Discount Corporation과 같은 소규모 독립 회사에 소속된 신뢰받는 전문가 집단이었다.6 그들은 금융시장 동향에 관한 이야기를 나누기 위해 뉴욕 연방준비은행 직원들과 개인적으로 만나기도 했고, 정책 실행 과정에서 우리의 중요한 파트너였다. 내가 시장 참가자들과 얘기해도 좋다는 허락을 받았을 때, 대규모 국채 거래 전문 회사의 거래 총책임자가 내게 전화해서 시장과 어떤 방식으로 좀더 정확하게, 아니면 좀더 모호하게 소통해야 하는지 조언해주었던 기억이 떠오른다. 내가 아는 한 그들은 뉴욕 연방준비은행의 국채 거래 내역에 관한 비밀을 지켜주었다.

당시 내게 깊은 인상을 남긴 물건이 하나 있다. 나중에 유행한 계량경제학이 수학적 '회귀분석'에 의존했던 것과는 대조적으로, 나는 시장에서의 가격과 거래활동이 본질적으로 이튿날, 다음달 또는 이듬해에 일어나거나 일어나지 않을 일들에 대한 인간의 변덕스러운 기대에 따라 달라진다는 사실을 알게 되었다. 루사는 '작은 빨간색 책'이라고 알려진 노트에 트레이딩데스크의 절차, 그 절차와 국채 딜러들 간의 상호작용을 무척 상세하게 기술했다. 그가 구술하고 내가 편집한 노트였다.

당시 연준이사회의 통화정책 운용과 커뮤니케이션 방식은 뉴욕 연방준비은행의 트레이딩데스크에게 시장 상황에 적절히 대응할 여지를 주었다. 요즘에는 트레이딩데스크에 대한 업무 지시가 그때보다 직접적인데, 단순히 FOMC가 설정한 익일물(만기 1일) 자금의 시장금리를 매일매일 동일한 수준으로 유지하는 데 업무가 국한되어 있다.▪

국채시장은 금융상품이 거래되는 시장들 중에서 가장 중요했다. 3개월 만기의 단기국채인 트레저리 빌에서부터 만기가 더 긴 트레저리 노트Treasury note와 장기국채인 트레저리 본드에 이르기까지, 미국 재무부가 발행하는 채권은 시중은행의 포트폴리오에서 상당히 높은 비중을 차지했다. 이들 채권의 가격 변동 폭이 요즘에 비해서는 상대적으로 작았을지 모르겠지만, 그만큼으로도 시중은행들의 국채 매입과 매도 의사에 강한 영향을 미치기에는 충분했다. 국채 금리는 시중은행들이 여

▪ 그 시절에는, 그리고 그 후로 몇 년 동안은, 뉴욕 연방준비은행의 트레이딩데스크에 대한 FOMC의 지시사항 대부분이 자유free 지급준비금, 비차입nonborrowed 지급준비금 또는 변형된 형태의 다른 지급준비금 등 시중은행의 지급준비금을 일정 수준으로 유지시키는 것과 관련되어 있었다. 이는 다시 시중은행들이 하루 동안 서로에게 지급준비금을 빌리거나 빌려줄 때 적용되는 연방기금금리Federal Funds rate에 영향을 주었다. 지급준비금 유지의 목적은 단기 금리가 FOMC가 설정한 목표 범위 내에 있도록 하는 것이었다. 시장금리의 목표 범위로부터의 이탈은 시장에 존재하는 압력과 경제활동에 대한 유용한 정보를 담고 있는 것으로 인식되었다. 지급준비금의 변화가 통화량의 증가 폭에도 영향을 미친다는 점은 알려져 있었지만, 통화량은 가장 중요한 정책 목표는 아니었다.
지금은 컴퓨터가 트레이딩데스크의 일을 대신하고 있다. 일종의 개선으로 볼 수 있는 것인지 확신이 서질 않는다.

유 자금을 다른 은행에 적극적으로 빌려줄지 그냥 보유하고 있을지를 결정하는 데 도움을 주는 은행 간 차입금리의 기준이 되었다.

그 시절에는 시장 참가자들과 정책 결정자들 모두 재정정책, 통화정책과 정부부채 관리 정책의 중요성을 이야기했다. 서로 다른 만기의 국채를 사고파는 정부부채 관리 행위는 최근에 와서야 금융시장과 경제활동에 영향을 주기 위한 수단으로 다시 유행처럼 번지고 있다. 불가피하게도 정부부채 관리에 대한 책임은 채권을 발행하는 재무부와 채권을 매입하거나 매도하는 연준이 분담하고 있는데, 이러한 책임 공유는 연준의 독립성과 관련해서 민감한 사안이다.

뉴욕 연방준비은행은 1920년부터 지금까지 아주 오랫동안 연준 정책의 기획 및 실행 과정에서 강력한 영향력을 발휘해왔다. 연준 초기 시절에는 워싱턴에 소재한 연준이사회의 지도력이 약한 편이었다. 연준 의장들은 조직을 장악하지 못했고, 이사들은 그다지 명망 높은 사람들이 아니었다. 뉴욕 연방준비은행이 국내에서나 국제사회에서나 통화정책의 구심점으로 부상한 것은 공개시장운영에 관한 신뢰도와 널리 존경받던 지도자인 벤저민 스트롱Benjamin Strong 덕분이었다.

그러한 양상은 1928년에 스트롱이 사망한 후에도 한동안 지속되었지만, 지도력에 대한 존경심은 약해졌다. 이듬해인 1929년에 발발한 주식시장 붕괴와 심각한 은행 위기, 잇따른 대공황은 불가피하게 연준 정책의 유효성에 대한 의문으로 이어졌다. 워싱턴의 연준이사회 의장으로 새로 부임한 강골 성향의 매리너 에클스Marriner Eccles는 1935년에 마침내 루스벨트 대통령의 지지를 업고 연방준비법Federal Reserve Act의 핵심 조항들을 개정하도록 의회를 설득하는 데 성공했다. 더 이상 재무부 인사들이 참여할 수 없게 된[■] 연준이사회는 더 명확한 책임을 부여받았다. 여전히 외국 중앙은행들과의 긴밀한 관계 유지와 공개시장 운영을 책임지고 있었던 뉴욕 연방준비은행은 사실상 연준이사회의 엄격한 통제 아래 놓이게 되었다.

통제의 방증 가운데 하나는 뉴욕 연방준비은행이 모든 국채 매입·매도 거래의 근거를 극도로 상세하게 기술하여 매주 FOMC에 제출한 보고서였다. 나는 수요일 밤마다 집에서 그 극비 문서들의 초안을 작성하느라 늦게까지 일해야 했다(바버라는 '보안' 문서를 받을 자격이 있는 간부들 명단에 이름이 오를 만큼 내가 늙지 않았다는 사실을 언제나 기뻐했다).

대공황과 제2차 세계대전 기간 내내 금리가 사상 최저 수준에 고정되어 있었던 탓에 연준이 통화정책을 운용할 여지는 거의 없었다. 1951년에 연준-재무부 협약이 타결된 이후에는 상황이 바뀌었다.

이제 연준은 통화정책을 자율적으로 운용할 수 있었고, 실제로도 그렇게 했다. 얼마 지나지 않아 통화정책 수행에 대한 기본적인 접근 방식을 두고 관료들 간의 전면적인 전투가 벌어졌다. 루사와의 친분 때문에 나는 전투의 최전선에 서게 되었다.

당시 연준 의장이었던 마틴은 워싱턴에 있는 동료 이사들의 강력한 지지를 등에 업고 통화정책과 직접적으로 연관되지 않은 채권들, 즉 3개월 만기의 트레저리 빌이나 익일물 '환매조건부채권'보다 만기가 긴

■ 연방준비법 개정 이전에는 재무부 장관과 통화감독청장이 연준 이사에 포함되어 있었다.

채권들을 사고파는 것이 연준의 권한 남용이라는 입장을 천명했다. 바꿔 말하자면, 채권시장 개입은 중단되어야 한다는 것이었다. 연준이 만기 3개월 이상 채권의 금리에 영향을 주려 하지 말아야 한다는 의미였다. 연준의 그러한 개입은 분명 미국 경제의 여러 부문 간 자금 배분에 영향을 미치는 것이나 다름없다는 점이 이유였다.

마틴 의장의 견해는 '단기채권주의bills-only doctrine'로 알려지게 되었는데, 연준의 거래 대상 채권을 3개월 만기의 국채나 그보다 만기가 짧은 환매조건부채권으로 제한했기 때문이다. 뉴욕 연방준비은행은 그보다는 유연하게 거래 대상 채권을 선택할 재량권을 원했기 때문에 최선을 다해 연준이사회에 저항했다. 나는 단기채권주의가 선택 가능한 정책의 범위와 정책의 유효성을 불필요하게 축소시킨다는 점을 통탄하는 글을 썼고, 연설까지도 했던 것을 기억한다. 그러나 워싱턴은 완강했다. 연준은 시중은행의 지급준비금을 조절하여 간접적으로 통화량을 조절하는 것에 자신의 역할을 한정해야 하며, 정부부채 관리는 재무부의 고유 영역이라는 것이 워싱턴의 입장이었다.

최종 결정 권한은 워싱턴에 있었다. 직원들의 존경을 받던 뉴욕 연방준비은행의 총재 앨런 스프롤Allan Sproul은 1956년에 사임했다. 마틴 의장은 스프롤의 후임자 선정에 결정적인 영향력을 행사했는데,■ 그의 예일대학 동창생이자 온건한 성격을 지닌 뉴욕 소재 시중은행의 부행

■ 지역 연방준비은행 총재는 자체 이사회가 선출하지만, 워싱턴에 있는 연준이사회의 승인을 받아야 한다. 연준이사회는 사실상 뉴욕 연방준비은행 이사회가 누구를 임명하든 거부할 권한을 갖고 있다.

장 앨프리드 헤이스Alfred Hayes를 임명했다. 통화정책에 관한 그의 견해에 대해서는 알려진 바가 없었다. 그로부터 19년 후인 1975년에 나는 헤이스의 뉴욕 연방준비은행 총재직을 승계했다.

 "오직 단기채권만bills only"이라는 말은 아주 오래전부터 잘 쓰이지 않게 되었지만, 현실에서는 그 원칙이 수십 년간 지켜졌고 연준은 만기가 3개월보다 긴 채권은 거의 거래하지 않았다. 2008년 글로벌 금융위기 기간과 그 이후 연준이 대규모 개입(연준이 1950년대였다면 쉽게 엄두를 못 냈을 정도로 엄청나게 많은 양의 장기국채와 주택저당담보채권을 매입하는 조치)을 단행한 후에야 그 원칙이 종료되었다는 점이 확인되었다. 정부부채 관리는 소위 '양적완화quantitative easing'라는 이름 아래 더욱 확대된 형태로 회귀한 듯했다.

 스프롤 총재가 사임했을 때 눈물을 흘리지는 않았다. 하지만 다음과 같은 근본적 질문이 가슴에 남아 있었다. 중앙은행은 재정적자에 충당할 자금을 간접적으로 조달해주는 동시에 경제 전체의 신용 배분에 영향을 미치는 활동에—정치적 압력이 차단된 상태에서—어느 정도까지 관여해야 하는가?

— 새 직장, 새 가족

1957년 후반에 나는 체이스맨해튼은행Chase Manhattan Bank의 신설 조직인 경제연구부서의 책임자 존 윌슨의 전화를 받았다. 그는 내게 그 은행에서 수석 금융 이코노미스트로 일할 의향이 있는지를 물었다.

많이 지쳐 있었던 때라 구미가 당겼다. 나는 오랫동안 무기력하게 지내야 했던 상황, 너무도 상세하게 작성해야 하는 보고서와 불투명한 진로 때문에 연준의 트레이딩데스크 업무에 싫증을 느끼고 있었다. 그때 어떤 동료와 한가로이 나눴던 대화가 내 학력상의 공백을 떠올리게 했다. 대학 교수직으로 가려면 박사학위가 없다는 점은 심각한 결함이었다. 그는 하버드대학에서는 박사 과정 일반시험을 통과하고 나서 5년 이내에 학위논문을 제출해야 한다는 점을 상기시켰다. 거의 6년이 흐른 시점이었다.

나는 박사학위 제출 시한을 연장해달라고 간청하는 서한을 급히 하버드대학 공공행정학과로 보냈고 그만큼이나 빠르게 답변을 받았다. 내가 지원하려는 박사학위에는 학위논문 제출 시한이 없다는 것이었다. 꾸물대는 습관이 다시 살아났고, 박사논문을 써야 할 강력한 동기도 없었다. '학위논문은 날 기다릴 수 있다'고 생각했다. 지금까지도 학위논문은 무한정 날 기다리고 있다.

그사이에 바버라와 나는 집 근처 항구에서 검댕이가 날아와 창턱을 (그리고 좀더 중요하게는 아이들의 이마를) 뒤덮는 브루클린하이츠에서 공기 좋은 뉴저지주 플레인필드의 큰 집으로 이사했다. 이벳필드로부터는 멀어졌지만, 우리가 사랑한 1955년 월드시리즈 챔피언인 브루클린 다저스는 어차피 로스앤젤레스로 옮겨가고 있었다. 나는 나중에 뉴욕 메츠의 열성 팬이 되었지만 그 충성심이 브루클린다저스에 비할 정도 는 아니었다.

우리 딸 재니스는 그로부터 2년 전에 태어났고 아들 지미는 곧 태어 날 예정이었다. 그래서 더 많은 급여가 필요해진 터라 나는 체이스맨해 튼은행에 연락할 용의가 있었다. 나중에야 그 선택이 내 경력에서 매우 중요한 것이었음을 깨달았다.

내가 이직한 시점은 주로 기업을 상대로 영업활동을 하던 체이스내 셔널은행이 뉴욕 전체에 퍼져 있는 소매금융 지점망을 얻기 위해 맨해 튼컴퍼니은행과 막 합병해 체이스맨해튼은행이 된 때였다. 체이스맨해 튼은행(이하 체이스은행)은 미국에서 제일 큰 상업은행이라는 타이틀을 거머쥐기 위해 (몇 번의 합병 끝에 훗날 시티뱅크Citybank가 된) 퍼스트내 셔널시티은행과 전면전을 벌이고 있었다.7

새로 설립된 체이스은행의 경제연구부서는 경제분석에서 엄청난 강 점을 지니고 있었다. 그 부서는 고객과의 관계 유지를 지원했고 대중을 위해 시의적절한 보고서를 내놓기도 했다. 하지만 체이스은행에는 명 백한 공백이 하나 있었다. 사업뿐 아니라 지적 측면에서도 선두 주자를 자처하던 체이스은행으로서는 금융부문에 대한 분석이 취약하다는 사실을 더 이상 묵과할 수 없었다.

당시에 상업은행들은 1930년대 초의 금융위기 이후 제정된 법과 규 제에 여전히 강하게 구속되어 있었다. 예금 이자율에는 상한이 있었

다(요구불예금 금리가 0퍼센트로 고정되어 있었다). 1933년에 제정되어 법
안을 발의한 상원의원과 하원의원의 이름을 따 글라스-스티걸법Glass-
Steagall Act으로 불렸던 은행법Banking Act은 은행이 주식과 회사채를
인수하거나 거래하는 것을 금지했다. 이는 사실상 은행의 '예금수취
deposit-taking'와 '투자은행업investment banking'을 분리한 것이었다. 다른
주에서의 영업활동도 규제 대상이었다. 연방법은 주 경계 밖에서 지점
을 개설하는 것도 금지했으며, 그 후로도 대부분의 주는(심지어 뉴욕주
마저) 주 경계 내에서만 지점 개설이 허용되었다.

시중 은행의 경영진은 고객 예금이 유입되고 대출 수요가 높은 수준
으로 유지되기만을 기대해야 했고, 이는 다시 경제활동의 변화와 전반
적인 금리 수준의 영향을 크게 받았다. 나는 뉴욕 연방준비은행에서
근무한 경험이 있는 금융 이코노미스트였기 때문에 그러한 문제들에
대해 어떤 통찰력을 제공해줄 것이라는 기대를 받았다. 경영활동의 핵
심은 대출위원회 회의였는데, 나는 경영능력이 있을 것으로 평가받은
신입 직원이라면 모두 거쳐야 했던 체이스은행의 엄격한 대출 교육 과
정을 이수하지 않았음에도 가끔 그 회의에 참석하는 것이 허용되었다.

나는 상대적으로 규모가 컸던 체이스은행의 조직 문화가 뉴욕 연방
준비은행보다는 덜 관료적이라는 점을 금세 알게 되었다. 체이스은행에
입사한 지 얼마 되지 않은 시점에 조지 챔피언George Champion 은행장
의 사무실에서 보고서를 놓고 토론하던 순간이 지금도 기억난다. 그는
더 폭넓은 질문들을 제기했다.

침체에서 회복되고 있는 유럽과 비교했을 때 미국 산업이 경쟁력을

잃어가고 있다고 생각하는가?

브레턴우즈협정에 명시된 것처럼 금 1온스가 35달러에 계속 교환될 수 있을 정도로 달러화는 안전한가?

나는 답변할 준비가 되어 있지 않았기에 다음과 같은 일반적인 견해를 앵무새처럼 반복했다. 미국의 주요 교역 상대국인 유럽과 일본의 산업 경쟁력이 높아지고는 있지만, 제2차 세계대전으로부터 복구되기까지는 많은 시간이 걸릴 것이기 때문에 미국으로부터 계속 상품을 수입해야만 한다. 미국 밖에서는 만성적인 달러화 부족 현상이 나타나고 있다. 제2차 세계대전 말에 확립된 고정환율제는 유지되어야 한다. 1944년 브레턴우즈 회의에서 미국이 달러의 금 태환을 약속한 것이 지켜지지 않을 위험은 없다. 걱정하지 않아도 된다.

부끄러운 순간이었다. 그의 걱정거리들은 당시에는 분명히 다소 이른 감이 있었지만, 몇 년 후 내 삶의 한복판으로 들어왔다.

체이스은행의 부행장이었던 데이비드 록펠러David Rockefeller는 내게 다른 종류의 가르침을 주었다. 당시 영향력 있는 민간 조직이었던 경제개발위원회Committee for Economic Development의 후원하에 화폐신용위원회Commission on Money and Credit가 새로이 발족했는데, 그는 다른 기업 지도자들과 함께 그 위원회에 참여해달라는 요청을 받았다. 데이비드는 프로젝트를 수행할 시간이 부족했기 때문에 자기 대신 일해달라고 내게 간청했다.

위원회의 임무는 광범위했다. 우리는 국제통화시스템, 연준의 구조와 책무, 은행업 규제의 범위 등을 검토했다. 이후 경력에 엄청난 영향을 미칠 주제들에 관한 수준 높은 토론으로 나를 이끈 일등석 티켓이었다. 나는 전임 연준 의장인 에클스, 좀더 중요하게는 프리드먼으로부터 새뮤얼슨에 이르기까지 활동적이고 영향력 있는 경제학자들을 소개받을 수 있었다. 위원회의 직원들 중 몇 명은 나와 가까운 친구가 되었는데, 특히 MIT의 일라이 샤피로Eli Shapiro와 뉴욕대 스턴경영대학의 래리 리터Larry Ritter와는 사이가 각별해졌다. 그 위원회의 방대한 보고서8는 시간의 안개 속으로 사라졌지만, 의회의 일부 의원들이 의문을 제기했던 연준의 독립성이 지니는 가치를 정당화하는 데 큰 도움을 주었다(당시 제2차 세계대전이 가져온 대혼란 이후에 많은 주요국 중앙은행이 독립성을 잃었다).

체이스은행에서 나는 최고위급 간부 약 20명에게 보내는 주간 브리핑의 요약본을 작성하는 책임(그리고 특권)도 맡았다. 나의 공식적 지위는 그리 높지 않았지만, 많은 존경을 받던 전직 공무원이자 독일 주재 미국 고등행정관 출신으로 당시 체이스은행의 회장을 맡고 있던 매클로이John J. McCloy와 같은 최고경영진도 나의 존재를 알고 있었다. 매클로이 회장과 나는 제2차 세계대전 직후 미국-독일 관계의 구축에 어느 정도 중요한 역할을 했던 미독협력위원회American Council on Germany를 강화하기 위해 몇 년간 함께 일했다. 1989년에 있었던 그의 장례식에서 관을 운구한 것은 내게 영광이었다.

또한 외부 수석고문이었던 로이 해버컨Roy Haberkern과는 은행업 규제에 관한 일을 함께 하면서 절친한 사이가 되었다. 로이는 윈스턴세일럼 출신으로 자부심이 강하고 독실한 모라비아교회 신도였는데, 우연히도 나의 아내 바버라가 노스캐롤라이나의 결속력 강한 모라비아교회 공동체의 창시자였던 밴슨 주교의 후손이었다. 확실히 그 두 사람의 인연은 로이와 내가 평생 이어질 우정을 쌓는 데 도움을 주었다.

그들과 함께 일하면서 나는 서로 경쟁관계에 있던 체이스은행과 시티뱅크 간의 중요한 차이점을 알게 되었다. 새로운 법이나 규제가 도입되면 체이스은행의 챔피언, 록펠러, 해버컨의 접근법은 기본적으로 새로운 법과 규제를 준수하는 것이었다. 반면, 당시 공격적인 지도자였던 조지 무어George Moore와 그 후임자였던 월터 리스턴Walter Wriston이 경영하던 시티뱅크는 언제나 새로운 규제를 거부하고 회피한다는 인상을 주었다.

1950년대에 다수의 은행을 소유한 은행지주회사들이 성장했다. 이들은 어떤 경우엔 은행업 이외의 금융업이나 다른 산업에 종사하는 '비은행' 조직들도 소유하고 있었다. 1956년에 제정된 은행지주회사법Bank Holding Company Act은 연준에 이들 회사에 대한 감독권을 부여해서 은행업과 관련 없는 투자활동을 제한하려 했지만, 그 법에는 허점들이 있었다. 시티뱅크는 은행업과 무관한 활동을 확장하는 길을 모색했다. 반면, 체이스은행에서는 진지한 논쟁이 벌어졌던 것으로 기억한다. 특히 구시대 은행가들 중 한 명이 "안 됩니다. 우리는 지주회사가 되기를 원치 않고, 은행업이 아닌 다른 일에 뛰어들고 싶지도 않으며, 상업은행업에서 눈을 돌리고 싶지 않습니다"라고 말했던 것이 기억에 남는다.

또한 그는 개인에게 '인센티브'를 주는 보수체계, 즉 보너스의 도입은 상업은행업에 수반되는 책임감과 항상 고객이 우선이라는 암묵적 합의에 종말을 고할 것이라고 말했다.

그런 것을 우려하기에는 시기상조였을 수도 있지만, 그는 예지력이 있었다. 오늘날 우리가 목도하고 있는 수백만 달러의 보너스는 분명히 은행원들의 업무 동기를 왜곡해서 그들이 반드시 고객의 이해를 앞세울 필요가 없게 만든다(이와는 대조적으로 당시 체이스은행은 보수적으로 설정한 목표 이윤을 달성하는 해마다 모든 직원에게 사실상 15퍼센트의 보너스를 주는 이윤공유제도를 실행하고 있었다).

체이스은행에서 미래 경력에 더없이 도움이 될 만한 훈련을 받을 수 있었음에도 그때는 그 훈련이 앞으로 내게 어떻게 작용할지가 불투명했다. 그래서 나는 체이스은행의 그 유명한 대출심사교육credit training을 받지 않았는데, 그 교육은 시간이 지나면서 체이스은행뿐 아니라 몇몇 지역은행에서도 통할 리더십의 원천을 제공했다. 경제연구부서에는 공동 부서장들이 있었는데, 그들은 몇 년간 이동하지 않을 듯했다. 내가 나중에 체이스은행의 투자담당 부서장이 될 가능성이 약간 남아 있기는 했지만 그쪽으로는 마음이 가질 않았다.9

1961년 말경에 당시 새로 출범한 케네디 행정부에서 재무부 통화부문 담당 부차관을 맡고 있던 루사가 내게 전화를 주었을 때 번민은 끝이 났다.

"워싱턴으로 와서 우리를 좀 도와주게나."

활기 넘치는 새 행정부의 일원이 된다는 생각에 들뜬 나머지, 나는 전화를 받은 지 며칠도 안 돼서 이미 워싱턴에 도착해 있었다.

뼛속까지 공화당원이었던 챔피언 은행장과 마지막으로 나눈 대화가 기억난다.

"자네는 옳은 일을 하고 있어, 폴. 워싱턴으로 가서 우리의 나라를 도와주게. 그 후에 여기로 돌아오게나. 자리를 마련해두겠네."

그로부터 5년 후에 나는 미래전략기획부의 최고책임자라는 새롭고 더 높은 직책을 부여받고 체이스은행으로 돌아왔다.

4장 워싱턴으로

젊고 신선한 민주당 대통령 케네디는 고루한 이미지의 전쟁 영웅 출신인 공화당 대통령 아이젠하워의 8년 임기가 끝난 후에 취임하여 대중에게 엄청난 열정과 새 출발의 느낌을 불어넣었다. 하지만 조지 챔피언이 미국의 무역 경쟁력과 그것이 달러화에 미치는 영향에 대해 제기했던 우려가 확산되고 있었다. 당시 미국의 대외수지■는 적자를 나타내는 중이었다.[1] 즉, 해외에서 벌어들이는 돈보다 해외에서 쓰는 돈이 더 많았고, 보유 달러화의 일부를 금으로 교환해달라는 해외 국가들의 요구가 점점 더 빈번해지고 있었다.

금융시장 참가자들과 기업들은 검증되지 않은 대통령에게 달러화

■ 볼커는 국제수지의 영어 표현인 'Balance of Payments'를 사용했는데, 국제수지 자체는 복식부기 원리로 작성되기 때문에 항상 균형을 나타내며 적자 또는 흑자라는 표현이 적용될 수 없다. 당시 경제 상황을 고려할 때 볼커가 사용한 국제수지 개념이 경상수지, 금융계정 및 자본수지의 합계로 이해되어, 용어 사용상의 혼란을 줄이기 위해 불가피하게 '대외수지'라는 표현을 사용했음을 밝혀둔다. (옮긴이)

가치를 방어할 의지가 있는지 알 수 없어 불안을 느꼈고, 이러한 불안감은 선거 며칠 전에 금 가격의 급등으로 나타났다. 그 직후 케네디는 자신이 당선된다면 달러화의 가치절하를 절대 용인하지 않겠다는 입장을 천명했다.[2] 그는 선거가 끝난 뒤에 딜런리드앤드코 투자은행의 더글러스 딜런Douglas Dillon을 재무장관으로 지명함으로써 금융계를 더욱 안심시키려 했다.

― 미국 재무부

루사는 재무부에서 맡은 직책을 하나의 기회로 활용하는 대신 미래를 구상하는 데 전념했다. 나는 높이 평가받는 몇몇 이코노미스트가 삽시간에 모여든 금융분석국이라는 새로운 부서를 책임지게 되었다. 그들은 각자 흥미로운 업무를 맡았다. 나는 플레인필드의 옛집보다 두 배나 비싼(그리고 안락한) 메릴랜드주의 체비체이스에 있는 주택을 3만 5000달러에 매입한 후에 가족을 워싱턴으로 이주시켰다. 연봉 1만 8500달러의 임시직 일자리로 과연 그 집을 살 능력이 될지 걱정스러웠지만, 워싱턴에서 누릴 기회[3]를 생각하면 그건 부차적인 문제였다.

　나는 고위 간부들, 특히 루사마저도 새로운 연구를 추진할 시간이 부족한 상황임을 금세 알 수 있었다. 너무도 많은 일이 쌓여 있었기 때문이다. 나는 곧바로 '작전에 투입'되는, 즉 일상적으로 정책을 실행하는 상황에 내던져졌다.

내가 재무부에 합류했을 때, 행정부의 가장 큰 고민거리는 조세제도 개혁과 감세를 얼마나 많이, 얼마나 빨리, 얼마나 포괄적으로 추진해나 갈 것인가였다. 딜런이 이끄는 재무부는 주의 깊게 접근해야 한다고 주장했다. 이 문제에 대한 책임감 있는 접근법은 재정수지를 균형으로 유지하면서 세법상의 허점 및 특별 조항을 제거하는 철저한 개혁을 감세와 병행하는 것이었다.

대통령에게 영향력을 미치던 케인스주의자들이 포진한 백악관 경제자문위원회CEA는 그들이 두려워하던 경기침체가 오지 않도록 재무부가 5퍼센트 경제성장과 같은 선거공약4을 실천하고 신속하게 행동에 나서기를 원했다.

대통령의 동의를 얻기 위한 재무부와 경제자문위원회 간의 전투는 나의 직급보다 한참 높은 수준에서 전개되었다. 하지만 나에게도 그 전투에서 맡은 작은 역할이 하나 있었다. 내가 맡은 임무들 중 하나는 뉴욕 연방준비은행에서도 담당했던 경제전망 업무였다. 오랫동안 공직에서 근무한 데다 현실경제에 밝았던 이코노미스트인 허먼 리블링 Herman Liebling의 도움을 얻어 경제전망을 마친 뒤에, 나는 경제자문위원회의 우려와 달리 1962년에 경기침체를 가까스로 피할 것이라는 결론을 내렸다. 나의 전망은 조세 법안을 졸속으로 다룰 게 아니라 제대로 처리해야 한다는 재무부의 손을 들어주었다. 결국 점진적이고 신중하게 접근하자는 주장이 승리했다. 미국에게도 나에게도 다행스럽게, 경기침체는 일어나지 않았다. 1962년 중반경, 1929년 이래 최악의 주가 폭락 사태가 일어난 지 며칠 뒤에 열린 기자간담회에서 케네디 대통령이 발표한 조세제도 개혁안5은 포괄적인 개혁을 지향하는 듯했다.

나는 차관이었던 조 파울러Henry 'Joe' Fowler에게 보고하기 위해 조세
제도 개혁안의 경제적 영향에 대한 아주 긴 분석 보고서를 작성했던
것을 기억한다. 그는 의회에서 그리고 대중 앞에서 그 개혁안을 열정적
으로 옹호했다. 당시의 전반적인 경제 상황(실업률이 낮고 인플레이션이
없는 상황)을 고려했을 때, 나의 분석 결과는 조세 부담의 완화가 직접
적으로 소비를 진작할 뿐 아니라 간접적으로는 투자도 크게 확대시키
는 '승수multiplier' 효과를 유발한다는 점을 시사했다. 아마도, 신규 투
자가 세입을 증대시키기에 충분할 정도의 추가적인 경제성장을 유발하
여 결과적으로 최고세율 인하에 따른 세입 손실분의 상당 부분 또는
전부를 보전할 것이라는 단순한 추측에 빠졌던 것 같다. 앨빈 핸슨이
내게 준 영향이었다. 그는 공급경제학의 선구자였던 것이다! (달리 표현
하자면, 남들에게 자랑할 만한 워싱턴의 새 직장에서 달콤한 장미 향기를 맡
은 젊은 이코노미스트가 품었던 열정의 징표라고도 할 수 있겠다.)

예상과 달리, 딜런이 1963년 초 의회에서 처음으로 발표한 조세개
혁 법안에 대한 반응은, 참사까지는 아니더라도, 상당히 실망스러웠다.
조세개혁의 세부 조치들은 거의 또는 아예 지지받지 못했고, 신속하게
세율 인하를 추진할 만한 동력도 얻지 못했다. 다행히도 나는 그 실패
한 개혁안에 전혀 관여하지 않았다. 딜런 장관은 의회에서 증언을 마치
고 돌아와서는, 곧바로 그리고 반쯤은 농담으로 그 개혁안을 (조세분석
국 국장 하비 브레이저Harvey Brazer의 이름을 붙여) '하비의 법안'이라고 불
렀다.

재무부에서 나의 직속 상관은 루사와 그의 차관보 듀이 데인J. Dewey Daane이었는데, 두 사람 모두 미시건주 출신에다 연준에서 장기간 근무하며 주로 국제금융 업무를 담당했던 전력이 있었다. 케네디 대통령이 1963년 말경에 데인을 연준 이사로 임명했을 때 나는 루사의 사무실 바로 건너편에 있는 아주 멋진 방과 함께 그의 직책을 물려받았다.

케네디 대통령은 데인이 연준 이사로 취임하기 불과 일주일 전에 암살당했다. 나라 전체가 극도의 혼란 속으로 빠져들었지만, 루사와 나는 국제 외환시장에서 달러를 방어하는 데 계속 전념해야 했다. 예전에 체이스은행의 조지 챔피언이 우려한 대로 외국 산업의 경쟁력은 강화되고 있었다. 미국의 수출은 여전히 호조를 보이기는 했지만, 수입, 대외원조, 국방비, 자본 유출 등의 총 증가액을 완전히 상쇄시킬 수는 없었다. 그 결과 미국의 대외수지는 적자로 돌아섰고, 제2차 세계대전 이후 해외에서 지속되던 '달러 부족' 현상은 '달러 과잉' 현상으로 전환되었다.

달러가 남아도는 유럽 국가들은 때때로 달러 보유고 일부를 금으로 교환해달라고 요구하기 시작했다. 브레턴우즈협정에 보장된 기본 권리였다. 1945년 말에 미국의 금 보유고는 200억 달러6였는데, 이는 전 세계 중앙은행 및 정부가 보유한 금의 70퍼센트 수준이었으며 모든 해외 국가가 보유한 달러화의 몇 배에 달했다. 1961년 말에 미국의 금 보유고는 170억 달러로 줄어든 반면, 대외부채는 230억 달러로 급증했다. 미국이 보유한 금만으로는 '태환 가능성'의 자격이 주어진 해외 소재 달러의 금 태환을 더 이상 감당할 수 없었다. 해가 갈수록 미국의 금 보유고와 대외부채 간의 격차는 커져만 갔다.

의기양양하게 프랑스 대통령직에 복귀한 드골 장군은 조국의 영광을 되찾는 데 몰두해 있었는데, 미국 기업이 프랑스 기업들을 인수하는 것에 대해 분개했다. 그는 프랑스 정부의 금 매입 규모를 점점 더 늘려나갔다. 그의 재무장관 지스카르데스탱Valéry Giscard d'Estaing은 달러를 보유하려는 교역 상대국의 의지에 기대어 대외수지 적자, 특히 해외 직접투자에 충당하기 위한 자금을 손쉽게 조달하는 미국의 '과도한 특권exorbitant privilege'에 대해 항의했다.

루사는 재무부에 근무하면서 브레턴우즈체제의 고정 환율과 금-달러 태환이라는 핵심 전제를 유지하는 데 대부분의 시간을 바쳤다. 루사는 이를 자유세계의 지도자인 미국에 맡겨진 책무로 생각했기 때문에, 그에게 있어 브레턴우즈체제의 방어는 경제정책상의 문제일 뿐만 아니라 도덕적인 문제이기도 했다. 그의 사무실에서는 달러화의 평가절하 또는 달러의 금 태환 중지에 대한 어떠한 언급도 금기시되었다. 확실히 다른 나라의 재무부 인사들은 달러가 만성적으로 고평가되어 있을 가능성과 미국의 금 보유고가 소진될 수 있다는 가능성을 인식하지 못했다. 미국의 명예가 위태로워졌다. 혹은, 적어도 루사의 영향권 내에 있는 우리에게는 그렇게 보였다.

우리가 이러한 견해를 취했을 때 케네디 대통령은 사실상 이를 지지했는데, 그는 (사람들 말로는 그의 아버지로부터 주의를 받았다고 한다) 대외수지 적자를 대통령 지위에 대한 최대 위협으로 간주했다.7

당연히 루사는 지식과 경험이 매우 풍부한 사람이었다. 그는 벨기에의 경제학자인 로버트 트리핀Robert Triffin과 그의 불변의 논리인 '트리핀 딜레마'를 아주 잘 알고 있었다. 트리핀 딜레마는 시간이 지나면서 계속 성장하는 세계경제의 (가장 신뢰받는 가치 저장 수단인) 금 보유 수요를 충족시킬 정도로 금이 빠르게 생산되지 못하는 상황을 의미했다. 그래서 당시 외국 중앙은행은 달러화를 금의 대체자산으로서 한동안 기꺼이 보유할 용의가 있었던 것이다.

그러나 미국은 해외 중앙은행이 보유한 달러화 잔고의 증가세를 유지하기 위해 달러화를 더 많이 발행해야 했고, 대외수지는 계속 적자를 나타냈다. 그 결과 인플레이션을 제어할 수 없는 상황이 지속되었고, 달러화를 보유한 국가가 요구하는 즉시 35달러의 고정 가격에 금을 교환해주기에는 달러화의 가치가 약해진 상태였다. 트리핀은 하나의 해결책으로서 전 세계 국가가 받아들일 수 있는 금과 달러의 대체자산을 도입하자고 제안했다.

주요 유럽 중앙은행 인사들과의 친밀한 관계를 발판 삼아 2~3년 동안 창조적 에너지를 분출시킨 결과, 루사는 금과 달러의 태환 가능성에 대한 잠재적 압력을 완화할 수 있는 놀라운 수단을 발견해냈다. 첫 번째로 IMF와 일부 회원국 그룹(한참 뒤에 G-10으로 불렸다) 간의 자금 차입·대출 한도가 확대되었는데, 이는 이들 국가가 달러 보유고를 증가시킬 필요성을 확실히 줄였다. 그리고 소위 통화스왑(사실상 중앙은행들 간의 상호 단기차입 수단)을 통해 해외에서 과도하게 보유하고 있는 달러를 재무부와 연준이 흡수할 법적 근거가 마련되었다. 또한 재무부는 오랜 전통을 어겨가며 달러화로만 매입할 수 있는 (당시로서는 소규모의) 외화 표시 채권을 발행했는데, 그 채권에는 이내 '루사 채권Roosa bond'

이라는 별칭이 붙었다. 한편 재무부와 연준은 장기금리는 일정하게 유지시키면서(그래서 모기지나 다른 대출의 이자 비용이 상승하지 않도록) 단기금리의 상승은 허용하는(높은 수익을 좇아 해외에 달러를 투자한 투자자들을 다시 미국으로 불러들이는) 오퍼레이션 트위스트operation twist를 실행하기 위해 협력했다.■

의식적이었든 아니든, 이러한 접근법들은 그로부터 50년 뒤인 2008년 금융위기 기간과 그 이후에 연준과 재무부가 외국 중앙은행에 필요한 달러 유동성을 공급하고 국내의 신용시장과 경제를 안정시키기 위해 실행했던 대규모 개입 조치의 선례가 되었다.

이러한 금융 차원의 고식책이 한계에 도달한 듯한 느낌이 들 즈음, 재무부는 미국으로부터 유출되는 자본에 과세하는 법안의 제정을 요구했다. 그 논리적 근거는 자본 과세를 통해 당시 유럽의 고금리와 미국의 저금리를 '균등'하게 만든다면 미국 기업이 달러를 해외에 빌려주거나 투자할 유인이 약화될 수 있다는 것이었다. 우리는 이자율균등화세금8이 달러의 해외 유출을 줄여주기를 기대했다.

나는 국세청IRS 전문가들의 도움을 받아 자본 과세 법안의 초안을 상세하게 작성해달라는 요청을 받았다. 눈이 번쩍 뜨이는 경험이었다. 이 경험을 통해, 개념 자체로는 이성적으로 아름답고 단순해 보이는 접근법이 현실에서는 얼마나 적용하기 어려운 것인지를 깨달았다.

■ 그 결과, 1963년 중반에 재무부는 연준이 단기금리를 마틴 의장이 바라는 수준보다 높게 인상하기를 간절히 원했다. 나는 연준이 7월 16일에 재할인율 인상을 발표하는 현장에 가서 마틴 의장이 올바르게 발언하는지 확인하라는 지시를 받았다. 나이 어린 재무부 직원에게 빤히 감시당하는 상황을 그가 달가워했을 리 없다.

초안을 함께 작성한 국세청 직원은 내게 곧바로 일상적인 단기 무역금융도 과세 대상인지 아니면 면세 대상인지를 물었다. 해외 주재 미국 기업들의 현지 직접투자에 대해서도 과세할 것인가? 그리고 직접투자가 면세 대상이라면, 직접투자와 무역금융을 어떻게 정확히 정의해야 하는가? 미국과 통합된 자국의 금융시스템이 원활하게 작동하지 못할 것이라는 예상으로 잔뜩 화가 나 있는 캐나다에 대해서도 그 세금을 적용할 것인가?

결국 단기자본은 과세를 면제받았다. 또한 캐나다로 유출되는 자본과 해외 직접투자도 면제받았다. 나는 이 모든 조치를 위해 몇 페이지에 걸쳐 각각의 개념을 정교하게 기술해야 했다.

한 가지 중요한 점에서 법안의 초안 작성 작업은 의미가 없어져버렸다. 그 법의 영향을 받는 자본시장이 적어도 한동안은 이미 법안이 발효된 것처럼 반응했기 때문이다.

곧이어 나는 하나의 개입이 어떻게 추가적인 개입으로 이어지는지를 이해하게 되었다. 채권에 과세한다면 은행의 해외 대출도 축소시켜야 하지 않을까? 그래서 은행 대출을 '자발적'으로 제한시키는 조치들이 도입되었다. 그 조치들은 이후에 종종 강화되기도 했다.

이러한 통제 조치들이 효과를 내기 시작하자, 시장의 기발함은 얼마 지나지 않아 '유로달러 시장'을 만들어냈다. 실제로 통상 뉴욕에 있는 은행에 예치되던 달러 자금9이 점점 더 많이 런던으로 이동했다. 규제, 경쟁, 통화정책과 관련된 복잡한 문제들이 제기되었고, 결코 완전하게 해결되지 못했다.

1964년 11월, 린든 존슨 대통령이 재선에 성공한 후 루사가 민간 은행인 브라운브러더스해리먼Brown Brothers Harriman의 파트너로 안락하게 일하기 위해 재무부를 떠나기로 결정했다는 사실에 나는 많이 놀랐다. 개인적인 경제 사정(차관 연봉10은 당시 2만8500달러였다), 가족의 압력, 단순한 피로감 등이 동기였을 텐데, 무엇이 가장 중요했는지는 정확히 알지 못했다.

나는 그가 브레턴우즈 질서에 대한 확신을 잃어가고 있다는 징후를 느끼지 못했다. 그러나 그때쯤 미국의 금 보유고는 대외부채의 절반 가량으로 줄어 있었다. 그래서 나는 브레턴우즈체제가 붕괴할 가능성에 흥미를 느꼈다. 몇 년 후 내가 게임이 끝났다고 결론짓고 그러한 전제하에서 행동을 취했을 때, 루사에게는 그것이 어떻게 비쳤을지가 궁금했다. 제2차 세계대전 이후 미국이 국제통화시스템의 주도권을 유지하도록 기울인 노력을 비롯하여 그가 남긴 모든 유산을 없애는 것처럼 보이진 않았을까? 그는 말이든 태도로든 전혀 그런 내색을 한 적이 없다. 오히려 그는 공석에서든 사석에서든 나를 지지해주었다.

달러화의 가치를 지키기 위한 전투는 당연히 재무부만의 몫은 아니었다. 경제자문위원회의 존경받는 이코노미스트들은 달러화 정책 때문에 금리를 인상해야 하지는 않을지를 주로 걱정했다. 국무부, 특히 조지 볼George Ball 차관은 달러화 가치를 방어하기 위한 재무부의 노력을 미군의 해외 주둔과 대외원조에 필요한 달러화 지출을 감소시킬 잠재적 위협으로 간주했다.

부처 간의 불협화음은 종종 다소 격화될 조짐을 보이기도 했다. 나는 친한 동료들에게 "국내와 해외에 있는 모든 적으로부터 미합중국 헌법을 수호한다"라는 공직 선서문의 구절이 실제로는 국무부와 경제자문위원회 간의 관계에 적용되어야 할 규약이라며 농담을 던지곤 했다.

재무부 장관 딜런이 의장을 맡았던 금위원회Gold Committee는 그러한 이슈들을 (해결까지는 아니더라도) 논의라도 할 목적으로 창립되었다. 나는 그 위원회에 직접적으로 깊이 관여하지 않았지만, 재무부 회의실에서 진행된 한 회의에 대해서는 선명한 기억을 갖고 있다. 회의 참석자 중에는 자신감 충만한 대통령 외교정책 수석자문위원 맥조지 번디McGeorge Bundy, 국무부 차관 볼, 연준 의장 마틴이 있었다. 회의가 시작되기 전 나는 회의장에서 딜런 장관에게 보고 중이었는데, 그는 전화를 받으러 회의장을 나가면서 내게 회의를 시작하라고 지시했다.

일개 부차관이 의장직을 대행한다는 것에 참석자들이 짜증을 느끼는 기색이 역력했다. 번디는 곧바로, 만약 독일 주둔 미군에 대한 군비 축소를 논의하는 자리라면 회의장을 즉시 떠나겠노라고 선언했다. 마틴 연준 의장이 즉각 개입한 것은 지금 생각해도 다행스럽다. "달러화 가치의 안정과 금 가격에 대한 약속은 독일에 군대를 얼마나 많이 주둔시키고 있느냐보다 훨씬 더 중요합니다." 딜런 장관이 돌아왔을 때 나는 즐거운 마음으로 회의장을 빠져나왔다.

— 정치와 정책

루사가 재무부를 떠난 후에 나는 갈수록 딜런 장관의 경제부문 개인 비서가 되어갔다. 명민하고 절제된 이성을 갖춘 데다 자신의 지위와 권위에 대해 확신하는 그로부터 많은 것을 배웠다. 내가 며칠에 걸쳐 작성한 연설문들의 초안을 그는 단 몇 분 만에 편집하곤 했다. 그는 거의 매일 아침 내게 이런저런 이슈를 분석해달라고 부탁했는데, 그 이슈들은 종종 그가 출근길에 록크리크 공원 도로를 지나고 있는 나를 추월하면서 리무진 안에서 읽고 있었던 『뉴욕타임스』 기사들이었다.■

너무도 권위적인 행정의 전형으로 기억에 남은 어떤 사건을 떠올리면 지금도 짜증이 난다. 당시 뉴욕 주지사였던 넬슨 록펠러가 뉴욕 중심가에 국제무역센터World Trade Center를 건축할 계획을 세웠다는 소식을 딜런에게서 전해들었다. 그 계획을 경제적으로 실행 가능한 것으로 만들기 위해서는 재무부의 지원이 필요했다. 마침 재무부에 소속된 거대 기관인 관세청이 새로 입주할 아주 넓은 공간을 필요로 했다. 넬슨 측에서는 관세청이 새로 지어질 빌딩의 수백 평을 임대하겠다고 약속해줄 수 있는지 물어왔다. 더 중요한 문제는 록펠러의 통제하에 있는 뉴욕-뉴저지주 항만국이 무역센터 건설에 필요한 자금을 대고 나중에

■ 나의 오래된 내시램블러 차는 앞좌석 하나가 부서져서 뒤에 의자를 받쳐둔 상태였다. 달러 가치의 절하 압력을 고려하여, 나는 바버라에게 새로 구입할 차는 미국산이어야 한다고 말했다. 결국 우리는 저렴하고 작은 빨간색 로드스터(지붕 없는 2인용 차)를 구입했다. 내 기억으로 딜런은 나와 달리 그의 독일산 벤틀리를 미국산 캐딜락으로 교체해야 한다는 것을 깨닫고는 조금은 슬퍼했다.

그 건물을 소유한다는 사실이었다. 항만국은 항만국 발행 채권에 면세 혜택이 주어질 수 있는지 확인해달라고 재무부에 요청했다. 더 낮은 금리와 지속 가능한 자금 조달을 보장받기 위해서였다.

이틀 후 나는 항만국 비서에게 짧은 메모를 전달했다.

1. 관세청은 실제로 새로운 공간이 필요합니다. 항만국에서 제안한 국제무역센터에서 북쪽 방면으로 몇 블록 떨어진 커낼가에 있는 공간을 두고 임대료 협상이 순조롭게 진행되고 있고, 훨씬 더 낮은 임대료를 약속받았습니다.
2. 중심가에 있는 사무 공간은 분명 공급초과 상태에 있습니다. 재무부의 지침에 따르면 민간의 상업용 사무 공간으로 사용될 건물에 대한 면세 조치는 근본적으로 정당화될 수 없습니다.

그 비서는 메모를 빠르게 읽어 내려간 뒤에 나를 치켜 보며 권위적인 어조로 말했다.

"좋습니다, 폴. 하지만 넬슨은 원하는 것을 얻어낼 겁니다."

비슷한 맥락의 사건이 하나 더 있었다. 나는 존슨 행정부 때 연방정부의 저금리 학자금 대출 이용을 장려하는 방안을 마련하기 위한 부처 간 합동 연구를 이끌어달라는 요청을 받았다. 그 이슈는 당시 많은 관심을 받았으며, 주 정부, 기초자치단체, 민간단체 등이 수많은 접근법을 시험하던 중이었다. 우리는 일단 "천 송이의 꽃이 스스로 피어나도록 내버려두고"▪ 나중에 연방정부가 개입할 근거를 결정하자고 제안했다. 나는 합동연구 감독자였던 백악관 보좌관이 우리 제안에 대해 어떻게 말했는지 기억하고 있다. "그 제안은 잊어버립시다. 선거가 임박했습니다. 우리는 하나의 대안을 제시해야 하고, 그 대안은 연방정부가 추진하는 대안이 될 것이며, 존슨 대통령은 그걸로 표를 얻게 될 것입니다."[11]

두 사건 중 어느 하나도 내가 재무부 일을 그만두게 만들지는 못했다. 나는 1965년에 딜런의 후임자로 임명된 전 차관 파울러와 몇 달간 더 흥미진진한 시간을 보냈다.

파울러 장관은 존슨 대통령과 가까웠으며 그에 대한 충성심이 엄청났다. 대통령이 슈퍼마켓 체인점들의 제품 가격 인상에 어떻게 대응할지에 대해 보고받고 싶어했기에 나는 처음으로 대통령 집무실Oval Office을 개인 자격으로 방문했다. 파울러와 내가 도착했을 때 대통령은 며칠 전 신문 머리기사를 장식했던 그의 도미니카공화국으로의 해병대 파병 결정에 골몰해 있었다. 그는 자신의 결정을 정당화하는 혼잣말을 중얼거렸고, 슈퍼마켓의 가격 인상에 대해서는 단 한마디도 꺼내지 않았다. 대통령이 말을 이어가며 흔들의자를 계속 움직이자 의자 다리가 잠들어 있던 그의 개의 꼬리에 조금씩 더 가까워지는 것을 지켜보면서 나는 얼어붙어버렸다(예상대로 그 개는 적당한 시점에 꼬리를 반대쪽으로 움직였다).

파울러는 취임 직후 내게 큰 시험을 내주었다. 코드곶에서 긴 휴가

■ 1956년 마오쩌둥이 추진한 정책, 백화제방百花齊放에서 가져온 표현이다. (옮긴이)

를 보내고 돌아온 뒤, 버지니아변호사협회 앞에서 낭독할 예정이었던 긴 연설문(그는 장황한 연설을 하는 데 일가견이 있었다)의 초안을 내게 준 것이다.[12] 통화개혁에 관한 국제회의를 요구하는 그 연설문은 개혁의 내용을 상세하게 기술하지는 않았으나 최종 목적이 매우 명확했다. 달러화를 보완하는 새로운 기축자산reserve asset을 도입하여 궁극적으로 금을 대체하도록 만듦으로써 달러화의 가치절하 압력을 완화하자는 것이었다. 그것은 트리핀 딜레마에 대한 공식적인 답변이 될 예정이었다.

그때 나는 무슨 생각을 했던가?

음, 나의 솔직한 답변은 "그리 좋은 생각은 아니다"였다. 그러한 협상을 시작하면 불가피하게 달러화와 금 가격에 대한 불안감을 촉발시킬 것이라고 루사가 누차 경고하지 않았던가? 먼저 적어도 미국의 우방국들이 어떻게 느끼는지는 조용히 알아봐야 하지 않았을까?

그는 그렇지 않다고 답했다. 존슨 대통령의 승인을 얻었기 때문에 그는 논의가 시작되기를 원했고, 단순하게 자신의 구상을 '비상 계획'이라는 형식으로 포장하여 다른 나라들의 의견을 떠보려 했다.

비록 시간은 걸렸지만 내가 재무부를 떠난 지 3년 뒤에 그는 소기의 목적을 달성했다. 훗날 내가 재무부에 통화부문 담당 차관으로 돌아와 달러화 위기가 심각해지는 상황에 맞닥뜨리게 되었을 때, '특별인출권SDR'이라는 어색한 이름의 새로운 공식 기축자산을 도입하는 책무가 나에게 주어질 예정이었다.

훗날 1965년 가을에 파울러는 마틴 연준 의장이 보낸 경고 때문에 깊은 걱정에 빠졌다. 연준은 모든 시장금리가 상승하기를 기대하며 은행에 부과하는 단기대출 금리인 재할인율을 인상할 계획이었다. 마틴의 목적은 명확했다. 경제가 이미 완전고용에 도달한 상황에서 베트남 전쟁을 수행하기 위한 군비 지출이 늘어나고 있었기 때문에 인플레이션 압력이 발생하지 않도록 선제적으로 대응하자는 것이었다. 정부 내에서 치열한 논쟁이 전개되었다. 파울러와 입장을 같이했던 경제자문위원회와 예산국은 연준이 재할인율 인상을 연기해야 한다고 호소했다. 나는 개인적으로 마틴의 주장에 공감했고, 그가 파울러를 설득해 금리 인상 폭을 당초 연준이 계획했던 0.5퍼센트포인트 대신 0.25퍼센트포인트로 줄이는 방향으로 타협하기를 바랐다.

4인 특별위원회가 그 문제를 검토하게 된 것은 내게는 불운이었다. 위원회의 구성은 특이했다. 나는 재무부 대표였지만 타협을 간절히 원했다. 연준의 조사국장이었던 댄 브릴Dan Brill은 마틴 의장의 입장에 아랑곳하지 않고 어떠한 금리 인상에 대해서도 강하게 반대했다. 정도의 차이는 있었지만 경제자문위원회와 (지금은 관리예산실인) 예산국 대표들도 같은 견해였다. 예상한 대로, 우리는 새로운 예산안과 조화를 이루도록 이듬해 1월까지 금리 인상을 미룰 수 있다고 결론지었다.

그럼에도 마틴은 입장을 고수했다. 존슨 대통령과 함께 '주요 인사들만' 참석하는 4개 경제기관Quadriad■ 회의가 10월 6일에 예정되어 있었다. 파울러는 나를 대동하고 그 회의에 참석했다. 마틴은 금리 인상 이슈를 제기했고, 대통령은 펄쩍 뛰었다. 그는 주먹을 쥔 채로 팔을 쭉 뻗

■ 4개 경제기관 회의는 재무부, 예산국, 경제자문위원회, 연준 등 4개의 주요 경제기관 기관장들의 비공식적이지만 영향력이 강한 모임으로, 케네디 대통령 재임 기간 중에 시작되었다.

으면서 금리 인상이 "월가의 이해를 위해 미국 노동자의 고혈을 짜내는 것이나 마찬가지"라고 말했다.

마틴 의장은 굽히지 않았다. 대통령은 그 모습을 보고 마틴 의장을 제지할 필요가 있다고 느꼈고, 그것이 그가 해야 할 일이었다. 대통령이 마지막으로 말했다. "빌, 내일은 내 쓸개를 꺼내야 할 것 같습니다. 적어도 내가 병원에 있는 동안에는 금리를 인상하지 않겠지요, 안 그래요?"

"그럼요. 우리는 대통령님이 퇴원하실 때까지 기다릴 것입니다."

그렇게 마무리가 지어졌다. 내가 재무부를 떠난 1965년 12월 초에 연준은 원래의 계획을 행동에 옮겼는데, FOMC의 투표를 통해 재할인율을 4퍼센트에서 4.5퍼센트로 인상하기로 결정했다. 당시 텍사스에 있었던 존슨 대통령은 유감을 표하는 성명을 발표했다.[13] 마틴은 그의 '농장'으로 불려 내려가, 흔히들 얘기하는 정신적인 (어떤 이들 말에 의하면 육체적인▪) 훈육을 받았다.

시간이 지나면서 두 가지가 명확해졌다. 연준은 베트남전쟁 관련 군비 지출이 늘어나고 경기가 과열되는 상황에서도 추가적인 제약적 restrictive 조치를 취하기를 주저했다. 그리고 대통령은 경제 참모들이 개인적 차원에서 간절하게 요청했던 세율 인상을 끝까지 무시했다. 내 추측으로는, 의회에서 조세 개정안 표결이 이루어지면 그 표결 자체가 인기 없는 베트남전쟁에 대한 국민투표가 될 것이고, 그 투표에서 대통령

▪ 이후 기록된 바에 따르면 존슨 대통령이 농장 저택의 거실에서 마틴 의장을 벽으로 밀쳤으며, 그를 지프 차에 태우고는 농장에서 가장 험한 길을 빠른 속도로 내달렸다고 한다. (옮긴이)

이 패배할 게 뻔하다고 생각했기 때문이었던 것 같다.

당시의 이유가 뭐였든 간에, 어떤 이들은 연준이 그렇게 느리게 대응하고 정부가 세율을 인상하지 않은 정책 실패에서 1970년대의 치명적인 대인플레이션Great Inflation이 비롯되었다고 주장한다.

곧 체이스은행의 챔피언에게서 연락이 왔다. 나는 그가 제안한 일자리를 수락했고, 딱 적당한 시점에 민간부문으로 돌아가 대인플레이션이 시작되는 것을 지켜보았다.

― 체이스맨해튼으로의 귀환(1965~1968)

나는 체이스은행에서 처음 일을 시작했던 1957년에 데이비드 록펠러를 만났다. 그는 이사회 부의장이었고 나는 직급이 몇 계단이나 낮은 신입 금융 이코노미스트였지만, 우리 둘 다 늘 여러 종류의 보고서를 손에 들고 최고위 간부들이 머무는 층을 정신없이 오르내렸다. 체이스은행으로 다시 돌아왔을 때 나는 재무부 경력 때문에 더 많이 주목받게 되었고, 미래전략기획부 부장이라는 새 직함 역시 많은 관심을 끌었다. 그럼에도 은행 내부에서나 사회에서나 데이비드와 나의 지위는 당연하게도 완전히 다른 수준이었다.

언젠가 한번은, 체이스은행의 무척 인상적인 신축 초고층 빌딩14에 있는 그의 사무실에서 엄청난 격차를 다시 확인했다(그는 그 건물이 도시 중심가의 경제 회복에 도움이 되기를 기대했다). 어느 봄날 금요일의 늦은 오후였는데, 데이비드가 내게 주말 계획이 있는지 예의 바르게 물어왔다. 나는 뉴저지주에 있는 집 주변에 심을 관목들을 사기 위해 근처 묘목장에 들를 계획이라고 말했다.■ 그는 우연의 일치라면서, 자기도 똑같은 일정이 있다고 했다. 자기 집과 뉴욕 포컨티코힐스에 있는 록펠러 가문 사유지에 심을 이국적인 열대 식물을 구하기 위해 비행기를 타고 플로리다에 갈 계획이라고 말했다.

내가 그의 휴게실에 걸린 세잔의 그림을 알아볼 수 있었던 것은 프린스턴대학에서 수강한 근현대미술 강의 덕분이었다. 빌딩 내부 여기저기에서 그가 체이스은행에 보관을 위탁한 추상화 걸작들이 더 많이 눈에 띄었다.

데이비드는 몇 년 동안 정기적으로 세계 곳곳을 여행하면서, 초청받은 왕족에 준하는 대우를 받으며 다양한 정치 성향을 가진 기업 및 국가 지도자들을 만났다. 그와 함께했던 몇 번의 여행에서 대부분의 행선지는 포컨티코에 있는 그의 집과 가까운 곳이었다. 나는 종종 그가 의회의 여러 위원회에서 (지금은 오랫동안 잊혀져버린) 증언을 준비할 때 그를 돕기도 했다. 그의 증언이 끝나면 양 정당의 의원들 모두 존경을 표하며 그를 환대했다.

나는 파울러 재무장관이 육성해온 자문위원회 회의에 그와 함께 정기적으로 참석했다. 그 자문위원회는 특별인출권 도입에 대한 새로운

■ 체이스은행에서의 새 연봉은 3만5000달러였기 때문에 나는 몽클레어에서 집터가 4000제곱미터쯤 되는 크고 오래된 집을 매입했다. 당시에 큰 집은 인기가 없었기 때문에 6만 달러라는 상대적으로 저렴한 가격에 매입할 수 있었다. 나는 100년쯤 된 그 집과 넓게 펼쳐진 풍경을 무척이나 좋아했다.

국제적 합의에 관해 조언하거나 적어도 합의가 도출되도록 지원하기 위해 창설되었다. 데이비드는 몇 년간 주요 비정부 단체들, 특히 뉴욕의 명망 높은 외교협회Council on Foreign Relations와 1970년대에 그가 기틀을 마련한 삼극위원회Trilateral Commission를 이끌었다(뒤에서 이들 위원회에 대해 다시 얘기할 것이다). 훗날 내가 그 두 기관에서 적극적으로 활동한 것은 단순한 우연이 아니었다.

체이스은행은 록펠러 가문과의 오랜 관계 때문에 때때로 '록펠러 은행'이라고도 불렸는데, 데이비드는 은행 지도자급의 책임을 공유했다. 시간이 지나면서 체이스은행의 미래에 대한 지도자들의 생각이 서로 다르다는 사실이 점점 더 명확해졌다.

일리노이의 평범한 환경에서 자라나 체이스은행의 직급 사다리를 타고 올라온 조지 챔피언은 이사회의 강력한 회장이 되어 있었다. 그는 체이스은행의 명성을 일궈낸 뿌리 깊은 신뢰 문화를 유지하기 위해 헌신하며 국내 상업은행업에 몰두한 은행가였다. 기업대출 외에 그의 가장 중요한 관심사는 대기업 그리고 미국 전역의 다른 대행은행 correspondent bank과 긴밀한 관계를 유지하는 것이었다.▪

체이스은행에 모든 걸 바친 그는 은행업에 정통했고, 그전부터 선임 직원들을 육성해오고 있었다. 조직의 관점에서 보면 챔피언은 '근간 line' 업무를 책임지고 있었다.

데이비드는 챔피언보다 열 살 어렸고, 대출심사교육이라는 동아줄

▪ 은행이 다른 주에 지점을 개설하는 것(주간 은행업)이 중요한 활동이 되기 전에는 대행은행이 다른 지역에 있는 여타 은행의 기능들을 대신 수행해주었다.

을 잡을 필요도, 직급 사다리를 하나씩 밟고 올라올 필요도 없었다. 그는 본능과 경험 덕에 좀더 폭넓은 국제적 시야를 갖추었으며, 체이스은행의 전통에 덜 얽매여 있었다. 그는 나의 고향인 경제연구부와 미래전략기획부를 포함하여 '지원staff' 부서를 이끌었다.

국내 대출과 지역은행들과의 긴밀한 관계가 강점이었던 체이스은행은 결국 몇 년 사이 남아메리카, 아시아, 여타 신흥국에서 시티뱅크에 한참 밀리게 되었다. 국내에서의 은행 간 경쟁이 치열해지고 주간 interstate 은행업에 대한 규제가 느슨해지고 있던 상황에서, 체이스은행이 시티뱅크를 따라잡기 위해서는 해외로 영업활동을 확장할 필요가 있어 보였다.

나는 몇 년 뒤에 재무부로 돌아와달라는 요청을 받았고, 그 후에 조지 챔피언을 포함하여 많은 체이스은행 동료와 연락이 끊겨버렸다.■ 하지만 멀리서 보았을 때 체이스은행은 이미 발전의 동력을 상실한 듯했고, 더 공격적이었던 시티뱅크와 새로 등장한 시티코프Citicorp 지주회사에 아주 많이 뒤처져 있었다. 뉴욕의 그 유명한 모건은행과 시카고 및 캘리포니아의 대규모 은행들이 체이스은행의 터전에서 시장을 잠식해가고 있었다.

■ 삼극위원회의 의장이자 록펠러 재단을 감독하는 위원회의 일원으로서 나는 데이비드가 2017년에 101세의 나이로 사망하기 전까지 계속 가까운 관계를 유지했다. 우연히도 나의 사무실은 록펠러센터에 오랫동안 입주해 있다.

5장 세상에서 가장 좋은 일자리

1969년 1월 20일, 나는 미국 재무부의 통화부문 담당 신임 차관으로 입주할 넓은 사무실에서 리처드 닉슨 대통령의 취임식 퍼레이드를 지켜보고 있었다. 사무실 남쪽으로는 최초의, 그리고 의문의 여지 없이 역사상 가장 중요한 재무장관인 알렉산더 해밀턴의 동상이 보였다. 미국 건국의 아버지이기도 했던 그는 유능한 정부가 효율적 행정에 의존한다는 명확한 견해를 제시했는데, 그 때문에 나는 그를 가장 존경했다.

정오가 막 지나고 나서 겉면에 '기밀 국가안보 연구 메모 7'이라고 적힌 봉인된 편지 봉투 하나가 배달되었다. 그 안에는 헨리 키신저 Henry Kissinger가 서명한 문서가 들어 있었다. 언제나 한발 앞서나가는 관료들의 경이로운 행태를 여실히 보여주기라도 하듯, 작성 일자가 이튿날인 1월 21일로 표기된 그 메모는 대통령의 수행원들이 15번가 재무부 건물에 있던 나의 시야에 들어오기도 전에 이미 내게 당도해 있었다.[1] 헨리와 그의 참모들은 대통령이 가진 권한의 한계를 설정해두고 벌써 일을 시작한 것이었다!

메모의 내용은 간단했다. 국제통화정책을 검토하고 이에 대한 권고안을 마련하기 위해 여러 기관으로부터 파견된 직원들로 실무단이 구성될 예정인데, 재무부의 통화부문 담당 차관으로서 내가 실무단의 의장을 맡게 될 것이라는 내용이었다. 나의 차관 임명 건이 아직 공식적으로 발표되지 않았다는 사실은 중요치 않았다. 그 연구 메모는 그 후 내가 재무부에 근무하면서 가장 관심을 쏟았던 일들에 대한 요약이라 할 수 있었다.

나는 몇 년 사이에 점점 더 접점이 많아진 국내금융과 국제금융 모두에 대한 책임을 부여받고, 미국 정부에서 거의 유일한 역할을 수행하게 되었다. 나는 이미 두 정책 분야를 잘 알고 있었다. 나에게 그 직책은 세상에서 가장 좋은 일자리였다.

재무부의 다른 (그리고 가장 중요한) 차관으로 새로이 임명된 찰스 워커Charles Walker의 전화로 일이 시작되었다. 그는 내게 닉슨 행정부의 재무장관으로 임명될 데이비드 케네디를 만나러 가기 위해 워싱턴으로 와달라고 부탁했다. 나는 '찰리'가 댈러스 연방준비은행의 연구 담당 부총재였던 시절부터 그를 알고 있었다. 뉴욕 연방준비은행의 트레이딩 데스크에서 일할 때 그가 때때로 방문하고는 했다. 그가 당시 뉴욕에 있었던 미국은행가협회ABA 회장이 되어 가끔 조직 운영 측면에서 나에게 의지했을 때 그를 더 잘 알게 되었다.

반면, 시카고에 있는 콘티넨털일리노이Continental Illinois 은행의 의장으로 재직했던 독실한 모르몬교도인 데이비드 케네디와는 서로 거의 알지 못했다. 나는 그가 젊은 시절에 연준에서 일한 적이 있고, 은행계에서 유력 정치인으로 통한다는 정도만 알고 있었다. 그의 외양은 지위에 매우 잘 어울렸으며 백발에 매우 말쑥한 차림으로 차분한 태도를 보였다. 그런데 그는 왜 내 멘토 루사가 그렇게 훌륭하게 수행했던 통화부문 담당 차관직을 내게 맡겼을까?

이유가 뭐였든 간에, 나는 1960년 대통령 선거 당시 케네디 후보 지지 모임의 뉴저지주 플레인필드 지부 회장으로 일했다. 우리가 이겼고, 닉슨은 패배했다.

아마 백악관 내에서 전투만큼이나 격렬한 논쟁이 벌어진 것이 분명했다. 나중에 나는 백악관에서 대니얼 모이니핸Daniel P. Moynihan과 함께 닉슨 행정부에서 일하고 있는 두 명의 민주당원 중 한 명으로 인식되었다.

내가 맡은 책임은 경제분석, 정부부채 관리, 연방정부 여신프로그램의 자금 조달 감독, 달러화 정책, IMF 및 세계은행과의 관계 관리 등이었다. 시간이 지나면서 케네디 장관은 그의 팀에 재량권을 주고 자신의 역할을 팀을 지원하는 일에 국한하는 것으로 만족했다. 그는 세세한 일까지 감독하는 성격이 아니었는데, 그런 그의 태도는 내 자신감을 키워줬다(유치원을 다닐 때 통찰력이 뛰어난 파머 선생님이 내게 처음으로 자신감에 대한 의문을 품게 했다).

찰스 워커는 재무부의 다른 모든 일을 관리하는 것에 흡족해했다. 의회와의 우호적 관계 유지, 조세, 은행 관련 법안의 의회 통과 추진, 당시의 관세청부터 주류·담배·화기단속국, 국세청, 비밀경호대, 심지어

해안경비대까지 망라하는 많은 소속기관을 감독하는 게 그의 책임이었다.

우리의 강력한 팀에는 법무담당관 밥 나이트Bob Knight, 이코노미스트 머리 위든바움Murray Weidenbaum, 차관보로는 조세 담당 에디 코언Eddie Cohen, 국제관계 담당 존 페티John Petty, 세관 담당 진 로시즈Gene Rossides, 재정 담당 존 칼록John Carlock이 있었다. 우리는 금세 가까운 친구가 되었다.

나는 연준과 체이스은행에서 보낸 초기 시절과 밥 루사, 더글러스 딜런, 재무부 근무 시절에 만난 조 파울러 덕분에 책임을 잘 수행할 준비가 충분히 되어 있다고 느꼈다. 달러화의 문제들을 아주 잘 알고 있었고, 해외의 많은 금융 관료와의 친분(어떤 경우에는 업무상으로 만난 사람들)도 도움이 되었다.

하지만 그들과의 신뢰와 우정에도 불구하고 당시에는 불길한 기운이 감돌고 있었다. 미국의 금 보유고는 110억 달러 밑으로 떨어졌고, 대외 부채는 금 보유고의 4배 가까이에 달했다. 인플레이션율은 4퍼센트를 웃돌았다. 25년 전에 제2차 세계대전 이후 세계경제의 회복을 돕기 위해 브레턴우즈에서 도입된 국제통화시스템의 존속 자체가 위험한 지경에 처해 있었다. 브레턴우즈체제가 붕괴될 경우 무역과 고용, 국제평화가 어떤 영향을 받을지 전혀 예측할 수 없었다. 낭비할 시간이 없었다.

그런 상황 때문에 케네디 장관과 그의 두 차관은 대통령 집무실에서 당시 경제 상황에 대해 설명하는 자리를 만들었다. 찰리와 나는 인플레이션 압력이 확대되고 있다고 경고했다. 나는 인플레이션을 더욱 다루기 힘들어질 상황이 오기 전에 행정부 출범 초기부터 대응하는 편이 더 유리하다는 점을 대통령도 나중에 알게 되리라고 생각했다.

하지만 닉슨 대통령은 우리의 정치적 조언을 높게 평가하지 않았던 것 같다. 대화는 그리 오래 이어지지 않았다.[2]

그보다 한 해 전인 1968년에 일어났던 두 사건이 이미 불안정한 국제통화질서를 더욱 교란시켰다. 공개시장에서의 강한 금 수요를 충족시키기 위해서는 주요국 중앙은행들의 개입이 불가피했다. 주요국 중앙은행들은 금 가격이 오랫동안 유지되어온 1온스당 35달러를 초과하지 않도록 그들이 보유한 금 일부를 매각했다. 그러한 개입은 케네디 행정부 초기 '일군'의 국가들*이 금 가격을 방어하기 위해 맺은 협정의 내용에 포함되어 있었다. 프랑스는 공식적인 금 보유고가 조금씩 줄어들자 1968년에 자국에 할당된 몫의 금 판매를 중단하기로 결정했다. 워싱턴에서 마틴 연준 의장의 주재로 열린 비상대책회의[3]에서, 다른 회원국들은 공개시장에서 35달러의 금 가격을 지지하기 위한 개입은 멈추되 정부 간 거래에 적용되는 금의 공식 가격은 오랫동안 유지되어온 수준에서 지속시키자는 데 합의했다. 금의 '시장' 가격과 '공식' 가격은 금세 벌어졌는데, 이는 금으로 환산한 달러화 가치와 그 안정성이 지속될지에 대한 명백한 의구심을 불러일으켰다.

그해 후반, 유럽 국가들 간 환율을 조정할 필요성이 커지자 이를 해결하기 위해 독일 본에서 G-10 국가들**의 비상대책회의가 소집되었

■　벨기에, 영국, 프랑스, 서독, 이탈리아, 네덜란드, 스위스 그리고 미국이었다.

■■　국제 금융 및 경제 문제에 대해 논의하는 G-10 그룹에는 실제로는 11개 국가가 있다.

다. 서독에서는 경제가 회복되고 수출품의 경쟁력이 날로 높아지면서 경상수지 흑자가 누적되고 있었던 반면, 프랑스에서는 수입액이 수출액을 초과했고 금 보유고가 감소하고 있었다. 경제 논리를 따르자면, 독일 마르크화의 가치를 절상시키고(독일 수출품을 더 비싸게 만들고) 그만큼 프랑스 프랑화의 가치를 절하시켜야(프랑스 수출품을 더 저렴하게 만들어야) 했다.

무척 긴 협상이 별 소득 없이 끝난 후에, 마르크화의 절상이나 프랑화의 절하 중 어떤 조치도 정치적으로 수용될 수 없음이 명백해졌다. 특히, 프랑스의 영광을 되찾는 데 헌신해온 드골 대통령은 외국과 협상하는 대신 자국에서 통화 유출 통제, 예산 감축, 임금 및 가격 동결을 포함한 여러 규제 조치를 도입했다. 그는 그해 초에 학생과 노동자들이 벌인 시위에서 프랑화의 약세를 비판했고, 이는 프랑스 내에서 국가 간 협상에 대한 정치적 반발을 부추기는 결과를 불러왔다.[4] 그로부터 5개월 후인 1969년 4월, 드골은 국민투표에서 패배한 후 78세의 나이로 대통령직에서 물러났다.[5]

학자들과 백악관 자문위원회에 소속된 나의 새 카운터파트들이 각국 통화 간 환율의 변동 폭을 더 크게 허용하라고 점차 강력하게 요구하면서 국제통화질서의 불확실성이 더욱 높아졌다. 그들이 제시한 방안에는 각국 통화의 소폭 절상·절하를 허용 또는 촉진하기 위한 외환 거래 규모의 확대 조치 및 관리변동환율제('crawling' 또는 'sliding' pegs)가 포함되어 있었다. 밀턴 프리드먼은 훨씬 더 급진적인 조치를 공공연히 그리고 강력하게 옹호했다. 자유변동환율제가 시장으로 하여 금 신속하고 효율적으로 대외지급 불균형을 해소하고 통화정책의 국가 간 차이를 더 잘 조정하도록 돕는다고 주장한 것이다. 그는 실제로 다른 나라들의 요구에는 전혀 신경쓰지 않은 채, 브레턴우즈협정의 주요 내용을 폐기하고 환율을 (그가 보기엔 완전하게 합리적인) 시장의 변덕에 맡겨두자고 제안했다.

지적 측면에서 프리드먼의 가장 강력한 적은 루사였다.[6] 루사는 브레턴우즈협정에 구현된 질서의 대척점에 있는 자유변동환율제가 외환시장의 불안을 초래할 가능성이 있으며 1930년대의 경험이 이를 충분히 입증했다고 주장했다.

여전히 미국이나 해외에서 고정환율제를 단순히 포기하자는 주장을 지지하는 사람은 거의 없었다. 내가 경제협력개발기구OECD■ 제3특별조사위원회 회의에 처음으로 참석했을 때, 나의 유럽 측 카운터파트가 이 점을 강력하게 주장했다.

당시에는 공식 모임(그 자체도 비밀이었지만)이 끝난 후 주요 참석자들이 교외에 있는 은신처로 숨어드는 것이 관행이었는데, 그때의 은신처는 네덜란드 대사의 관저였다. 그렇게 또 다른 모임을 가진 목적은 수행원과 기자들을 멀리 떨어트려두고 함께 식사를 하면서 솔직한 의견을 나누자는 데 있었다. 사실 나는 식사가 시작되고 얼마 지나지 않아 내게 삿대질을 하며 다가서는 벨기에 중앙은행 총재로부터 언어적인 (그리고 거의 신체적인) 공격을 받았다. "당신이 밖에 나가서 자유변동환

■ OECD는 국제적인 경제협력을 위한 포럼이었고, 제3특별조사위원회는 경상수지 불균형 문제를 다루기 위해 각국 대표가 개인 자격으로 참석하는 OECD의 하위 그룹이었다.

율제에 대한 이 모든 얘기를 부추긴다면 투기 세력이 브레턴우즈시스템을 붕괴시킬 겁니다. 그 피는 당신 나라인 미국의 이마에서 흘러내릴 거요!"

나는 그 말에 일리가 있다고 생각했다. 당시 논의되고 있었던 다소 지엽적인 조치들만으로는 미국의 대외수지 상황을 크게 개선시킬 수 없었고, 그저 달러화의 미래에 대한 불확실성만 증폭시켰을 것이다. 그래서 그 회의가 끝난 후에 열렸던 언론 간담회에서 누군가가 내게 자유변동환율제에 대해 어떻게 생각하는지를 물었을 때, 나는 질문으로부터 거리를 두려 애쓰면서 이렇게 말했다. "그간 학계에서는 자유변동환율제에 대해 많은 논의를 해왔습니다만, 아직은 이론적 차원에 머물러 있습니다."7

35달러라는 금 가격이 지탱하고 있었던 통화시스템은 여전히 투기적 압력에 노출될 위험이 있었다. 하지만 그와 반대로, 인플레이션 압력을 완화하고자 외견상 단호하게 노력한 결과로 1969년 내내 미국 금리가 상승했고, 그에 따라 달러화에 대한 신뢰도가 높아졌다. 그러나 그 신뢰는 지속될 수 없었다. 이후에 발생할지도 모를 위기의 해결책을 마련하는 일은 헨리 키신저의 '연구 메모 7'에 의해 만들어진 '볼커 그룹'의 최우선 해결 과제로 남아 있었다. 내가 재무부에 근무했을 때부터 알고 지내온 동료들과 잘 협조하면서 일한 덕분에 우리는 대통령에게 전달할 권고안을 마련할 수 있었다.

우리 가운데 누구도 고정환율제와 달러화의 금 태환 가능성을 포기할 생각이 없었다. 그러나 한편으로 우리의 분석 결과는 국제통화시스템을 변화시킬 필요성에 더욱 힘을 실어주었다. 1969년 중반에 미국의 금 보유고는 대외부채의 고작 25퍼센트에 지나지 않았는데, 그로부터 불과 8년 전인 케네디 행정부의 출범 초기만 해도 거의 80퍼센트에 육박했다.[8] 트리핀 딜레마는 모든 사람이 인식할 수 있을 정도로 명확해졌다.

좀더 직접적으로, 우리는 프랑스가 자국 통화를 평가절하할 가능성이 높고, 그 조치로 불확실성이 더욱 커질 것이라고 결론지었다. 프랑스 정부는 정말로 드골 대통령이 사임한 지 약 3개월이 지난 1969년 8월에 프랑화의 평가절하를 단행했다.[9]

하나의 확실한 해결책은 35달러인 금의 공식 가격을 대폭 인상하여 줄어든 미국 금 보유고의 달러 표시 가치를 즉각 두세 배로 늘리는 것이었다. 그러나 그 조치는 프랑스처럼 보유 달러화를 금으로 교환해달라고 줄기차게 요구해온 소수의 유럽 국가들에만 보상을 제공하고, 미국과 정치적으로 불편한 관계에 있던 금 생산국인 남아프리카공화국과 소련에 이득을 주는 것으로 끝날 터였다. 그 조치로 우리의 진정한 목적이 달성되리라는 보장이 없었다. 달러화의 가치를 (독일 마르크화와 일본 엔화와 같은) 여타 통화에 대해 절하시켜 수출을 늘리고 수입은 줄이는 것, 그래서 대외수지 적자 폭의 축소를 촉진하는 것이 우리의 목적이었다.

그러한 목적을 달성하기 위해 금 가격을 10퍼센트나 15퍼센트 정도 소폭 인상하여 달러화의 가치절하를 유도할 수는 있었겠지만, 현실적으로 봤을 때 다른 나라들도 재빨리 금에 대한 자국 통화의 가치를 절하시킬 게 뻔했다. 결국, 미국은 브레턴우즈시스템의 핵심이자 협력적인 세계질서의 기본 요소인 금의 고정된 달러 표시 가격에 대한 오랜 약속을 서서히 포기해나갈 것이었다. 이는 보유 달러의 금 태환 요구를 자제해왔던 미국의 가장 가까운 동맹국들에게 더 큰 악영향을 미치고, 트리핀 딜레마도 해결하지 못할 것이었다. 팽창하는 세계경제의 기축통화에 대한 점증하는 수요를 충족시키기 위해 금 가격을 고정한 상태에서 달러화에 의존하던 국제통화시스템은 자연스럽게 그 한계점에 도달하고 있었다.

남은 선택지는 개혁에 필요한 절차를 하나씩 밟아나가는 점진적 개혁이었다. 더 많은 국가가 금과 달러의 보완 통화로서 공식적으로 수용할 수 있는 국제적 기축자산을 도입한다. 미국 대외수지의 균형을 회복시키기 위해 경제 강국인 독일, 특히 일본과 같은 동맹국이 통화가치를 절상하도록 설득한다. 그리고 국내 물가의 안정을 회복한다. 이 모든 방안이 달러화에 대한 신뢰를 유지하는 데 긴요할 것이었다.

결국 백악관 국무회의실에서 대통령에게 다소 길고 복잡한 설명을 해야 했다.[10] 닉슨이 마침내 회의를 끝내자고 했을 때, 케네디 장관은 내게 말했다. "폴, 대통령이 안 된다는 말은 하지 않았습니다. 이 방안들을 허용하겠다는 신호입니다." 그래서 나는 우리가 마련한 권고안을 계속 추진해나갔다(나중에야 닉슨이 코멘트 없이 회의를 끝내는 것이 일반적이고, 그의 최종 결정은 나중에 메모로 전달한다는 것을 알게 되었다).

신뢰를 구축하기 위한 방안 중 희망을 걸 만한 게 하나 있었다. 남아프리카공화국이 자국에서 새로 생산된 금을, 정부 간 거래에 적용되는 공식 가격으로, 전 세계 중앙은행이 아닌 시장에 판매하도록 유도하는 어려운 협상을 이끌어내는 것이었다. 이미 1968년에 금 시장이 공개시장과 정부 간 시장으로 이원화된 이래 해결되지 않은 채로 남아 있던 문제였다. 협상의 결과로 금의 시장가격이 적어도 일시적으로는 공식 가격 수준까지(또는 그보다 조금 밑으로) 하락했다. 그러나 그 가격 수준은 오래 지속될 수 없었다.

우리가 실행할 수 있었던 또 다른 방안은 좀더 체계적이었다. 조 파울러가 버지니아 변호사협회에서 연설한 내용 중 절정이었던, 그즈음에 IMF 회원국들이 도입하기로 합의한 특별인출권을 실제로 사용하자고 제안하는 것이었다. 습관적으로 미국이 국제통화 규율을 회피하려는 이런저런 수단들을 강구하고 있다고 우려해왔던 유럽 대륙의 국가들은 온건해 보이는 그런 조치에 대해서도 의심의 눈길을 보냈다.

나는 이 새로운 특별인출권을 활성화하자는 아이디어를 홍보할 목적으로 말 그대로 전 세계를 돌아다니기 위해 즉시 출장을 떠났다. 우리는 성공했지만, 양적인 측면에서는 완전한 성공을 거두지 못했다.[11] 특별인출권을 도입한 첫해에는 35억 달러의 '종이 금'을 발행하고, 이후 2년간은 1년에 각각 30억 달러를 발행할 수 있었다. 오늘날의 기준으로는 미미한 수준이었으며 우리의 목표, 즉 달러화에 대한 신뢰를 높일 수 있는 수준에는 미치지 못했다.

마침내 1970년 초에 마틴 연준 의장이 은퇴했다. 과거에 닉슨은 1960년의 대선 패배가 마틴의 성장 제약적인 통화정책 때문이라며 (당시 교수였던 아서 번스의 조언을 받아) 그를 비난했다. 번스가 신임 의장으로 취임했다. 그는 매우 존경받는 경기변동 전문가였으며 확실히 대통령과 가까웠다. 하지만 내게 이 새로운 연준의 지도자는 달러화의 가치가 절하 압력을 받는 상황에서조차도 오히려 거꾸로 단기자금시장의 금리를 인하하여 정책 기조를 완화하려는 듯 보였다. 나는 직장 동료이자 친구인 듀이 데인 연준 이사에게 내가 외국 카운터파트를 만나고 있을 때만이라도 금리를 인하하지 않도록 번스 의장을 설득해달라고 적어도 한 번 이상은 간청했다.

결국 남아프리카공화국의 금 판매, 특별인출권 활성화, 소폭의 긴축적인 통화정책 가운데 그 어떤 조치도 달러를 구제하거나 대외수지 적자라는 근원적인 문제를 해결하기에 충분치 않았다. 미국의 수출경쟁력은 정부의 막대한 대외 지출과 만성적인 자본 유출을 상쇄할 만큼 강하지 않았고, 이는 무역수지 흑자 폭의 축소로 나타났다. 좀더 근본적인 접근이 필요했다.

나는 경기변동론을 공부하던 학생으로서 아서 번스를 무척이나 존경했다. 그리고 그 또한 연준의 독립성이 매우 중요하다는 점을 강하게, 정서적으로 느꼈다는 걸 알고 있다. 그가 종종 연준을 대법원에 비유하곤 했기 때문이다. 이후에 그가 백악관으로부터 지속적으로 압력을 받았다는 것이 분명해졌다. 그 압력이 그의 정책에 어느 정도까지 영향을 미쳤는지는 알 수 없다. 어쨌거나 중앙은행가들은 인플레이션 과정이 아직 초기 단계일 때 '펀치볼을 치우고' 긴축 조치를 시작하는 것을 지금까지 태생적으로 주저해왔다. 결국 연준은 달러화를 구제하지 않을 것이었다.

우리 볼커 그룹은 선택 가능한 개혁 방안들에 대해 쉼 없이 토론했다. 모든 멤버에게 자신의 생각을 말할 기회가 충분히 주어졌다. 나이가 가장 많고 제일 현명했던 조지 윌리스George Willis는 재무부의 국제국 직원들을 이끌었다. 그는 우리 중에서 브레턴우즈 회담이 열렸던 1944년 당시 공식 직책을 갖고 있었던 유일한 사람이었다. 그는 회의 때마다 끊임없이 무언가를 적어나갔다. 어떤 제안에 대해 코멘트해달라는 부탁을 받으면, 그는 낮고 걸걸한 목소리로 똑같은 대답을 했다. "그건 별 효과가 없을 거요."

언젠가의 회의에서 나는 격분하여 마침내 그에게 물었다. "좋아요, 조지. 그럼 해결책이 뭡니까?"

"없습니다." 그는 더욱 걸걸한 목소리로 답했다.

그럼에도 나는 브레턴우즈시스템을 포기할 생각이 없었다. 대신, 하나의 임시방편으로 미국의 금 태환 약속을 조만간에 일시적으로라도 중단할 필요가 있다는 생각이 들었다. 환율을 충분히 조정하고 진지하게 개혁을 추진할 수 있는 유일한 방법이었다. 금에 대한 수요가 점점 더 증가하여 이를 충족시킬 수 없는 상황에 직면할 때까지 기다리기보다는, 주도권을 쥘 수 있는 적절한 시점을 찾아낼 필요가 있었다.

그걸 준비하기 위해, 주의 깊고 신중한 선임 이코노미스트인 존 오튼John Auten에게 (아주 비밀리에) 대외수지가 균형을 이루려면 달러화의 시장가격이 얼마나 하락해야 하는지 추정해달라고 부탁했다. 몇 주 뒤에 그가 결과를 가져왔다. 미국의 대외수지 균형이 달성되기 위해서는 달러화가 유럽과 일본 통화에 대해 최소한 15퍼센트, (비현실적이지만)

전 세계 통화에 대해서는 10퍼센트 평가절하되어야 했다.

그 추정 결과는 내가 긴 보고서의 작성을 시작하기에 충분한 근거가 되었다. 브레턴우즈체제를 '소생시키기' 위해 먼저 금 태환의 '일시 중단', 다음으로 새로운 환율 수준에 대한 협상, 마지막으로 국제통화시스템의 '개혁' 순으로 차근차근 단계를 밟아나가자는 접근법을 제안하는 보고서였다.

바로 그때, 새로운 유력 정치인이 재무부에 나타났다. 민주당 소속의 전임 텍사스 주지사였던 존 코널리John Connally는 케네디 대통령이 댈러스에서 암살되던 날 그를 수행하면서 입은 부상 때문에 전국적으로 유명해졌다. 자신감이 넘치고 표현력도 훌륭한 코널리가 정부 조직을 개편하기 위한 소위 애시위원회Ash Committee의 일원으로 백악관에서 활약하는 모습을 보고 나서 닉슨은 그에게 매료되었고, 1971년 초에 데이비드 케네디의 후임자로 그를 선택했다.

나는 변화를 예상하고 사직서를 준비했다. 닉슨 행정부에서 유일하게 민주당 소속 내각 구성원이었던 코널리는 나와의 첫 회의에서 사직서를 반려했다. 그가 내게 요구한 것은, 여타 재무부 직원들에게도 마찬가지였는데, 오직 충성심뿐이었다.

코널리와 나의 성격은 그보다 더 다를 수 없었다. 텍사스 출신의 대담한 정치적 동물이 신중한 아이비리그 출신의 경제 보좌관과 짝을 이룬 것이다. 어찌 됐든 극과 극은 서로를 끌어당긴다. 우리는 좋은 관계를 유지했다. 그는 워싱턴 생활 초기에 홀로 지냈는데, 민간 기업의 고위직 친구들과 저녁 식사를 함께할 때면 종종 나를 초대하곤 했다.

코널리는 경제 교육을 받지 않았지만, 미국이 경제적으로 어려운 상황에 처해 있으며 수입 경쟁을 완화하고 수출 기업을 돕기 위해 달러화의 가치를, 특히 엔화에 대해 절하시켜야 한다는 직감에 근거하여 행동했다. 제2차 세계대전 때 태평양에서 군생활을 한 퇴역군인이었던 그는, "만약 미국인들이 아이오와의 소고기, 플로리다의 레몬, 로드아일랜드의 공산품을 기꺼이 구매할 생각이 없다면, 자신들이 구매한 소니 제품을 보면서 도요타를 타고 요코하마 부두에 내릴 준비를 하는 게 좋다"라는 등의 직설적인 표현들[12]로 유명해졌다.

그런 표현들은 "국제금융시장이라는 잘 정돈된 운동장"(내가 그의 연설문에 집어넣은 구절이다)을 존중하는 신중한 외교적 접근법은 아니었다. 기본적으로 그는 이코노미스트들과 행정부 보좌관들이 논의한 일부 현실적 개혁 조치들을 탐탁지 않게 생각했다. 그 점에 대해서는 우리도 동의했다.

그의 강한 성격은 재무부뿐만 아니라 백악관에도 막대한 영향을 미쳤다. 케네디 장관은 영향력을 잃었고 대통령을 만나는 것도 힘들어졌다. 그와는 대조적으로 닉슨은 거의 모든 이슈에 대해 코널리의 조언을 듣고자 하는 듯했다. 재무부를 무시하고 재무부에 명령을 내리는 습관에 빠져 있던 대통령 참모들은 갑자기 재무부가 하는 모든 일을 확인하라는 지시를 받았다. 조지 슐츠, 폴 매크래컨Paul McCracken, 피트 피터슨Pete Peterson 등 백악관에 상주하던 경제 비서관들조차도 갑자기 부차적인 일들을 처리해야 하는 불쾌한 상황에 부닥쳤다. 아서 번스가 쓴 일기[13]에는 코널리의 출현이 백악관에 불러일으킨 혼돈과 불확실성이 상세하게 묘사되어 있다.

코널리는 다른 많은 일로 바쁜 가운데서도 국제통화시스템의 위기가 악화되는 상황에서 눈을 뗄 수 없었다. 하루는 그가 배회하듯 내 사무실로 들어와서는 이런 질문을 던졌다. "뭘 해야 하죠?" 바로 그 주제에 대해 내가 작성하고 있었던 보고서는 아직 완성되기 전이었다. 나는 그에게 보고서의 초안을 건넸다.

나는 그 보고서를 다시 보지 못했지만, 보고서에 담긴 정책 권고안들을 그가 가슴 깊이 받아들였다는 징후는 있었다. 그는 국제통화시스템이 그가 (그리고 재무부가) 변화시켜야 할 영역이라는 점을 분명히 했다.

5월 초에 독일은 달러화의 가치를 방어하기 위한 개입을 중단했고(다시 말하면, 달러화를 팔고 마르크화를 사려는 투기 세력과 싸우기 위해 달러화를 매입하는 것을 멈추었고) 일시적으로 마르크화 환율의 자유로운 변동을 허용했다.[14] 그달 말쯤에 코널리는 그의 외국 카운터파트들과 세계 주요 은행 지도자들과의 첫 번째 공식 회의에 참석하기 위해 뮌헨을 방문했다. 그 연례 국제은행콘퍼런스International Banking Conference에는 가장 규모가 큰 50개 은행의 최고경영자들과 초대받은 공식 방문객들이 참석했다.

코널리는 마지막 연사였다. 우리는 국제통화시스템을 개혁하고 통화가치를 조정할 필요가 있다는 무난한 결론이 담긴 초안을 준비했다. 독일이 이미 실행에 옮긴 바대로, 만성적인 경상수지 흑자 국가의 통화가치를 절상시키자는 내용이었다. 코널리는 그 초안을 읽는 대신 다음과 같이 확고하게 선언했다. "어떤 문제든지 그 해결에 도움이 되는 것은, 여기에 계신 분들 각자에게 필연적으로 어떤 변경 불가능한 입장이 있다는 점에 대한 상호 이해입니다. 이 점을 믿기 때문에 저는 어떠한 오만이나 저항 없이, 미국이 달러화의 가치를 절하시키지 않을 것이고, 금 가격을 변동시키지 않을 것이며, 인플레이션을 제어할 것이라는 점을 아주 분명하게 밝혀두고자 합니다."15

그 선언으로 달러화의 가치가 하락할 것이라는 쪽에 돈을 걸고 있던 투기 세력의 공격이 한동안 잠잠해졌다.

나는 코널리에게 미국의 입장이 현실적으로 바뀔 가능성이 높은데도 그렇게 확고한 입장을 표명한 이유를 물었다. 그의 답변은 나의 기억에 깊이 각인되어 있다. "현재는 그것이 바로 나의 변경 불가능한 입장입니다. 이번 여름에 그 입장이 어떻게 달라질지는 나도 모릅니다."

코널리는 그 콘퍼런스에서 매우 강력한 어조로 연설했는데, 아마 몸에 약간의 열이 있었던 것도 한 원인이었을 것이다. 금융계는 곧바로 그를 미국의 새로운 지도자로 간주해야 한다고 생각했다.16

한편, 미국 경제의 어려움이 계속되면서 모든 상황이 더욱 복잡해졌다. 실업률은 6퍼센트를 넘어섰고, 인플레이션율은 그 이후의 전개 과정에 비하면 그렇게 높지 않았지만, 행정부가 약속했던 수준과는 거리가 있는 4퍼센트 수준에서 지속되었다. 우리와 달리 아서 번스는 뮌헨 콘퍼런스에서 임금 및 물가 상승을 억제하는 그의 '소득 정책incomes policy'을 반복해서 주장했다.

많은 내부 토론을 거친 후에, 코널리는 6월 29일에 닉슨 행정부의 공식 경제정책 대변인으로 임명되었고 '4무無'로 알려진 방침을 공표했다.[17] 4무란 임금·가격에 대한 법적 통제가 없고, 임금과 물가를 점검하는 위원회가 없고, 감세가 없고, 연방정부 지출 확대가 없음을 의미했다. 곧 이 모든 것이 유명무실해졌지만, 그래도 통화시스템에 대한 염려는 잠시나마 접어둘 수 있었다.

하지만 미국의 금 보유고가 100억 달러로 줄어들자, 막후에서는 코널리가 대통령에게 금 태환을 일시적으로 중단할 필요가 있다는 견해를 비밀리에 피력했다. 코널리는 8월 초에 대통령이 그의 제안을 상당히 긍정적으로 생각하고 있다고 말해주었다.[18] 나는 관리예산실 국장인 조지 슐츠와 경제자문위원회 의장인 폴 매크래컨에게 재무부의 생각을 알릴 수도 있었지만, 대통령이 의회의 8월 휴회기가 끝날 때까지 금 태환의 일시적 중단 조치를 연기하기를 원했기 때문에 그렇게 하지 않았다.

그전에 나는 우리가 제안한 방안을 발전시키기 위해 서너 명의 재무부 직원을 모아 팀을 구성했는데, 그중에는 법무담당관 마이클 브래드필드Michael Bradfield와 IMF의 미국 측 집행이사 빌 데일Bill Dale도 있었다. 발전된 방안은 (1) 금 태환의 일시 중단 및 그 논리적 근거의 공표, (2) 환율의 '과도기적' 자유 변동 허용 및 그 이후 큰 폭의 환율 조정 필요성에 대한 설명, (3) 인플레이션의 즉각적 반응을 예방하기 위한 3개월간의 임금 및 가격 동결 조치, (4) 환율 협상의 타결 이후에만 국제통화시스템의 좀더 적절한 변화를 고려하겠다는 입장의 명확한 표명이었다.

이를 실행하기 위한 제반 준비사항들은 우리의 가장 가까운 해외 카운터파트들 중 누구에게 그리고 어느 시점에 이 방안을 알릴 것인지를 포함할 정도로 지나치게 상세했다. 나중에 후회했지만, 우리는 인플레이션을 억제하기 위한 통화정책의 긴축에는 충분한 주의를 기울이지 않았다. 어쨌건 그것은 연준이 결정할 일이었다.

코널리 장관은 우리가 마련한 방안의 세부 사항을 검토하지 않은 채, 특히 일본을 겨냥하여 수입 할증관세를 방안에 포함시켜야 한다고 강력하게 주장했다. 브레턴우즈협정에서 금지하려 했던 '경제적 무기'를 다시 꺼내드는 것처럼 보였기 때문에 나는 그의 제안이 탐탁지 않았다. 그래서 '실행' 보고서에서 수입 할증관세를 계속 누락시켰다. 코널리 또한 계속해서 그것을 다시 포함시키라고 요구했다. 그는 통화개혁의 협상에는 각국의 시장 개방과 북대서양조약기구NATO 지출 분담의 개선이 수반되어야 한다고 확신하고 있었다(트럼프 행정부가 중반으로 접어든 지금, 나는 이 글을 쓰면서 그 이후로 많은 것이 달라졌으면서도 한편으로는 그때와 달라진 게 없다는 느낌을 받는다).

의회의 8월 휴회기가 끝날 때까지 우리의 결정을 미뤘기 때문에, 코널리는 문제가 생기면 전화하라는 지시를 남겨놓고 텍사스 농장으로 내려갔다. 그는 오래 기다릴 필요가 없었다. 8월 7일 토요일, 활동가이자 큰 야망을 품은 하원 은행위원회Banking Committee 의장 헨리 로이스Henry Reuss가 상하원 합동 소위원회를 명목상으로 대표하여 달러화 환율의 조정을, 특히 엔화에 대한 조정을 요구하는 보고서를 발표했다.19 그로부터 두 달 전에 로이스는 미국이 금 태환 창구를 폐쇄하고 일시적으로 달러화 환율이 자유롭게 변동하는 것을 허용해야 한다고 역설했다.[20] 우리가 마련해둔 방안을 그가 이미 읽은 것은 아닐까 하는 생각마저 들 정도였다.

며칠이 지나자 외환시장의 투기 세력이 움직이기 시작했다. 달러화는 투매 압력을 받았으며 금에 대한 수요가 급증할 것으로 예상되었는데, 그 주말에 영국이 금 태환을 요구함으로써 그 예상은 정확했음이 입증되었다. 나는 코널리에게 더 이상 기다릴 여유가 없다는 것을 알리려 전화했고, 그는 급히 돌아와서 닉슨을 만나러 갔다.[21] 그들은 주말에 행동을 취하기로 합의했다. 내가 오랫동안 고대해왔던 날이, 하지만 한편으로는 오랫동안 두려워했던 날이 마침내 도래할 예정이었다. 내가 수년간 애써 지키려 했던 브레턴우즈체제라는 국제통화시스템의 구조가 붕괴를 목전에 두고 있었다.

— 캠프 데이비드

1971년 8월 14일 토요일, 아마도 스무 명쯤 되는 사람이 대통령의 별장인 캠프 데이비드로 소집되었을 것이다. 주로 대통령 보좌관들과 경제자문위원회 위원들이었고, 예산국장 조지 슐츠도 그 자리에 있었다. 그 후로도 회의 내용을 비밀에 부칠 목적으로 우리는 외부세계와의 소통을 차단당했다. 하지만 나는 현장의 흥분된 분위기가 무엇 때문인지를 궁금해하던 한 해군 장교가 별 뜻 없이 던진 질문에 대해 경제자문위원 허브 스타인Herb Stein이 내놓은 직관적인 답변을 영원히 기억할 것이다.

"오늘은 역사적인 날입니다."

나 또한 정확히 그렇게 느꼈다.

우리가 도착한 직후 애스펀관에 앉아 있던 대통령이 회의 개요를 설명했고 코널리가 회의를 이어받았다. 코널리는 향후 계획을 제시했다.

- 달러와 금 태환의 일시 중단
- 공식적 금 가격의 동결
- 90일간의 임금 및 가격 동결

닉슨과 코널리는 내가 마련한 계획에는 없었던 몇 개의 사항을 추가했는데, 10퍼센트의 수입 할증관세, 감세와 세액공제의 조합, 몇 가지의 구체적인 교역 제한 조치, 가격 동결 조치를 연장할 수 있다는 모호한 조항 등이었다. 국제통화시스템을 개혁하기 위해 해외 카운터파트와 어떻게 협업할 것인지는 거의 언급되어 있지 않았다.

아서 번스는 동의하지 않았다. 그는 기본적으로 (내겐 전적으로 비현실적으로) 자신이 '친구들'이라고 부르는 프랑스 재무장관 지스카르데스탱과 국제결제은행BIS ■의 옐러 제일스트라Jelle Zijlstra와 만족할 만한 환율 수준에 대해 신속하게 합의할 수 있다고 주장했다. 대통령은 번스

■ 1930년에 창립된 BIS는 종종 중앙은행들의 중앙은행으로 불리곤 한다.

와 독대하여 그의 의견을 듣기는 했으나 결정을 바꾸지는 않았다.

이 모든 논의 내용은 나중에 닉슨의 연설비서관 빌 새파이어William Safire가 발표한 『몰락 전에: 워터게이트 이전의 백악관 내부 풍경Before the Fall: An Inside View of the Pre-Watergate White House』(1975)이라는 회고록에 극도로 상세하게 기술되어 있다.[22] 그가 그 주말이 내게 어떤 의미였는지를 대단한 통찰력으로 꿰뚫어 보고 있었다는 점은 수십 년이 흐르고 난 지금도 여전히 감동적이다.

농담을 나누고 있을 때조차 방에 있던 사람들은 볼커가 매우 혹독한 시련을 겪고 있음을 알고 있었다. 그는 국제통화시스템을 완벽하게 이해했고, 그것을 수호하기 위해 길러졌다고 해도 과언이 아니었다. 브레턴우즈협정은 그에게 신성불가침한 것이었다. 볼커와 함께 성장하고 그가 상대했던 전 세계의 모든 이는 위기의 한가운데에서도 규율을 존중하고 달러의 금 태환 가능성과 같은 불변의 가치들을 지키기 위해 서로를 신뢰했다. 그러나 그는 여기에서 그가 지키려 했던 모든 것을 전복시키는 일에 참여하고 있었다. 그에게는 행복하지 않은 주말이었다.

우리는 향후에 행정명령을 통해 부과될 수입 할증관세를 1930년의 관세법Tariff Act과 1962년의 교역확장법Trade Expansion Act으로 정당화하는 한편,[23] 세부 방침들을 종합하는 일로 토요일을 보냈다. 나의 상임변호사였던 재무부 법무담당관 브래드필드는 법률적 전략을 발전시키고 방어하는 데 있어서 핵심적인 역할을 수행했다. 나의 요청으로 비밀 경호국은 자고 있던 그를 깨워 캠프 데이비드로 보냈다. 내가 마감 시한이 얼마 안 남은 상태에서 부탁을 받아 작성한 대통령의 연설문 초안은 (적절하게) 폐기되었고, 대통령은 빌 새파이어와 함께 일요일 저녁에 있을 공식 발표문을 직접 준비했다.

그 자리에 국무부의 대표는 없었는데, 분명히 이는 국무부가 외국 정부에 대해 미국의 새로운 정책을 적극적으로 변호하지 않을 거라는 대통령의 불신을 반영했다.[24] 나는 국가안보보좌관인 헨리 키신저가 유럽에 머무는 중이며 휴가 중인 나의 국무부 파트너를 부를 필요가 없다는 얘기를 들었다. 상호 협약에 따라 IMF에 보내야 했던 통지서나 동의 요청서도 생략되었다. 협약 위반에 대한 대처 방안으로는 매우 빈약하긴 했지만, 나는 IMF 총재인 피에르폴 슈바이처Pierre-Paul Schweitzer 를 장관 사무실로 초대하여 텔레비전을 통해 대통령의 저녁 9시 발표 방송을 시청하도록 배려했다. 그는 발표 내용은 물론 이런 식으로 내용을 접하는 것에 대해 불쾌함을 느꼈다.

언론 보도자료의 초안을 검토해보라고 내가 초대했던 국무부 차관보도 비슷한 반응을 보였다. 그는 특히 코널리가 제안한 추가 조치에 대해 화를 냈다. 오랜 기간 유지되어온 자동차 및 자동차 부품에 대한 무관세 협정을 종료하겠다는 뜻을 캐나다에 통지하겠다는 것이었다. 그는 "캐나다 정부가 격분할 겁니다!"라고 말하며 분을 터뜨렸는데, 대통령이 국무부의 충성심을 우려하던 근거를 자신도 모르게 입증한 꼴이 되었다.

우연히도 그 추가 사항은 보도자료의 맨 마지막 페이지에 실려 있었고, 그와 내가 대화를 나누던 바로 그 순간에 보도자료가 인쇄되고 있었다. 나는 그에게 재무부 인쇄실로 내려가서 모든 보도자료의 마지막 페이지를 찢어버리라고 제안했고, 그는 실제로 그렇게 했다. 지금까지 내가 아는 한 그 누구도 마지막 페이지가 사라진 것에 대해 그다지 신경쓰지 않았다.[25]

나는 또한 어떤 경우에도 외국 동료들에게 발표 내용을 사전에 발설하지 말라는 엄중한 지침을 위반하고, 유일하게 일본 측 카운터파트였던 가시와기 유스케柏木雄介에게만 전화를 걸었다. 닉슨이 캠프 데이비드에서 준비한 내용을 발표하고 있었던 시점에 일본의 금융시장이 곧 개장할 예정이었기 때문에 가시와기가 사전에 발표 내용을 알고 있기를 바랐다.

미국이 중국에 대해 문호를 개방했던 첫 번째 '닉슨 쇼크Nixon shock' 이후 얼마 되지 않아 찾아온, 그들이 '닉슨 쇼쿠Nixon shokku'라 부를 그 위기에 대처하는 데 있어서 내 전화가 일본 정부에 얼마나 큰 도움이 되었는지는 모른다. 그들은 설사 미국이 달러의 금 태환 중단 조치를 취하지 않았다 해도 급격히 늘어나고 있었던 그들의 달러 보유고를 금으로 교환해달라고 요구하지 않았을 것이라며 진심을 담아 얘기했다. 일본 관료들이 나의 호의를 매우 고마워했다는 것은 아주 잘 알고 있다. 가시와기 유스케와 그의 아내, 그들의 자녀는 지금까지도 나의 50년 지기 친구들로 남아 있다.

6장 통화개혁, 좌절되다

닉슨의 8월 15일 연설 내용은 "우리는 규칙을 어겼습니다. 앞으로는 더 잘해나갈 것입니다"라는 요지로 협력을 호소하면서 유감의 뜻을 모호하게 표현한 나의 초안과는 극명하게 대비되었다. 대신에 그는 "전쟁 없는 새로운 번영의 시대를 만들어가기" 위해 "과감한 지도자"의 길을 택했다.[1]

연설은 효과가 있었다. 언론은 임금 및 가격 통제와 기업들이 받을 혜택을 1면 머리기사로 다루었다. 다우존스 산업평균지수가 당시 일간 상승 폭으로는 사상 최대치를 기록했을 만큼 주가가 급등했다.[2]

해외에서는 큰 충격을 받았다. 외환 거래는 일시적으로 중단되었고 미국인 관광객들의 달러화는 갑자기 여러 곳에서, 적어도 일시적으로는, 거부당했다. 미국이 수십 년 동안 지켜온 금 태환에 대한 공식적 약속을 대통령이 갑자기, 그것도 일방적으로 포기한 것은 미국이 발전시키고 유지해온 국제금융질서 전반에 불확실성을 가져왔다.

나는 유럽에 있는 나의 카운터파트들(그리고 우연히 합류한 일본 카운터파트 두 명까지)을 만나 그렇게 급박하게 움직일 수밖에 없었던 이유를 설명하기 위해 연준 이사 데인, 샘 크로스와 함께 야간에 미 공군 비행기를 타고 런던으로 출발했다. 우선은 각국 통화의 환율을 큰 폭으로 조정해야 했다. 국제통화시스템의 전면적인 개혁3도 중요했지만, 아직 시간적 여유가 있었다.

시장 참가자들이 미국의 대외수지 적자를 줄이기 위해 어떤 조치라도 취해주기를 절박하게 요구해왔음에도 나의 유럽 카운터파트들은 충격을 받았고, 심지어는 배신감까지 느낀 정황이 역력했다. 유럽 언론의 논조는 확연하게 양분되었다. 놀랄 정도로 침착함을 지켰던 지스카르 데스탱을 만난 파리에서는 언론 매체들이 미국의 주도권이 종식되었음을 선언했다. 나는 하계 교환학생 프로그램의 일부로 파리를 지나고 있던 딸과 조우했다. 우리가 리무진 뒷좌석에서 함께 웃고 있는 사진이 공개되자, 언론은 우리가 가족 휴가를 즐기러 온 양 보도하면서 나를 비난했다.

나는 전 세계 시장에서 미국 수출품의 경쟁력을 높이려면 달러화 가치를 얼마나 절하시켜야 할지 파악하기 위해 교역 상대국들의 반응을 지켜보면서 한동안 '잠정적인' 자유변동환율제를 유지해야 한다고 생각했고, 코널리는 이를 받아들였다. 우리는 금 가격을 인상해달라는 요구는 단호히 거절하기로 했다. 9월에 런던에서 열린 G-10의 비상대책회의4는 나중에 다시 모이자는 것만 합의한 채로 끝났다. 코널리는 그 회의에서 미국이 자본유출 및 정부 대외지출과 균형을 이루는 최소한의 경상수지 흑자를 달성하기 위해서는 큰 폭의 환율 조정이 불가피하다며, 미국의 대외수지가 무려 130억 달러나 개선되어야 한다고 주장했다.5 그는 외국 대표들이 던진 비판 조의 질문에 대해 유명한 답변을 남겼다. "달러화는 우리의 통화일 뿐, 그로 인한 문제는 당신들 것입니다The dollar is our currency but your problem." 나의 해외 카운터파트들은 과도기적 자유변동환율제와 불가피했던 일시적 금 태환 중단의 근거를 인식하게 되었다. 그들은 상황이 빨리 정리되기를 간절히 원했지만, 우리에게 필요했던 교역 및 통화 관련 조치들은 여전히 반대했다.

11월 하순에 접어들면서 양측의 태도가 누그러졌는데, 내가 보기에는 미국이 지나치게 유화적이었다.

닉슨 대통령은 곧 있을 역사적인 중국 방문에 대한 걱정과 헨리 키신저의 권유 때문인지 12월에 프랑스 대통령 조르주 퐁피두와 영국 재무장관 에드워드 히스Edward Heath를 방문하기로 했다. 닉슨은 통화 관련 이슈들이 해결되어 정치 행보가 순탄해지기를 바랐다. 로마에서 열리기로 예정돼 있던 G-10 회의 전날 밤, 코널리는 대통령이 프랑스와의 협상이 쉽게 타결되도록 금의 달러화 표시 가격의 인상 요구를 기꺼이 수용하려 한다고 내게 말해주었다.

그 G-10 회의는 내가 경험한 공식 회의 중 가장 이상한 회의였다. 내 협상 파트너들과의 준비모임에서 나는 처음으로 달러화의 가치를 다른 모든 선진국의 통화에 대해 평균적으로 11퍼센트 절하하자고 제안했다.6 우리는 그 제안이 수입 관세를 종료시키기에는 충분할 테지만, 금 태환을 재개하기에는 충분치 않을 거라고 설명했다.7

G-10 회의 의장은 회원국들이 알파벳순으로 돌아가며 맡았는데, 마침 그 회의의 의장은 코널리였다. 다소 의도적이었는데, 이튿날 아침 코르시니궁에서 열린 비공개 장관급 회담에서 나는 미국 측 대변인 자격으로 참석했다. 예상한 대로 협상 파트너들은 미국이 좀더 양보해야 한다고 주장했는데, 가장 강력한 요구 사항은 그들의 통화가치가 상대적으로 높아지는 것을 더 쉽게 받아들일 수 있도록 금의 달러 표시 가격을 인상하라는 것이었다.

코널리가 다른 많은 참석자와 의견을 나눈 뒤에, 나는 금에 대한 달러화 가치의 절하 폭을 우선은 10퍼센트나 15퍼센트 정도로 가정하는 것이 어떻겠냐고 질문했다. 코널리는 바로 "10퍼센트로 가정합시다"라고 대답하고 나서는 외국 장관들의 답변을 요구했다.

거의 한 시간 가까이 침묵이 흘렀다. 마침내, 교수로서 조금은 사고가 유연한 독일의 재무장관 카를 실러가 말을 꺼냈다. 그는 독일이 달러화 가치의 10퍼센트 절하를 수용할 수 있고 "거기에 몇 퍼센트 추가된" 절하 폭도 받아들일 용의가 있다고 말했다. 그 '몇'이 무엇을 의미하는지를 묻는 질문에 대해, 실러는 자신이 얘기한 '몇'의 의미는 매우 명확하며 1퍼센트가 아닌 2퍼센트를 의미한다고 답했다. 그래서 우리는 잠정적으로 달러화의 가치를 마르크화에 대해 12퍼센트는 절하시킬 수 있게 되었다. 더 무거운 침묵이 흐른 후에, 재무장관들이 각자의 국가수반과 상의할 시간이 필요하다며 회의를 점심 이후로 미루자고 요청했다.

그들의 확답을 듣기 위해서는 이튿날까지 기다려야 했다. 코널리는 그 회의에서 미국이 회원국들의 방위비 지출 확대와 미국과의 교역 제한 조치 완화도 요구할 것이라는 점을 상기시켰다. 거기 모여 있던 외국 장관들은 곧바로 자신들에게는 그 요구의 수용 여부를 결정할 권한이 없다고 호소했고, 특히 교역과 관련된 조치들은 유럽위원회European Commission의 소관이라고 말했다.

코널리는 "여기에 결정 권한을 가진 정부 대표가 와 있습니까?"라고 물었다.

"예, 대기실에 있습니다."

"그분을 모셔오세요."

레몽 바르Raymond Barre는 갑자기 어려운 결정을 내려야 하는 상황에 내몰린 데다 아무런 배경지식을 갖고 있지 않았기 때문에, 당연히 코널리의 요구에 응하는 데 별 도움이 되지 못했다(5년 후에 그는 프랑스 총리가 된다).

회의는 끝났다. 당황한 장관들은 모든 녹음테이프를 폐기하라고 요구했다. 코널리는 자신이 책임지고 폐기할 것을 약속했고, 언론에는 협상에 어느 정도 진전이 있었지만 로마에서 합의점이 도출되지는 못했다고 매우 정확하게 발표했다.[8]

그날 밤, 나는 코널리가 가진 정치적 본능의 힘을 여실히 느꼈다. 로마에 있는 일곱 언덕 중 하나의 정상에 자리잡은 웅장한 호텔에서 공식 만찬을 가진 뒤에, 그는 겉보기에는 즉흥적으로 고대 로마, 이탈리아, 근대 유럽 문명의 빛나는 성취를 한껏 추켜세우고는, 우리 재무장관들이 세계 통화질서와 인류애 자체를 더욱 조화롭게 만들 책임을 지고 있다고 웅변했다.

효과는 전기 충격기처럼 강력했다. 한때 국제적 협력의 필요성이라고는 조금도 알지 못하는 거친 텍사스 불한당쯤으로 여겨졌던 코널리가 박식한 면모를, 좀더 강하게 표현하자면 세계적인 정치가로서의 면모를 드러낸 순간이었다.

그로부터 4주가 채 지나기 전에 우리는 합의점에 도달했다.

합의 조건은 12월 중순에 닉슨과 퐁피두가 그 모든 장소 중에서도 하필 포르투갈 아소르스의 미군 기지에서 진행한 회담의 안건에 포함되어 있었고, 또한 매우 바람직한 방향으로 준비되어 있었다.9 중국 방문을 준비하고 있던 닉슨은 당시의 지정학적 상황에 관한 대화를 몹시도 나누고 싶어했지만, 로스차일드 투자회사의 전직 은행가였던 퐁피두는 그 주제에 대해 얘기하는 대신 닉슨에게 금 가격에 대해 훈계를 늘어놓았다. 그는 프랑스가 역사적으로 사회적 혼란에 대한 방어 수단으로서 금을 동경해왔다고 설명했다. 그래서 그에게 금 가격 인상 문제는 정치적으로 민감한 주제였다. 금 가격의 인상 가능성은 이미 로마에서 처음으로 언급된 바 있었다. 퐁피두는 금 가격이 정확히 1온스당 38달러로 인상되어야 하고, 또한 프랑스의 프랑화로 표시된 금 가격이 같은 수준에서 유지되어야 한다고 강력하게 주장했다. 그렇게 되면 달러화의 가치가 프랑화에 대해서는 하락하겠지만, 내가 만족할 만한 수준까지 떨어지지는 않을 것이었다.10

퐁피두와 닉슨이 화제를 바꾸자, 남아 있는 통화 관련 쟁점들은 코널리와 지스카르데스탱이 각자의 참모인 나와 자크 드 라로지에르

Jacques De Larosière를 대동하고 진행한 장관급 회의에 위임되었다. 지스카르데스탱은 금 가격을 좀더 인상한다는 양보를 얻어내기는 했지만, 우리가 국제통화시스템을 전면적으로 개혁해내기 전까지는 달러의 금 태환 가능성이 복구될 수 없고, 그렇게 되지도 않을 것이라는 점을 받아들여야 했다. 일본은 엔화 가치를 더욱 급격하게 절상시켜야 했다. 환율이 좀더 큰 폭으로 변동할 수 있도록 '중심' 환율의 위아래로 상당히 넓은 관리 범위가 설정되었다.

대통령들은 우리의 회의가 자신들의 회의보다 약간 길어지자 조바심을 내기 시작했다. 마침내 합의에 도달했을 때, 그제서야 우리는 도움을 받을 비서가 없고 우리 중 누구도 타자기를 사용할 줄 모른다는 걸 깨달았다. 우리는 군 기지에서 근무하는 하사관의 아내에게 타이핑을 부탁했다. 그녀는 타이핑한 내용을 어깨너머로 확인시켜주면서, 내가 겨우 글씨를 알아볼 수 있을 정도로 휘갈긴 메모들을 공식 문서로 작성해주었다. 지금도 어딘가에는 내가 서명한 복사본이 남아 있을 것이다.

크리스마스 직전에 워싱턴에서 열린 후속 회의에서 체결된 스미소니언협약Smithsonian agreement은 내 기대에 미치지 못했다. G-10의 회원국 대부분이 달러화에 대한 자국 통화가치를 균등한 폭으로 절상하고 로마에서 합의했던 수준으로 금 가격을 조정하는 안을 수용했다. 독일은 이전 로마 회의에서 약속한 대로 마르크화를 다른 국가보다 조금 더 절상하기로 했다. 일본은 엔화 가치를 다른 회원국보다 거의 두 배나 절상해야 하는 부담을 지게 되었다. 하지만 전체적으로 볼 때, 달러화의 절하 폭은 내가 생각하기에 최소로 필요한 수준인 10~15퍼센트에는 훨씬 못 미쳤다. 그렇지만 단 한 번의 회의에서 그렇게나 다양한 통화의 환율이 재조정된 사례는 내가 아는 한 아직까지 없었다.[11]

코널리는 닉슨에게 회의장으로 와서 그 협약을 축하해달라고 부탁했다. 그는 장엄한 축사를 했는데,[12] 스미소니언협약을 "세계 역사에서 가장 중요한 통화 협정"이라고 추켜세웠다. 나는 몸을 틀어 나의 차관보들에게 속삭였다. "이 협정이 석 달만이라도 지켜졌으면 좋겠군."

— 자유변동환율제를 영원히?

영국의 급격한 물가 상승과 무역수지 악화로 투기 세력이 파운드화를 공격하면서 스미소니언협약에 균열이 생기기 시작했다. 영국은 6월 하순부터 파운드화 환율의 공식적인 방어를 중단하고, 자유로운 환율 변동을 허용했다. 그해 말부터 1973년 초까지 투기 자금이 이탈리아 리라화에서 빠져나와 스위스 프랑화로 점점 더 빠르게 유입되었는데, 이는 스미소니언협약의 영향력이 유지되고 있는지를 의심케 했다. 1973년 2월에는 달러화의 가치를 안정시키기 위해 정부가 공식적으로 개입해야 할 정도로 더 많은 국가의 외환시장이 요동쳤다.[13]

나는 그 순간에 미국의 가격 경쟁력을 높이기 위해 달러화의 추가적인 평가절하를 단행해야 한다고 생각했다.

코널리 장관은 5월 중순쯤에 18개월간의 극적인 재무부 생활을 마치고 사임했다.[14] 이제 말로는 간단하지만 실행하기는 어려운 내 방안을 납득시켜야 할 사람은 그의 후임자인 조지 슐츠로 바뀌었다. 미국이 금의 달러 표시 가격을 10퍼센트 추가 인상하고, 일본에는 달러화 대비 엔화 가치를 20퍼센트 절상하라고 요구하는 방안이었다. 또한 엔화 가치의 절상으로 혜택을 입을 유럽 국가들 그리고 나의 바람대로라면, 신흥국들이 자국 통화를 달러화에 대해 10퍼센트 절상시키도록 만드는 것이었다.

아마도 다들 놀랐을 정도로 내 아이디어는 빠르게 실현되기 시작했다. 재임에 성공한 닉슨 대통령은 내게 협상을 개시할 권한을 주었다. 1973년 2월 초 금요일 저녁, 일본의 재무장관 아이치 기이치愛知揆一를 도쿄에 있는 그의 집에서 만나기 위해 비밀리에 공군 비행기를 타고 여행을 떠나면서 나의 바쁜 주말이 시작되었다. 당연히도 그는 내가 엔화의 20퍼센트 절상을 제안하자 크게 놀랐으며, 즉각 동의하지 못했다. 용감하고 협조적이었던 그는 유럽 국가들이 자국 통화의 가치를 달러화에 대해 10퍼센트 절상시킨다면 엔화 가치를 20퍼센트 가까이 절상시키겠다고 제안했다.

나는 그 정도면 충분하다고 결론짓고, 유럽 국가들과의 협의안을 도출하는 데 가장 큰 도움을 줄 것으로 예상한 독일의 재무장관 헬무트 슈미트Helmut Schmidt를 만나러 본으로 떠날 채비를 했다. 불행히도 공군 조종사가 한 번 더 야간 비행을 하기 위해서는 규정상 좀더 휴식을 취해야 했다. 그를 대체할 수 있는 조종사는 알래스카의 앵커리지에 머무르고 있었다. 나의 부차관 잭 베넷은 국방장관이 그 규정을 포기하도록 그와 협상을 벌였다.

출발이 지연되었지만, 나는 슈미트가 탄 비행기가 파리로 막 떠나려는 순간 본에 착륙했다. 그는 내가 도착할 예정이라고 이미 주의를 받았던 터라 프랑스와 공동 입장을 준비하기 위해 파리로 떠나려던 차였다. 나는 본에서 하룻밤을 보낸 뒤, 이튿날 슈미트와 독일연방은행 총재를 만났다. 그들은 내가 외환시장의 교란이 시작된 파리와 런던, 로마까지도 여행할 수 있을 정도로 충분히 격려해주었다.

우리는 일요일 자정에 파리에 있는 지스카르데스탱의 집에서 회의를 진행해 합의점에 도달했다. 지스카르데스탱은 환율과 관련된 모든 제안에 대해 동의했다.

또한 그는 환율이 큰 폭으로 조정되고 난 다음에야 미국이 해외 투자 및 은행 대출 제한 조치를 안전하게 해제할 수 있다는 조지 슐츠의 입장에도 반론을 제기하지 않았다(미국의 임금 및 가격 통제 조치와 10퍼센트의 수입 할증관세는 이미 종료된 상태였다).

다만 실망스러운 점도 있었다. 새로이 합의된 환율과 금 가격(42달러 22센트)이 투기 세력의 후속 공격에 매우 취약해 보였기 때문이다. 시장에 신뢰감을 심어주려면 금시장을 안정화하기 위한 공동 개입을 준비해야 했다. 사실상 새로운 금 저장고를 만드는 것이었다. 불행히도 그에 대한 합의는 이루어지지 않았다.

일본은 내가 본으로 떠나올 때 나와 잘 알던 전임 재무성 차관을 보내 나를 따라다니도록 했다. 유럽의 대표들이 합의안을 확정하자 일본도 이를 받아들였다. 여행한 거리만 총 4000여 킬로미터에 달하는 나의 4일간의 대장정은 비로소 끝이 났다. 슐츠 장관은 2월 12일 월요일 저녁에 워싱턴에서 내가 입안을 도왔던 이자율 균등화 세금의 폐지안을 포함하여 새로이 합의된 내용을 공식 발표했다.[15]

슐츠 장관의 발표 후 이튿날에는 서유럽 대부분 국가와 일본의 외환시장이 열리지 않았고, 다시 개장했을 때는 금 가격이 처음에는 안정적이었다가 이내 공식적인 저항 없이 급격하게 상승했다.[16] 또한 3월 초까지 일본과 서유럽 국가들이 다시 외환시장을 폐쇄해야 할 정도로 달러화에 대한 투기 압력이 강도를 더해갔다.[17]

주요 유럽 국가는 3월 9일 금요일에 파리에서 열린 비상대책회의에 미국을 초청했다. 나중에 밝혀졌지만, 그 회의는 매우 중대한 모임이었다. 오전 회의에서 각국 장관들은 현실적으로 선택할 수 있는 수단이 부족하다는 점에 대해 개인적으로 느낀 좌절감을 토로하면서 대부분의 시간을 보냈다. 결국, 일시적으로 자유변동환율제를 도입하는 것만이 유일한 합리적 대안으로 보였다.

슐츠는 이념적 차원에서 자유변동환율제와 자유경쟁시장체제에 대체로 우호적이었는데, 1971년에 금 태환 창구가 폐쇄되었을 때 자유변동환율제를 채택하길 원했던 닉슨의 보좌관 중 한 명이었다. 그 시점에는 코널리와 번스, 최종적으로 대통령이 그의 견해에 반대했다. 만약 당시에 그가 재무장관으로서 모든 책임을 지고 있었더라면 어떤 행동을 취했을지 불 보듯 뻔했다.

파리 회의에 참석했던 사람들이 잘 인지하지 못한 사실이 있는데, 슐츠가 오전 회의에서 줄곧 침묵을 지켰다는 점이다. 마지막 순간이 되어서야 의장이 당분간 자유변동환율제를 수용할 수 있겠는지를 슐츠에게 물었고, 그는 "그렇습니다. 여기 계신 참석자들이 합의한 결과라면 자유변동환율제를 수용하겠습니다"라고 답했다.

그 '일시적인' 합의는 50년이 흐른 지금도 기본적으로 유지되고 있다. 세계는 통화 표준에 대한 합의 없이 '자유변동환율제'와 '고정환율제'를 다양한 비율로 혼합해가면서, 여전히 달러화를 글로벌 기축통화로 활용하면서 유지되어오고 있다.

돌이켜보니 브레턴우즈체제라는 교향악의 마지막 악장은 일주일 후 파리에서 가졌던 사적인 점심 모임에서 조용하게 연주되었다. 아서 번스는 조지 슐츠에게 달러화의 고정 환율을 복구하기 위해 노력해줄 것을 다시 한번 부탁했다. 나는 미국의 인플레이션 문제를 해결할 수 없다면 달러화의 가치가 안정될 수 없을 것이라는 생각에 그에게 이런 직관적인 논평을 던졌다. "그렇다면 당신이 지금 당장 워싱턴으로 돌아가서 통화정책을 긴축하는 게 좋을 거요."

그는 가지 않았다.

파리에서의 언론 간담회에서 어떤 기자가 그 회의에서 도출된 합의안이 미국의 통화정책에 어떤 영향을 미칠 것인지를 물었을 때, 번스는 마이크를 붙잡고 명확한 어조로 말했다. "재할인율에 어떤 일이 일어날지는 워싱턴에서 결정합니다. 유럽이 아니라요."[18]

— 개혁

스미소니언협약 직후부터 자유변동환율제의 일시적인 도입이 결정되기 전까지 국제통화시스템을 전면적으로 개혁하기 위한 토대가 마련되었다. 조지 슐츠는 1972년에 재무부 장관이 되고 난 직후 내게 완전히 이성적인 질문을 던졌다. 우리에게 통화시스템을 개혁하기 위한 어떤 계획이 있습니까? 정직한 대답은 "거의 없다"였다. IMF 연차총회가 눈앞에 다가오고 있었기 때문에 슐츠로서는 그 대답을 수용하기 어려웠다. 우리는 더 많은 준비를 해야 했다.

나는 개혁안을 마련하는 일을 시작했고, 몇 주 내에 볼커 그룹은 개혁의 기본 틀을 세웠다. 이를 활용하여 슐츠는 IMF 연차총회에서 미래지향적인 연설19을 할 수 있었는데, 구체적으로는 새로이 마련될 협상 포럼에서 통화 관련 이슈들에 대한 논의가 이루어지기를 요구하는 내용이었다. 우리는 그 포럼이 IMF 총재와 이사회의 영향에서 벗어나 독립적인 기구가 될 것임을 시사했다. G-10과 IMF 내에서 유럽 국가들의 영향력이 매우 강했기 때문에 미국으로서는 경제 규모가 더 큰 일부 신흥국 대표들을 포럼에 참여시키는 것이 힘의 균형을 이루는 데 유리했다. 우리의 바람대로라면, 나에겐 현실성이 낮아 보였지만, 그들은 국제통화시스템 내에서 달러화의 역할을 엄격하게 제한하려는 유럽 국가들의 노력을 저지하는 데에 도움을 줄 수 있을 것이었다.

거의 40년 전에 IMF의 모태인 브레턴우즈 회담을 이끌었던 미국 정부가 이제는 IMF를 회피하기 위해 새로운 협상 포럼을 도입하려 한다는 것 자체가 물론 아이러니였다. 그러나 세계는 경제적·정치적 차원에서 많은 변화를 겪었다. 일본과 경제 규모가 큰 신흥국에 비하면 유럽의 소규모 국가들은 영향력이 미미했다. 미국의 관점에서 보면, 어느 정도는 이러한 방향을 의도했지만, 일본과 대규모 신흥국들은 고정환율제보다 유연한 환율시스템을 수용할 가능성이 있었다.

결국 20개국 재무부 관료들과 중앙은행이 참여하는 20개국위원회 Committee of Twenty가 새로이 창설되었다. 창설 직후 어떤 신규 회원국이 표현했던 것처럼, 그 포럼은 참가국이 많았기 때문에 공통된 이해 기반이 결여된 다자간 독백으로 끝나버릴 위험이 있었다. 내게는 그것이 종종 미국에 반대하는 전 세계 국가들 간의 대화로 비쳤다.▪

내가 받은 이 느낌은 1972년 9월 워싱턴에서 IMF 연차총회가 열리기 직전 상황에 매우 잘 들어맞았다. 나는 IMF 총재 피에르폴 슈바이처에 대한 미국 관료들의 계속되는 불만을 해결할 책임을 자발적으로 떠맡았다.

제2차 세계대전 중에 프랑스 레지스탕스로 독일군과 싸웠고, 독일 집단 수용소에서 석방되었으며, 노벨상을 수상한 알베르트 슈바이처Albert Schweitzer를 삼촌으로 둔 슈바이처 총재를 나는 개인적으로 존경했다. 하지만 슈바이처 총재는 끊임없이 통화 협상의 주도권을 쥐려 했고, 미국을 훈계하고 때때로 미국 대표들을 모욕함으로써 코널리와 슐츠, 케

▪ 슐츠는 이듬해에 그가 백악관 도서관에서 개최한 비공식 회의에 프랑스, 독일 및 영국의 재무장관들을 초대함으로써 G-5의 전신을 창립했다. 일본은 그 직후에 이 백악관 도서관 그룹에 합류했다.

네디 장관에게 거의 환영받지 못하는 사람이 되어버렸다.

결국, 상황을 정리하기 위한 하나의 방편으로 나는 그가 새 임기를 모두 채우지 않고 1~2년만 근무한다면 미국이 그의 재임명을 지지할 것이라는 암시를 주었다.

슈바이처는 그것이 의미하는 바를, 즉 미국이 자신을 불신임한다는 것을 인식했고, 언론에는 그가 재임명을 기대하지 않는다는 입장을 밝혔다.[20] 그의 발언 때문에 그해의 IMF 연차총회는 시작부터 불편해졌다. 개막식 때 거의 모든 회원국 대표들이 그에게 기립 박수를 보낸 것이다. 나는 그 기립 박수의 의미가 슈바이처 총재를 존경했던 것만큼이나 강한 정도로 미국의 고압적인 태도를 비난하는 것이었으리라 생각한다. 슐츠 장관이 건설적인 연설[21]을 통해 20개국위원회에서 국제통화시스템 개혁 논의를 진전시키고자 한다는 희망을 제시한 덕분에 그날은 무사히 지나갔다.

개혁에 대한 논의를 시작할 때부터, 유럽 국가들은 슈바이처 총재의 명백한 지지를 등에 업고 '자산결제시스템asset settlement system'의 도입을 강력하게 요구했다. 그 목적은 달러화가 기축통화로 광범위하게 사용되지 않게 하고, 미국이 과거에 프랑스가 비난했던 '과도한 특권'을 누리지 못하게 하는 데 있었다. 간략히 표현하면, 자산결제시스템에서는 모든 국가가 금, 특별인출권 또는 둘의 조합 등 자신들이 합의한 중립적 자산으로 지급 대금을 결제해야만 한다. 각 국가가 보유하고 있는 달러화는 IMF의 '대체계좌'로 전환될 예정이었는데, 이는 사실상 당시의 달러화 가치를 보증하는 것이었다. 미국은 더 이상 경상수지 흑자국들의 달러 보유 의지를 이용하여 손쉽게 조달한 자금으로 고통 없이 적자를 유지하지 못할 것이었다. 자산결제시스템이라는 규율 없이는 미국에서 인플레이션이 계속 발생할 것이라는 게 그들의 주장이었다.

우리는 수십 년 동안 미국에서 인플레이션이 사실상 거의 없거나 아예 없었다고, 인플레이션 관리 성과가 교역 상대국들보다 더 나았다고 반박했다. 그런데 불행히도 당시 미국에서는 인플레이션이 이제 막 광범위하게 확산되고 있었다. 자유변동환율제가 세계 외환시장에서 달러화의 가치 유지에 대한 모든 염려를 불식시킬 것처럼 보였다. 사실, 달러화 가치의 급격한 하락은 수입물가 상승으로 이어져 그 자체로 인플레이션을 유발하는 요인이었다.

그렇지만 엄격하게 통제된 자산결제시스템은 내게는 (또한 다른 누군가에게는) 경상수지 흑자국과 적자국 모두에 비현실적으로 경직적인 시스템으로 보였다. 그 시스템은 유연성이 충분치 않아 금 가격의 급등이나 새로운 특별인출권의 배분으로도 붕괴될 수 있었고, 결과적으로 환율의 불안정성을 줄이는 게 아니라 확대함으로써 강력한 규제 조치들이 필요한 상황을 초래할 수 있었다.

우리는 '기축지표reserve indicators'라는 대안적 시스템을 개발했다. 그 기본 개념은 기축자산으로 정의된 자산의 보유 규모가 크게 줄어들 경우, 무역적자의 축소나 해소를 유도(필요 시 자국 통화를 평가절하함으로써)하고, 이를 강제할 가능성이 있다는 것이었다. 그와 유사하게, 기축자산의 대규모 축적은 흑자를 서서히 줄이거나 제거해나가야 할 필요가 있다는 신호일 터였다. 비록 달러화의 금 태환 가능성은 일부만 복구되겠지만, 달러화(또는 다른 통화들)가 유용한 기축자산이라는 지위를 유지하면서도 유연성이라는 요소를 제공할 수 있을 것이었다. 환율이 확고한 '목표 수준central values' 위아래로 변동하도록 허용하는 범위가 확대될 것이고, 자유변동환율제는 어떤 국가들에게는 계속 최후의 보루로 남아 있을 것이었다.[22]

슐츠는 노사문제 협상가였고, 대외활동에 적극적인 경제학과로 명성이 높았던 시카고대 경영대학 학장으로서 학계에 깊은 영향을 미쳤다. 나는 그와 일하면서 그가 타고난 협력자이자 중재자임을 알았다. 그는 환율의 특정 목표 수준을 전제한 상태에서 통화시스템을 개혁하려는 나의 구상을 그의 내각 동료들과 함께 인내심을 가지고 검토했다.[23]

확장된 우리의 논쟁이 어느 정도 진전을 이루고 있다는 느낌이 들었다. 하지만 20개국위원회는 1973년 9월 나이로비에서 열린 IMF 연차총회 일정에 맞추어 합의안을 마련하는 데 결국 실패했다. 제1차 석유파동이 인플레이션 압력을 부채질하며 무르익어가고 있었다. 게다가 워터게이트Watergate 사건이 불확실성을 증폭시켰다. 공동의 이해 기반을 찾기 위해 진심으로 애쓰는 것처럼 보였던 지스카르데스탱도 통화시스템을 개혁하기 위한 활동을 1년간 중단할 것을 요청했다.

통화개혁에 대한 논의는 그 후로 영원히 재개되지 않았다. 당연히 실망스러운 결과였다. 사랑하는 일을 하며 대부분의 시간을 국제통화시스템을 안정시키고 개혁하는 데 바쳤지만, 내 노력은 결국 실패로 끝났다.

─ 불가능한 삼위일체

지금 긴 시계에서 과거를 돌아보면, 더 중요한 교훈 두 가지를 간과했다는 걸 깨닫는다.

첫 번째는 국제통화시스템의 개혁이 근본적으로 한 국가의 정책 목표들 간 상충에 직면한다는 점이다. 자국 정부의 목표를 달성할 책임을 지닌 일개 재무부 차관과 그의 해외 카운터파트 둘이서 합의할 수 있는 수준을 넘어서는 목표들 말이다.

주권 국가들은 일반적으로 (1) 자국 통화정책과 재정정책의 완벽한 통제, (2) 국경을 자유로이 넘나드는 자본 이동으로부터 오는 혜택, (3) 안정적이고 예측 가능한 환율을 원한다.

개념적으로 각 국가는, 더 자유로운 환율 변동을 허용할 용의가 있다면, 처음 두 개의 목표를 달성하거나 유지할 수 있다(이에 해당하는 국가들로는 미국, 캐나다, 일본 및 영국이 있다).

한편, 통화정책을 자율적으로 결정할 권한을 포기한다면 마지막 두 개의 목표, 즉 자유로운 자본 이동과 안정적인 환율을 달성할 수 있다(극단적 사례로는 각 국가의 통화를 폐기하고 하나의 중앙은행이 전 지역의 통화정책을 결정하는 유로시스템Eurosystem을 들 수 있다).

또는 자국 경제를 폐쇄하여 자금과 자본의 국제적인 이동을 막는다면 고정환율제와 통화정책의 독립성을 유지할 수 있다(미국도 1960년대에 이러한 방향으로 움직였고, 오늘날에는 중국이 이 문제와 씨름하고 있다).

그러나 어느 한 순간도 세 목적을 동시에 달성할 수는 없다. 과거에 볼커 그룹이 진행한 수많은 토론에서 조지 윌리스가 했던 말이 옳았다. "어떤 대책도 효과가 없을 것입니다."

그것은 불가능한 삼위일체였다.

더욱이, 조직화된 국제통화시스템은 어떤 고정된 통화가치의 기준점, 즉 금 혹은 널리 수용되는 한 국가의 통화, 또는 둘의 여러 조합과 같은 '가치의 척도numeraire'를 필요로 했다. 그러나 트리핀 교수가 과거 브레턴우즈 시기에 우리에게 가르친 바와 같이, 전 세계의 교역 및 경제성장세가 계속 확대되는 상황에서는 금의 고정가격 또는 금과 단일 통화 간의 태환 가능성을 계속 유지하는 것이 거의 불가능하다. 종국에는 어느 한 통화가 과도하게 사용되어 그 통화에 대한 신뢰도가 낮아질 것이기 때문이다.

또한 환율 결정이(또는 자본 이동의 통제나 심지어 통화정책의 결정도) 전적으로 한 국가만의 문제가 될 수 없다는 사실이 어려움을 배가시킨다. 가장 분명한 것은 모든 환율 변화는 반드시 교역 상대국의 통화가치에도 영향을 미친다는 점이다. 이 어려운 문제는 공통의 가치 척도로 한 국가의 통화가치를 평가하는 합의나 관행으로 해결할 수 있다. 그 가치 척도는 과거에는 금이었고 오늘날에는 좀더 보편적으로 쓰이고 있는 통화인 달러화다. 그러나 그렇게 되면 달러화가 나머지 통화들에 의해 그 가치가 결정되는 'n번째 통화nth currency'가 되어 다른 국가들의 협의 없이는 달러화의 환율을 변동시킬 수 없게 된다. 이 점이 바로 스미소니언협약을 통해 해결하고자 했던 핵심 문제였다.

현재의 관점에서 보면, 질서 정연한 국제통화시스템을 유지하는 데 필요한 각 국가 차원에서의 양보와 자기통제가 존재하지 않았다. 이 '시스템의 부재nonsystem'는 거의 50년 동안이나 지속되었다.

두 번째 교훈은 논리나 경제 이론상의 문제가 아닌 현실 정치에 관한 것이다. 1971년과 1972년에 안정적 통화가치의 유지라는 책무는 닉슨 대통령이 선거 때 내걸었던 최우선 선거공약들의 뒷전으로 너무 쉽게 밀려났다(나중에 워터게이트 호텔 난입과 은폐 공작으로 입증되었듯이, 다른 중요한 사안들도 마찬가지였다). 이렇게 국제적 규율과 강건한 재정·통화정책이 사라지면서 대인플레이션의 시대가 막을 열게 되었다.

한참 후에 나는 대인플레이션 그리고 이와 연관된 라틴아메리카의 은행 위기를 해결하기 위한 활동을 진두 지휘할 운명이었다.

― 재무부의 유용한 유산

재무부를 떠나기 전에 나는 미국 정부의 자금조달 방법을 개혁할 몇 가지 유용한 조치를 실행할 기회를 얻었다. 이 영역에서는 법안이나 국제적 협의 없이도 우리가 독립적으로 많은 변화를 만들어낼 수 있었다.

미 재무부가 중기채권 트레저리 노트와 만기 1년 이상의 장기채권 트레저리 본드를 발행할 때 수십 년 동안 유지한 표준적 관행은, 정해진 만기와 고정된 이자율로 특정 규모의 채권을 발행할 날짜를 미리 잠재적 매입자들에게 공지하는 것이었다. 이런 관행은 재무부에게 어느 정도의 불확실성을 안겨주었다. 모든 채권을 매각할 수 있을 만큼 충분한 수요를 만들어내는 것이 가능할까? 시장의 관점에서도 투자자와 중개인들이 재무부의 채권 발행 시점과 조건을 기다려야 했기 때문에 리스크가 있었다.

이런 우려를 최소화하기 위해, 연준은 시장금리가 재무부의 채권 발행 이전, 당일, 이후에도 전반적으로 안정되도록 관리하는 이른바 안정화even-keel 접근법을 택했다. 그러나 국채 발행의 규모나 빈도가 늘어남에 따라 연준의 안정화 접근법을 유지하는 것이 점점 어려워졌다.

우리는 만기 1년 또는 그 이하의 단기증권을 발행할 때 사용되는 경매제도에서 그 해결책을 찾아냈다. 경매 과정에서는 잠재적 매입자들에게 새로운 채권의 규모와 만기만을 공지하고, 가격 또는 금리는 비밀에 부친다. 관심 있는 매입자들은 그들이 지불할 용의가 있는 가격과 원하는 매입 규모를 입찰서에 적어 제출한다. 그러면 재무부는 새로 발행하려는 모든 채권이 매각될 수 있도록 하한가를 설정함으로써 충분한 수요를 창출할 수 있게 된다.

몇 년간 국채경매제도에 대한 의심이 지속되었지만, 이 제도는 시장가격의 변동성이 가장 높은 30년 만기 채권에 적용되었을 때도 원활하게 작동했다. 연준은 시장금리를 상당 기간 안정된 수준에서 유지하는 것에 대해 걱정할 필요가 없어졌다.

또한 나는 새로 설립된 연방자금조달은행Federal Financing Bank의 통합형consolidated 채권 발행을 감독했다. 이 채권은 농민주택지원청FHA부터 테네시강유역개발공사TVA까지 여러 특수 정부기관이 역사적으로 오랫동안 개별적으로 발행해오던 채권들의 대체물로 고안되었다. 법적으로 각 기관이 발행한 채권들은 연방정부의 채무로서 재무부 채권과 지위가 동등했다. 그러나 각 기관의 채권 발행 규모가 상대적으로 작았기 때문에 거래량이 제한적이었고, 투자자들은 이들 채권에 대해서는 유동성이 높은 재무부 채권에 비해 훨씬 높은 금리를 요구했다.

우리는 각 기관의 자금 차입 경로를 통합할 필요가 있으며 대규모로 발행할 예정이던 새로운 통합형 채권도 재무부 채권과 함께 발행되어야 한다고 의회를 설득했다. 정부기관들의 개별적인 자금 조달의 총량을 파악하려는 목적도 있었다. 오늘날 연방자금조달은행이 발행한 채권은 재무부가 일반 국채를 발행하여 조달한 자금으로 직접 매입하고 있다.

한편 주택담보대출 채권의 거대 매입자이자 보증기관인 패니매Fannie Mae와 프레디맥Freddie Mac ■은 명목상 주택 보유를 지원하기 위한 민간 정부기관(이 단어 자체가 모순이지만)이었는데, 실제로는 정부의 보증 없이 자체적으로 채권을 발행하고 있었다. 그러나 이 기관들은 채권을 발행할 때 발행 조건과 시점에 대해 의무적으로 재무부의 승인을 받아야 했다. 나의 재무부 생활이 끝나갈 때쯤 인플레이션이 확대되면서 금리가 상승하자, 패니매는 자사의 차입 비용이 늘어나는 것을 우려했다. 패니매의 중역들은 민간 상업어음과 같은 단기증권을 적게라도 발행하는 것을 허용해달라고 요청했다. 그 근거는 전적으로 장기채권보다 금리가 낮은 단기증권을 발행하여 이자비용을 절감시킨다는 데에

■ 좀더 공식적으로는 각각 Federal National Mortgage Association과 Federal Home Loan Mortgage Corporation으로 알려져 있다.

있었다. 나는 패니매가 지금은 "한정된 규모"라고 말하고 있지만 나중에 단기증권 발행액을 확대하고픈 유혹을 이겨내기 힘들 것이고, 변동성이 높은 단기차입에 과도하게 의존하는 것이 위험하다는 점을 근거로 그들의 요구를 거절했다.

몇 년 뒤 내가 연준 의장으로 취임한 후에, 패니매의 신임 사장 데이비드 맥스웰이 방문했다. 그는 당시 규모가 훨씬 커져 있던 그 '연방기관'이 거의 파산 직전에 이르렀다고 설명해주었다. 단기증권을 과도하게 발행했다가 금리가 상승하자 이자 비용을 감당하지 못하는 상황에 처했던 것이다.

재무부의 내 후임자들은 이 문제에 전혀 주의를 기울이지 않았던 것이다!

당시 패니매는 가까스로 막대한 손실을 버텨냈지만[24] 그 사건 전체는 정치적 동기가 초래한 구조적 취약성을 상징적으로 대변했고, 나중에는 2008년 금융위기 발발의 한 원인이 되었다. 패니매는 1930년대에 장기주택담보대출 시장을 지원하는 권한을 부여받고 엄연한 정부기관으로 출범했다. 그러던 것이 단순히 연방정부 예산안에서 그 기관의 지출을 삭제할 목적으로 1960년대 후반에 '민영화'되었다. 그러나 정부기관으로서의 특성은 남아 있었는데, 일례로 그 기관이 자체 발행한 채권이 연준의 매입적격 채권에 포함된 것을 들 수 있다(연준은 법적으로 연방 '기관'들의 채권을 매입할 수 있다).

완전한 우연은 아니었겠는데, 내가 몇 년 뒤에 민간 투자은행에서 근무할 때 패니매 측에서 자사의 자본조달 계획의 적정성을 보증해달라고 요청하는 연락이 왔다. 나는 그 계획이 조건부라는 전제하에 서명했지만, 이후 그들은 순식간에 규율 감각을 잃어버렸다.

그 후로 패니매와 새로이 권한을 부여받은 경쟁자인 프레디맥의 이익률은 크게 상승했다. 두 기관 모두 2008년 위기 직전에 신용도가 의심스러운 채권들을 포함하여 주택담보대출 채권을 적극적으로 매입했다. 통제 불가능했던 2008년 위기의 초반에 이들 기관에 대한 정부의 지원이 필요해졌고, 결국 실행되었다. 지금까지 두 기관은 재무부의 감독을 받고 있는데, 이는 금융규제와 관련하여 아직 해결되지 않은 중요한 문제 중의 하나로 남아 있다.

— 중간 휴식

나는 1974년 초반에 재무부를 떠나기로 결심했다. 닉슨 행정부는 국민을 충격으로 몰아넣은 워터게이트 사건을 수습하느라 혼돈 상태에 빠져 있었다. 조지 슐츠는 일할 수 있는 만큼 일했고, 5월에 그 유명한 벡텔코퍼레이션Bechtel Corporation으로 이직하기 위해 사임했다. 슐츠의 부장관으로 일하면서 닉슨의 '에너지 황제'가 된 연방에너지청장이었던 야심가 빌 사이먼William Simon이 재무장관직을 승계했다. 나중에 알게 되었지만, 나를 재무장관으로 임명할 가능성에 대한 내부 토론이 있었다는데, 나는 그렇게 극도로 정치화되고 제 기능도 못하는 행정부에서 재무장관직을 맡고 싶은 생각이 전혀 없었다. 또한 가족들에게 좀더 관심을 기울이는 것도 이미 늦은 감이 있었다.

좋은 조건에 민간 기업으로 이직할 기회도 많았는데, 어떤 경우는 억대 또는 수십억대의 연봉을 제안했다.[25] 하지만 결정을 내리기 전, 프린스턴대학에 대한 충성과 공직에의 전념을 호소하는 목소리가 내 안에서 들려왔다. 한두 학기 정도 강의하기 위해 나는 우드로윌슨 공공정책·국제정치대학원으로 돌아가기로 결심했다.

재무부에서의 두 번의 짧은 근무 기간 동안 바버라가 많은 짐을 감당해준 덕분에 우리 가족은 워싱턴에서의 생활을 즐길 수 있었다. 우리에게는 데인, 위튼바움, 브릴, 오쿤, 로시즈, 코언, 월릭, 밥 솔로몬의 가족을 포함하여 재무부, 연준, 그리고 그와 비슷한 수준의 다른 기관에서 근무하는 좋은 친구들이 있었다. 바버라는 정치권과 워싱턴에 대한 신랄한 견해와 호소력 있는 표현으로 친구들 사이에서 무척 인기가 좋았다. 딸 재니스도 집안 전통을 따르는 징후를 보였는데, '닉슨을 탄핵하라'는 스티커를 그녀가 몰던 차의 범퍼에 붙이고 다녔다.

재니스는 나의 첫 번째 재무부 근무 시절에 메릴랜드주 체비체이스에 있는 우리 집 근처의 훌륭한 초등학교에 다녔고, 1969년에 워싱턴 중심가의 클리블랜드가로 이사[26]한 후에는 워싱턴의 일류 사립학교 가운데 자유주의적 성향이 상대적으로 강한 사이드웰프렌즈에 다녔다.

아들 지미는 큰 역경을 견뎌내야 했다. 뇌성마비를 안고 태어난 지미는 수년이 지난 뒤에 몇 번의 수술을 받고 나서야 걸음을 뗄 수 있었다. 하지만 지미의 뇌에는 아무런 문제가 없었다.

일생 동안 당뇨병과 싸워왔던 바버라는 지미를 정규학교로 보내 정상적인 교육을 받게 하기로 결심했다. 운 좋게도 카톨릭 재단의 신설 초등학교 메이터데이에서 막 교편을 잡은 헌신적인 선생 로버트 배로스와 연락이 닿았다. 그는 지미가 고등학교에 진학하기 전까지 그 학교에 다니게 해줬다. 지미가 중학교를 졸업한 후 바버라는 명성이 자자한 세인트올번스스쿨의 존경받는 교장 선생님이었던 캐넌 마틴에게 신체적으로 장애가 있는 한 학생의 입학을 허용해달라는, 요구에 가까운 부탁을 했다.

나는 재무부를 떠날 때 재니스에게 고향을 만들어주지 못한 것에 대해 사과했던 것을 기억한다. 재니스는 "무슨 말이죠?"라고 되묻고는 "워싱턴이 나의 고향이에요"라고 정확하게 답했다.

1960년대와 1970년대만 해도 워싱턴은 지금과 사뭇 다른 곳이었다. 인종끼리 분리되어 있기는 했지만(내가 직장을 알아보고 다니던 1949년에도 워싱턴은 사실상 분리되어 있었다), 그 점만 제외하면 세계적인 수준의 박물관 등 여러 문화단체가 있다는 장점을 갖춘, 안락하고 편리한 중간급 규모의 도시였다. 공무원과 의회 직원들을 포함하여 주민 대부분이 전문직에 종사하는 중산층이었기 때문에 막대한 부도 없었다. 당시에는 일류 식당이 몇 개 없었고, 새로 지은 4성급 호텔은 단 하나만 있었던 것으로 기억한다.

오늘날의 유명한 법률회사들도 당시에는 완전히 지역적으로만 영업활동을 하는 작은 회사들이었는데, K가에 있는 사무실 빌딩의 한두 층만을 쓰고 있었을 것이다. 그때는 아직 로비업이 하나의 산업이 되어 워싱턴에 만연하기 전이었다. 상공회의소와 노동총연맹 산업별조합회의AFL-CIO를 제외하면 워싱턴에 사무실을 둔 특수 이익단체는 거의 없었다. 지금의 기준에서 보면 돈으로 정치적 영향력을 사고파는 행위는 거의 없다시피 했다.

그땐 그랬다. 수십 년이 흐른 지금, 워싱턴은 의회 및 너무도 많은 관료와 유착되어 있는 로비스트들과 막대한 부로 넘쳐나는, 내게는 매우 낯설고 불쾌한 곳이 되었다.

난 거기서 멀리 떨어져 있다.

7장 다시 출발점으로

나이 오십이 가까워지는데도 남은 직장생활을 어디에서 보내길 원하는지 스스로도 확실히 알지 못했다(아흔이 된 지금도 그 점은 여전히 궁금하다).

재무부에서 상관이었던 조 파울러는 투자은행인 골드만삭스에서 확실하게 자리를 잡았다. 그는 파트너들이 경영에 공동 책임을 지는 당시의 파트너십 문화를 선호했으며, 내게 그의 미래 후계자로서 함께 일해보자고 진지하게 부탁했다.■ 밥 루사는 나를 민간 투자은행인 브라운브러더스해리먼의 고위직으로 채용하려 애를 썼다. 또 샌프란시스코에 기반을 둔 아메리카은행에서 두 번째로 높은 연봉(11만 달러였다!)을 제안한 톰 클로즌Tom Clausen과도 짧은 면접을 마친 상태였다. 바버라는 샌프란시스코로 이주하는 것에 대해 즉각 반대했다. 뱅커스트러스

■ 그는 골드만삭스가 1999년 기업공개를 할 때까지 유한책임 파트너로 일할 예정이었으나, 그로부터 1년 전에 91세의 나이로 사망했다.

156

트_{Bankers Trust}에서 오래전부터 최고경영자로 일하면서 그 회사의 매우 보수적인 조직문화를 혁신하려 노력해온 나의 친구 찰리 샌퍼드_{Charlie Sanford}와의 대화는 더욱 진지했다.

그런데 재무부를 떠난 순간부터 아서 번스가 나를 쫓아다녔다. 옛 고향인 뉴욕 연방준비은행으로 돌아와서 헤이스 총재의 후임자로 일해달라고 부탁하기 위해서였다. 나는 그 의도가 상당히 의아스러웠다. 우리는 그전부터 자주 충돌해왔는데 왜 나를 선택한 것일까? 배경을 알아보니, 아서 번스는 FOMC의 많은 회의에서 자신에 대한 반대 의견을 줄기차게 제기해온(그는 이것을 가장 일탈적인 행위로 간주했다) 헤이스와 거의 공개적인 전투를 벌이고 있었음이 분명했다.

뉴욕 연방준비은행은 내가 간절히 원하던 곳은 아니었다. 그쪽에서 약속한 연봉은 재무부보다 두 배 반 정도 많았지만, 뉴욕 연방준비은행 총재의 역할은 내가 익숙해져 있던 재무부 고위직에 비하면 정책적인 영향을 미칠 여지가 상대적으로 좁았다. 그리고 직원 대부분은 나를 따뜻하게 환영해줄 리가 없었다. 이전에 그들과 국제통화시스템에 관해 토론할 때마다 사사건건 충돌했기 때문이다.

그러나 뉴욕 연방준비은행은 어떤 의미에서는 나의 고향이기도 했다. 뉴욕 연방준비은행의 일자리는 확실하게 공직으로 인식되었기 때문에 정치권의 노골적인 압력으로부터 어느 정도는 차단되어 있었다. 내게는 그 점이 중요했다. 그래서 1974년 여름 캐나다의 인적 드문 곳으로 연어 낚시를 가던 길에 있던 마지막 공중전화로 번스에게 연락해서 다소 내키지 않는 투로 얘기했다. "그렇게 합시다."

나중에야 번스와 뉴욕 연방준비은행의 최고위급 간부들 간의 적대 관계가 그간 얼마나 심각했는지를 알게 되었다. 그들은 뉴욕의 법조계, 기업계 및 자선공동체의 지도자들이었고, 법적으로 총재를 임명할 책임이 있었다. 그러나 번스는 지역 연방준비은행의 임명을 인준하는 연준이사회의 결정을 통제할 수 있었다. 헤이스가 남은 임기를 채우겠다고 강력하게 주장했기 때문에, 나는 1975년 8월이 되어서야 뉴욕 연방준비은행 총재에 취임할 수 있었다.

— 프린스턴대학에서의 짧은 체류

나는 취임 전까지 주어진 자유 시간을 프린스턴대학 우드로윌슨스쿨의 방문교수로 보냈는데, 그렇게 풍부한 재원을 가진 대학원이 공공행정 교육을 강화하고 그에 대한 관심을 고취하는 데 그다지 적극적으로 노력하지 않는다는 점을 여실히 느꼈다. 내가 우드로윌슨스쿨에서 얼마간의 시간을 보내는 것이 그 분야에 관한 학교의 관심을 자극하는 데 도움이 되리라고 생각했다.

얼마 지나지 않아 강의가 얼마나 힘든 일인지를 다시금 느끼게 되었다. 무척 유능한 고학년 학생들의 콘퍼런스와 임시 연구 모임을 이끌기 위해 많은 일을 해야 했다. 이제 막 교수생활을 시작한 내가 수업계획서와 강의에 필요한 기술적 도구들에 대해 얼마나 알고 있었겠는가? 하지만 나는 대학원생 조교들을 어떻게 모을 수 있는지는 아주 잘 알고 있었다. 또한 학생들이 작성한 보고서의 부정확한 표현들을 수정해 줄 수 있었고, 유쾌한 자극을 주는 외부 강사들도 어렵지 않게 초빙할 수 있었다. 10여 년 뒤에 종신교수로 임명되었을 때도, 나는 명석한 학생들에게 멘토 역할을 하고 도전할 만한 과제를 제시하는 것이 얼마나 만족스러운 일인지 알게 되었다. 그 학생들 중 일부는 지금도 가끔 만나고 있다.

당시 바버라와 나는 시간적 여유가 충분했던 덕분에, 뉴욕의 신용위기가 한창이던 때 매입할 여력이 있는 여러 집 가운데 맨해튼의 넓고 위치 좋은 아파트 한 채를 찾아낼 수 있었다. 우리는 맨해튼에서 흔한 지분형co-op 아파트의 매매가격지수가 몇십 년 만에 최저치를 경신했던 바로 그 시점에 거래를 마무리지었다. 나중에 그 집은 내가 소유한 최고의 금융자산이 되었다.

─ 뉴욕 연방준비은행 경영

내게 이코노미스트라는 일자리를 처음으로 마련해준 뉴욕 연방준비은행의 총재로 출근했던 첫날이 생생하게 기억난다. 그전에 근무할 때는 출입할 수 없었던 중역 전용 층의 새 사무실에 있는 매우 멋진 책상 하나를 자세히 살펴보았다. 책상 밑에서 숨겨진 선반 하나를 발견했는데, 그곳에는 놀라운 사실이 담긴 노트가 놓여 있었다. 노트에는 전임 뉴욕 연방준비은행 총재 앨런 스프롤이 세계은행 총재직을 제안받은 후에 숙고했던 장단점들이 수기로 적혀 있었다(장점과 단점들이 팽팽하게 맞섰지만 결국 단점이 이겼다). 그런 다음 나는 호기심에 이끌려 책상 안에 숨겨져 있는 버튼을 눌렀는데, 즉시 뉴욕 연방준비은행 건물 전체가 폐쇄되었다. 긴급경보 버튼이었던 것이다. 출입문들이 잠겼고 모든 비상벨이 울렸다. 그렇게 뉴욕 연방준비은행 총재로서 처음 출근한 날의 느낌은 그리 좋지 않았다.

나는 취임한 지 얼마 되지 않아 사임을 선언했다. 번스 의장이 뉴욕으로 연준 이사 한 명을 보내, 5년 이상 근무하면 연준이 공무원 연금을 보충해준다는 계약 조항을 포기해달라고 요구했기 때문이다. 정치적으로 민감한 사안이라는 이유였다. 나는 그가 애초에 약속했던 수준보다 급여가 낮은 것도 이미 받아들였던 터라 연금 조정안은 수용할 수 없었다. 결국 뉴욕 연방준비은행 총재로서의 짧은 재임 기간 덕분에 내가 매달 받는 공무원 연금은 300달러가량 늘어나게 되었다.

나는 워싱턴과 뉴욕에서 쌓은 경험을 활용하면 연준이사회와 뉴욕 연방준비은행 사이에 오랫동안 존재해왔던 간극을 좁히는 데 도움을 줄 수 있을 거라고 다소 순진하게 생각했다. 물론 상당한 성과를 이루었다고 자평한다. 비록 나중에 당시 의장이었던 번스의 일기를 읽으면서, 달러화의 금 태환 제도를 폐지하는 과정에서 내가 맡았던 역할에 대해 그가 이전부터 느꼈던 불만에다, 내가 FOMC 부의장으로서 그에게 제기했던 반론에 대한 불만까지 더해지면서 그가 나를 비난할 충분한 근거가 있었음을 알게 되었지만 말이다.

나는 뉴욕 연방준비은행이 공개시장운영 업무를 실행하고 금융의 중심인 대형 은행들을 감독하는 데 있어서 가장 중요한 역할을 맡고 있으며, 연방준비제도 내에서 워싱턴에 있는 이사회와 FOMC 그리고 의장에게 은행업과 금융시장의 행태에 대한 전문적인 지식과 통찰을 제공하는 특별한 기능을 수행한다고 믿었다. 하지만 정책적 측면에서는 번스가 인플레이션과의 전면전을 주저하는 기색이 역력했기 때문에 나의 좌절감은 점점 커져갔다.

　뉴욕에서 나는 주요 간부들 대부분과 좋은 관계를 유지했다. 특히 뉴욕 연방준비은행 총재로 임명될 수도 있었을 매우 유능한 수석 부총재였던 딕 데브스Dick Debs와는 정말로 가깝게 지냈다. 그는 모건스탠리의 파트너로 이직하기 전에 업무가 수월하게 인수인계되도록 우리를 성심성의껏 도와주었다. 그와 그의 아내는 바버라와 둘도 없이 소중한 친구가 되었다. 국내 및 국제 트레이딩의 감독 업무를 담당했던 나의 오랜 동료 앨런 홈스Alan Holmes는 연준 전체로부터 진정한 존경을 받았다. 그의 업무 부담은 매우 컸다. 뉴욕 연방준비은행 총재, 워싱턴의 연준이사회와 이를 통제하는 의장 모두에 대한 책임감 때문에 분명히 많은 밤을 지새웠을 것이다.

　나는 곧 뉴욕 연방준비은행의 강고한 관료주의가 이전 내가 일하던 때에 비해 그다지 크게 개선되지 않았다는 점을 알게 되었다. 총재로 취임한지 며칠 뒤, 나는 비서에게 사무실 바로 바깥에 있는 죽어가는 듯한 큰 나무를 치워달라고 부탁했다. 일주일 정도 지난 후에 나는 그 나무가 왜 계속 거기 있는지를 물었다. 그녀는 풀죽은 목소리로 대답했다. "내부 규정상 총재님 사무실에 나무가 없으면 다른 간부들 사무실에도 나무를 둘 수 없습니다." 간부진 전체가 결정할 사안이었던 것이다.

그 시절에 뉴욕 연방준비은행 내부에서 지위가 가장 높았던 부서들은 국내 및 해외 시장운영부서, 연구부서, 법무부서였다. 경영지원부서에 부여된 지위가 낮다는 것은 하나의 과제였다. 나는 그 과제를 해결하기 위해 행동을 취하기 시작했다.

새로운 길을 열어준 사람은 젊은 제리 코리건Gerald 'Jerry' Corrigan이었다. 연구부서에서 차출되어온 그는 뉴욕 연방준비은행의 행정업무를 맡아왔으며, 내가 오기 전에 뉴욕 연방준비은행 이사회의 비서로 임명되었다.

직설적인 아일랜드계로 포덤대학 박사학위를 취득한 제리의 강점은 어떤 가정에 의존하여 미리 판단하지 않는다는 것이었다. 그는 전통을 지키는 데 전념했고, 강점과 약점들을 포착해내는 감각이 예민했으며, 내부 경영에서 적극적이고 단호한 방식을 실천하는 사람이었다. 나는 그의 도움 덕분에 뉴욕 연방준비은행의 내부 경영에 많은 관심을 할애할 수 있었다. 제리는 어떤 일이 필요한지를 예리하게 인식하는 능력과 그 일을 수행하는 과정에서 무엇이 필요한지 정확하게 판단하는 능력을 지닌 덕분에 빠르게 승진했다.

뉴욕 연방준비은행은 다른 지역 연방준비은행과 마찬가지로 은행검사, 수표 대금의 청산, 전신환 송금, 관할지역에서 유통되는 통화량유지 등의 책임을 지고 있었다. 총재로 취임한 후 얼마 지나서, 나는 다양한 경영효율성 측정 지표로 이러한 일상적 활동을 평가했을 때 대부분의 지표에서 우리가 다른 지역에 비해 많이 뒤져 있다는 것을 알게 되었다. 나는 일상적 업무를 더 효율적으로 수행하고, 원대한 목표를 설정하고, 필요한 곳이 있다면 외부에서 기술적 인재를 영입하기로 결심했다. 비록 그 뒤로도 상위권 근처에는 이르지 못했지만, 조금씩 나아지고 있었다. 나의 재직 기간 중에 마지막으로 발간된 뉴욕 연방준비은행의 연차보고서에서, 1974년에 근 5300명으로 사상 최고 수준이었던 직원 수를 1979년 말에 약 4350명으로 감축한 것을 포함해 여러 경영 개선 사항을 조금은 자랑할 수 있었다.[1]

번스와 나는 딱 한 가지 사안에 있어서는 의견이 일치했다. 라틴아메리카 국가에 대한 미국 은행의 대출 규모가 확대되는 것이 우려스럽다는 점이었다. 당시 미국의 상업은행들은 신흥 부국이 된 중동의 산유국이 예치한 풍부한 자금을 저개발 국가(특히 멕시코, 아르헨티나, 브라질 등 라틴아메리카 국가)에 대한 고수익 대출의 재원으로 재활용하고 있었다. 시간이 지나며 국제적 대출 업무 경험이 없는 작은 지방은행들, 심지어 지역은행community bank조차도 그 대열에 합류했다. 라틴아메리카에 대한 대출을 억제하려 노력하는 과정에서 나는 규제와 관련된 중요한 교훈을 하나 얻게 되었다.

번스는 어떤 은행과 국가가 가장 위험한지를 알려주는 체계적인 접근법인 스포트라이트시스템spotlight system을 사용하자는 나의 제안에 동의했다. 간단히 표현하면, 그 신호는 한 은행이 고위험 국가에 과다하게 대출했을 경우 붉은색을 띠게 되고, 위험이 낮은 경우에는 초록색, 그 중간일 경우에는 당연히 노란색을 띠게 된다. 원칙상 그 신호 관리 업무는 일상적인 은행 감독 과정의 일부로서 각 지역 연방준비은행이 책임져야 할 일이었다. 하지만 실제로는 감독기관과 은행이 엄격한 규율과 열정을 가지고 신호 관리 업무를 실행하지 않았고, 그럴 수도 없었다. 나는 규정이 모호하면 아무런 행동을 취하지 않을 구실이 된다는 사실을 금세 깨달았다. 금융규제 조치를 실행할 때마다 겪게 되는 익숙한 문제였다.

정부에서 일하던 우리조차도 그 문제로부터 자유롭지 못했다. 어느 날, 당시의 노련한 통화감독청장 존 하이먼John Heimann과 멕시코에 관해 상의한 적이 있다. 미국에 등록된 은행은 법적으로 자기자본의 10퍼센트 이상을 단일 차입자에게 대출할 수 없었는데, 일부 은행에서 단일 주체로 간주된 멕시코 정부 전체에 대한 대출액이 그 상한에 근접하고 있었다. 그러나 멕시코 정부의 '독립적' 기관들은 모두 개별적인 차입 주체였기에 그러한 규제가 적용되지 않았다.

멕시코 정부에 대한 대출을 축소시켜야 할 것인가? 국무부가 잠자코 있다면 그럴 필요는 없을 것이다! 또한 은행들이 자금을 해외에서 운용하는 '불가피한' 활동을 막는다는 중상모략을 피하길 원한다면, 역시 그렇게 할 필요가 없었다.

공교롭게도 가장 공격적인 대출기관은 시티뱅크였는데, 내가 뉴욕 연방준비은행 총재를 맡고 나서 얼마 후에 그 회장이었던 월터 리스턴이 자신의 경영 성과를 알려주러 나의 사무실을 방문한 적이 있다. 그는 시티뱅크가 지속적으로 이윤을 내고 있다면서, 그러한 경영 실적과 그가 인식하기에는 금융 환경이 과거에 비해 더 안정적이라는 점을 근거

로 시티뱅크는 자본을 추가적으로 조달할 필요가 없다고 말했다.■ 그
는 시티뱅크의 실제 자본금을 은행 간부들이 용인할 수 있는 최저 수
준으로 유지하려 했다. 라틴아메리카에 대한 대출의 선두 주자로서 그
의 기본적인 인식은, 국가는 파산하지 않으며 그럴 수도 없다는 것이었
다(꾸며낸 이야기가 아니다).

사실 당시 미 연준은 은행의 자본을 공식적으로 규제하지 않았다.
이 점은 몇 년 뒤에 내가 연준 의장으로서 콘티넨털일리노이와 퍼스트
시카고First Chicago 은행에게 자본을 더 조달하라고 권유했다가 무례하
게 무시당한 순간 더욱 분명해졌다. 그런 태도 때문에 내가 은행의 자
본 적정성을 연준의 고려사항 중 최상위에 두게 되었다는 것을 그들은
알 수 없었을 것이다.

결국 현실과의 타협이 이어졌고 라틴아메리카에 대한 대출도 계속되
었다. 모든 것은 그로부터 2년 뒤 연준 의장이 되어 있을 나의 책상 위
에 놓일 예정이었다.

이 시기에 정부의 권위를 무시하는 지도자가 이끌고 있던 시티뱅크
는 규제와 관련된 몇 가지 중요한 교훈을 남겼다. 뉴욕 연방준비은행
총재 시절 초기에 시티뱅크가 외환 거래로 얻은 이익에 부과되는 세금
을 회피하려 한다는 어느 주요 외국 중앙은행의 민원을 받은 적이 있
다. 세금 조사관이 방문할 때면 시티뱅크가 다른 나라로 이익금을 이

■ 은행이 대출이나 증권 매입을 위해 사용하는 자금의 거의 전부는 사실상 예금자, 채권 보유
자, 그 외 대출자 등 다른 누군가로부터 빌려온 것이다. 이와 달리, 자본은 은행 주주들의 자금
이다. 자본은 은행 대출이 부실화되거나 보유한 증권의 가치가 하락할 경우 손실을 흡수할 수
있을 만큼 충분해야 한다.

전한다고 비난하는 내용이었다. 나는 시티뱅크에 자체 내부감사를 실시하도록 요구하는 실수를 저질렀다. 시티뱅크 자회사들이 내부감사의 대부분을 수행했는데, 어떠한 우려 사항도 발견되지 않았다. 증권거래 위원회SEC도 조사에 나섰지만 아무런 조치도 취하지 않았다.[2] 마지막에 유럽의 몇몇 감독 당국이 세금을 다시 징수했고 벌금을 부과했다.

몇 년 뒤에 연준 의장이 되고 나서, 한 통화감독관으로부터 시티뱅크가 요구불예금이나 저축성예금 계좌를 개설하는 고객에게 30달러 이상의 선물 제공을 금지하는 규정을 위반하고 있다는 통지를 받았다. 그 선물이란, 정부가 이자율 최고 수준을 규제하던 시절 새 예금주를 유치하기 위해 나누어주던 '공짜 토스터기'였다. 시티뱅크에 그러한 행위를 중단하라는 명령을 내린 후 얼마 지나지 않아, 그 통화감독관은 시티뱅크가 선물 제공 관행을 여전히 유지하고 있음을 알게 되었다. 이번에는 은행의 내부 회계장부에서 선물 비용을 은폐하고 있다는 의혹도 제기되었다. 은행 회계장부를 조작한 것이었기에 심각한 문제가 될 수 있었다.

우리는 다시 한번 내부감사를 요구하기로 했다. 브롱크스에서 일하는 한 지점장이 해고되었지만, 어찌된 일인지 그 사람 외에는 누구도 책임을 지지 않았다. 뉴욕 연방준비은행 직원들은 내게 100만 달러의 과징금을 부과할 것을 권고했지만, 1970년대 후반 당시 그 금액은 막대한 규모였다. 아마도 사상 최고 수준의 과징금이 될 것이었다. 이사회는 100만 달러가 너무 과하다고 판단하고, 50만 달러의 벌금이면 시티뱅크가 충분한 주의를 기울일 것으로 예상했다. 그렇지만 우리의 판단은 틀렸다. 시티뱅크가 거래 보고서에서 유일하게 언급한 것은 그다지 중요치 않은 항목들뿐이었다.

누구도 더는 공짜 토스터기에 신경쓰지 않았다. 하지만 그 후로 시티뱅크의 영업 문화가 어찌되었을지는 불 보듯 뻔했다.

— 통화정책

1973년부터 1975년까지 이어진 대규모 경기침체기 이후, 내가 뉴욕 연방준비은행에 있는 동안 '스태그플레이션'이 경제의 숨통을 조여오고 있었다. 당시를 돌아보면, 연준이사회가 인플레이션 억제와 경기침체로부터의 회복 중 어느 쪽에 집중할지를 결정하지 못하고 갈팡질팡했음을 쉽게 알 수 있다. 개인적 견해로는, 우리는 분명 통화정책을 너무도 오랫동안 완화적으로 운용해왔다. 완전고용에 못 미치는 고용 상황에 대한 좌절감과 정치적 우려가 점점 커져가던 상황은 새로운 연준 법률에 반영되었다.

1977년에 개정된 연방준비법은 "최대 고용, 물가안정, 적정 수준의 장기금리라는 목적을 달성하기 위해, 통화 및 신용 총량의 장기 증가 추세를 경제의 장기적인 생산 증대 잠재력에 상응하는 수준에서 유지할 것"[3]을 연준의 새로운 책무로 규정했다. 하나의 원대한 목표로서는 그럴듯했지만, 이 조항은 나중에 '이중 책무dual mandate'라는 해석의 기원이 된다.

이듬해에 의회는 법안을 제안한 상·하원 의원의 이름을 따 험프리-호킨스법으로 더 널리 알려진 '완전고용 및 균형 성장에 관한 법률Full Employment and Balanced Growth Act'을 통과시켰다.4 이 새로운 법률은 통화주의적 색채가 상당히 강했다. 연준이사회의 통화 및 신용 증가율 목표치를 설정하고 통화정책 운영 계획을 1년에 두 번 의회에 보고해야 하는 책임이 연준 의장에게 부여되었다. 최대 고용, 물가안정, 그리고 지금은 우리가 편리하게 망각하고 있는 적정 수준의 장기금리라는 목적에 대한 기존의 모호했던 표현을 명료화한 매우 구체적인 명령이었다. 통화정책과 관련된 핵심적인 쟁점은, 이른바 이중 책무가 연준이사회 및 FOMC의 통화정책 방향 결정 과정에서 어느 정도의 명확함 또는 혼란을 초래할 것인지였다. 나는 혼란이 야기되는 쪽을 더 염려했다.

실제로 뉴욕 연방준비은행 총재로 근무하는 동안 통화정책 기조가 과도하게 완화적이라는 점이 갈수록 걱정스러워졌다. 몇몇 지역 연방준비은행의 총재들은 그런 우려를 좀더 강하게 표현하라고 나를 설득했는데, 사실상 정책 기조의 전환을 밀어붙이라는 뜻이었다.

사실 나는 1978년 초에 새로 선출된 민주당 대통령 지미 카터가 아서 번스 의장을 사업가인 윌리엄 밀러G. William Miller로 교체하고 난 후부터 매우 강력한 반론을 제기하기 시작했다. '빌Bill' 밀러는 지적이고 유능한 기업 경영인이었다. 그는 FOMC에 자신의 사견을 강요하는 것이 올바르지 않은 일이라고 생각했다. 그는 재할인율 결정 투표에서 최소 한 번의 패배를 경험했는데,5 그에게는 근심거리가 아니었지만 시장에서 그의 '신뢰성'은 불가피하게 타격을 입었다. 나도 그에 대한 불만이 컸지만 공개적인 반란을 이끌 정도는 아니었다. 모든 점을 고려할 때, 통화정책에 대해 궁극적으로 가장 무거운 책임을 지는 것은 지역의 연방준비은행이 아닌 워싱턴의 연준이사회이기 때문이다. 그리고 일반적인 상황에서는 연준이 일관된 입장을 보이는 것이 중요하다.

어느 정도 예상은 했지만 1978년의 느지막한 시점에 우리는 어쨌든 또 하나의 교훈을 얻게 되었다. 자유변동환율제로도 통화위기를 끝낼 수 없다는 점을 확인한 것이다. 미국의 인플레이션 확산 과정과 연준의 통화정책에 대한 의심이 달러화 투매를 초래했고, 그 결과 달러화의 가치는 10월에 사상 최저치를 기록했다. 나는 카터의 재무장관 마이클 블루먼솔Michael Blumenthal과 그의 통화부문 담당 차관 토니 솔로몬Tony Solomon이 일련의 긴급 조치를 마련하는 것을 도우면서 단순한 지원 역할만 맡았다. 뉴욕 연방준비은행의 시장 개입을 통해 재할인율을 1퍼센트포인트 인상한 조치와 외화 표시 재무부 채권(일명 카터 채권)을 외국 중앙은행에 매각한 조치가 효과를 나타냈다. 그 후로도 미국과 교역 상대국의 외환시장에 대한 대규모 개입은 몇 달간 지속되었다.

개입은 처음에는 성공적이었고 정말로 강력했다. 그러나 이듬해 봄과 여름, 개입 조치의 효과가 점점 사라지는 듯했다. 좀더 근본적인 방향 전환이 필요했다.

8장 인플레이션과의 전쟁

지미 카터 대통령은 인플레이션에 맞서기 위해 들고 일어났다. 인플레이션은 심각했고, 계속 심해졌으며, 쉽게 제압할 수 없을 것처럼 보였다. 1979년에 이르러서는 인플레이션이 모든 정책안을 헝클어뜨리고 심지어 무력화시키는 것처럼 보였다.

호메이니가 미국이 지지하는 이란 국왕을 몰아냈던 1979년 초의 이란혁명 발발 이후, 1970년대에만 두 번째로 석유파동이 일어났다. 그로 인해 물가 지표가 1년 만에 13퍼센트나 상승했다.[1] 휘발유 부족 사태는 주유소의 긴 대기 행렬과 판매량 할당으로 이어졌으며, 대부분의 언론사 뉴스는 이를 보도하는 내용으로 채워졌다. 새로운 예산 프로그램들은 정치적으로, 심지어는 경제적으로도 효과가 없었다. 1978년의 느지막한 시점에 미국은 달러화의 가치를 안정시키려 강력한 조치를 취했으나, 효과는 그리 오래가지 못했다.

부드럽게 표현하자면, 일반 대중의 불만은 점점 더 커져갔다. 대통령은 캠프 데이비드로 가서 일주일 넘게 보좌관, 기업 총수, 정치인, 교사, 성직자, 노동계 지도자 그리고 몇몇 일반 시민의 의견과 조언을 들었다. 이상하게도 연준에는 자문을 구하지 않았다.

7월 15일에 대통령은 캠프 데이비드에서 돌아와 대국민 연설을 전했다.[2] 나는 미국 사회에 대한 '신뢰의 위기'라 불러도 좋을, 불만과 분열이 팽배했던 나라 전체의 분위기를 그대로 인정하는 훌륭한 연설이라고 생각했다. 연설은 '무기력증malaise' 연설이라는 이름으로 유명해졌는데, 정작 연설에서는 한 번도 사용되지 않았던 그 단어는 대통령이 전달하고자 했던 메시지를 함축하고 있었다.

대통령은 며칠 후에 재무장관 마이클 블루먼솔을 포함한 내각 장관들의 사임을 수용했다. 카터는 빌 밀러를 좋아했는데, 그는 약 2년 전 번스 전임 의장의 후임자로 연준에 오기 전에 재벌 기업 텍스트론Textron의 회장직을 역임한 바 있었다.

밀러의 임명은 연준에 공백을 남겼다. 연준 의장이 종종 경제정책을 결정하는 가장 중요한 관료로 인식된다는 점을 고려할 때, 그 공백은 연준에 대한 신뢰를 쌓는 데 도움이 되지 않았다.[3]

— 백악관으로부터의 전화

이삼일 뒤에 빌 밀러가 내게 전화를 걸어, 워싱턴으로 와서 대통령을 만날 용의가 있는지를 물었다.

예상치 못한 전화였다. 나는 대통령을 만난 적이 없었고, 게다가 FOMC에서는 밀러에 반대하는 표를 던진 적도 있었다. 하지만 나는 당연히 워싱턴행 비행기에 올랐다.[4]

회고록을 쓰기 위해 과거의 서류철을 정리하다 보면 오랫동안 잊고 있었던 물건들이 튀어나오곤 한다. 나는 내가 대통령에게 말하려 했던 사항 세 가지를 끄적거려둔 약국 처방전을 발견했는데, 내용은 이렇다. 저는 연준의 독립성이 절대적으로 보장되어야 한다고 생각합니다. 연준은 인플레이션과 전면전을 벌여야 할 것입니다. 그리고 저는 밀러 의장이 유지해온 통화정책 기조보다 더 긴축적인 기조를 지지합니다.

간단한 사항들이었다. 나는 대통령 집무실에서 그 내용을 얘기했는데, 옆자리에 앉아 있던 밀러 의장을 친근하게 손가락으로 가리키기까지 했다. 그 후에 몇몇 기록이 밝힌 대로 회의는 짧게 끝났다.

나는 뉴욕으로 돌아가기 위해 비행기에 올랐다. 오는 길에 가장 친한 친구들인 밥 캐버시와 래리 리터에게 우리 집 근처에 새로 문을 연 이탈리안 식당에서 함께 저녁을 먹자고 전화했다. 난 그들에게 "연준 의장이 될 모든 가능성을 그냥 날려버렸어"라고 말했다.

바버라는 전혀 실망하지 않았다. 당뇨병과 류머티스성 관절염의 합병증 등으로 건강이 점점 악화되었기 때문에 그녀는 주치의와 친구들 그리고 아들 지미를 가까이에 둘 수 있는 뉴욕에 남기를 원했다(당시 지미는 우리와 같이 살면서 뉴욕대학에 다니고 있었다).

이튿날 카터 대통령이 직접 전화를 걸어왔다. 아침 7시 30분이었는데, 나는 아직 잠에서 깨지 않은 상태였다. 나는 "네, 저의 연준이사회

의장 임명에 동의합니다"라고 간신히 답했다. 내가 아직 잠에서 깨기 전이라는 걸 알았더라면 조지아주의 아침잠 없는 땅콩 농부였던 카터 대통령이 전화를 걸었을지 나중에 궁금해지긴 했다.

바버라는 나의 결정을 이해해주었다. 연준 의장이 내가 거부할 수 없는 직책임을 알고 있었기 때문이다. 그녀의 최종 판결문은 간결했다. "당신은 워싱턴으로 가. 나는 여기 남을 거야." 우리는 내가 주말마다 집에 돌아오는 것에 합의했다.

무기력함은 1979년의 미국 사회를 지배하는 정서였지만, 워싱턴의 행정적 프로세스는 지금보다 훨씬 더 효율적이었다. 나는 연준 의장으로 지명되고 나서 일주일이 지나기도 전인 7월 25일에 상원 청문회에 참석했다. 며칠 후 나의 임명안이 만장일치로 가결되었으며, 8월 6일에 정식으로 취임했다.

연준 시스템의 이상한 특성 때문에 의장의 연봉은 내가 뉴욕 연방 준비은행 총재로서 받았던 11만 달러보다 훨씬 적은 5만7500달러에 불과했다. 나는 도보로 쉽게 연준에 닿을 거리에 있는 침실 하나 딸린 아파트를 월세 400달러에 구했다. 그 아파트는 조지워싱턴대학 학생들로 가득 차 있었다. 나는 부엌이 하나인 기숙사 같은 방에 침대, 탁자 그리고 의자 두 개 정도만 들여놓았다. 그 시점에 딸 재니스는 워싱턴 인근 노던버지니아에 살면서 병원과 간호의 세계에 입문하고 있었다. 재니스는 매주 나를 저녁 식사에 초대했고, 내 옷가지도 세탁해주기로 했다.

이제 백악관 내에서 나의 임명을 지지하던 이코노미스트들과 자신들 눈에 과도하게 독립적인 연준 의장의 임명을 불편해하던 정치인들 사이의 전면적인 논쟁은 끝이 났다. 나는 이미 익숙해져 있던 연준이사회 및 FOMC와 함께 인플레이션이라는 밧줄 끝으로 미끄러져 내려가는 미국 경제를 구조해야 한다는 공동의 사명감을 가지고 공식 업무를 시작할 수 있었다. 이사회의 새로운 부의장은 정치적 재능이 있는 플로리다 출신의 투자은행가 프레드 슐츠Fred Schultz였다. 그는 내가 의장으로 취임하기 불과 몇 주 전에 의회의 인준을 받았다. 그는 의원들과의 관계에서 생기는 문제와 다른 어려운 과제들을 처리해주면서 나의 가장 중요한 파트너가 되었다. 나는 뉴욕 연방준비은행에서 제리 코리건을 데려와 비서실장에 임명했다.

취임 열흘 뒤, 금리를 마지막으로 인상한 지 한 달이 채 안 된 시점에서 이사회는 재할인율을 사상 최고 수준인 10.5퍼센트로 인상했다.[5]

그때 시장금리는 역사적으로 보면 이미 높은 수준이었지만, 인플레이션은 그보다 훨씬 더 심각한 수준이었다. 물가상승률은 연간 15퍼센트에 가까웠는데, 미국 역사에서 전쟁이 없던 시기 중에는 가장 빠른 속도였다. 놀랍게도 연준 이코노미스트들은 그들의 경제전망 모형과 '회귀분석'을 이용하여 경기침체가 곧 도래할 것이라는 결론을 내렸다.

9월 18일에 열렸던 그다음 FOMC 회의에서 나는 이사들이 재할인율 인상 쪽에 투표하도록 유도했는데, 투표 결과가 찬성 4표 대 반대 3표로 나뉘면서[6] 연준에 대한 신뢰성에 문제를 초래했다. 인플레이션과의 전쟁에서 딱히 보여줄 만한 성과도 없었던 데다 경기침체 위험이 커지고 있었기 때문에, 겨우 한 달 남짓한 기간에 금리가 세 번이나 인상된 것은 일부 이사들이 받아들이기에는 너무 빠른 속도였다.

처음에 나는 투표를 걱정할 이유가 거의 없다고 보았다. 나를 지지했던 세 명의 이사(프레드 슐츠, 헨리 월릭Henry Wallich, 필립 콜드웰Philip Coldwell)는 오래 지속될 인플레이션과의 전쟁에서 의지할 수 있는 사람들이었다. 나의 관점에서 보면 나를 포함한 총 일곱 명의 이사 가운데 확고한 과반수를 가지고 있었다.

그러나 시장의 관점은 달랐다.7 그들은 찬반으로 분열된 투표 결과가 이제 연준이 과감함을 잃어가고 있으며 인플레이션을 억제하려는 절제된 자세를 유지하지 못하리라는 징후라고 해석했다. 또한 인플레이션율이 계속 상승하여 평균적인 금리 수준보다 높아진다고 해도 연준이 금리를 추가로 인상하지 않을 거라 예상했다. 그 결과 달러화의 절하 압력이 거세졌고 금 가격은 최고치를 경신했다.8

연준은 신뢰성을 잃어가고 있었다. 재할인율 인상을 통해서든 국채 시장에 대한 직접 개입을 통해서든, 연준이 오랜 기간 관행적으로 유지해온 단기 시장금리의 조정 폭은 경제주체의 기대에 영향을 미치기에는 너무 작았고, 조정 시점도 너무 늦는 경향이 있었다. 새로운 접근법이 필요했다.

좀더 직접적인 영향을 주기 위해서라면, 상업은행이 연준에 예치하는 지급준비금의 증가 규모를 엄격하게 제한하는 대안이 있었다. 예금과 전체 통화공급량의 증가 폭을 효과적으로 줄일 수 있는 조치였는데, 간단히 표현하자면 통화의 가격(이자율)이 아닌 통화량(통화공급)을 통제하는 것이었다. 과도하게 단순화된 표현이지만, 인플레이션이 "너무 많은 돈이 너무 적은 재화를 추구한" 결과라는 널리 인용되는 격언은 이 새로운 접근법의 확실한 근거를 제공했다.

나는 많은 지역 연방준비은행 총재들이 몇 년 전부터 통화공급에 주의를 더 기울여야 한다는 점을 강조하면서 그러한 통화주의적 접근법을 계속 요구해왔다는 사실을 알고 있었다. 나부터도 그로부터 몇 년 전,9 훗날 '실용적 통화주의'로 일컬어질 접근법(밀턴 프리드먼이 주장했던 더 극단적이고 기계적인 통화주의와는 대조적인)을 통해 연준이 통화공급의 증가율에 더 주의를 기울여야 하는 것은 아닌지 질문을 제기한 적이 있었다.

과거 몇 년 동안 타협을 계속하고 인플레이션과의 전면전을 회피한 뒤였던 바로 그때가 행동을 개시할 시점이었다. 즉, 시장과 대중에게 설득력 있는 메시지를 전달해야 하는 시점이었던 것이다. 과거에 달러화가 금 및 브레턴우즈체제의 고정환율과 맺고 있었던 밀접한 관계는 사라진 지 오래였다. 이제 달러화의 가치는 통화공급을 통제하고 인플레이션의 확산을 끝낼 연준의 능력에 좌우된다는 인식이 널리 퍼져 있었다.

당시에도 우리는 지금처럼 물가안정이 연준의(내 판단으로는 모든 중앙은행의) 궁극적 책무라는 사실을 회피할 수 없었다.

IMF 연차총회 참석을 위해 세르비아의 베오그라드로 떠나기 전, 나는 두 직원(뉴욕 연방준비은행의 트레이딩데스크 책임자인 피터 스턴라이트 Peter Sternlight와 워싱턴 연준이사회의 통화정책 실행 책임자인 스티븐 액실로드Stephen Axilrod)에게 새로운 정책 접근법을 마련하라고 지시해두었다. 적정하다고 판단되는 금리 수준을 설정하는 정도가 아닌, 통화 팽창을 강력하게 억제할 수 있는 접근법이어야 했다.

나는 베오그라드로 향하는 정부 전용기에 올라 빌 밀러와 대통령 경제자문위원회 의장인 찰리 슐츠Charles Shultze에게 앞으로의 통화정책에 대한 구상을 상세하게 설명했다. 그들은 인플레이션과 전면전을 벌이겠다는 연준의 의지에 대한 시장과 대중의 신뢰를 높일 필요성은 이해하면서도, 정책 접근법을 그렇게 급격하게 변경하는 것은 신중하게 고려해달라고 주문했다. 금리가 급격하게 상승할 것이고, 높은 금리가 경제성장에 미칠 영향을 우려했기 때문이었다.

독일 총리 헬무트 슈미트의 요청으로 우리는 함부르크에 잠시 들르기로 예정되어 있었다. 나는 슈미트를, 그리고 그의 직설적인 태도를 그가 재무장관이던 시절부터 잘 알고 있었다. 그는 전체적으로 미국의 입장에 동감했지만, 통화를 포함한 여러 영역에서 미국이 실행한 정책의 비일관성과 비효율성에 환멸을 느껴오고 있었다.

그는 미국의 줏대 없는 정책 결정권자들이 인플레이션을 제어할 수 없을 정도로 빨라지도록 방치하고, 아울러 달러화에 대한 신뢰와 환율을 다시 안정시키려는 유럽의 노력까지 방해한 것에 대해 한 시간 가까이 성토했다.

그 자리에서 나는 아무 말도 없이 앉아 있었다. 그의 얘기는 내가 행동을 취해야 할 가장 설득력 있는 근거였다. 독일연방은행Bundesbank 총재 오트마어 에밍거Otmar Emminger는 내 초대로 슈미트와 함께 왔다가 베오그라드로 가는 비행기 안에서 나와 오랫동안 대화를 나누었다.

나는 그 시간을 내가 고려하던 새로운 접근법을 에둘러 설명하는 기회로 활용했다. 예상했던 대로 에밍거는 내 생각을 지지했다. 바로 워싱턴으로 돌아가서 일을 추진해야겠다는 생각이 간절해졌다. 나는 아서 번스가 중앙은행의 인플레이션 통제능력에 대한 회의감을 (악명 높게) 표현했던, "중앙은행의 고통Anguish of Central Banking"이라는 제목의 페르 야콥손 강의Per Jacobsson Lecture[10]를 듣느라 회의장에서 한참을 머물렀다. 나는 IMF 회의의 모든 공식 행사가 끝나기 전에 베오그라드를 떠났는데, 거의 텅 비어 있는 공항에서 사람들 눈에 띄지 않기를 바랐지만 결국 그러지 못했다.

10월 4일 목요일까지 나는 연준 이사들과 함께 어떤 수단을 선택할지를 검토했다. 직전 FOMC 회의에서 경기 악화를 우려하여 재할인율 인상에 반대했던 '비둘기파'조차도 분열된 투표 결과에 대한 시장의 격한 반응에 무척 놀란 탓인지 대부분 새로운 접근법을 지지하는 분위기였다. 긴급 FOMC 회의가 토요일로 예정돼 있었다. 교황 요한 바오로 2세의 워싱턴 방문에 모두의 정신이 팔려 있던 상황이라 정보가 사전에 유출되지 않았다. 그렇지만 당시의 혼란스러운 상황을 더 복잡하게 만드는 많은 소문이 떠돌고 있었는데, 그중에는 내가 사임했다거나 사망했다는 소문도 있었다.[11]

최근에 나는 인내심을 가지고 FOMC 회의 의사록 하나를 주의 깊게 읽어보았다. 몇 년 전에도 그 의사록을 읽어본 적이 있다.[12] 의사록에는 내 발언의 어조와 미묘한 의미가 제대로 반영되어 있지 않았다. 전후 맥락을 모르고 의사록을 읽는 사람들은 내가 연준이 이자율에 대한 영향력을 암묵적으로 상실할 것을 우려하여 통화공급을 직접적으로 조절하는 방안에 대해 주저하거나 반대한 것으로 내 발언을 해석할 수 있다. 나는 단순히 이사회의 각 구성원이 그 새로운 접근법에 수반될 위험, 그리고 급격한 금리 상승에 따른 경기침체 가능성을 의식하는 행정부 핵심 관료들의 반대 견해도 인식해야 한다는 것을 확실히 해두고 싶었을 뿐이다. 카터 대통령도 그러한 우려 사항을 알고 있었으며, 매우 적절한 시점에 신임 행정부 관료들에게 나의 정책 결정에 개입하지 않을 거라고 이미 언급해둔 터였다.

물론 나의 목적은 새로운 정책 접근법에 대한 이사회의 만장일치 찬성을 얻어내고, 나중에 제기될 수 있는 비판과 근거 없는 비난을 미리 차단하는 데 있었다. 그 점에서 나는 성공했다. 토요일 늦은 오후, 새로운 정책 접근법의 발표 시간이 임박했을 때 기자들은 집에 있다가 또는 교황을 취재하다가 연준에서 걸려온 전화를 받았다. 연준의 언론 담당 책임자이자 훌륭한 가톨릭 신자였던 조 코인Joseph Coyne은 교황이 상황을 이해해줄 것이라고 기자들을 설득했다.

우리는 연준이 보유한 모든 종류의 무기를 금융시장을 향해 겨누었다. 재할인율을 1퍼센트포인트 인상하여 12퍼센트로 올렸고, 은행의 지급준비금 의무 적립 비율을 확대했으며, '투기적' 활동에 대한 대출을 중지하라고 요구했다. 가장 핵심적인 내용은, 금리가 받을 영향에 개의치 않고 통화공급의 증가세를 축소하는 데 집중한다는 것이었다.

우리는 단기금리의 상승이 시장의 첫 반응일 것이라고 예상했다. FOMC는 단기금리가 그들이 잠정적으로 설정해둔 '상한'을 초과할 경우 다시 회의를 열자고 합의했다. 우리는 (적어도 나는) 시장 참가자들이 우리가 인플레이션을 완화하는 데 성공할 거라고 기대하고, 그 기대가 반영되어 장기금리가 상승하지 않기를 바랐다.

그런 행운은 없었다. 단기금리 상승 폭이 장기금리에 그대로 반영되었다. 그리고 단기금리는 순식간에 우리가 설정해둔 상한에 다다랐다. 우리는 어떻게 대응할지 몇 번 논의한 후에 결국 개입하지 않기로 했다. 또한 이후 회의마다 새로이 설정한 상한이 무너져도 개입하지 않았다. 3개월 만기 재무부 증권의 수익률이 마침내 17퍼센트를 넘어섰고, 상업은행의 최우량 고객 대출 금리가 21.5퍼센트라는 최고 수준을 기록했다. 가장 민감했던 문제는 주택담보대출 금리가 18퍼센트를 상회한 것이었다.[13] 이 금리들은 그때까지 미국의 금융 역사에서 그렇게 높았던 적이 없었다.

더 놀라운 것은 새해로 접어들었는데도 경기침체가 오지 않았다는 점이었다. 그런 분위기와 물가의 지속적인 상승세는 내가 중소 기업 사장 대표단 및 미국증권거래소 회장이었던 아서 레빗Arthur Levitt과 점심 식사를 하며 나눈 대화에도 반영되었다. 모든 이에게 힘든 시기이고, 통화는 긴축적이지만, 상황이 나아지고 있다는 나의 정치精緻한 분석을 그들은 끈기 있게 경청했다. 내 오른편에 앉아 있던 한 사업가가 제일 먼저 응답했다. "다 좋습니다, 의장님. 하지만 저는 앞으로 3년 동안 임금을 매년 13퍼센트 인상해달라는 노조의 요구에 흔쾌히 동의하고 오는 길입니다."

우리의 노력이 실패할 수도 있다는 회의적인 분위기를 시사하는 말이었다. 나는 종종 그 기업이 살아남았는지 궁금해지곤 했다.

물론 우리의 정책 방향에 대한 불만도 컸다. 농부들이 워싱턴에 있는 연준 빌딩을 트랙터로 에워싼 적이 있었다. 폐업할 수밖에 없는 상황에 내몰린 주택 건설업자들은 (지을 집이 없다는 항의의 표시로) 단면 5×10센티미터짜리 건축용 목재에 요구 사항을 적어 이사회에 보냈다 (개중에 "금리를 내리고, 통화공급을 줄여라"라는 요구가 재미있었다). 예상했던 대로 경제학자들은 사소한 것들로 논쟁을 벌였다. 밀턴 프리드먼이 이끄는 통화주의자들은 연준이 마침내 좀더 통화주의적인 접근법을 채택했다고 승리를 선언하는 대신, 우리가 경제성장에 대한 부정적 영향을 좀더 쉽게 제거할 수 있는 적절한 방향으로 정책을 운영하지 않고 있다고 강변했다. 주류 경제학자들은 정반대의 불만을 피력했다. 우리가 실업 증가의 위험을 충분히 고려하지 않았다는 것이었는데, 사실 실업률은 몇 달간 상승하지 않고 있었다.

시민단체들은 연준의 본부 건물 앞에서 여러 차례 시위를 벌였다. 1980년 4월에는 국민행동단체NPAG 소속의 게일 신카터Gale Cincotta가 이끄는 시민 약 500명이 면담을 요구하며 건물 밖에서 행진을 벌였다.

나는 비서실장 조 코인에게 이사회 정기회의가 끝난 뒤에 그들 중 두 명을 사무실로 초대해서 면담을 갖자고 얘기했다. 무덥고 비 내리는 날이었다. 사무실에 도착해보니 다양한 캐주얼 복장을 입은 사람들이 열두 명 넘게 자리에 앉아 있었다. 우리는 30분간 의견을 나눴다.[14] 나는 인플레이션을 억제해야 할 필요성에 관해 얘기했고, 그들은 지역의 주택건설 사업에 우대 금리를 적용해줄 것을 요구했다. 나는 그들이 개최할 지역 회의에 연준 직원들을 참석시켜 FOMC의 정책 방향을 설명해달라는 요청에 응했다. 면담 분위기가 화기애애했기 때문에 우리는 연준 건물의 계단 앞까지 함께 걸어 나왔다. 게일은 우리가 그들을 만나려는 의지를 보이고 계속 연락을 취하기로 합의한 것에 대해 찬사를 보냈다. 큰 박수가 이어졌고, 다들 즐거워하는 모습이 모든 TV 방송사의 저녁 뉴스를 장식했다. 때로는 이렇게 운이 좋을 수도 있다(하지만 그 후의 회의에 참석했던 우리 직원들은 공격적인 질문들로 힘겨워했다).

모든 반발이 그렇게 조화롭게 해결되진 않았다. 1980년 12월에 연준은 내게 '개인 안전을 위한 호송 보호' 프로그램에 동의하라고 끈질기게 요구했다.[15] 1년 뒤엔가는 어떻게 그런 일이 가능했는지 모르겠지만 무장한 남성 한 명이 연준 건물에 난입하여 연준 이사들을 인질로 삼으려 위협한 적도 있었다.[16] 또한 나의 연설은 시위대의 야유로 이따금씩 중단되곤 했다. 한번은 누군가가 청중 사이에 쥐들을 풀어놓아 연설을 방해했다. 급진적인 극우주의자 린던 러루시와 그 지지자들이 잘 써먹던 수법이었다.

— 신용통제

1980년 초반에도 연준은, 특히 카터 대통령은, 상황이 눈에 띄게 개선되었다는 말을 할 수 없었다. 인플레이션과 금리는 고공행진을 이어가고 있었다. 다만, 경기침체가 오지 않았고 이미 높아져 있던 실업률이 더 상승하지는 않았다는 사실이 우리에게 작은 위안이었다.

금리가 급등하던 상황에서 대통령이 제시한 최초 예산안은 약 160억 달러 적자였던 데다 사회복지 프로그램도 크게 감축시키지 않았기 때문에, 여당의 일부 당원조차도 이를 수용할 수 없다고 생각했다.[17] 대통령은 예산안을 수정하기로 결정하고, 그가 의회와 예산안을 논의할 때 내가 참모진에 합류할 것인지를 물었다. 결코 연준 의장으로서 해야 할 업무는 아니었지만, 결국 나는 대통령이 최종 예산안 감축에 동의했던 백악관 내부 회의에 참관인 자격으로 참석하게 되었다. 회의가 시작되자 예산 감축 건의안이 하나씩 대통령에게 보고되었다. 그는 건의안들을 차례대로 수용할 것이었지만, 예기치 않게 참모 한 사람이 대통령에게 몇몇 이익단체가 반대할 것이라면서 감축안에 이의를 제기했다. 그 결과 예산을 줄여야 한다는 회의의 본래 목적은 점점 희미해져갔다.[18] 내가 그들을 보면서 느낀 점인데, 대통령의 정치적 성향은 그의 참모들이나 민주당보다 더 보수적이었다.

대통령은 한 가지를 더 요구했다. 몇 년 전 의회가 닉슨 대통령을 압박하기 위해 제정한 법률에 따라 그에게는 신용통제 조치를 발동할 수 있는 권한이 있었다. 연준은 대통령이 발동한 조치들을 실행할 권한을 가질 것이었다.

신용통제 권한의 발동은 명백하게 정치적인 전략이었다. 우리는 그것을 원치 않는데, 당시 상황에서 중요한 문제는 신용 과잉이 아니었기 때문이다. 대통령은 우리의 매우 긴축적인 통화정책을 그가 정치적, 도덕적으로 지원할 수 있다고 느꼈던 게 분명하다. 재정정책과 통화정책의 긴축 패키지에 신용통제까지 더해진다면 인플레이션과 싸우고 금리를 빠르게 하락시키려는 우리의 공통 목적에 대한 의심을 해소할 수 있다고 생각했던 것 같다.

그 상황에서 반대 의견을 제기하기는 어려웠다. 우리는 신용통제의 실질적인 영향이 없기를 바라면서 구체적인 '통제 조치'들을 신속하게 마련했다. 하지만 자동차 및 주택 구입에 대한 대출은 통제에서 제외되었다. 신용카드 대출은 그 규모가 이전의 최고 수준에 도달한 이후에 제한하기로 했는데, 크리스마스 시즌이 9개월 조금 넘게 남은 상황에서 그런 일이 일어날 가능성은 없었다. 다른 형태의 소비자 신용은 그리 규모가 크지 않았다.

연준의 인플레이션 억제 정책을 지원하기 위한 예산 감축 및 신용통제 프로그램은 3월 14일 오후에 백악관 이스트룸East Room에서 열린 성대한 행사에서 공표되었다.[19]

몇 주 내에 우리는 예상치 못한 보고들을 받기 시작했다. 통화공급이 급격하게 줄었다는 것이었다. 또한 공산품 주문 건수가 감소했다는 산발적인 증거도 있었다. 오랫동안 예견되어온 경기침체가 이제 곧 시작될 것만 같았다.

그 후 대통령의 정책을 지지하는 시민들이 보낸 잘게 잘린 신용카드로 백악관이 넘쳐나고 있다는 것을 알게 되었을 때 그런 현상이 나타난 이유가 분명해졌다. "대통령님, 우리가 함께할 것입니다"라는 말이 후렴구처럼 반복되었다. 수많은 미국인이 신용카드 대금을 상환한 결과, 곧바로 은행예금과 통화공급이 급격하게 감소했던 것이다.

우리는 통화량을 정책 목표로 삼겠다고 약속했기 때문에 재할인율을 신속하게 인하할 필요가 있었다. 시장금리가 급락했다. 그리 좋은 수단은 아니었던 신용통제 조치들을 6월에 완화했고, 7월에는 완전히 해제했다. 8월이 되자 경기와 통화공급이 강한 회복세를 보이기 시작했다. 우리는 9월 하순에 10퍼센트였던 재할인율을 11퍼센트로 인상하여 다시 긴축정책 기조로 전환하고 통화공급을 제한하겠다는 신호를 보내야만 했다. 불편하게도 그때는 대통령 선거 직전이었다. 카터 대통령은 결국 참지 못하고 통화공급에 집중하기로 한 연준의 결정이 "현명하지 않다"는 비판 조의 논평[20]을 필라델피아에서 열린 가든파티에서 발표했다.￭

그 후에 미국의 경기 국면에 대한 공신력 있는 판정기관인 전미경제연구소(현 NBER의 전신)는 1980년에 있었던 단기간의 경기 둔화를 경기침체기 목록에 추가했다. 내 생각에 그 경기침체는 인위적 결과물이라는 주석이라도 붙이는 것이 적절해 보였다. 분명 그때의 경기 둔화는 정부의 규제 조치들이, 약한 조치라 해도, 경제에 예상치 못한 영향을 미칠 수 있다는 또 하나의 중요한 교훈이었다.

돌이켜보면 그러한 정책적 실수로 인해 6개월을 허비했다. 인플레이션에 대한 공격이 지연된 것은 카터 대통령의 재선 캠페인에 확실히 도움이 되지 않았다. 존경스럽게도, 카터 대통령이 우리의 통화긴축정책에 대해 우려를 표명한 것은 단 한 번뿐이었다.

￭ 몇 년 뒤, 카터와 함께 떠난 낚시 여행에서 그가 로널드 레이건에게 패했던 1980년 대선에서 연준의 통화정책이 그에게 불리하게 작용했는지를 물었다. "다른 이유들도 있었다고 생각합니다"라고 답할 때 그의 얼굴에는 씁쓸한 웃음이 퍼져나갔다. 나는 그 남자의 열렬한 숭배자가 되었다.

─ 로널드 레이건: 신임 대통령

새로운 공화당 대통령이 취임한 1981년 벽두, 우리는 다시 참호 속으로 들어가서 통화량의 증가 폭을 줄이기 위한 전투를 벌이고 있었다. 충분히 예견되었던 경기침체가 본격화되고 있었다. 그러나 인플레이션이 둔화되는 조짐은 나타나지 않았다. 통화공급량(이전보다는 증가세가 완만했지만)과 금리는 여전히 높은 수준을 유지했다. 연준이사회는 인플레이션에 대한 공격을 지속하겠다는 결연함을 유지하고 있었다.

물론 전직 할리우드 배우이자 캘리포니아 주지사였던 로널드 레이건 대통령과 그 새로운 내각의 경제정책 방향에 대해서는 추측만 난무하는 상황이었다. 아서 번스는 무척 화가 난 상태로 워싱턴으로 와서 새 행정부가 밀턴 프리드먼, 월터 리스턴, 빌 사이먼 그리고 다른 몇 명의 지지 아래 통화정책뿐만 아니라 연준 조직 자체를 기관 차원에서 통제하려 논의하는 회의가 열렸다며 내게 주의를 주었다. 그보다 공개적으로 또는 이런저런 형태로 금본위제를 부활시킬 것을 요구하는 또 다른 소규모 그룹도 있었다.

그런 상황에서 레이건 대통령으로부터 취임 후 바로 며칠 뒤에 나를 만나러 연준으로 오겠다는 메시지를 받았다. 상당히 우려스러운 일이었다.

당시 내가 알고 있던 한, 프랭클린 루스벨트 대통령이 1937년에 연준의 신축 사옥 준공식에 참석한 것 말고는 대통령이 연준을 방문한 전례가 없었다. 레이건의 일부 보좌관들이 보인 연준에 대한 태도를 감안하면 그의 방문 계획에는 확실히 의문의 여지가 많았다. 나는 대통령의 시간을 존중하는 관행에 따라 내가 백악관을 방문하는 것이 더 적절치 않겠느냐고 제안했다. 어찌어찌해서 이상한 타협안이 도출되었다. 신임 재무장관 도널드 리건Donald Regan 그리고 몇 명의 보좌관과 함께 재무부에서 대통령을 만나기로 결정된 것이다.

회의에서 나는 신임 대통령이 어떤 말로 대화를 시작할지를 궁금해하며 그의 바로 옆자리에 앉아 있었다.

그는 "금 가격이 크게 하락했다는 반가운 소식을 들었습니다. 우리가 드디어 인플레이션을 성공적으로 통제하게 된 것 같군요"라고 말했다. 나는 남자들에게 키스하지 않지만, 그 순간에는 불쑥 그에게 키스하고 싶은 마음이 들었다.

대통령은 참모들로부터 받아둔 연준의 역할에 대한 질문을 한두 개 던졌다. 그러나 대화는 내가 우려했던 주제인 재정적자 관리의 중요성으로 흘러갔다.

그 이후로 몇 년간 언론 간담회나 연설을 준비할 때 대통령의 참모들이 연준을 공격하라고 그에게 요구했을 것이라는 점에는 의심의 여지가 없다. 하지만 그는 공개적으로 그런 일을 저지르지 않았다. 그는 내게 그가 다녔던 일리노이주의 작은 대학에서 한 교수가 인플레이션이 초래할 위험들에 대해 언급한 것이 깊은 인상을 남겼다고 말한 적이 있다. 그는 연준이 맡은 임무의 중요성을 이해하고 있었다.

사람들에게 거의 알려지지 않았지만, 재무장관 리건 또한 인플레이션과의 전쟁에서 중요한 기여를 하나 했다. 1981년 8월에 그는 파업에 돌입한 수천 명의 비행 관제사를 해고했다. 파업의 목적은 임금보다는 근무 환경 개선에 있었지만, 노동조합의 패배는 노동자들의 임금 인상 요구에 제동이 걸릴 것이라는 강력한 심리적 메시지를 보냈다.

그런데도 재무부와의 관계는 여전히 불편했다. 전임 메릴린치Merrill Lynch 회장이었던 리건 장관은 워싱턴이 어떻게 돌아가는지를 경험한 적이 없었다. 나름의 이유로 연준에 매우 비판적인 시각을 가지고 있었던, 확신에 찬 통화주의자와 공급경제학자로 꾸려진 참모진이 그를 에워싸고 있었다. 다행스럽게도 그들은 연준보다는 서로에 대해 더 비판적이었다. 결과는 상호 신뢰의 부재로 나타났다. 나는 구체적인 단기 정책 수단들에 관해서는 토론을 피했다. 리건 장관은 예산정책이나 다른 금융정책 관련 전략에 대한 나의 '지혜'를 그다지 환영하지 않았다. 우리는 이해를 공유했으나, 금융규제와 연관된 문제에 있어서는 이견을 보일 때도 있었다.

리건 장관을 포함한 재무부 관료들은 연준이 통화공급 조절 규모를 주간 단위로 공표하여 통화정책에 대한 신뢰성을 높이려 하지 않는다며 상당한 불만을 쏟아냈다. 그러나 우리 경험상 그것은 기술적으로 불가능한 일이었다. 언젠가 나는 골프광인 리건 장관에게 어떤 골퍼가 러프로, 왼쪽 또는 오른쪽으로, 때로는 벙커로 공을 치면서 마지막에는 홀컵에 공을 넣어 파로 라운드를 끝내는 걸 보여주는 정교한 파노라마 사진을 보낸 적이 있다. 그는 그 메시지의 유머를 그다지 재미있어하지 않았다.■

레이건 행정부가 출범할 때부터 언론은 연준에 대한 백악관 참모들의 불만을 보도했다. 그러나 대통령과 나의 비정기적인 면담은 화기애애한 분위기를 유지했다. 레이건의 예산국장이자 솔직한 사람이었던 데이비드 스토크먼David Stockman은 인플레이션에 대한 본능적인 거부감을 나와 공유했고, 내게 인플레이션 억제 정책을 고수할 것을 정기적으로 간곡히 부탁했다. 나의 재무부 시절 동료였던 머리 위든바움은 대통령 경제자문위원회 의장이라는 그의 역할을 잘 이해하고 있었고, 그의 후임자였던 마틴 펠드스타인Martin Feldstein 또한 마찬가지였다.

의회 청문회에서 나는 때때로 매우 회의적인, 심지어는 적대적이기까지 한 질문을 받았다. 나는 의회의 탄핵 위협21을 그리 심각하게 받아들이지 않았다. 상원 은행위원회 위원장 윌리엄 프락스마이어William Proxmire와 하원 금융서비스위원회Committee on Financial Services의 일부 위원이 나를 지지한다는 것을 알고 있었고, 대중이 연준의 암묵적인 혹은 명백한 지지의 원천이라고 느꼈기 때문이다. 인플레이션을 정복하기 위해 어느 정도의 단기적인 고통쯤은 감내할 용의가 있었다. 가장 위험한 상황에 놓여 있던 농장 경영주, 지역활동가, 주택 건설업자 등의 단체들조차도 우리의 정책 방향을 이해해주었다.

나의 방향에 재차 확신을 준 다소 극적인 계기가 하나 있었다. 1982년 1월 전국주택건설협회 연례 회의의 연사로 초청을 받았는데,22 놀랍게도 회의 장소가 라스베이거스였다. 회의장으로 가는 길에 우연히

■ 몇 년 뒤 리건이 백악관 비서실장으로 일하고 있을 때, 그는 나에게 연준을 떠나 아메리칸은행의 톰 클로젠이 맡고 있던 세계은행의 총재직을 승계하라고 설득했다. 나중에 나를 대신해서 뉴욕시 의원 바버 코너블Barber Conable이 그 직책을 맡았다.

성격이 좀 괴팍하고 불친절한 상원의원을 만났는데, 그는 이렇게 말했다. "여기서 대체 뭐 하는 거요? 주택 건설업자들이 당신을 죽일 거요."

글쎄, 그의 말을 듣고 걱정한 탓인지 나는 평소보다 더 설득력 있는 어조로 연설했다. 나는 그들이 힘든 상황을 겪고 있다는 걸 알지만, 인플레이션과의 전쟁이 중단된다면 그간 감내해온 모든 고통이 아무런 의미를 갖지 못할 것이라고 말했다. 메시지는 다음과 같은 결론적인 몇 마디로 요약되었다. "우리와 함께해주십시오. 인플레이션은 완화되고 금리는 떨어질 것입니다. 앞으로 여러분이 지어야 할 집은 많이 있습니다."

기립 박수!

1982년 5월, 학부를 막 졸업하고 작은 국제 은행에서 경영 연수를 받고 있다고 자신을 소개한 한 청년으로부터 타자기로 친 매우 감동적인 편지를 한 통 받았다. 그는 나의 행보를 유심히 지켜봐왔는데, 그동안 나의 가족과 내가 치러야 했던 희생을 다룬 최근의 잡지 표지 기사를 읽었으며, 이상하리만치 강한 동질감을 느껴서 이 힘든 시기에 지지와 찬사를 보내고 싶노라고 썼다. 아들 지미가 쓴 편지였다. 나는 비슷한 어투로, 그가 보낸 낱말풀이 게임 구독권에 감사를 표하며, 그가 받은 훌륭한 가정 교육이 거의 '어머니 쪽의 영향'이라는 것을 깨달았다고 답장을 써서 보냈다.

'조바심'은 1982년 봄에 내가 실제로 느끼고 있던 감정에 비하면 부드러운 표현이다. 실업률은 제2차 세계대전 이후 최고 수준을 기록했고, 인플레이션율은 하락했어도 통화공급량은 목표 수준을 큰 폭으로 상회하고 있었다. 나는 '금리가 15퍼센트인데도 통화공급 수준은 여전히 높다고? 이럴 수가. 해결책을 빨리 찾아야 해'라고 생각하기 시작했다. 그러나 통화정책을 완화적으로 운용할 방법은 찾지 못했다. 우리는 기존 정책 기조를 유지했다.

마침내, 1982년 여름에 들어서자 인플레이션율이 뚜렷한 하락세를 보이면서 한 자릿수로 떨어졌다. 인플레이션의 선행 지표들도 개선되고 있었다. 비록 기술적인 이유 때문에 해석하기는 어려웠지만 통화공급의 증가세가 둔화되고 있다는 조짐이 보였다. 멕시코를 중심으로 라틴 아메리카에 대한 과다한 은행 대출이 금융시스템의 새로운 위험 요인으로 부상했고, 그 문제에 긴급하게 주의를 기울일 필요가 있었다.

우리는 7월 4주 동안 재할인율을 세 번 인하하여 통화정책을 완화 기조로 전환했다. 8월 중순에는 월가의 '닥터 둠'(나의 오랜 친구 헨리 코프먼)이 연준의 정책 기조 전환은 최악의 상황이 끝났음을 알리는 신호라고 선언했다. 금융시장은 급격하게 활황 국면으로 접어들었다.[23]

그해 말, 인플레이션율은 무려 4퍼센트까지 하락했다. 단기금리는 이전 최고치의 절반 수준으로 하락했다. 실업률은 여전히 10퍼센트에 육박했지만, 경기가 뚜렷하게 회복되기 시작했다.

나의 연준 운전기사였던 페냐 씨는 인플레이션에 승리했다는 결정적 증거를 제공했다. 워싱턴에서 열린 대규모 만찬 행사에서 연설하기 위해 차를 타고 가던 중, 나는 페냐 씨의 옆 좌석에 놓여 있는 『어떻게 인플레이션과 함께 살아갈 것인가?』라는 제목의 책을 발견했다.

운전기사마저도 나를 신뢰하지 않다니, 충격이었다! 그러나 페냐 씨의 해명은 달랐다. 단지 책값이 10달러 95센트에서 1달러 98센트로 떨어져서 샀을 뿐이라는 것이었다.[24] 만찬에 참석한 사람들은 그 이야기를 상당히 재미있어했다.

연준이사회에서 여러 토론을 거치고 나서는 어렵게 얻어낸 신뢰를 잃을지 모른다는 두려움 때문에 상당히 망설였지만, 결국 통화공급을 최우선으로 고려하는 것을 포기하기로 결정했다. 사실 우리는 은행예금에 대한 금리 자유화를 비롯한 중요한 제도적 변화로 인해 M1과 같은 협의의 통화량의 측정 수단과 정의를 수정해야 했다. 은행들이 예금 금리를 자유롭게 결정하게 되면서 이른바 M1a, M1b, M2 그리고 M3가 너무도 자주 괴리되었기 때문이다.

기업협의회Business Council 연례 회의 연설에서 나는 인플레이션이 성공적으로 통제되어 만족한다고 말했다. 또한 통화공급이 보내오는 신호들이 불규칙하고 의심스럽다는 점도 언급했다. 동시에 인플레이션 억제 정책에는 아무런 변화가 없다는 점을 강조했는데, 일종의 전략이었다.[25] 인플레이션율이 큰 폭으로 하락한 덕분에 기존 정책과 연준에 대한 신뢰성을 함께 유지하면서도 통화정책 전략을 수정할 수 있게 되었다. 그렇게 해서 우리는 경기회복이 지속되도록 지원할 수 있었다.

1983년 중반에 대부분의 경제 지표는 긍정적이었지만, 개인적인 이슈 하나가 해결되지 않은 채로 남아 있었다. 내가 의장으로 재임명될 것인가? 강력한 반대표가 하나 있었다. 바버라 밴슨 볼커였다.

그녀의 류머티스성 관절염이 악화되고 있었다. 또한 가족이 느끼던 경제적 압박 때문에 그녀는 시간제로 회계 사무실에서 일했고, 어느 시점엔가 우리 집 뒷방을 세 놓기까지 했다. 나는 가족들과 합의했다. 만약 대통령이 연준 의장직에 나를 재임명한다면 4년 임기의 절반만 일하기로 말이다.

나는 대통령에게 면담을 요청했는데, 뜻하지 않게 작은 행운이 찾아왔다.

뒤뜰 잔디가 내려다보이는 백악관 가족 관저 밖의 넓은 복도에서 레이건 대통령을 기다리고 있을 때, 백악관에서는 가든파티가 한창이었다. 예기치 않게, 낸시 레이건 영부인이 아주 화려한 붉은색 드레스를 입고 나타났다. 우리는 한 번도 만난 적이 없었다. 성격상 칭찬에 인색하지만, 어쩐 일인지 나도 모르게 이 말이 입 밖으로 튀어나왔다. "레이건 여사님, 아름다우십니다."

그 후 만면에 웃음을 띤 대통령과의 면담은 화기애애한 분위기로 짧게 끝났다. 내 부탁은 재임명 여부를 빨리 결정해달라는 것뿐이었다. 신속한 결정은 나의 재임명 가능성을 두고 불가피하게 일어날 추측을 완전히 차단해야 한다는 우리의 공통된 이해에 부합했다. 나는 어떤 경우에도 임기를 다 채우지 않고 2년 정도만 근무하기로 가족들과 약속했다. 대통령은 일기에 나와의 약속을 기록해두었다.[26]

며칠 후, 주말 낚시를 위해 뉴욕에 있는 아파트를 막 나서려 했을 때 전화 한 통을 받았다. 대통령이 몇 분 내로 주간 라디오 방송에서 나의 재임명을 공표할 것이라는 말을 들었다. 바버라는 흐느꼈다.

상원의 인준 투표 결과는 이번에는 만장일치가 아니었다. 찬성표와 반대표가 대칭적으로 나뉘었다.[27] 우파 공화당원 8명과 좌파 민주당원

8명이 나의 임명을 반대했고, 84명의 중도파 의원이 찬성했다.

─ 돛대에 묶여[*]

때때로, 1979년 10월의 토요일 밤에 내가 발표한 긴축적 조치들이 경기침체를 불러일으키기 위해 의도적으로 고안된 것이었는지에 대한 질문을 받곤 한다.

의도적으로 고안되었다고? 천만에.

경기침체기에 조만간 인플레이션의 가속화 과정이 정점에 달할 것이라는 점을 분명히 파악하고 있는 상태에서 그걸 계획했다는 말인가? 오히려 반대로 나는 인플레이션 과정이 길어지면 길어질수록 경기침체가 닥칠 위험이 더 커질 거라고 확신하고 있었다.

그 정책 패키지가 발표되기도 전에 연준 이코노미스트들이 미국 경제가 침체의 언저리에 있다고 결론을 내렸다는 사실은 흥미롭다. 금리가 두 자릿수의 높은 수준까지 상승했을 때 그들은 자신들이 예상한 경기침체가 시작될 것이라는 전망을 그해 마지막까지 매월 내놓았다.

만약 우리의 정책이 20퍼센트 또는 그 이상의 금리 수준을 초래할 것이라고 델포이의 신전이 속삭였다면, 나는 즉시 짐을 싸서 집으로

[*] 그리스 신화에서 오디세우스가 트로이 전쟁에서 승리한 뒤 집으로 돌아가기 위해 긴 항해를 하던 도중, 세이렌의 노래에 홀려 스스로 바다에 뛰어들지 않도록 돛대에 자신을 결박한 데서 유래된 표현이다. (옮긴이)

돌아갔을 것이다.

그러나 그런 선택지는 열려 있지 않았다. 우리는 대중과 우리 자신에게 전해야 할 메시지가 있었다.

통화와 물가수준 간 관계는 그 연원이 1750년대의 스코틀랜드 철학자 데이비드 흄까지 거슬러 올라갈 정도로 경제학에서 가장 오래된 명제들 가운데 하나다. 밀턴 프리드먼과 그의 추종자들은 (과도하게) 단순한 명제를 대중에게 각인시키는 데 있어서 어느 정도는 성공했다. "인플레이션은 언제나, 어디서나 통화와 관련된 현상이다."

이 가설의 단순함은 미국 대중에게 우리의 새로운 정책 접근법을 제시하기 위한 근거를 마련하는 데 도움이 되었다.

동시에, 그 접근법은 그간 연준에 없었던 내부 규율을 만들어냈다. 중앙은행의 신뢰성은 한번 잃어버리면 되찾기 힘들다. 우리가 새로이 강조하고 있던 통화공급 증가 억제라는 전략을 철회하려면 신뢰성의 상실로 부정적 영향이 초래될 위험을 감수해야만 했다. 좀 심하게 과장하자면, 끝까지 멈출 수 없는 배에 올라탄 운명이었다. 물가안정을 추구하면서 '돛대에 묶여'버렸던 것이다.

당시 우리가 인플레이션을 억제하는 데 성공했다고 주장할 수 있게 되기까지 금리가 얼마나 상승할지를 내가 알고 있었을까? 아니다. 지금 돌아봤을 때, 더 나은 방법이 있었을까? 내가 아는 한 없었다. 이 생각은 그때나 지금이나 마찬가지다.

— 불편한 만남

이 회고록이 분명하게 알려주듯이 연준은 권력을 쥐고 있는 행정부와 반드시 접촉해야만 하며, 앞으로도 언제나 그럴 것이다. 환율이나 금융 규제와 관련된 책임이 중복된다는 점을 고려하면, 국제관계에서 두 기관의 부분적인 협력은 필수적이었다. 다른 이유도 아니고 정책 효과를 높일 목적이라면 '긴급'하고 '암묵적'인 권한을 광범위하게 사용하기 위해 두 기관이 의견을 교환해야만 한다. 하지만 그 과정에서 통화정책을 결정할 연준의 독립성이 보장되어야 한다.

직접 경험한 바로는, 그러한 원칙은 1984년 여름에 딱 한 번 도전받은 적이 있었다. 나는 백악관에서 열리는 레이건 대통령과의 회의에 소집되었다.**28** 이상하게도 대통령 집무실 대신 좀더 비공식적인 장소인 도서관에서 회의가 열렸는데, 내가 도착했을 때 비서실장 짐 베이커 James Baker와 함께 앉아 있던 대통령은 어딘가 불편한 기색을 보였다. 그는 한마디도 하지 않았다. 대신 베이커가 메시지를 전달했다. "대통령께서는 대선 전에 금리를 인상하지 말 것을 명령하고 있습니다."

나는 크게 당황했다. 대통령이 연준에 명령을 내림으로써 분명한 월권 행위를 저질렀을 뿐만 아니라, 당시에는 더 긴축적인 통화정책을 펼칠 계획도 없었기 때문에 그 명령은 매우 당혹스러웠다. (다음 장에서 얘기할) 콘티넨털일리노이 은행의 붕괴 이후 시장금리가 상승했지만, 나는 오히려 FOMC가 통화정책을 소폭 완화해서 시장을 안정시킬 필요가 있지 않나 생각하던 참이었다.

무슨 말을 해야 하나? 무엇을 해야 할 것인가?

나는 말 한마디도 없이 걸어 나왔다.

나중에 추측하기로는, 대통령 집무실과 달리 도청 시스템이 없었다는 게 도서관이 회의 장소로 선택된 이유였던 것 같다. 그 회의 내용은 기록되지 않을 것이었다. 연준이사회나 FOMC에게(또는 내가 그런 일을 겪으면 전해주겠다고 해둔 상원의원 프락스마이어에게) 그 사건을 언급했다면, 누구에게도 득이 되지 않을 이야기가 퍼져나갔을 것이다. 내가 그 시점에 하려 하지 않았던 어떤 일을 하지 말라는 명령을 받았다는 걸 어떻게 설명할 수 있었겠는가?

그 후에 그 도서관 회의에 대해 깊이 생각해봤는데, 그때는 내가 헌법으로 의회의 연준 감독권을 보장하고 연준을 행정부의 지휘로부터 의도적으로 분리한 취지에 대해 짧은 강의를 하기에 그렇게 적당한 시점이 아니었다.

대통령의 침묵과 불편한 기색 그리고 회의 장소를 고려했을 때 백악관도 비밀을 지킬 것이라는 점은 확실했다. 오랫동안 연준 의장들의 충직한 비서였던 캐서린 맬러디와 나 사이에서만 간직되어야 할 비밀이었다.

그러나 이 일은 선거철이 다가올 때면 정치권이 연준에 행사할 수 있는 압력을 상기시키는 주목할 만한 사건으로 남아 있다. 그리고 그 회의는 내가 짐 베이커를 만난 마지막 순간이 아니었다.

9장 국내 그리고 국제 금융위기들

1960년대 초반, 재무부에서 일하고 있던 나는 백악관 건너편 17번가에 있는 연방예금보험공사FDIC의 준공식에 가서 당시 하원 은행위원회 위원장이자 포퓰리스트였던 라이트 패트먼Wright Patman의 발언을 듣고 오라는 지시를 받았다. 그는 은행 폐업이 수십 년 동안 사실상 거의 없을 정도로 드물었다는 불만을 제기한 것으로 유명하다.[1] 그는 그 사실이 위험추구가 없었음을 증명하는 불운한 징표라고 해석했다.

일리 있는 말이었다. 그러나 나중에 우리는 위험을 과도하게 떠안는 상황에 직면하게 되었다.

미국의 은행시스템은 대공황기와 제2차 세계대전 기간 중에 있었던 대량 폐업과 규제 개혁(FDIC의 창설을 포함하여) 이후로는 오랫동안 완만하고 질서 있게 성장하는 휴식기를 가졌다. 주간 은행업의 제한, 예금금리 상한 규제와 외견상 적정한 수준의 자본 상태(한때 총자산 대비 10퍼센트가 표준으로 인식되었다)가 1980년대까지 지속되었다. 대출 기간을 여러 해로 늘린 '정기 대출term loans'이 막 등장하고 있었다. 1933년에 제정된 글라스-스티걸법에 따라 상업은행은 대부분의 투자은행 업무를 수행할 수 없었다. 독립적인 투자은행들은 증권거래 중개 업무를 그리 많이 하지 않는, 말 그대로 건전성 높은 공동경영partnership 회사였다.

1970년 6월에 일어난 펜 중앙수송회사Penn Central Transportation Company의 파산(당시로서는 미국 역사상 최대 규모였다)은 가장 먼저 그 회사의 주요 자금 조달원이었던 상업어음 시장을 위협했다.■ 연방정부의 지원이 논의되기도 했지만 최종적으로 무산되었다.[2] 연준은 필요할 경우 신속하게 은행에 자금을 대출해줄 준비를 하고 있었고, 뉴욕 연방준비은행도 감독권을 행사하라는 요청을 받았으나 은행과 관련된 실질적인 위험은 일어나지 않았다.

1974년 6월 26일 미국 금융시장 영업일에 독일계 민간은행 방크하우스헤르슈타트Bankhaus Herstatt가 갑작스럽게 폐업[3]하여 국제지급결제 시스템을 통해 불안감이 확산되었으나, 이때도 뉴욕 연방준비은행의 지원으로 그 여파가 빠르게 수습되었다. 뉴욕주 롱아일랜드에서 빠르게 성장하던 프랭클린내셔널은행Franklin National Bank이 금융 사기의 희생양이 되어 1974년 10월에 폐업[4]했을 때도 마찬가지였다.[5]

의원들 가운데 연준의 주적이었던 패트먼 위원장이 원하던 상황이 펼쳐지기까지는 그리 오랜 시간이 걸리지 않았다. 금융위기가 다반사

■ 골드만삭스는 그 회사가 발행한 상업어음의 유일한 중개인이었는데, 파산 전에 아무런 피해를 보지 않고 빠져나갔다. 투자자들은 나중에 골드만삭스에 대한 소송을 제기했다.

로 일어났다.

내가 알던 금융계는 1970년대 말에 무너져 내리기 시작했다. 상업은행만의 고유한 역할은 경쟁자들의 도전을 받았다. 빠른 속도로 늘어나고 있었던 단기자금펀드들은 규제를 받지 않기 때문에 은행예금보다 더 높은 수익률을 제시할 수 있었다. 투자은행들은 수익을 얻기 위해 증권거래 중개 업무에 점점 더 많이 뛰어들었고, 야심 찬 기업 인수 takeover 및 매수buyout에 필요한 자금을 조달하려 경쟁했다. 전통적으로 보수적인 '저축'기관들(저축대부은행과 상호저축은행)도 상업은행보다 규제가 느슨하고 금리 상한이 더 높다는 이점을 활용하여 더욱 적극적인 영업활동을 펼쳤다. 확실히 높은 수준의 인플레이션은 금융시장에서의 불확실성과 투기적 활동을 증폭시키는 요인으로 작용했다.

그래서 석유 수출로 돈더미에 올라앉은 중동 국가들의 자금을 유치한 은행들도 라틴아메리카 국가들에 더 적극적으로, 심지어는 경솔하다 싶을 정도로까지 대출을 실행했다.

이 모든 것이 암묵적으로 무엇을 의미하는지는 명백했다. 인플레이션에 대한 공격을 넘어서, 새로운 연준 의장이 훨씬 더 많은 일을 처리해야 한다는 것을 의미했다. 해결하기 어려운 정책적 과제들이 국내 금융을 넘어 국제은행시스템으로까지 확장되었다.

— 국내에서의 실패: 크라이슬러 구제금융

1979년에 연준 의장으로 취임하자마자 미국 산업계를 대표하는 회사의 몰락을 막기 위해 의회에서 결정한 내용의 실행을 도와달라는 요청을 받았다. 당시 크라이슬러코퍼레이션Chrysler Corporation은 파산 직전이었다. 의회는 구제금융 조치를 감독하는 3인 위원회를 도입했다.6 나는 위원회에 참여하고 싶지 않다고 항의했지만, 상원 은행위원회 위원장인 프락스마이어가 연준 의장은 위원회 구성원으로 일해야 한다고 반박했다(재무장관 빌 밀러 그리고 오랫동안 존경받아온 미합중국 감사원장 엘머 스타츠Elmer Staats가 나머지 두 위원이었다). 근거는 단순했다. 단지 그가 연준을 신뢰하기 때문일 뿐이라는 것이었다. 지금도 잊을 수 없는, 민주당 상원 지도자의 주목할 만한 발언이었다.

대기업이 구제금융의 대상이 될 수 있는지에 대한 근본적인 의문을 별개로 한다면, 정부의 지원 요건과 관련된 법 조항들은 명확하게 규정되어 있었다. 노조, 채권은행단, 지방자치단체 등 각각의 이해 당사자가 기업의 생존에 '기여'해야 한다는 것이 요건이었다. 크라이슬러에 새로운 경영진이 들어섰고,7 헌신적이고 유능한 재무부 직원들이 업무를 지원해주었다. 설로몬브러더스 투자은행은 채권 보유 은행들의 참여를 조율하고 크라이슬러를 인수할 파트너를 물색하는 역할을 맡았다.

나는 그 경험을 통해, 정부가 특정한 목적을 달성하기 위해 조직적으로 움직일 때 위기에 얼마나 효과적으로 대처할 수 있는지를 알게 되었다. 각 이해 당사자가 져야 할 책임을 의회가 너무도 상세하게 규정해놓았던 터라 협상할 사안도 많지 않았다. 그럼에도 노조와 협상하는 것은 정치적으로 꺼림칙했기 때문에, 동료 위원들은 정치중립적인 연준이 노조와의 합의를 끌어내기 위한 협상에 자발적으로 나서줄 것을 제안했다. 나는 전미자동차노조United Auto Workers 위원장 더그 프레이저Doug Fraser를 사무실로 초대했다. 나중에 그가 나를 두고 가장 어려운 협상 상대였다고 말했다는 것을 전해 들었다. 노조는 임금과 복지 혜택을 상당 폭 삭감하는 방안에 동의했다. 명백한 사실은 법이 나의 편이었다는 것이다.

협상 종료 시한이 다 되도록 채권은행단과는 합의를 이끌어내지 못했는데, 그들에 대해서도 노조만큼 강경하게 대처할 필요가 있었다. 나는 결국 고위직 간부들을 만나 지금 협상을 끝내지 않으면 더 이상의 기회는 없을 것이라고 설득했다. 채무를 '일부 감면'하거나, 대출 상환 기한을 연장해주거나, 은행으로 돌아가서 파산 상태에 있는 잔여 채권을 상각 처리하는 것만이 남은 선택지라고 얘기했다. 그들은 채무의 일부 감면에 동의했다.**8**

크라이슬러는 회생했다. 내 견해로는 근면한 재무부 직원들(법무담당관 로버트 먼드하임Robert Mundheim과 특히 크라이슬러 대출보증이사회의 집행이사로 임명된 브라이언 프리먼Brian Freeman)이 복잡하고 어려운 일들을 도맡아 해결해주었고, 그들의 노고는 인정받아 마땅하다. 나의 수석 보좌관이었던 도널드 콘Donald Kohn도 마찬가지였다. 그는 실용적 성향이 강한 신참 이코노미스트였는데, 그런 성향 덕분에 나중에 연준이사회 부의장 자리까지 올랐다.

정부는 크라이슬러의 새 회장 리 아이어코카Lee Iacocca가 계속 불만을 표해도 개의치 않고 회사 소유의 고급 비행기들을 매각하라고 단호하게 명령했는데, 이는 대중의 공감을 얻는 데 도움이 되었다.■ 훌륭하게 설계된 '케이카K-car'의 생산이 시작되었고, 크라이슬러는 경쟁력을 되찾았다. 재무부를 포함한 모든 채권자는 최종적으로 수백만 달러를 돌려받았다. 위기 때 상환을 연기해주었던 신규 대출금에 신주인수권(일정 기간에 걸쳐 정해진 가격에 주식을 매입할 권리)이 포함되어 있었기 때문이다. 크라이슬러가 회복되면서 신주인수권의 가치는 급등했다.

대담하고 노련한 세일즈맨이었던 아이어코카는 그 신주인수권이 아무 노력 없이 주어진 부당한 보상임을 주장하며, 새로 들어선 레이건 행정부에 이를 폐기해달라는 탄원을 제기했다. 하지만 탄원은 무시되었다. 크라이슬러는 재무부가 보유하고 있던 신주인수권을 다시 매입하여 폐기하는 데 3억 달러 이상을 지출했다.9 나의 아내는 타자기로 친 작은 메모를 하나 보내면서, 잘생긴 리 아이어코카가 손에 시가를 쥐고 등장하는 돈디에고 시가의 광고 전단을 동봉했다. 메모에는 "이 사람에게 대출을 해주시겠습니까?"라고 쓰여 있었다. 나는 수기로 "그다지요!"라고 답장을 써서 보냈다.

■ 크라이슬러는 1985년에 걸프스트림 에어로스페이스Gulfstream Aerospace에서 제작한 초호화 기업 전용기를 구매함으로써 앙갚음을 했다. 하지만 4년 뒤에 그것을 되팔았다.

─ 한 집안이 초래한 금융불안

1980년의 이른 시점에 연준이사회의 일상적인 회의를 진행하던 중 투자은행 가운데 메릴린치 다음으로 규모가 큰 배치Bache의 최고경영자 해리 제이컵스Harry Jacobs의 전화를 받았다. 그는 배치가 폐업 직전의 상황에 놓여 있다고 말했다.

넬슨 '벙커' 헌트Nelson 'Bunker' Hunt와 그의 형제들이 은을 담보로 배치로부터 거액의 대출을 받았다. 인플레이션율이 상승하는 쪽에 돈을 건 그 억만장자들은 은 시장을 완전히 장악했고, 은 가격을 1온스당 5달러에서 50달러로 상승시켰다. 사람들이 집에 있던 은 제품들을 너도나도 내다 팔 정도로 은 가격이 너무 높았다.

1980년 1월에 상품거래소들은 은 선물거래 규제를 강화하기 시작했다. 처음에는 포지션 보유 한도를 설정하고 공시 의무를 부과했으며,[10] 그다음에는 거래를 선물 계약의 청산으로 국한했다.[11] 3월 14일에 시행된 연준의 새로운 신용통제 조치로 인해 "상품 또는 귀금속의 단순한 투기적 보유" 목적의 은행 대출이 금지되었다.[12] 은 가격이 급속도로 하락하기 시작했고, 마침내 헌트 형제의 대출과 선물거래의 담보로 사용된 은의 가치가 대출 채권의 장부가액을 밑도는 수준까지 떨어졌다.

3월 26일에 제이컵스는 내게 전화를 걸어, 은 가격이 더 하락하면 배치는 사실상 지급불능 상태에 빠질 것이고, 배치의 단기채권을 보유한 수많은 사람이 동시다발적으로 자금을 회수하는 사태를 견뎌내지 못할 것이라고 말했다.

"시장을 폐쇄해주세요"라고 그는 간청했다.

여기저기로 급하게 연락을 취해봤지만 연준과 재무부 그리고 증권거래위원회 모두 상품시장에 개입하려는 의지도, 개입할 권한도 없었다. 대신 우리는 사태 파악에 나서기로 했다. 당연히 출발점은 상품선물거래위원회CFTC였는데, 처음에 위원회는 우리에게 '기밀' 정보를 제공할 수 없다고 했다. 그럼에도 우리는 은 가격이 다시 한번 크게 하락할 경우 헌트 형제의 은담보 대출 채권을 상당히 많이 보유하고 있던 메릴린치, 그다음으로는 중서부의 선두 은행이었던 퍼스트시카고까지 위험해질 수 있다는 점을 확실히 알게 되었다.

'은의 목요일Silver Thursday'이라 일컬어지는 그다음 날, 은 가격은 급속도로 하락하다가 주말까지는 안심해도 될 만한 수준에서 안정되었다. 그런데 이튿날인 금요일 늦은 오후, 나는 헌트 형제가 시장가격보다 높은 수준에서 은을 대량 매입할 의무가 있는 대규모 선물 계약을 엥겔하트Engelhard 광물회사와 체결했다는 것을 알게 되었다. 은 매입 대금의 지급일이 그다음 주 월요일이었는데, 헌트 형제에게는 현금이 없었다.

우연히도 그 주말에 나는 플로리다주 보카러톤에서 열리는 한 은행 콘퍼런스에서 연설 일정이 있었다. 같은 호텔에 모여 있던 은행 대표들은 나와 헌트 형제의 문제를 논의해야 했기 때문에 일요일 밤에 열릴 협상의 진행 경과를 알려주겠노라고 약속했다. 첫 협상은 실패했다. 절박한 심정 때문에 그날 나는 자다가 갑자기 깨기까지 했다. 아마도 협상 실패가 얼마간 심리적인 영향을 미쳤던 것 같다. 다음날 이른 아침,

그래도 협상 막판에 주요 상품 거래 청산소이자 엥겔하트의 자회사 필립브러더스Phillip Brothers가 헌트 가족 소유의 알래스카 북쪽 보퍼트해 석유 시추권을 인수하기로 했다는 사실을 알게 되었다.

몇 주 뒤, 더 이상 한 푼도 투기거래에 쓰여서는 안 된다는 조건으로, 연준은 헌트 가족이 소유한 회사들 가운데 가장 재무구조가 탄탄한 플래시드석유회사Placid Oil Company가 헌트 형제의 남은 은담보 대출을 통합해서 인수하는 것을 허가했다. 목장과 경주마를 포함한 헌트 형제의 모든 자산이 신탁에 맡겨져 동결되었다. 연준은 자산동결 상황을 계속 주시했다. 정부의 자금 투입은 없었으나, 자연스레 의회와 대중은 연준이 사태의 부정적 여파를 막는 것을 돕기 위해 관여했다는 점에 주목했다.13

한 달 후에, 펜실베이니아주에서 가장 오래되고 두 번째로 규모가 큰 은행을 소유하고 있던 퍼스트펜실베이니아 코퍼레이션First Pennsylvania Corporation이 위기에 처했다. 필라델피아 연방준비은행의 연구원 출신 존 번팅John Bunting이 이끌던14 퍼스트펜실베이니아는 재무부가 발행한 장기채권을 무분별하게 사 모으고 있었는데, 금리 상승으로 채권 가격이 하락하면서 손실을 입었다. 긴급 대출을 제공하고 있던 연준의 권유로 연방예금보험공사와 24개 은행이 대출 및 추가 대출 한도로 구성된 15억 달러의 구제 자금을 제공했다.15 그 기관들 또한 보통주를 매입할 수 있는 2000만 개의 신주인수권을 받았는데, 의결권을 통제할 과반수로는 충분했다.16 이는 나중에 구제금융의 중요한 선례가 되었다.

— 콘티넨털일리노이: 대마불사?

그 후 1~2년 사이에 소규모 국채 중개회사 두 곳이 폐업했지만,[17] 전면적인 시장 불안으로 확산되지 않고 조용히 수습되었다. 하지만 1982년 7월 외견상 문제가 없어 보였던 오클라호마주의 펜스퀘어Penn Sqaure 은행이 파산한 것은 이야기가 달랐다. 은행의 예금 총액은 5억 달러 미만이었고, 그중 절반에는 연방예금보험공사의 보험이 적용되었다. 펜스퀘어는 규모가 작았음에도 투기적인 석유 개발 회사에 20억 달러 이상을 대출해주었는데, 도덕적 원칙이 없는 '소매' 은행이 엄격한 감독을 받지 않을 경우에 어떤 문제를 초래할 수 있는지를 정확하게 보여주는 사례였다. 펜스퀘어의 대출 채권은 전국에 있는 몇몇 대형 은행에 매각되었고, 그중에는 내가 연준 의장으로 취임한 직후에 자본이 불충분하다고 주의를 주었던 시카고 소재 대형 은행 두 곳 가운데 하나인 콘티넨털일리노이도 포함되어 있었다.[18]

콘티넨털은 일리노이주 법률에 따라 시카고 지역에서만 영업활동을 할 수 있었는데, 전국적 은행이 되겠다는 야심 찬 목표를 가지고 상업 대출의 선두 주자로 떠올랐다. 이 은행은 중서부 지역에 있는 여러 소규모 은행의 업무를 대신해서 처리하는 주요 대행은행이었고, 연방예금보험공사의 보증 한도 10만 달러보다 훨씬 큰 규모의 '도매' 예금(즉, 다른 대행은행과 기관들의 대규모 예금)에 의존했다. 콘티넨털은 이처럼 이자율에 민감한 예금을 활용하여 펜스퀘어의 '석유 잔여물oil patch' 대출을 대량 인수했다.

어느 한여름 아침 와이오밍주의 송어 떼가 있는 하천에서 낚시를 하고 있었는데, 콘티넨털의 회장이었던 로저 앤더슨Roger Anderson이 비행기를 타고 찾아와 낚시를 방해했다. 그는 펜스퀘어의 대출 포트폴리오가 콘티넨털을 망하게 할 수 있다고 얘기했다. 예금주들이 불안해하는 조짐도 보였다. 통화감독청 및 연방예금보험공사와 함께 우리는 그의 은행을 면밀히 감시하기로 했다. (사실, 펜스퀘어와 콘티넨털 모두를 감독할 직접적 책임을 지고 있던 통화감독청과 연준이 훨씬 더 일찍 행동을 취해야 했는지도 모른다.) 나는 얼마 후에 콘티넨털의 이사가 될 사람에게 연락해서 위로부터의 전면적 쇄신을 요구했던 것을 기억한다. 그에게서 예상치 못한 답변을 들었다. 그는 그것이 회장과 상의할 사안이라고 말했다. 오직 회장만이 결정할 수 있다는 것이었다. 이사회를 효율적으로 감독하는 일은 쉽지 않았다.

문제가 확대되자 콘티넨털은 아주 많은 소규모 금융기관으로부터 자금을 차입했을 뿐만 아니라 연준의 재할인 창구▪로부터도 거액의 자금을 빈번하게 대출했다. 경영진은 결국 교체되었다. 그럼에도 1984년 5월 중순에 시장의 신뢰는 무너졌다. 일급 비상 상황이 곧 닥칠 것이었다.

연방예금보험공사와 마찬가지로 나는 앞서 성공했던 퍼스트펜실베이니아 구제금융 당시의 접근법을 선호했는데, 이 방식에는 주요 은

▪ 어떤 이들은 콘티넨털일리노이의 실패가 연준의 재할인 창구 대출에 따라다니는 낙인, 즉 그 은행이 위험하다는 신호 때문이라고 얘기한다. 이전에는 은행들이 간헐적인 지급준비금 부족 상황을 관리하기 위해 그러한 익일물 대출을 좀더 일상적으로 이용했다. 하지만 어떤 금융기관이 그 대출을 자주 이용하는 것은 언제나 안 좋은 신호였다.

행의 상당한 기여가 필요했다. 나는 뉴욕에 있는 모건개런티Morgan Guaranty 은행 지점에서 예닐곱 개의 주요 은행과 회의를 갖기로 하고, 사람들의 시선을 피하기 위해 주차장 뒷문을 통해 회의실로 들어갔다. 그 은행들에서 나온 참석자들은 그 주 초반에 이미 콘티넨털에 대한 45억 달러의 대출 재원을 마련하기로 합의한 상태였는데,19 나를 경계하는 눈치였다.

연방예금보험공사 사장 빌 아이작William Isaac과 나는 그들을 설득했다. 나는 연준이 적정한 담보를 받는다면 재할인 창구를 통해 콘티넨털이 원하는 만큼의 충분한 유동성을 계속 공급하겠다고 말했다. 빌은 연방예금보험공사가 자본 확충을 위해 후순위 대출 형태로 20억 달러를 공급할 것이라면서, 주요 은행들에게 그중 5억 달러의 부채를 분담해달라고 압박했다.

규모가 가장 컸던 시티뱅크의 대표는 자사의 주요 경쟁자를 구제하는 데에 관심이 없다고 곧바로 선언했다. 하지만 협상은 계속되었고, 어느 정도의 진전이 이루어졌다.

나는 그날 오후에 열릴 컬럼비아대학의 명예박사 학위 수여식에 내가 나타나지 않는다면 사람들이 이를 어떤 신호로 해석할까 걱정되어 회의장을 떠났다. 연방예금보험공사의 자금을 위험에 빠트리고 있었던 빌은 남았다.

회의장으로 돌아왔을 때, 나는 빌이 콘티넨털과 그 지주회사의 모든 채권자에게 기본적으로 연방예금보험공사의 명시적 보증을 제공함으로써 내가 의도했던 수준을 조금 더 넘어서기로 결심했다는 것을 알게 되었다.■ 결국 위험해진 것은 연방예금보험공사의 자금이었는데, 그는 그가 은행들로부터 충분한 신뢰를 받아야 한다고 주장했다.[20] 은행들은 최종적으로 5억 달러를 투입하고 대출 한도를 55억 달러로 증액하는 방안에 서명했다. 콘티넨털에 제공된 구제 자금이 기본적으로 사실상 연방예금보험공사의 보증에 의해 보호되었다는 점에서[21] 그들의 동의는 요즘 기준으로 보면 그렇게까지 용감한 행동은 아니었다.

위기가 곧 닥쳐올 것이라는 불안감은 누그러졌지만, 콘티넨털에 대한 긴급 해결책은 애초부터 오래 지속되도록 고안된 것이 아니었다. 7월에 연방예금보험공사는 2차 구제 조치에 대한 협상을 마무리함으로써 콘티넨털에 대한 실질적인 통제권을 확보했고,[22] 새로운 경영진을 임명할 수 있게 되었다. 콘티넨털은 한동안 영업을 계속했지만, 경영 혼란이 계속되면서 경쟁력을 잃어버렸다. 주주들은 손실을 회복하지 못했다.

콘티넨털일리노이 사태는 '대마불사大馬不死, too big to fail'라는 구절을 널리 퍼트린 사건으로 기억된다. 빌 아이작은 나중에 있었던 의회 증언에서 11개의 대형 은행에 대해서도 그러한 지원을 약속하는 것처럼 비치는 발언을 했다. 그렇게 통화감독관이자 대형 은행의 감독권자가 자기 권한을 넘어서자, 정부가 대형 은행을 적극적으로 구제하겠다는 의지는 명료해진 듯했다.

■ 콘티넨털은 보험이 적용되지 않는 예금주와 채권자들에게 300억 달러 이상의 채무가 있었다. 이는 은행이 보유했다고 알려진(연방예금보험공사의 1984년 연례보고서), 예금보험이 적용되는 30억 달러를 크게 넘어서는 수준이었다.

그러자 수천 개의 소규모 은행(예를 들어 펜스퀘어)을 대변하는 독립지역은행연합Independent Community Bankers of America은 소형 은행이 대형 은행에 비해 경쟁력 측면에서 불리하다고 항의했다. '금융시스템에 중요한systematiccally important' 대형 은행의 예금주들뿐 아니라 모든 채권자가 손실로부터 보호를 받을 것이기 때문이었다. 실제로는 소형 은행의 예금주들이 예치한 금액은 대부분 소액이었던 데다 이미 예금보험의 완전한 보호를 받고 있었다. 하지만 나는 그때나 지금이나 콘티넨털일리노이 그리고 그 경영진과 주주들이 그 어떠한 합리적 기준에서 보더라도 '실패'했다고 본다.

대마불사 논쟁은 2008년 금융위기 때 다시 불붙어, 은행에 대한 법률 및 규제와 관련된 정치적 과정을 계속해서 교란하고 있다. 내 견해로는, 버락 오바마 대통령이 2010년에 서명한 '도드-프랭크법Dodd-Frank legislation'은 은행 파산을 효과적으로 해결하는 절차를 만들어가는 데 상당한 도움이 될 것이다. 정부의 금융기관 구제는 본질적으로 복잡하며 필연적으로 국제적인 관심사이기는 하나, 파산하는 은행의 경영진을 교체하고 필요할 경우에는 납세자가 아닌 주주와 채권자를 희생시켜 은행을 청산하거나 다시 조직해야 하는 과정이다.

― 저축대부은행의 완전한 실패

그 시기에 일어난 가장 광범위한 금융기관 폐업은 '저축thrift' 업계와 연관되어 있었다. 저축대부은행savings and loans이 대표적이었고, 그보다 작은 규모로는 비슷한 기관인 상호금융기관, 저축은행 등이 있었다. 저축대부은행은 뉴딜정책 실행 기간 중에 장려되었고, 나중에 특별세와 규제 조치들(예금보험을 포함하여) 덕분에 성장한 결과, 당시 수천 개의 저축대부은행이 소액 예금주 및 주택담보대출 시장을 장악하게 되었다. 그들의 기본적인 자금조달 방식은 근본적으로 위태로웠다. 저축대부은행은 상업은행에 허용된 수준보다 조금 더 높은 금리를 주는 단기 예금인 '지분shares'을 유치하여, 만기가 30년이고 통상 이런저런 형태의 정부 또는 준정부기관의 보험이 적용되는 고정금리부 주택담보대출 투자에 대부분 활용했다.

그러한 경영 전략은 대공황기와 전시 기간 내내 효과가 있었다. 그러나 높은 인플레이션율, 그리고 급격하게 상승하는 금리와는 양립 불가능한 전략이었다. 1980년대 초반에 은행 예금금리의 상한 규제가 철폐되었다. '지분' 조달 비용이 상승하고 기존 주택담보대출 채권 가치가 하락하면서 수익과 자본이 근본적으로 고갈되었다.

하지만 자산 가치의 하락을 대차대조표에 사후적으로 반영할 수 있도록 허용한 사실상의 규제 '유보' 덕분에 대부분의 저축대부은행이 1980년대 중반까지 존속할 수 있었다. 하지만 그들의 수익은 끝내 회복되지 못했다. 저축기관의 업무 영역이 상업적 대출뿐 아니라 (근본적으로 위험도가 높은) 부동산 개발 및 소유도 포괄하도록 허용하라는 정치적 압력이 거세졌다. 이러한 압력은 일부 주에서 규제기관을 대상으로 시작되었는데, 그 후에는 연방정부 또한 대출 규제를 완화하라는 압력을 받았다.

나는 여러 청문회를 통해 저축대부은행의 영업 제한을 유지해야 한다고 의회에 호소했다. 저축대부은행은 대출 및 투자에 대한 권한이 확대되더라도 책임감을 가지고 이를 적절히 활용할 준비가 되어 있지 않았기 때문이다. 부동산 개발 사업은 시장 위험과 더불어 명백한 이해 충돌을 초래했다. 특히 저축대부은행의 연준인 연방주택대출은행 Federal Home Loan Bank 이사회의 신임 의장이었던 에드윈 그레이Edwin Gray가 겪었던 시련 때문에 나의 염려가 깊어졌다.

에드윈은 한동안 백악관에서 일한 뒤 1983년에 레이건 대통령에 의해 그 직책에 임명되었는데,[23] 금융의 세계에서는 어느 정도는 순진한 (진정으로 정직하면서 순진한) 사람이었다. 그는 저축대부은행이 지원하고 자금을 공급한, 투기적인 데다 사기 행각과도 연관된 부동산 개발 사업의 규모를 알고 나서 충격에 빠졌다. 그는 저축대부은행의 위험한 관행을 제한하는 연방주택대출은행의 규제가 약하고 특히 어떤 영역에서는 거의 없다시피 하다는 점을 바로 파악했다.

그는 규제에 반대하는 저축대부은행, 그들과 연계된 막강한 의원 친구들의 희생양이 되었다. 일부 저축대부은행 업계 지도자들은 그가 개인적 차원의 복수를 시작했다며 비난했다. 진정으로 수치스러웠던 점은 그의 개혁 활동에 대해 의회가 저항했다는 것이다. 결국에는 소위 키팅의 5인조Keating Five라고 불리던 상원의원 다섯 명이 파산해가고 있던 저축대부은행들, 특히 찰스 키팅Charles Keating이 소유하고 있던 키팅스링컨Keating's Lincoln 은행이라는 제국에 대한 규제 기준을 완화하도록 그레이를 겁박하기에 이르렀다.[24]

상원 은행위원회 위원장이었던 유타주 상원의원 '제이크' 간'Jake' Garn은 지적이고 정직한 사람이었다. 한편으로 그는 저축대부은행의 권한 확대를 강력하게 지지했다. 그는 청문회에서 내게 습관적으로 이런 질문을 던졌다. "볼커 씨, 저축대부은행의 권한 확대가 초래할 수 있는 문제를 하나라도 밝혀낼 수 있습니까?" "없습니다, 아직까지는요"가 당시 내가 줄 수 있던 유일한 답이었다. 내가 감지한 문제들에 대한 구체적 증거를 제시하기에는 여전히 너무 이른 시점이었다. 그 문제들은 결국 수면 위로 떠오를 것이었다.

마치 '내가 떠난 뒤에 홍수가 밀려오는apres moi, le deluge' 형국이었다. 저축대부산업은 근본적으로 붕괴되었다. 연방정부가 부담한 최종 비용은 거의 1500억 달러로 추산되었다[25](요즘으로 치면 2500억 달러 이상이다[26]). 키팅은 감옥에 갔고, 그에게서 돈을 받았던 일부 상원의원이 상원 윤리위원회의 조사 대상이 되었는데, 그중 몇 명은 상원을 떠났다. 오늘날 금융계의 로비활동과 비교하면 흥미로운 역사적 사실이다.

논쟁의 중심에 서 있었던 에드윈 그레이는 용감하고 정직하게 노력했음에도 불구하고 정부를 떠난 후에 새 직장을 구하기가 어려웠다. 믿음직스럽고 충성스러우며 경험이 많았던 그의 법무담당관 윌리엄 블랙William Black이 『은행을 훔치는 최선의 방법은 은행을 소유하는 것이다:

기업 중역과 정치인들은 어떻게 저축대부 산업을 약탈했는가Best Way to Rob a Bank Is to Own One: How Corporate Executives and Politicians Looted the S&L Industry』[27]에서 그의 노력을 기록한 점에 대해 에드윈은 어느 정도의 만족감을 느낄 수 있었을 것이다.

그는 말을 아꼈다.

— 함께 간히다: 대형 은행들과 라틴아메리카

국내에서의 은행 위기는 금융계의 영업 관행이 악화되고 있음을 반영하는 징후였지만, 당시 라틴아메리카 부채위기로 알려진 사태에 비하면 내게는 소소한 사건이었다. 그 사태는 은행산업의 모든 지도자와 그들을 추종한 많은 수의 경솔한 사람들이 연관된, 사실상 국제적인 수준의 은행 위기였다.

1970년대를 거쳐 1980년대 초반까지, 라틴아메리카의 사실상 모든 국가와 여타 몇몇 개발도상국가(당시에는 묶어서 저개발국가less developed countries라고 불렸다)에 대한 대출이 눈덩이처럼 불어났다. 차입 국가들은 재정적자를 메꾸기 위한 자금이 필요했고, 은행은 원유를 팔아 부유해진 중동 국가들이 저금리로 예치한 자금으로 넘쳐났다. 라틴아메리카의 채무는 1979년 초반 1590억 달러에서 불과 3년 후인 1982년에는 3270억 달러로 무려 두 배 이상 늘어났다. 1982년 말에는 각 국가에 대한 평균 대출금이 미국 8개 대형 은행 자본의 두 배 이상이었다.28 몇몇 외국계 은행의 사정도 크게 다르지 않았다.

초기에 이 '석유 달러의 재활용'은 고유가로 인해 석유 자금이 유입되고 라틴아메리카의 개발 자금 수요가 늘어나는 것에 시장이 건설적으로 대응함으로써 환영받았다. 하지만 실제로는 대규모의 국제적 부채위기로 이어지는 출발점이었다. 차입자와 대출자 모두 파산의 위험에 직면했다.

멕시코가 그 시작이었다.

1981년의 어느 날에, 급진적인 좌파 대통령 호세 로페스 포르티요José López Portillo는 당시 재무장관으로부터 멕시코가 상환능력을 초과하는 수준의 부채를 지고 있다는 주의를 받았다. 더 이상 차입이 손쉽게 이루어지지 않을 수 있었다. 대통령은 아들과 친구들에게 미국 은행들이 멕시코에 대한 대출 의사를 가지고 있는지 파악하라고 지시했다. 그들이 보고한 내용은 은행들이 여전히 대출에 적극적이라는 것이었다. 재무장관은 해임되었다. 언제나 그렇듯, 올곧음이 너무도 신속하게 처벌받는 일이 너무 자주 일어난다.

몇 달이 지나자 그 문제를 해결할 영향력을 지닌 관료들, 즉 실바에르소그Jesús 'Chucho' Silva-Herzog 신임 재무장관과 만세라Miguel Mancera 중앙은행 총재의 걱정은 점점 더 커져갔다. 그들은 위기가 닥쳐올 것을 예상하고, 과거의 관행과 달리 미 연준과 재무부 그리고 IMF 총재자크 드 라로지에르와 긴밀한 접촉을 유지하기로 결정했다. 예일대 대학원에서 학위를 받은 실바에르소그 재무장관은 영어를 유창하게 구사했다. 나중에 연준 건물에 있는 내 전용 식당에서 월례 회의가 열렸는데, 그는 내가 추천해준 디저트 이름을 따 그 회의를 '레몬 머랭lemon meringue 오찬'이라고 불렀다.29

1982년 초에 라틴아메리카에 대출한 은행 중 일부가 추가 대출 규모를 축소하면서 멕시코 정부가 받는 자금 압박은 서서히 누적되고 있었다. 전통적으로 멕시코는 외환보유액 규모를 매우 뜸하게 공표해왔는데, 1982년 5월이 그 발표 시점 가운데 하나였다. 외환보유액을 보강해 달라는 멕시코의 요청에 따라 연준은 과거에 이미 도입해둔 통화스왑(사실상 사전에 계획된 단기 대출이었다)을 통해 하루 동안 60억 달러를 지원하는 데 동의했다. 그 후에는 하절기 중 실질적인 대출을 해달라는 더 큰 요구도 수락했다. 좌파이자 반反자본주의자인 포르티요 대통령이 새로 대통령으로 선출된 미겔 데 라 마드리드Miguel de la Madrid를 배려하여 9월 초에 사임할 것이라는 기대감이 그 근거였다. 데 라 마드리드는 포르티요 대통령보다 더 보수적이고 기업 친화적이었으며, 실바에르소그와 만세라를 지지했을 뿐만 아니라 지속되는 위기를 잘 관리할 능력을 갖추고 있었다.

불행히도 우리가 선택한 시점이 예상을 약간 빗나갔다. 멕시코의 자금이 예상보다 한 달 이른 8월에 바닥난 것이다. 외부의 지원 없이는 멕시코가 채무를 상환할 길이 없었다. 달갑지 않은 우연의 일치로, 같은 날 콘티넨털일리노이 회장이 스네이크강에서 뛰어오르는 송어 떼가 내려다보이는 나의 오두막으로 찾아오겠다고 연락해왔다. 나는 연준에 비상소집 명령을 내리고 나서 낚싯대를 꾸려 워싱턴으로 돌아왔다.

멕시코 관료들은 드 라로지에르 IMF 총재와의 면담에서 멕시코의 전면적인 채무불이행 선언은 라틴아메리카와 여타 국가의 은행 위기를 촉발시키고 수용 불가능한 결과를 초래할 것이라는 경고를 받은 터였다. 미 재무부는 멕시코의 채무불이행이 미국의 은행시스템에 가져올 심대한 영향을 인식하고, 즉각 사용 가능한 정부 자금을 동원하는 작업에 돌입했다.30 자금의 대부분은 멕시코 원유 수입에 대한 선지급금과 농산물 수출 보조금이었다. 연준 쪽에서는 유럽, 일본의 중앙은행과 접촉해, 새로 출범한 멕시코 정부가 자금 조달을 지속하기 위해 IMF에 접근하기 전까지 임시변통책을 마련하는 데 동참하는 것이 그들에게도 이익이라고 설득했다.

나는 뉴욕 연방준비은행 총재 토니 솔로몬, 테드 트루먼Ted Truman, 연준이사회 소속 직원 마이클 브래드필드, 좀더 중요한 인물인 재무부 부장관 '팀' 맥너마R. T. 'Tim' McNamar와 주말 동안 사무실에 틀어박혀 일했다. 실바에르소그, IMF 직원들과 협력하여 효과적인 위기 대응 전략을 마련하기 위해서였다. 대출 규모 면에서 비중이 큰 은행은 50개 미만이었는데, 멕시코는 뉴욕 연방준비은행에서 열린 회의에 무려 100개가 넘는 채권은행을 초청했다. 더 엄중한 분위기를 조성하려고 뉴욕 연방준비은행을 회의 장소로 택했지만 연준이나 재무부 인사는 거의 참석하지 않았고, 참석한 이들도 토니 솔로몬이 환영사를 전한 후에 자리를 떴다. 나중에 들은 얘기인데, 실바에르소그는 채권자들이 안전하게 보호받을 것이라는 확신을 심어주는 말로 회의를 시작했다고 한다. "저의 이름은 예수Jesús이고 제 수석 보좌관은 천사입니다"(바로 OECD에서 장기간 총재로 재직한 '앙헬' 구리아'Angel' Gurría였다).

그는 당시 멕시코가 처해 있던 상황을 다음과 같이 직접적으로 묘사했다. 멕시코는 만기가 얼마 남지 않은 대출을 상환할 자금이 없다. 채무불이행 선언은 멕시코에 이롭지 않고, 아마 채권은행단에도 마찬가지일 것이다. 멕시코는 만기가 다가오는 원금 및 이자 상환을 위해 신규 대출을 받아야 한다. 그는 또한 효과적인 조정 방안을 이끌어낼 채권자 위원회를 설립해달라고 채권은행단에 요청했다. IMF도 참여할 것이었다.

전해 들은 바로는, 그 후에 긴 침묵이 이어졌고 질문도 거의 없었다고 한다.

실바에르소그는 사전에 계획한 대로 움직였다. 그는 은행 대출 문제를 처리하기 위한 협력 위원회를 설립하자는 그의 제안이 수용되었다고 언론에 설명했다.[31] 결국, 누구도 반대 의견을 제기하지 않았던 것이다.

가장 중요한 은행은 시티뱅크였다. 당시 회장이었던 월터 리스턴은 "국가는 파산하지 않는다"라며 저개발 국가에 대출해줘도 안전하다는 인식을 퍼뜨린 바 있었다. 이제 그의 은행이 가장 큰 손실을 입게 될 것이었다. 곧바로 그는 채권자 위원회를 이끌 사람으로 비교적 젊지만 라틴아메리카 은행 업무에서 많은 경험을 쌓은 시티뱅크의 빌 로즈 William Rhodes를 추천했다.

운 좋은 선택이었다. 나중에 알게 되었는데, 빌은 은행가들 중에서도 드물게 정부, 중앙은행, IMF 등 공공기관의 공동체와 조화롭게 일할 능력을 지닌 사람이었다. 이후 몇 년 동안 나의 사무실과 IMF에서 많은 시간을 보낸 그는 나중에 개발도상국들이 파괴적인 금융위기에 직면했을 때 위기에 대처할 적임자로 인식되었다. 이러한 평판은 시티뱅크 내에서의 인기를 더 높이지는 못했지만, 지속되는 위기를 관리하는 데 있어서는 중요했다.

그런 논의가 진행되던 중에, 점점 깊어지고 있었던 멕시코의 위기가 포르티요의 퇴임사로 더욱 악화되었다. 토론토에서 열린 IMF 연차총회와 같은 시간대에, 그는 멕시코의 은행이 국유화되고 외국인에 대한 모든 자금 지급이 동결될 것이라고 공표했다. 그 연설은 모든 구제 과정을 어그러트렸다. 중앙은행 총재였던 미겔 만세라는 사임해야 한다는 부담감을 느꼈다. 실바에르소그 또한 사임하고 싶어했으나, 우리는 대통령 당선인인 데 라 마드리드가 12월에 공식 취임할 때까지 잔류하라고 그를 설득했다.

우리는 BIS를 통해 토론토에서 중앙은행 총재들과 짧은 회의를 가졌다. 운 좋게도, 많은 존경을 받고 있던 두 주요 중앙은행의 총재들(영란은행의 고든 리처드슨Gordon Richardson과 스위스중앙은행의 프리츠 로이트빌러Fritz Leutwiler)은 BIS와 외국 중앙은행이 지원을 지속해야 한다는 우리 요구를 이해하고 신뢰해줬다. 그들의 말에는 나 혼자 얘기했더라면 얻지 못했을 설득력과 강력함이 담겨 있었다. 이로써 우리는 연준 및 재무부의 통화스왑과 함께 시간을 벌 수 있는 또 다른 방법을 찾아내는 데 성공했다.

이내 성공을 위한 해결책이 마련되었다. IMF의 드 라로지에르는 절대적으로 중요한 역할을 맡았다. 기존 채무의 '차환借換' 및 추가적인 대출의 만기 연장에 대한 지원 여부는, 새로운 대통령이 이끄는 멕시코가 IMF의 엄격한 경제개혁 프로그램에 동의하느냐에 달려 있었다. IMF는 멕시코를 지원하게 될 경우 중기적인 신용을 공급할 수 있었다. 하지만 그것은 모든 주요 채권은행이 기본적으로 참여에 동의한다는 조건(지금은 드 라로지에르의 '임계 수준critical mass'으로 유명해진)이 충족될 때만 가능했다. IMF는 그다음 절차로 멕시코가 추진하게 될 경제개혁 프로그램의 적정성을 입증해야 했다.

이후 그 프로그램은 라틴아메리카의 각 국가에 반복적으로 적용되었고, 결국에는 라틴아메리카를 넘어 다른 국가에서도 활용되었다. IMF 총재로 취임한 지 얼마 되지 않았던 드 라로지에르는 복잡한 국제기구에서 너무도 흔히 생기는 절차적 장애물들과 오랫동안 이어져 내려온 관행들을 극복해가면서, 그의 신중한 이사회가 신속하게 합의안을 이끌어내도록 본능적으로 움직였다.[32] 관건은 IMF가 승인한 만족스러운 개혁 프로그램을 이행하기로 멕시코가 약속하는 것, 그리고 채권은행단이 만장일치에 가깝게 합의하는 것이었다.

나는 연준이 IMF와 함께 미국 정부의 주도권을 가져와 그렇게 적극적으로 참여하는 것이 조금 우려스러웠다. 원래 그 일은 재무부의 고유한 업무 영역에 속했기 때문이다. 연준과 재무부 간 업무 충돌 문제는 라틴아메리카의 다른 국가들과 다른 대륙에 있는 국가들로도 확산될 것처럼 보였다(실제로 그랬다). 리건 재무장관은 연준의 노력에 최대한 동참했지만, 나는 그의 심기가 불편하다는 것을 느꼈다. 연준이 주도적 역할을 지속하는 데 있어서 행정부의 지지를 얻었다는 점을 확실히 하기 위해, 나는 백악관 비서실장 짐 베이커를 만나기로 했다. 내가 그를 본 건 그때가 처음이었다.

나는 그때까지의 전체적인 접근 방법의 개요를 설명하고, 라틴아메리카 문제가 확산될 가능성을 언급한 짧은 메모를 베이커에게 전달했다. 그는 즉각 우리를 지지했다. 그의 지지는 재무부의 충분하고 적극적인 협조를 보장했다. 리건은 관련 업무를 맥너마에게 배정했다.

라틴아메리카의 거의 모든 주요 국가(콜롬비아는 예외였다)가 말 그대로 삽시간에 무너져 내렸다.■ 각국 정부와 국제은행시스템 그리고 주요 선진국들의 경제가 위험에 처했다. 해야 할 일이 많았다.

짐 베이커는 곧 재무장관이 될 예정이었다. 라틴아메리카 사태에 대한 공동 대응 방안의 후속판은 1985년 10월에 서울에서 열린 IMF 회의에서 그의 이름을 따서 '베이커 계획'으로 공표되었다.33 기본적인 접근 방법은 동일했지만, 그 계획에는 세계은행 등 국제기구가 협력국들에 대한 대출을 확대할 가능성이 추가되었다.

국내외의 압박 그리고 IMF의 지원과 대출이라는 동기부여 때문에 멕시코, 아르헨티나, 에콰도르 및 여타 국가의 지도자들은 인플레이션을 억제하고 예산을 적절하게 통제했으며, 좀더 개방적이고 경쟁력 있는 경제를 만드는 데 있어서 진전을 이뤄냈다.

점차 라틴아메리카 국가들을 신뢰할 만하다는 인식이 회복되었고, 은행의 자본 상태는 개선되었다. 시티뱅크 신임 회장 존 리드John Reed

---

■ 결국 라틴아메리카의 9개 국가는 사실상 모두 빌 로즈를 통해 10년간 채무 재조정에 들어갔다.

를 시작으로 주요 은행들은 대출 원금의 장부가치를 하향 조정했다. 나
는 라틴아메리카 국가들의 국내 지향적이고 보호무역주의적이었던 정
책이 좀더 경쟁력 있고 안정적인 방향으로 전환될 것이라는 희망에 차
있었다.

나는 1980년대 말이 되기 전에 연준을 떠났다. 조지 부시와 새로운
재무장관 닉 브래디Nicholas 'Nick' Brady가 이끄는 새로운 행정부는 라틴
아메리카 부채위기를 완전히 종식시켰다. 소위 브래디 계획Brady Plan은
만일 채권자들이 저금리, 원금 감면 및 대출 만기의 장기간 연장으로
구성된 하나의 조합을 수용한다면 채무자들이 그들에게 확고한 채무
상환 보증을 제공한다는 독창적인 수단을 개발해냈다. 10년 전에 비해
상황이 나아진 차입자와 대출자들은 전체적으로 동의했다. 위기는 끝
난 것으로 간주되었다.

— 사후적으로 드는 생각

1980년대는 라틴아메리카의 '잃어버린 10년'으로 묘사된다. 나의 견해
는 다르다. 1980년대는 잃어버린 기회들 가운데 하나에 불과하다.

멕시코, 아르헨티나, 에콰도르 그리고 베네수엘라 모두 강력한 개혁
조치를 시행했고, 한동안 개혁에 성공하는 것처럼 보였다. 성장이 느렸
던 건 사실이지만, 과다한 차입과 반反사회주의적이고 어느 정도 폐쇄
적이었던 권위주의 경제가 수년간 지속된 데 따른 거의 불가피한 결과

였다. 대출 은행의 채무 상환 압박 자제, 그리고 IMF의 정책 감독에 병행된 IMF, 세계은행, 미주개발은행IDB의 자금 지원(모두 국제적으로 합의된 바였다)을 결합한 접근 방법은 분명히 엄격한 대응을 통해 그들 스스로 문제를 해결하게 하는 방식이었다. 하지만 내게는 대외 채무에 크게 의존하고, 폐쇄적이며, 사회주의적인 라틴아메리카의 전형적인 경제 체제를 벗어나게 만드는 요소들을 갖춘 접근법으로 보였다.

실행 가능한 다른 대안이 있었을까? 어떤 이들은 처음부터 모든 국가의 채무를 10퍼센트 또는 15퍼센트 감면해주었더라면 더 좋지 않았겠느냐고 묻는다. 하지만 현실에서 획일적인 해결책은 유용하지 않다. 만약 그렇게 했더라면 라틴아메리카 국가들은 지속되는 적자를 충당하기 위한 자금을 확보할 수 없었을 것이다. 또한 일부 대출은행의 지급가능성에도 심각한 타격을 입히고 차입자들을 위한 진정한 해결책도 제시하지 못한 채, 단지 채무가 더 많이 경감되리라는 기대감만 불어넣었을 것이다.

채무의 절반 또는 그 이상의 감면과 같은 좀더 극단적인 조치는 어떠한가? 하지만 그랬다면 누가 은행에 자본을 공급했을 것이며 어떤 정부가 개혁을 추진하겠다고 약속했겠는가?

이 회고록을 쓰고 있는 지금, 슬픈 사실은 그 잃어버린 10년이 아니라 최근 들어 라틴아메리카가 정치적, 경제적으로 빠르게 퇴행하고 있다는 점이다.

자원이 풍부한 베네수엘라는 완전한 경제적 혼란에 빠졌고 민주주의를 정착시키는 데 실패했다.

페론주의 세대 때부터 계속 어려움을 겪고 있는 아르헨티나는 역대 정부가 통화가치를 안정적으로 유지하고 개혁 조치를 이어가려 진정성 있게 시도했지만, 결국 실패했다. 현재 아르헨티나는 또 한 번의 시련을 겪고 있다.

라틴아메리카의 최대 국가이자 엄청난 잠재력을 지닌 브라질은 정치권의 부패로 혼란에 빠졌고, 한때 많은 기대를 받았던 개혁 조치들을 추진하기가 어려워 보인다.

미국과 경제적으로 밀접한 관계에 있고 북미자유무역협정NAFTA의 수혜자인 멕시코는 진정으로 더 강력해졌지만, 여전히 잠재력을 모두 실현하지 못하고 있다. 그리고 멕시코는 아이러니하게도 두 대통령이 개혁을 시도하여 국민의 폭넓은 존경과 지지를 얻은 직후 외견상 단순해 보였던 1994년의 환율 재조정 문제를 효율적으로 관리하지 못했다. 그 결과 찾아온 위기는 상대적으로 심각하지 않았지만, 통제 가능할 것 같았던 1990년대 후반의 태국 외환위기가 아시아 대륙 전체의 경제 발전에 대한 위협으로 확대되는 데 영향을 미치기에는 충분했다.■

돌이켜보면, 오늘날의 라틴아메리카 상황은 오랫동안 방만하게 지속된 경제정책으로부터 잉태되어 은행의 무모한 대출 관행이라는 거름을 먹고 자라난 부채위기를 열정적이고 건설적으로 수습하려 했던 노력의 참담한 결과물이라는 생각이 든다. 그리고 지금, 불가피하게도, 라틴아

■ 동남아시아에서 가장 중요한 국가인 인도네시아도 태국 외환위기의 영향을 받았는데, 나는 어느 시점엔가 그 나라의 공식적이면서도 비공식적인 고문으로 상당한 시간을 보냈다. 거기서 싱가포르 건국의 아버지인 리콴유 등 여러 사람을 만났다.

메리카는 제2차 세계대전 이후 구축된 정치·경제질서가 좀더 광범위하게 붕괴될 위험에 직면해 있다.

10장 미완의 임무: 금융시스템의 복구

1984년, 극심한 인플레이션 시기를 끝내고 성장세를 회복시켜야 한다는 내 두 번째 임기의 핵심 정책 과제는 성공적으로 달성되었다. 반복적으로 발생하는 크고 작은 금융위기는 각기 다른 메시지를 함축하고 있었다. 우리가 오랫동안 간과해온 국내 및 국제 금융구조의 취약성에 주의를 기울일 필요가 있었다.

그사이, 공격적 증권 거래와 더욱 활발해진 대출활동 등으로 국경간 자본 이동이 확대되면서 다시 통화의 이동에 대한 논쟁이 벌어졌다.

― 환율 관리

물가가 더욱 안정된 가운데(어느 시점엔가는 실제로 소비자물가지수가 몇 달간 하락했다) 경제가 성장세를 이어간 덕분에 해외 자금이 미국으로 유입되었고, 이는 예산 및 대외수지의 대규모 적자를 충당하는 데 도움이 되었다. 달러화의 만성적 약세 시대는 오래전에 끝난 듯했다. 반면, 유럽과 일본은 미국에 비해 경제 상황이 열악했다. 경제성장세를 강화하기 위해 금리를 인하해야 한다고 유럽 여러 나라에 간곡히 요청했음에도 불구하고, 특히 독일은 이를 수용할 수 없다고 판단했다.

외환시장에 대한 국제적 공동 개입이 효과적인지 부족한지에 대해 재무장관들과 중앙은행 총재들이 열띤 토론을 벌였지만 구체적인 행동으로까지 이어지지는 않았다. 1984년 9월 IMF 연차총회의 전날 밤, 독일 연방은행이 돌연 외환시장에 대규모로 개입을 감행하여 가치가 낮아져 있던 마르크화를 매입하기 위해 '초강력 달러superdollar'를 매각했다. 마르크화의 가치는 상승했다. 어떤 분석가들은 독일의 시도를 1978년 미국 카터 행정부의 달러화 구제 조치에 비유했다.[1] 나는 당시 도널드 리건이 이끌던 재무부에 독일의 노력에 동참하라고 호소했지만, 그들은 수수방관했다.

환율정책의 결정과 실행은 미묘하고 다루기 힘든 문제들을 수반한다. 미국에서도 다른 대부분의 국가에서와 같이 재무부가 (또는 재무장관이) 관행적으로 환율정책의 결정을 주도한다. 그러나 환율에 영향을 미칠 수밖에 없으며 때로는 압도적인 영향을 미치는 기관은 다름아닌 통화정책을 수행하는 중앙은행이다. 더욱이, 중앙은행은 외환시장에 대규모로 개입할 자금을 보유하고 있다.

내가 경험한 엄연한 사실은, 미국은 국가 간에 합의가 이루어졌을 때만 외환시장에 개입한다는 것이다. 그래서 독일연방은행은 단독으로

228

개입할 수밖에 없었고, 개입의 영향은 서서히 사라져버렸다.

1985년 2월에 출범한 '베이커 재무부'는 이전에 비해 훨씬 더 적극적인 행동파였는데, 특히 외환시장 개입의 잠재적 효용에 대해 더 강한 확신을 갖고 있었다. 이러한 성향은 베이커 재무부 초기에 여실히 드러났다. 대처 수상이 레이건 대통령에게 영국 통화의 가치가 정치적으로 민감한 수준(1파운드당 1달러)까지는 하락하지 않게 해달라고 요청하자 재무부가 이를 수락한 것이다.[2] 제2차 세계대전 이전의 한 세기 동안에는 1파운드당 4달러 80센트의 비율이 일반적이었다.

좀더 넓은 차원에서 베이커는 달러화의 가치가 너무 높다고 보았다. 해외 제품들이 미국으로 쏟아져 들어오면서 기업의 생존과 일자리가 위협받게 되자 보호무역주의자들의 압력이 거세졌다. 태생적으로 정치인이었던 베이커는 행정부의 다른 관료들과 달리 급진적 자유시장주의와 방임주의 경제 철학에 얽매이지 않았다.

나는 베이커와 그의 야심 찬 부장관 딕 다먼Dick Darman이 주요국 통화의 '목표구간target zone' 도입 구상에 흥미를 갖고 있다고 느꼈다.[3] 목표구간은 당시 점차 논쟁의 핵심 주제로 떠오르고 있었다. 이는 주요국들의 가격 경쟁력을 동일한 수준에서 유지시키는 통화가치의 안정적수준에 대한 합의를 도출하고 이를 지속시키기 위해 제시된 수단으로서, 나의 오랜 멘토 밥 루사가 지지하던 구상이었다.

봄철로 접어들면서 달러화의 가치는 주요국의 협조적인 개입으로 하락했지만, 개입이 끝나자 여름에 다시 상승했다. 분명 베이커는 미국 산업계가 달러화의 강세에 대해 강한 불만을 제기할 경우에 초래될 정치적 파장을 우려하고 있었다. 그 시점에 베이커는 내게 자문을 구하지도 않고 달러화의 가치를 적극적으로 절하시키기 위해 G-5 재무장관들과 명시적인 합의를 이끌어내는 방안을 고려하기 시작했다.

당시의 경제 상황과 그 이후에 대한 전망을 종합해봤을 때, 나는 개인적으로 달러화의 가치가 이미 정점에 도달했으며 가을에 다시 하락할 것으로 예상했다. 나는 투기 세력에 의해 달러화 약세가 가속화될 위험을 감수하면서까지 그렇게 강력하고 공식적인 절하 조치를 실행한다는 것이 (최대한 부드럽게 표현해도) 그다지 좋은 결정은 아니라고 생각했다. 그래서 우리 내부에서 협상이 진행되었다.

베이커는 통화정책이 환율에 영향을 미친다는 점과 외환시장에 개입하려면 연준이 더 많은 자금을 투입해야 한다는 점을 잘 알고 있었다. 그는 앞으로 일어날 개입이 한시적이어야 하며 투기 세력의 달러 투매로 달러화 가치가 '자유 낙하'할 가능성을 경계해야 한다는 나의 주장을 수용했다.

1985년 9월 하순경, 뉴욕 플라자 호텔에서 G-5 회의가 개최되었다. 당시 내가 이해한 바로는, 재무부가 워싱턴이 아닌 뉴욕을 회담 장소로 선택한 데에는 연준의 텃밭인 워싱턴으로부터 장소를 멀리 떨어트려 연준의 어떤 지도자도 회의에 참석하지 못하게 하려는 의도가 깔려 있었다. 만반의 준비를 갖춘 덕분에 회의는 원활하게 진행되었다. 이어진 기념사진 촬영 때 누군가 나를 맨 앞줄로 밀어 넣었을 때 나는 많이 당황했다.[4] 교활한 베이커 씨는 나를 통제하여 그의 계획을 확실히 이행하게 만들 필요가 있다고 생각한 게 분명하다.

예상대로 달러화의 가치는 즉각 하락했고, 얼마 지나지 않아 개입을 중단할 수 있었다. 그 후에도 달러화의 가치가 간헐적으로 하락했고, 연말에 가서는 내가 아주 충분하다고 생각하는 수준까지 낮아졌다. 그러나 베이커의 생각은 달랐다. 우리는 의회 증언에서 각자가 중시했던 점을 강조하며 계속 견해 차이를 보였지만, 심각한 충돌을 일으킬 정도로 근본적으로 다르지는 않았다.

당시를 돌아보면 우리의 의견 차이는 더 중대하고 심각한 결과를 초래할 수 있었다.

1986년 1월에 런던에서 열린 그다음 G-5 회의에서, 나는 전날 밤 베이커가 주도한 비공식 회의에서 각국 재무장관이 합의한 공동선언문의 초안을 받았다. 초안은 통화정책의 완화를 강하게 시사했지만, 이는 당연히 연준의 권한이었다. 나는 그 내용에 반대했고, 플라자 합의 이전 G-5 회의에서 계속 그래왔던 것처럼 어떤 문서에도 서명하지 않을 작정이었다. 독일연방은행 총재인 카를 오토 푈Karl Otto Pöhl도 나처럼 강하게 반대했다. 그 표현은 삭제되었다.

이튿날 신문 1면에는 익명의 재무부 고위 관료의 말을 인용하여 5개 국가가 금리를 낮출 가능성에 동의했다는 기사가 실렸다.5 나는 그 익명의 관료가 누구인지 알고 있었다.

─ 반란

아마도 베이커 장관은 내가 그의 동료들 앞에서 런던 G-5 회의의 공동 성명서 초안에 있던 표현을 거부한 것에 대해 당혹감을 느꼈을지 모른다. 그가 정말 그렇게 느꼈는지는 지금도 확신할 수 없지만, 얼마 지나지 않아 내가 의장을 맡고 있던 연준이사회 내부에서 반란이 일어났다.

프레스턴 마틴Preston Martin은 연방주택대출은행 이사회의 전임 회장이었고, 그전에는 당시 캘리포니아 주지사였던 레이건과 어느 정도 친분이 있었다. 1982년에 그가 연준 부의장 프레드 슐츠의 후임자로 임명되었을 때만 해도 나는 그에 대해 아는 게 거의 없었다. 나는 조지부시 부통령이 추천한 다른 후보를 지지했지만, 경험 많은 동료를 가까이에 두게 되었다고만 생각했다. 마틴은 분명 야망이 큰 인물이었다.

처음 2년 동안은 마틴과 매우 좋은 관계를 유지하며 일했다. 그 후에 나는 그의 이상 행동을 인지하기 시작했다. 그는 내게 미리 알리지도 않은 채 국내뿐 아니라 해외 여행까지 다녀왔다. 연준의 FOMC 회의에서 사전 예고도 없이 반대표를 던진 적도 몇 번 있었다. 최종적으로 그는 1985년 6월의 공개 연설을 통해 나와 연준이사회 전체가 확고하게 지지했던 라틴아메리카 부채위기의 해결 방식을 사후적으로 비판했다. 나는 공개적인 질책이 필요하다고 판단했다.[6] (당시 나의 성명서가 배포된 후 '이사회의 양털 깎이'인 연준의 입주 이발사 레니가 마틴에게 이렇게 말했다는 것을 최근에 알았다. "우리는 공통점이 있네요. 이 조직에서 너무 멀리 나갔다는 거예요gone as far as we can." 마틴은 웃었다. 적어도 내가 들은 바로는.)

이사회의 정례회의가 열리는 월요일은 보통 직원들의 발표를 듣거나 일상적인 업무를 처리하는 날이었는데, 어느 월요일엔가 마틴이 난데없이 연준의 재할인율을 인하하자고 제안했다. 나는 통상적으로 목요일에 통화정책을 토론하기로 되어 있으니 그때까지 논의를 미루자고 했지만 이내 무시당했다. 신임 이사들이었던 매뉴얼 존슨Manuel Johnson■과 웨인 앵겔Wayne Angell, 소수 의견을 자주 제기하는 마사 시거Martha Seger가 마틴의 의견에 즉시 동의했다. 더 이상의 토론은 의미가 없었다.

불의의 일격을 당한 게 분명했다. 그래서 나는 회의장을 빠져나왔고, 바버라에게 전화를 걸어 뉴욕으로 돌아가 저녁을 먹겠다고 얘기했다.

순전한 우연으로 같은 날 실바에르소그, 짐 베이커와 연준 식당에서 점심 식사를 함께하기로 예정되어 있었다. 식사를 마치고 난 후 베이커를 한쪽으로 데려간 뒤, 내가 사무실로 돌아왔을 때는 나의 사직서가 대통령에게 향하고 있을 것이라고 얘기했다. 1986년 2월이었는데, 어쨌건 연준을 떠나기로 아내와 대통령에게 약속했던 시점과 가까웠다.

내 사직서를 준비하면서 잔뜩 화가 나 있던 믿음직한 비서 캐서린 맬러디가 웨인 앵겔이 나를 만나고 싶어한다고 말했다. 그는 두 번째 투표를 제안했다. 웨인을 만난 후 곧바로 마틴이 나타나 그 제안에 동의했다. 나는 독일연방은행 총재인 카를 오토 푈, 일본은행의 스미타

■ 존슨은 연준이사회 이사로 취임한 후 통화정책 완화에 찬성표를 던지겠다고 베이커와 약속했다는 사실을 적당한 기회에 내게 공식적으로 알려주었다. 그때 나는 갑작스러운 투표를 예상하지 못했기 때문에 그의 경고를 무시했다. 그는 나중에 중요하고 책임이 무거운 부의장직을 맡았다.

사토시澄田智와 정책금리를 공동으로 인하한다는 합의를 이끌어낼 수 있을 때 재할인율을 인하할 것이라고 약속했고, 그로 인해 투표 결과가 뒤집혔다. 나는 이미 그 합의를 도출하기 위해 노력해오고 있었다.

정책금리의 공동 인하에 대한 합의는 그 후 몇 주가 지난 3월 초에 성사되었다.7 중앙은행 간 협력의 역사에서 매우 주목할 만한 성과였는데, 이는 우리의 상호 신뢰와 각 당사자가 느끼던 상당한 우려를 반영하는 결과였다. 사실 나는 카를 오토에게 독일의(확장한다면 유럽의) 금리를 인하해달라고 간절하게 부탁해오고 있었다. 그는 독일만 금리를 인하한다는 것에 대해 부정적이었는데, 당연히 수긍할 만한 입장이었다.

그 직후 연준이사회 내에서 대립이 있었다는 사실이 밖으로 새어 나갔다. 프레스턴 마틴은 반란을 시도한 지 한 달이 채 되지 않은 3월 하순에 사임했다.8 그 후에 임명된 이사를 포함하여, 신임 이사들과 나의 관계는 갈수록 탄탄해졌다. 상호 존중은 확실히 중요하다. 하지만 항상 그런 것은 아니었다.

그런 상황에서 임기를 불과 18개월 정도 앞두고 사임하기는 쉽지 않았다. 나는 결국 임기를 다 채웠고, 백악관도 아내도 내게 공개적인 불만을 제기하지 않았다. 레이건 대통령은 이란게이트 때문에 몹시 바쁜 나날을 보내고 있었고,9 바버라는 공무원과 결혼한 운명을 체념적으로 받아들이고 있었기 때문이다.

— 루브르궁

환율의 목표구간을 설정한다는 구상, 그리고 이를 실현하기 위해 요구되는 중앙은행 간 협력은 좀더 원대한 시도 덕분에 플라자 합의를 뛰어넘는 성과로 이어졌다.

베이커 재무장관은 분명히 1986년 말의 달러화 가치에 만족스러워했으며, 일본 및 다른 G-5 국가의 재무장관들과 함께 환율을 당시 수준에서 안정시키기 위한 협력 체계의 도입 가능성을 타진했다. 국가 간 협약을 이끌어내는 데 있어서 연준의 위치가 다시금 결정적으로 중요해졌다.

그 목표는 내 생각과도 전적으로 부합했다. 사실 나는 환율 안정의 중요성에 다시금 관심을 기울여야 한다고 주장하는 연설문을 자주 작성했다. 그 내용은 안정된(심지어 고정된) 환율이 상품과 자본이 자유롭게 이동하는 개방경제의 중요한 구성 요소라는 아주 단순한 주장이었다. 나는 유로화의 도입이 내 일생의 목표는 아니지만 환율 안정을 한 단계 진전시킬 것이라는 말로 연설문을 끝맺곤 했다.

노벨 경제학상을 수상한 밥 먼델Bob Mundell■과 비슷한 주장이었는데, 이는 국제통화시스템을 개혁하려는 국가 간 공조에 반대하는 레이건 행정부의 자유시장주의 및 반反개입주의와 정면으로 충돌했다. 베이커의 재무부도 연준으로 하여금 이 외견상 새로워 보이는 접근법을

■ 먼델은 최적통화지역에 대한 선구적인 연구 덕분에 '유로화의 아버지'로 불리곤 했으며, 공급경제학의 토대를 확립하는 데에도 기여했다.

실행하게 하려는 어떠한 정책적 시도도 하지 않았다.

대신에 재무부는 1987년 초에 프랑스 재무부가 입주해 있던 파리의 루브르궁에서 G-5 회의를 개최하자고 요구했다[10](레오나르도 다빈치의 모나리자와 사모트라케의 니케 상이 건너편 건물에 있었다). 역사적으로 기록해둘 만한 사실이 하나 있다. 당시 회의가 열린다는 사실을 알게 된 이탈리아 재무장관이 회의장 입장을 요구하며 문밖 계단에 서 있었다. 그와 길게 협상한 끝에 회의가 종료되면 결정된 내용을 설명해주겠다고 제안했는데, 그는 이를 거절하고 회의장을 떠났다. 그 후에 캐나다 재무장관이 나타났는데, 그는 같은 제안을 받아들였다. 그것이 G-5가 일순간에 G-6로 나아가게 된 연유였다. 얼마 지나 열린 회의에서 G-6는 G-7으로 확대되었다.

우리의 핵심 논의는 이탈리아와 캐나다가 체면을 세우려 들인 시간에 비해 빨리 끝났다. 베이커 재무장관은 회의를 훌륭하게 준비해왔고, 다소 협소하고 매우 비현실적인 환율 목표구간(처음에는 ±2.5퍼센트였다)에 대한 합의가 이루어졌다. G-5 국가들이 재정·통화정책 차원에서 협력하여 환율이 목표구간 내에 머무를 수 있도록 지원할 예정이었다. 나는 특히 그 회담에서 베이커가 미국이 예산준칙을 지키겠다고 약속했던 사실이 기억난다. 나는 우리가 공언한 균형예산이라는 목표가 우리 의도나 실현 가능성을 넘어선다는 의견을 베이커에게 밝혔지만, 그의 반응은 15년 전 뮌헨 국제은행콘퍼런스에서 코널리가 처음으로 연설을 전하며 약속했던 내용을 연상시켰다. 예산을 엄격하게 관리하겠다던 베이커의 '확약'은 "달러화의 가치를 낮추지 않을 것이고, 금 가격도 조정하지 않을 것입니다"라던 코널리의 약속만큼이나 빠르게 유명무실해졌다.

외환시장은 잠시 동안 예상대로 움직였고 어느 정도의 개입으로 환율은 목표구간에 가까운 수준에서 머물렀지만, 우리가 합의한 접근법은 너무도 원대한 목표였다. 3월에 달러화 환율은 목표구간 아래로 하락했다.[11] 미국 경제가 강한 성장세를 지속했기 때문에, 재할인율을 인상하더라도 연준은 이를 정당화할 수 있을 것이었다. 나는 금리 인상안에 대한 논의를 연준이사회에 강요하지 않기로 결정했는데, 나중에 더 강력한 조치가 필요한 상황에 대비하여 정책 여력을 비축해두고자 했기 때문이다. 그래서 우리는 금리를 인상하는 대신 외환시장이 안정될 정도까지만 시장에 개입하기로 했다. 이 조치는 8월 11일 임기가 끝나기 전 내가 마지막으로 내린 정책 결정이었는데, 사람들은 이를 거의 의식하지 못했다.

그때쯤, 루브르에서 합의했던 협소한 환율 목표구간이 완전히 효력을 상실했다. 각 국가는 재정·통화정책을 통해 이를 보완하겠다던 서면상의 약속을 이행하지 않았다. 국제통화시스템 개혁이라는 근본적인 문제는 여전히 해결되지 않은 채로 남게 되었다.

그럼에도 나는 언젠가는 진정한 개혁이 이루어질 것이라는 희망을 여전히 품고 있다. 1995년에 런던대학의 그 유명한 스탬프 강의Stamp Lecture에서 나는 당시 유지되고 있던 환율(달러당 100엔)을 균형 수준의 합리적 근사치로 공인하고 이를 적절한 범위 내에서 방어하기 위해 공조하는 등 환율에 더 많은 주의를 기울여야 한다고 주장했다.[12] 유럽 국가들은 훗날 달러와 일대일로 교환될 공용 통화를 도입하여 그러한 노력에 동참할 수 있을 것이었다. 자리로 돌아오자 영란은행 총재였던 에디 조지Eddie George가 내게 몸을 기울이며 속삭였다. "멋진 연설이었습니다. 하지만 그런 일은 일어나지 않을 것입니다." 그가 옳았다.

내가 포괄적인 통화개혁안의 개요를 마련하는 데 마지막으로 참여한 시점은 그로부터 한참 뒤에 찾아온 거대한 글로벌 금융위기가 끝난 뒤였다. 당시 통화개혁을 이끈 이들은 IMF 전임 총재였던 미셸 캉드쉬Michel Camdessus, 알렉산드르 람펄루시Alexandre Lamfalussy 그리고 톰마소 파도아스키오파Tommaso Padoa-Schioppa■로, 존경받는 통화개혁 옹호론자들이었으며 '팔레루아얄 이니셔티브Palais-Royal Initiative'를 주도했다. 이들의 보고서는 당시에도 잘 알려지지 않았고, 2011년에 일어난 유럽 재정위기에 대한 긴박한 우려 속에서 잊히고 말았다.

— 은행의 자본구조 재편

통제로부터 자유로워진 국제금융시장은 1970년대와 1980년대에 급속도로 팽창했고, 주요 국제은행들 간의 경쟁은 치열해졌다. 미국의 대형은행은 해외 기업을 대상으로 한 전통적인 대출영업과 함께 유럽과 아시아의 지부에서 금융상품 거래를 적극적으로 확대해나갔다. 미국의

■ 파도아스키오파는 2010년 12월 18일에 갑자기 사망했다. 그는 나의 소중한 친구이자 동료였다.

대형 은행과 규모가 비슷하거나 더 큰 외국계 은행들 또한 미국에서 활발하게 영업활동을 벌였다. 이런 상황이 자신들에게 굉장히 불리하다고 느낀 미국 은행들이 최소자본 등의 규제 기준을 동일하게 적용해달라고 요구한 것은 당연한 결과였다.

각국의 입장이 제각기 달랐던 데다 공통된 통계적 정의가 없었기 때문에 미국과 유럽의 은행을 비교하기는 어려웠다. 그럼에도 두드러지게 눈에 띄는 사례가 있었다. 특히 일본의 거대 은행들은 자산 대비 자본의 비율이 극히 낮았다. 더욱이, 그 비율을 산출할 때 잠재적 가치 변동성이 매우 높은 주식 보유액이 자본에 상당량 포함되어 있었다.

은행들은 그때도 자본 수준은 위험관리의 중요한 요소라기보다 은행의 사업 모델과 경쟁력이 반영된 결과라고 주장했다. 예를 들어 월터 리스턴은 당시 시티뱅크가 미국 최대의 은행이었음에도 자본을 보유해야할 필요성을 전적으로 부정했다. 1980년에 나와 잠깐 만난 적이 있는 시카고 소재 은행들의 중역들도 비슷한 태도를 보였다. 감독권자들 중한 명이 그들 은행의 자본 적정성에 문제를 제기한 것은 분명 그때가 처음이었을 것이다. 어쨌건 그들은 은행 자본을 규제할 명시적 권한이 없는 신임 연준 의장의 '제안'에 신경쓸 필요가 전혀 없다고 판단했다.

퍼스트펜실베이니아와 콘티넨털일리노이 은행이 초래한 진통, 라틴아메리카 위기가 가져온 거대한 위협, 저축기관들의 명백한 자본 불안 상태 등으로 시간이 지나면서 규제에 대한 사람들의 인식이 달라지기는 했지만, 국제적 합의가 이루어지지 않았기 때문에 각 국가는 경쟁적으로 (그리고 정치적 이유에서) 규제 강화를 거부했다.

스위스 바젤에 본부를 두고 있는 BIS의 주도로 G-10 중앙은행 그룹 회의에서 이 문제를 다루기 시작했다. 바젤위원회Basel Committee가 신설되어 은행 규제에 대한 분석적 이해를 도모하는 차원에서 기존의 기준과 관행을 평가할 것이었다.

일은 더디게 진행되었다. 연준 내부에서조차 단독으로 행동하는 것을 주저했는데, 이는 미국의 규제기관 각각이 피규제기관에만 관심을 기울였기 때문에 공통된 근거를 찾기가 근본적으로 어려웠기 때문이다. 이는 오늘날까지도 남아 있는 고질적인 문제다.

마침내, 나는 바젤위원회뿐만 아니라 그 밖의 동료 중앙은행 총재들까지 행동에 나서도록 설득하는 데 성공했지만, 공통된 통계적 접근법을 마련하는 데는 실패했다. 공통 기준을 도입하고 실행한다는 구상은 실현 불가능해 보였다.

그러나 그 이슈는 수많은 대출은행의 자본 부족 상황이 적나라하게 드러난 라틴아메리카 부채위기와 국가 간 금융규제 관행의 분명한 차이에도 불구하고 사라지지 않을 것이었다. 미국의 은행과 감독기관도 어느 정도는 지지를 보냈는데, 그들은 특히 자본을 충분히 확보해두지 않고 공격적으로 활동하는 일본 은행들과의 경쟁이 '불공정'하다는 우려를 표했다. 유럽 은행계에서도 마침내 관심을 보이기 시작했다. 하지만 접근 방법상의 중요한 차이점 하나가 논의를 방해했다.

미국에서는 단순한 '레버리지' 비율, 즉 자산 손실을 흡수할 수 있는 여유 자본의 총자산 대비 비율로 자본 적정성을 측정하는 것이 관행이었다(역사적으로, 1931년의 은행 붕괴 사태 이전에는 10퍼센트가 표준적인 수준으로 인식되었다).

반면 유럽 국가들은 공통적으로 '위험고려risk-based' 접근법을 확고하게 지지했는데, 자산 규모를 측정할 때 각 자산의 위험성을 반영했기 때문에 좀더 정교한 방법으로 인식되었다. 그들은 특정 종류의 자산(자국의 국채뿐 아니라 주택담보대출 채권 및 외국 국채와 같은 안전 자산까지)에 대해서는 자본을 그렇게 많이 적립할 필요가 없다는 것을 상식으로 여겼다. 그와는 대조적으로, 상업적 대출에 대해서는 신용 등급과 상관없이 더 엄격하고 높은 수준의 자본 적립을 요구했다.

두 접근법에는 각각 강점이 있었고, 물론 약점도 있었다. 이 난국을 어떻게 돌파할 수 있을까?

1986년 9월에 나는 유럽 방문의 마지막 여정으로, 당시 영란은행 총재였던 로빈 리펨버턴Robin Leigh-Pemberton과 개인적인 식사 자리를 갖기 위해 런던에 들르기로 계획했다.[13] 그런 편안한 분위기에서, 미리 많은 생각을 하지 않고, 나는 합의안을 이끌어내는 데 필요하다면 미국 동료들에게 위험고려 접근법을 추천하겠노라고 제안했다.

그 역시 유럽 동료들과의 관계에서 현실적인 정치적 난관에 직면해 있었다. 그들 가운데 일부는 국제적으로 일반화된 규제 기준의 도입을 그다지 환영하지 않았다. 또한 그들 중 누구도 '미국이 만든' 접근법을 적극적으로 수용하려 하지 않았다. 당장 로빈도 영란은행에 있는 자신의 부하 직원이자 당시 바젤위원회 위원장을 맡고 있던 피터 쿡Peter Cooke부터 설득해야 했다.

그러한 난관에도 불구하고, 그는 용감하게 일을 계속 추진하기로 결정했다. 연준과 영란은행은 내가 연준을 떠나기 불과 7개월 전인 1987년 초에 합의에 도달했고 이를 공표했다.[14] 오랫동안 나의 보좌관으로 일하다가 당시 뉴욕 연방준비은행 총재로 재직하고 있던 제리 코리건은 일본과 합의를 도출하는 임무를 자발적으로 떠맡았는데, 그 책임을 수행하기까지 충분한 시간적 여유가 있는 시점이었다. 당시 유럽 국가들은 합의안에 동의하는 것 외에는 선택지가 없었다.

바젤위원회는 머뭇거리는 경향이 있어서 처음에는 협의 대상에 포함되지 않았는데, 그해의 나중에 최종 규정을 작성하는 업무를 부여받았다.[15] 이 규정은 당시에는 '바젤협약', 나중에는 그로부터 변형된 여러 이름으로 알려졌다.

시간이 지나면서 위험고려 접근법의 본질적 문제들이 뚜렷하게 나타나기 시작했다. 가장 낮은 위험 등급이 부여되어 필요 적립자본이 적거나 아예 없는 자산이 정치적으로 가장 강력한 지원을 받는다는 점이었는데, 대표적인 예가 국채와 주택담보대출이었다. 아이러니하게도, 이 두 종류의 자산에서 발생한 손실이 2008년의 글로벌 금융위기와 2011년의 유럽 재정위기를 촉발하게 된다. 미국의 '종합 레버리지overall leverage' 접근법 또한 자본으로부터 나오는 수익에 집중하는 주주와 기업 중역들의 관점에서는 하나의 불이익이었다. 한편으로 그 접근법은 가장 안전한 자산, 특히 수익이 낮은 미국 국채를 보유할 동기를 약화시키는 것으로 인식되었다.

바젤협약은 거의 언제나 수정이 필요한 상황에 놓여 있었다. 2017년 12월에 각 국가의 감독기관이 모여 세 번째 개정안을 완성했다.[16] 그사이 미국은 자체 기준을 제정했다. 최근 몇 년간, 위험고려 접근법과 단순 레버리지 비율 접근법을 함께 적용하여 둘의 약점을 보완하는 좀더 합리적인 절충안이 마련되었다. 하지만 접근 방법의 성격뿐 아니라, 국내·국제적으로 규모와 영업활동이 상이한 여러 은행에 특정 수준의 규제 비율을 적용하는 문제에도 충돌의 가능성은 남아 있었다. 미국과 여타 국가에서 자본 요건을 강화해야 한다는 목소리는 2008년 위기 이후 10년도 채 안 돼서 잦아들기 시작했다.[17]

— 연준에서의 마지막 날들

바젤협약이 체결될 때쯤, 연준 의장직에서 물러나겠다는 나의 약속은 유효 기한을 한참이나 넘긴 상황이었다. 마틴 부의장의 반란이 단시간에 막을 내리고 그가 사임한 이후 약속을 실행할 적절한 시점을 찾기 어려웠다. 대통령과 (외견상으로) 재무장관과의 관계는 평온을 되찾았다.

분명히 아직 끝내지 못한 일이 하나 있었다. 주간 은행업에 대한 구시대적인 규제를 완화하는 과정이 너무 느리게 진행되고 있었다. 특히 증권거래업 및 투자은행업에 대한 오래된 글라스-스티걸 규제를 회피하려는 행위 때문에 그 규제를 부분적으로 또는 완전히 폐지해야 할 것인지에 대한 질문들이 제기되었다. 연준 자체적으로는 은행 자회사의 증권거래활동 여지를 확대하기 시작했다. 리건 재무장관과 (나중에는 짐 베이커와도) 개혁에 관해 장시간 토론했지만 구체적인 법률 제정으로까지 이어지지는 않았다.

그 끝나지 않은 임무도 나의 사임 의지를 꺾지는 못했다. 나는 5월 하순에 뉴욕타임스가 개최한 행사에서 레이건 대통령의 신임 비서실장 하워드 베이커Howard Baker와 마주쳤다. 나는 그에게 면담을 제안했다. 이틀날 내게 처음으로 일어난 일은 내 사무실에서 나를 기다리는 그를 발견한 것이었다.

나는 연임을 원치 않으며, 후임자를 발표할 시간이 되었다고 말했다. 그는 약간 과장되게 열정적인 어조로 내가 연준 의장직에 계속 머물러야 한다고 반박했다. 하지만 결국 그는 내게 누구를 추천하는지 물었다.

나는 두 사람을 언급했다. 존 화이트헤드John Whitehead는 골드만삭스의 무척 존경받는 공동 회장이었는데, 분명히 경험과 품성 면에서 충분한 자격을 갖춘 인물이었다. 당시 골드만삭스는 여전히 공동경영회사였고, 그러한 경영 방식 때문에 나는 골드만삭스를 원칙과 고객을 매우 중시하는 투자은행으로 생각했다. 전임 재무장관이었던 조 파울러가 파트너였는데, 그는 그러한 회사 문화를 무척 중요하게 생각했다. 그때 화이트헤드는 국무장관 조지 슐츠의 부장관으로 재직하고 있었고, 워싱턴 생활에 매우 잘 적응한 듯했다. (그는 나중에, 조금은 감상에 젖어, 워싱턴에서 보낸 그 짧은 몇 년이 인생에서 가장 만족스러운 시기 중의 하나였다고 회상했다. 그는 워싱턴에서 새 아내 낸시 디커슨을 만났다.)

앨런 그린스펀은 더 확실한 선택지였다. 나는 아주 오래전 뉴욕에서 직장생활을 시작했던 시절부터 그를 조금은 알고 지내왔다. 그는 최고 수준의 금융전문가였고, 오랜 세월 동안 공화당원이었으며, 자유시장주의에 대한 믿음이 강했다.

하워드 베이커를 만난 후 며칠 뒤에 재무장관 짐 베이커가 사임 논의에 끼어들었다. 그는 연준 의장직을 계속 맡는 것이 사실상 내 의무라고 말했다. 그가 6월 1일 월요일에 대통령과의 면담을 준비할 것이었기에, 나는 주말 동안 다시 고민해야 했다. 베이커가 나의 사임 결정을 개인적인 차원에서 마음 아파하지는 않았을 것이라는 추측은 나중에 입증되었다. 누군가의 말에 따르면, 그는 내가 글라스-스티걸 규제를 완화하는 움직임을 늦출 것이라고 기대했다고 한다.[18] 당시 그것은 정치적으로 민감한 정책 목표였다.

다수당의 지도자였던 밥 돌Bob Dole 의원이 나서서 원로 상원의원들에게 나의 재임명을 자발적으로 지지해줄 것을 부탁했고, 나는 그의 지지가 무척이나 고마웠다. 하지만 한편으로는 몇 년 전 조 파울러가 해준 충고가 생각났다. 정부 고위직을 그만두고자 한다면, 사직서를 작성해서 공식적으로 제출해라. 그러면 더 이상 사임하지 말라고 설득당하지 않을 것이다.

그래서 나는 그전에 했던 약속을 지켜야 한다는 의무감을 가지고 세 번째 임기는 받아들이지 않겠다는 결정을 공식 문서로 작성했다. 대통령을 만났을 때 사직서를 건넸다. 반대는 없었다.

이튿날, 앨런과 나는 기자회견에 함께 참석했다. 몇 주 후 짐 베이커, 조지 슐츠, 존 코널리가 존경의 뜻으로 국무부에서 퇴임 만찬 행사를 열어주었는데, 참석자 중에는 더글러스 딜런, 조 파울러 그리고 레이건 대통령 부부도 있었다. 내가 존경했던 사람들, 함께 일했던 수십 명의 사람들이 마련해준 성대한 송별식이었다.

앨런 그린스펀은 정치 감각이 뛰어난 데다 명망 있고 존경받는 인물이었다. 그는 연준 의장의 일을 무척 좋아했고, 임기 동안 물가가 안정된 가운데 경제성장이 지속되면서 각계각층으로부터 존중을 받았다. 그 또한 워싱턴에서 지칠 줄 모르는 텔레비전 통신원인 앤드리아 미첼을 만나 결혼했다. 앨런은 다섯 번 연임했고, 빌 마틴을 제외하고는 연준 의장으로서 최장기간 재직했다.

아주 자연스럽게 들었던 의문인데, 만약 내가 대통령과의 마지막 면담 장소로 걸어 들어가 "하워드, 짐과 얘기한 후에 심경의 변화가 있었습니다. 한 번 더 연임을 받아들이겠습니다"라는 식으로 말했더라면 과연 어떤 일이 벌어졌을까?

물론, 그들은 내 연임 자체보다는 시장에서 그들이 나를 해임하려 한다고 인식할 가능성을 차단하는 데 더 많은 관심을 두고 있었다. 사임 발표 직후에 주가가 급락했지만 이내 안정을 되찾았다. 앨런은 나와 함께 참석한 기자회견에서 유려한 연설을 전하면서, 인플레이션과 힘겹게 싸워 얻어낸 성과를 유지하는 데 만전을 기할 것임을 분명히 했다.

성과는 유지되었다.

나는 1990년 IMF 연차총회에서 '중앙은행은 과연 승리했는가?'라는 제목으로 유서 깊은 페르 야콥손 강단에 섰다. 중앙은행의 인플레이션 통제능력과 그 필요성에 대한 내 강의의 결론은, 11년 전 아서 번스가 야콥손 강의('중앙은행의 고통')에서 내놓은 잊기 힘들 정도로 비관적이었던 결론들과는 극명한 대조를 이루었다. 나는 연준이 금융안정을 달성하고 유지하려는 노력을, 그 영원히 지속될 수밖에 없는 노력을 이끌어나갈 능력이 있는 매우 존중받는 기관이었다는 점에 만족감을 느끼며 퇴임할 수 있었다.

의심의 여지 없이, 인플레이션을 물리친 연준의 경험은 중앙은행에 대한 당파적이고 정치적인 공격을 차단하는 튼튼한 보호막을 제공하는 한편 전 세계 중앙은행에 대한 신뢰성을 회복시키는 데 기여했다.

동시에, 연준 의장이라는 내 직함의 끝에 붙어 있는 물음표도 중요했다. 나는 잘 알고 있었다. 중대하고 어려운 문제들이 기다리고 있다는 것을.

11장 연준 이후

개인적인 삶을 어떻게 영위해나갈지에 대한 확실한 계획 없이 나는 연준을 떠났다. 나이가 예순이었는데, 당시의 평균 은퇴 연령에 가까워지고 있었다. 바버라를 평생 괴롭혀온 당뇨병과 류머티스 관절염은 더 심각한 문제였다.

동시에, 내게는 일자리를 선택할 여지가 많았다. 유럽과 일본에서 몇 차례 연설한 덕분에 가족이 겪었던 경제적 어려움이 해결되었기 때문에 무슨 일을 할지 생각할 시간적 여유가 있었다.

기업 이사회에서 일해달라는 제안들이 쏟아져 들어왔다. 가장 관심이 많이 갔던 두 회사는 워싱턴포스트컴퍼니Washington Post Company와 당시 월스트리트저널Wall Street Journal의 모회사였던 다우존스Dow Jones였다. 나는 두 회사 모두와 밀접한 관계를 유지해왔기 때문에 한쪽을 선택하는 것에 대해 심리적인 갈등을 느꼈다. 나는 대형 외국계 회사 두 곳의 이사회에서 일해달라는 요청을 수락했다. 스위스의 식품 대기업 네슬레Nestlé와 영국의 화학제품 회사 ICI였는데, 둘 중 하나만 선택할 필요가 없었던 데다 두 회사 모두 흥미진진한 국제 경험의 기회를 제공할 것이기 때문이었다.

프린스턴대학 총장 빌 보언은 내게 우드로윌슨스쿨로 돌아와달라고 간청했다. 과거에 그의 이사회에서 잠깐 이사로 일한 적이 있었다. 그는 내게 종신교수직을 제안했는데, 시간제 일자리였던 데다 종신교수의 필수 요건인 박사학위도 요구하지 않았다. 그런 매력적인 조건에 더해, 그가 제안했던 교수직은 나의 충직한 연준 부의장이자 좋은 친구였던 프레드 슐츠가 만든 자리였다.

금융회사에서 이사나 과시용 장식품으로 일할 생각은 전혀 없었다 (현명하게도, 어떤 금융회사도 내게 최고경영자 자리를 제안하지 않았다). 그래서 나는, 다시 한번, 꾸물거렸다.

나의 결단력 부족에 대한 바버라의 염려를 불식시키기 위해, '폴 볼커 자문회사'와 같은 나만의 사업을 구상하기 시작했다. 그런데 그 후에 런던과 뉴욕에서 풍부한 경험을 쌓았고, 매우 유쾌하며, 유력 인사들과 친분이 있는 호주 태생의 투자은행가 짐 울펀슨James Wolfensohn을 우연히 만났다. 나는 그가 임원으로 일하던 설로몬브러더스가 크라이슬러 구제 협상을 도왔던 시점부터 그를 어느 정도는 알고 있었다.

짐은 나와 만나기 몇 년 전에 설로몬을 그만두었다. 그는 투자은행의 전통적 업무보다는 대규모 증권 중개 업무에 집중한 설로몬과는 전혀 다른 새로운 사업 모델을 창안해냈다. 기업들의 인수 합병M&A이나 다른 전략적 사업활동에 대한 조언에 특화된 '부티크boutique' 회사였다. 증권 중개도 없고, 보증도 없고, 투기도 없을 것이었다. 즉, 어떤 업무에서도 회사와 고객 간의 이해 충돌이 일어나지 않을 것이었다. 의도된 것이든 우연이든, 얘기를 나누면서 그의 회사에 합류하여 공동대표를 맡을 수 있겠다는 생각이 들었다.

내 소유의 작은 회사를 개업하기 위해 굳이 그 모든 고생을 감수할 이유가 있었을까? 나는 금요일부터 월요일까지는 프린스턴대학에서, 그리고 남은 요일은 짐의 회사 제임스울펀슨에서 시간을 보낼 수 있었다.

― 울펀슨

짐은 나의 변호사 친구들이 만들어준 상세한 계약서에 서명하는 것을 그리 달가워하지 않았지만, 그 계약서는 나에게 회사의 결정에 대한 거부권과 정부 고위직에게 익숙한 전용 자동차 등의 혜택을 보장해주었다. 그러나 나는 그러한 혜택의 대부분을 받지 않았다. 출근 첫날이었던 것으로 기억하는데, 짐이 내게 "폴, 정말 차가 필요 없어요?"라고 물었다. 정말로 나는 차가 필요치 않았다. 그리고 지금도 그렇다.

울펀슨의 기본적인 사업 전략은 연간 자문료를 기꺼이 지불할 용의가 있는 소수의 대규모 국제 회사를 고객으로 유치해서, M&A와 여타 전략적 사업에 대한 핵심 자문기관이라는 지위를 확보하는 것이었다.

내가 일을 시작했을 때 회사에는 짐과 두 명의 관록 있는 투자은행가, 그리고 미래에 파트너로 성장할 소수의 젊은 직원이 있었다. 나이가

든 축에는 화이트웰드White Weld 출신의 잔뼈 굵은 샌디 화이트와 설로 몬브러더스 출신의 레이 골든이 있었다. 하지만 얼마 지나지 않아 글렌 루이, 제프리 골드스타인Jeffrey Goldstein, 그리고 엘리엇 슬레이드가 팀을 이끌었고, 팀의 선임 파트너로서의 지위를 굳혀나갔다. 미 국무부에서 곧바로 이직해온 스티븐 옥스먼Stephen Oxman은 국제적 차원의 경험을 지닌 이였고, 증권거래위원회에서 근무했을 때부터 내가 알고 있었던 베비스 롱스트레스는 전문적인 법률 지원 업무를 담당했다. 울편슨은 또한 월스트리트의 젊은 애널리스트와 선임 이코노미스트들 가운데 가장 뛰어난 사람들을 성공적으로 영입했다. 내가 일을 시작한 후 우리는 도쿄와 파리에서 소규모 합작투자회사도 설립했다. 짐의 성공적인 경력 덕분에 우리는 견고한 고객층을 유지했다. 자연스럽게 나 또한 오래전 일했던 체이스은행, 공격적으로 활동하던 네이션스뱅크(나중에 매각되어 1998년에 이름을 아메리카은행으로 바꾸었다), 네덜란드계 그룹인 ING, 그리고 짐의 오래된 고객 중의 하나였던 영국의 HSBC를 고객으로 갖게 되었다.

그러던 중 짐은 알맞은 시점에 세계은행의 총재가 되겠다는 야망에 완전히 취해 선거운동을 시작했고, 1995년에 세계은행 총재로 취임하면서 울편슨을 그만두었다. 나는 건물 모서리 쪽의, 두 벽면에 창이 나 있는 사무실을 즐거운 마음으로 차지했다. 파트너들은 열심히 일했고 영업활동의 기준을 높게 설정했다. 어찌 보면 사소하고 당연하다고 생각되는 일일 수 있는데, 나는 우리 회사와 월스트리트 각각의 관행을 상징적으로 보여주는 사건 하나를 영원히 잊지 못할 것이다.

새로 들어온 선임 직원 중 하나였던 글렌 루이는 어느 날 내 사무실로 와서 조금 이상한 통화 내용에 대해 보고했다. 우리 회사의 이전 고객이었다는 사람이 새로 일하는 회사에서 비밀리에 혁신적인 기업 인수 건에 대한 협상을 진행하고 있으며, 며칠 내로 그 거래를 공시하는 것이 목표라고 얘기했다는 것이다. 그는 기업 인수 거래가 인수 대상 기업의 투자자들에게 공정하다는 보증을 제공하는, 월스트리트가 생산하는 틀에 박힌 서류들 중의 하나인 소위 공정가치의견서를 울펀슨이 작성해주면 수수료를 지급하겠노라고 했다.

　글렌은 그 잠재적 고객에게 울펀슨이 거래를 충분히 조사할 시간도 없이 하룻밤 만에 공정가치의견서를 작성해줄 수는 없다고 말했다. 미래의 고객은 이렇게 답했다. "좋습니다. 다른 곳에 공정가치의견서를 의뢰할 수도 있지만, 거래가 종료될 때까지 남은 며칠 동안 울펀슨과 일하고 싶습니다."

　거래는 성사되었고, 글렌은 상당히 많은 수수료를 받았다. 우리는 원칙을 고수했던 것이다.

　라틴아메리카 부채위기에서 살아남은 시티뱅크는 분명히 내게 자문을 구하러 오지 않았던 것으로 기억한다. 1990년대 초반에 시티뱅크는 다시 부실 대출로 곤경에 빠졌는데, 이번에는 부동산 개발 사업에 대한 대출 때문이었다. 제리 코리건이 이끌던 뉴욕 연방준비은행과 빌 테일러Bill Taylor가 이끌던 연방예금보험공사가 시티뱅크를 면밀히 주시하고 있었다. 내가 연준에 재직하던 시절에 빌은 금융기관 감독을 책임지고 있었다. 어느 날 빌이 시티뱅크의 길 건너편에 있던 내 사무실로 찾아와, 시티뱅크의 감독기관들이 라틴아메리카 부채위기의 마지막 단계에서 나와 대립각을 형성했던 존 리드 회장의 사임을 건의하는 방안을 고려하고 있다고 말했다.

"새 회장으로 누구를 선임할 건가?" 나는 물었다.

그는 손가락으로 나를 가리켰다. 나는 농담으로 받아들였다.

거의 같은 시기에, 사우디아라비아 투자자의 대리인이라고 자신을 소개한 한 중동 사람이 우리 회사를 방문했다. 그는 시티뱅크에 대한 대규모 투자를 고려하고 있다며 그에 대한 자문을 받을 수 있을지 물었다. 짐과 상의한 후에 나는 중동의 신원 미상 투자자들에게 자문을 제공하는 것은 우리의 업무 영역이 아니라는 결론을 내렸고, 그에게 다른 회사를 알아보라고 했다. 우리는 곧 그가 사우디아라비아 왕자 알왈리드의 대리인이라는 것을 알게 되었다. 그는 그 후 몇 년 동안 시티뱅크의 최대 투자자로서 시티뱅크가 연이어 겪은 위기들을 헤쳐나가는 데 필요한 자본을 공급했다. (과거에 월터 리스턴이 그의 은행은 진정으로 자본이 필요 없다고 내게 강변했던 사실에 비추어보면, 알왈리드가 투자했던 시점에 존 리드가 "시장이 우리가 충분한 자본을 갖고 있다고 인식하기를 원한다"[1]라고 얘기한 점은 조금 아이러니하다.)

몇 년 뒤, 나는 알왈리드 왕자에게 자문 서비스를 제공한 회사의 한 직원으로부터 그들의 역할이 제한적이었고 자문료도 낮았다는 얘기를 들었다.

— 프린스턴: 공직을 위한 교육

프린스턴대학과의 계약 조건은 우리 가족이 처해 있던 상황과 잘 맞아떨어졌다. 적어도 몇 년간은 말이다.

그 대학에는 18세기 말 미국독립혁명이 일어나기 전에 지어진 작은 빈집이 하나 있었다. 집 전면은 나소 스트리트라는 큰 대로에 접하고 있었고, 뒤편으로는 대학 캠퍼스가 있었는데, 내 학교 사무실과는 200~300미터 거리에 있었다.

집 바닥에는 몇 군데 금이 가 있었고, 단열재는 없었으며, 지하 창고의 바닥에는 진흙이 깔려 있었는데, 매우 큰 벽난로도 하나 있었다. 거의 '조지 워싱턴이 여기서 묵었겠군'이라고 상상할 수 있을 만한 상태였다. 그가 1777년에 영국을 상대로 승리한 프린스턴 전투가 벌어진 곳이 바로 2~3킬로미터 인근이었다.

바버라는 집 안에서 가사를 할 수 있었다. 1층에는 목욕 시설이 있었다. 아이와 손주들이 올 수 있었고, 멋진 벽난로가 있는 식당에서 소박한 만찬 파티도 쉽게 열 수 있었다.

그런데 슬프게도, 우아한 은퇴생활을 무한정 즐기고픈 바람을 단념해야 하는 상황이 벌어졌다. 바버라의 건강이 악화되어 뉴욕과 프린스턴을 자주 오가는 것이 상당히 부담스러워졌고, 더군다나 내가 울펀슨에서 더 큰 책임을 떠맡았기 때문이다. 결국 은퇴생활에 대한 꿈을 접을 수밖에 없었다.

프린스턴대학에서 맡은 일에는 전혀 성격이 다른 학업 관련 업무 두

가지가 포함되어 있었다. 한 학기는 대학원 세미나를, 다른 한 학기 동안에는 우드로윌슨스쿨 학부생들의 '콘퍼런스' 또는 '연구 모임'을 지도하는 일이었다. 나는 고학년 대학원생들의 도움을 구할 수 있었고, 학생들에게 다양한 시각을 제공하기 위해 친구들과 과거 동료들을 초청할 수 있었다. 초청 강연에는 일본 재무성 차관으로 은퇴한 교텐 도요오行天豊雄의 1년치 강의도 포함되어 있었다. 우리는 한 세미나에서 함께 강의했던 내용을 바탕으로 『달러의 부활』²이라는 책을 공동 저술했다(얼마 전에 다시 읽었는데, 추천할 만한 책이라고 확신한다!). 1993년에 독일연방은행 총재직에서 은퇴한 헬무트 슐레징거Helmut Schlesinger도 나와 함께 기꺼이 1년을 강의했다. 헬무트와 그의 학생들은 소시지, 사워크라우트Sauerkraut와 맥주 파티로 끈끈한 관계를 맺었다.

프린스턴대학에서 보낸 날들 가운데 특히 어느 날 저녁에 대한 기억이 아직도 선명하다. 세미나에 참여하고 있던 대학원생들이 실제 활동 중인 모험투자자를 초청해달라고 간청한 것이다. 친절하게도 조지 소로스George Soros가 강연 요청을 수락했다.

상당수의 경제학부 교수가 세미나에 오면서 참석자는 두 배로 불어났다. 벤 버냉키Ben Bernanke 교수(나중에 그린스펀의 후임자로서 연준 의장이 된 인물이다)가 참석했는지는 잘 기억나지 않는다. 나는 사람들이 인식하고 있는 프린스턴대학 교수들의 역할이 금융시장이나 금융기관에서 일하는 것이 아닌, 이론을 검증하고 연구를 수행하는 것임을 잘 알고 있었다. 나는 일반 교수들이 잘 몰랐을 국제금융 분야에서 매우 촉망받는 한 젊은 교수가 충분한 '이론적 성격'이 없다는 이유로 소로스의 얘기를 단호하게 부정하는 것을 지켜보았다. 오늘날 그는 국제통화분석 분야의 지도자로서 명성을 얻었지만, 그의 유명세는 서부 해안 쪽에 국한되었다.

조지 소로스는 솔직하면서도 조금은 장황하게 얘기했다. 그는 '균형'이라는 개념이 금융시장에는 적용되지 않는다는 점을 반복해서 강조했다. 대신, 시장은 사람들이 상상하는 '균형 상태steady state'를 그대로 통과하여 한쪽 극단에서 다른 쪽 극단으로 움직이는 경향이 있다고 말했다. 시장에서 승자가 되고 싶다면 서서히 형성되어가는 추세를 주시하다가 그 추세를 따라 투자한 후에 적절한 시점에 빠져나와야 한다고도 말했다. 그는 경제 이론이 투자에 별 도움을 줄 수 없다고 말했다.

소로스와의 주요 대담자였던 나는 시장이 균형 상태에서 위쪽으로든 아래쪽으로든 이탈할 수는 있겠지만, 지속 가능한 균형을 파악하려는 노력은 확실히 가치 있는 일이라는 생각을 방어하기 위해 최선을 다했다. 세미나실에는 나보다 더 오랫동안 학계에 몸담아온 경제 이론가들도 있었지만 내게 그리 많은 도움을 주지 않았다. 그들은 명석한 투자자에게 그들의 이론을 검증받고픈 의지가 없어 보였고, 소로스 또한 어떤 이론도 갖고 있지 않았다.

그날 저녁은 내 선임 조교가 소로스에게 그가 당시 경제학계가 '카오스 이론chaos theory'에 얼마나 기여하고 있는지를 충분히 알지 못하는 것 같다고 언급한 후 마무리되었다. 나는 내가 과거에 금융시장에서 실시간으로 일어났던 '카오스'를 얼마나 자주 수습해야 했는지 회상할 수밖에 없었다. 그날은 2008년의 금융위기가 일어나기 전이었다.

프린스턴에서 보낸 몇 년은 학생들 그리고 이론적 성향이 덜한 교수들과 접촉할 수 있었다는 점에서 매우 만족스러웠다. 학부생들에게 콘퍼런스 과목은 독특한 경험을 할 기회였다. 콘퍼런스에 참여하는 학생들은 매번 상당한 양의 사전 조사와 공동 보고서 과제를 수행해야 했고, 당시의 현실적 이슈에 대해 토론하고 합의를 도출해내야 했다. 또한 학생들은 현실에서 연구 주제와 관련된 역할을 책임지고 수행하는 현직 공무원이나 여타 관련자들의 지도를 받았고, 그들에게 보고서를 제출해야 했다.

한번은 푸에르토리코의 행정에 대한 학생들의 의견을 공식적으로 보고하기 위해 그 나라를 방문해달라는 요청을 받은 적이 있었다. 그때와 마찬가지로 오늘날에도 적절한 주제라고 본다. 또 다른 콘퍼런스에서는 학생들이 메이저리그 야구협회의 경제적·경쟁적 구조를 개선하기 위한 권고안을 제시한 적이 있었는데, 당시 야구협회 최고운영책임자였던 버드 셀리그Bud Selig는 그 제안을 크게 달가워하지 않았다. (나도 이전에 어떤 두 위원회로부터 전문성이 높은 야구업계의 관행들을 어떻게 변화시키면 좋을지 검토해달라는 요청을 받은 적이 있었는데, 우연히도 학생들이 지적했던 문제는 그때 내가 지적했던 것과 일치했다.) 그것은 어느 정도 감정이 개입될 수밖에 없는 주제였다.

만족스러운 일들이 많았지만, 때때로 현실적인 문제들에 부딪히기도 했다. 프린스턴대학 학부생들은 우수했지만 그들 모두가 간결하고 문법적으로 정확한 연구보고서를 작성할 능력을 갖춘 것은 아니었다. 또한 콘퍼런스는 내가 재무부 등 정부 기관에서 목격했던 관료적 절차들을 답습하기도 했다. 모든 참가자의 관점을 존중하면서 함께 보고서를 작성하는 것도 쉬운 일은 아니었다. 대학 경영진의 '정치적' 고려들도 개입되었다. 그리고 나는, 지금은 일반적인 일이지만, 강의가 종료될 때 학생이 교수를 평가한다는 사실이 그리 달갑지 않았다.

── 공직에 대한 훈련

우드로윌슨스쿨 교수로서의 경험은 단지 그 학교의 사명에 대한, 좀더 보편적으로는 공직 교육에 대한 나의 우려를 키웠을 뿐이다.

그 점에서 나는 프린스턴이 중요한 기회를 잃어버렸다고 생각했다. 프린스턴대학은 1961년에 우드로윌슨스쿨의 전신이었던 신설 대학원 과정에 대한 지원을 명목으로 식료품 회사 A&P의 상속인인 찰스, 매리 로버트슨 부부로부터 3500만 달러(지금으로 치면 약 3억 달러3)의 기부금을 받았다.4 별도의 계좌에 예치되어 있던 그 기부금은 국제관계에 중점을 두면서 공직에서 일하려는 학생들을 훈련하는 데에만 쓰이도록 배정되어 있었다. 나는 프린스턴대학 교정에 걸려 있는 학교 모토인 '국가에 대한 봉사'를 생각했다.

당시 프린스턴의 젊은 신임 총장 로버트 고힌은 그 기부금이 "프린스턴대학과 여타 대학들이 오랫동안 염원해왔던, 미국의 최고 의과대학과 법과대학에 비견될 만한 우수한 수준의 공직 전문 교육 과정을 도입하기 위해 쓰일 것이다"5라며 그의 개인적 희망을 공식적으로 발표했다. 무엇을 염두에 두었는지는 모르겠지만, 그는 또한 프린스턴대학이 "상당히 철학적이고 자유주의적인 태도"를 유지할 필요가 있다고 강조했다. 그의 말대로라면 프린스턴대학은 "중간관리자와 일반 공직자"6를 위한 교육기관이 되지 않을 것이었다. 자신만만한 젊은 총장의 전임자이자 공공행정학과 교수였던 해럴드 도즈가 그 말을 들었다면 분명 조용히 고개를 가로저었을 것이다.

학교 관계자들의 생각이 서로 얼마나 달랐을지는 몰라도, 결국 프린스턴은 그 기부금을 받아들이기로 했다. 시간이 지나면서 기부금은 수백만 달러로 늘어나 대학 전체 기부금에서 상당한 비중을 차지하게 되었다.

학교는 처음 몇 년 동안은 기부자들의 의도를 존중하기 위해 노력했다. 원로 교수 몇 명이 채용되었고, 초기에 임명된 학장들은 사명감을 지니고 있었다. 그럼에도, 기부자인 찰스 로버트슨은 이미 1970년부터 그 대학원 과정 졸업생 가운데 공직으로 진출하는 학생이 너무 적다며 실망감을 토로했다.7 내가 1974년 9월에 프린스턴대학에서 처음으로 강의를 시작해서 뉴욕 연방준비은행 총재로 취임하기 전까지의 그 짧은 기간에, 우드로월슨스쿨의 학장 도널드 스토크스는 충분한 장학금을 보고 지원한 소수의 대학원생에게 적합한 신규 강의와 교과 과정의 설계를 도와달라고 내게 부탁했다. 나는 그 과제를 해결하지 못했다. 그러한 교과 과정의 개발은 볼커 연맹의 임무 중 하나로 지금까지도 내 머릿속에서 맴돌고 있다.

시간이 지나면서, 대학 행정처로 귀속된 그 특별 기부금에서 편취해
간 수입에 더해 더 많은 예산이 경제학부 및 정치학부를 지원하는 데
배정되었다. 이들 학부의 상당수 교수는 우드로윌슨스쿨에서도 강의하
는 교수들로 간주되었다. 어떤 교수들은 공공정책에 계속 관심을 가졌
지만, 공직 교육에 특별히 신경쓰는 사람은 거의 없었다. 스토크스가
사망한 1997년 이후, 우드로윌슨스쿨의 학장들은 명성 높은 경제학부
와 정치학부를 오가며 강의했다.

내가 우드로윌슨스쿨 교수로 재직하는 동안, 학문과 직업 양 측면에
서 공공행정학을 중시하는 교수가 몇 명 있었다. 하지만 나중에 그들
이 가장 원했던 기관은 우드로윌슨스쿨이 아니라는 점이 분명해졌다.
닉슨 행정부 시절에 예산관리국에서 일했으며 브루킹스연구소Brookings
Institution의 연구원이었던 리처드 네이선Richard Nathan은 올버니대학 교
수 겸 그 대학의 록펠러정부연구소Rockfeller Institute of Government 소장
으로 이직했다. 우드로윌슨스쿨과 정치학부의 겸임교수였던 젊은 하버
드대학 박사 존 디울리오John DiIulio는 공공행정학의 핵심 과목을 열
정적으로 가르쳤다. 하지만 그는 프린스턴대학이 공공행정학에 그다지
많은 신경을 쓰지 않는다는 것을 알고는 연임 요청을 거절했다. 디울리
오는 나중에 공공행정학의 최고 권위자였던 도널드 케틀Donald Kettl과
함께 브루킹스연구소 효율적행정센터Center for Effective Public Management
를 설립했는데, 이곳도 충분한 지원을 받지 못했다.

20년이 지난 지금, 내가 아는 한 프린스턴대학은 공공행정 및 공직
교육을 주로 연구하는 어떤 학자도 교수로 채용하거나 종신교수직에

임명한 적이 없었다.

나는 다른 대학에서 이직해온 존경받는 경제학자였던 학장 한 명을 기억한다. 나의 관심사를 알고 난 뒤 그는 뉴욕에 머무르고 있던 나를 찾아와 간단한 질문 하나를 던졌다. "공공행정학의 진정한 목적이 무엇입니까?" 그러고는 "심리학자들을 채용해야 할까요?"라고 물었다(지금 유행하는 행동경제학을 염두에 두고 질문하지는 않았을 것이다). 공공행정학에 대한 사명감이나 진정한 관심이 없었던 그 신임 학장은 나의 염려를 확실하고도 압축적으로 보여주는 사례였다.

빌 보언에 뒤이어 1988년에 프린스턴대학 총장에 취임한 해럴드 샤피로에게 보낸 서한에서, 나는 대학이 공공행정학의 핵심 임무에 관심을 기울이지 않는 경향에 대해 강력하게 비판했다. 우연이든 아니든, 나중에 대학 교무처장이 직접 우드로윌슨스쿨을 감사하기 시작했다고 들었다. 일반 공인기관이 아닌 3인의 외부 전문가로 구성된 특별위원회를 통해서 말이다. 대학사회에서 쓰이는 예의바른 표현으로, 그들의 보고서는 프린스턴대학의 사명감이 강하지 않다는 나의 주장을 강조했다. 대학은 그 많은 자원을 갖추었음에도 로버트슨 가족이 기대했던 어떠한 지도력도 발휘하지 못하고 있었다. 우드로윌슨스쿨에만 헌신했던 몇 안되는 교수들마저 은퇴하거나 떠나고 있었다는 점도 분명한 사실이었다.

2000년대 초반에, 나는 훨씬 더 강력한 주장을 조금 장황하게 서술한 편지를 신임 총장 셜리 틸먼에게 보냈다. 우드로윌슨스쿨 졸업생인 전임 재무장관 마이클 블루먼솔과 다른 몇 명이 함께 힘을 실어주었다. 동시에, 로버트슨 가족의 상속인들은 여전히 여기저기 흩어져 있는 9억 달러 이상이나 되는 그들의 기부금이 다른 용도로 사용되고 있다며 이에 대한 소송을 제기했다. 적절하게도 뉴저지주 법원은 그 소송을 각하하는 대신 화해를 권고했다.

틸먼 총장은 소송에 관심을 가졌고, 정말로 문제가 있다는 점을 확실하게 인지했다. 내가 가장 주목받는 (하지만 여전히 조용한) 비판적 인사였기 때문에 그녀는 나를 찾아왔다. 그녀는 변화를 만들어나갈 것을 약속했고, 교수들의 반발에도 아랑곳하지 않고 하버드 법학대학원에 재직 중이던 앤마리 슬로터Anne-Marie Slaughter를 신임 학장으로 임명했다. 그녀는 국제관계에 강한 관심을 가졌는데, 그것은 분명히 기부자인 로버트슨 가족이 중시하는 분야였다. 새 총장과 학장은 함께 우드로윌슨스쿨의 사명에 부합하는 조치들을 실행하기 시작했다. 하지만, 로버트슨 가족의 원래 의도와 일치하는 방향을 확실하게 파악하는 것은 어려웠다. 소송으로 인해 대학 전체가 분명 위험한 상황에 놓여 있었기 때문에, 이사회는 건설적인 방향이라 하더라도 어떤 변화도 시도하지 말 것을 권고했다. 기부자의 의도를 고려하지 못했음을 인정하는 것으로 해석될 수 있기 때문이었다.

수년간 많은 논쟁이 벌어졌고, 그 후 2008년에 법원의 일반적인 행정절차에 따라 소송은 마무리되었다. 로버트슨 가족은 경제적 어려움을 겪었다. 프린스턴대학은 기부자의 권한에 대한 공개 토론을 바라지 않았을 테고, '부유한' 대학에 대해 문화적 반감을 가진 머서Mercer 지역 주민들로 구성된 배심원단이 그 문제를 다루는 것도 원치 않았을 것이다. 내가 이해한 바로는, 프린스턴대학 재단이 로버트슨 가족에게 소송 비용으로 약 4000만 달러를 지급하고, 로버트슨 가족이 학생들을 공직에 준비시키기 위한 새로운 재단을 운영할 수 있도록 7년에 걸쳐 5000만 달러의 기부금을 반환한 것으로 알고 있다.[8] 우드로윌슨스쿨은 수억 달러의 투자로 생기는 수입을 효과적인 대학원 과정을 위해 어떻게 사용할지를 결정할 상당한 재량권을 갖게 되었다.

프린스턴대학에서 일어난 전문적 공직 교육의 목적과 '정책' 교육의 매력 간의 충돌은 극단적인 사례이기는 해도 유일한 것은 아니었다. 정치과학(프린스턴대학에서는 '정치학') 및 경제학 교수들은 오랜 기간 명성을 쌓아왔고 두루 인정받는 인사들이었다. 그들은 '이론'을 강조했으며, 자부심 강한 '인문학'의 수호자였다. 효율적 행정이라는 좀더 세속적인 분야에서 대학원생들을 교육하는 것은 그들이 내린 학문의 정의에 부합하지 않았다.

내게 아이러니한 점은, 지금은 프린스턴대학 등 여러 대학이 내가 학생이었을 때보다 훨씬 더 실용적인 교육 과정을 도입했다는 것이다. 그러한 훈련을 담당하는 공과대학은 내가 대학을 다니던 시절에는 학생들에게 차선의 선택지였지만, 지금은 월스트리트와 실리콘밸리가 요구하는 새로운 금융공학 전문가와 데이터 분석가들을 배출함으로써 많은 보상을 받고 있다. 그곳이 바로 돈이 있는 곳이고, 나의 두 손자를 포함하여 인재들이 몰려드는 곳이다.

그 점은 내가 어느 날 저녁에 우연히 한 젊은 경제학 교수와 함께 우드로윌슨스쿨을 향해 걸어가고 있을 때 확실해졌다. 나는 별생각 없이 이렇게 말했다. "이 대학은 공공행정학에 충분한 관심을 기울이지 않고 있습니다."

"왜 그래야 하죠?"라고 그가 응답했다. "공공행정학은 경제학처럼 진정한 학문은 아니잖습니까?"

나는 '진정한' 학문의 핵심인 믿음직한 경제전망을 제공하지 못하고, 당시의 금융위기를 예견하고 이해하지 못했던 경제학자들의 매우 심각한 실패를 상기시키고 싶은 마음을 예의바르게 참아냈다. 하지만 내가 고등학생 때 프린스턴대학을 선택한 주된 이유가 사실 당시 총장이 공공행정학에서 존경받는 교수였기 때문이라는 말은 참지 못했다.

"믿기질 않네요"라고 그가 응답했다. "이 위대한 대학은 앞으로는 공공행정학 교수를 총장으로 임명하지 않을 겁니다."

나는 말없이 공공행정학계의 저명한 학자이자 프린스턴대학 총장과 미합중국의 대통령을 지낸 우드로 윌슨을 생각했다. 그는 무덤에서 편히 잠들어 있지 못할 것이었다. '위대한 대학'은 공직을 위한 효과적 교육이라는 과제에, 말 그대로, 잘 대응하지 못했다.

— 가족

1990년대 중반에 바버라의 건강은 온종일 돌봄을 받아야 할 정도로 악화되었다. 다행히도 우리에게는 훌륭하고 유능한 가사 도우미이자 정리 전문가인 젊은 여성 머세이디스 '미치' 다울링이 있었다. 그녀는 모든 가사를 혼자 해낼 능력이 있었다.

큰딸 재니스는 오래전에 조지타운대학을 졸업한 뒤 1981년에 결혼했고, 워싱턴 지역에서 계속 의료계에 종사했다. 덕분에 나는 최소한의 가구만 있는 좁은 아파트에서 기거하며 재니스에게 세탁물을 맡기면서 연준 의장 시절을 편안하게 보낼 수 있었다.

재니스는 세 아들을 출산하면서 직장을 그만두었지만(나는 아이들을 거의 돌보지 않았다) 나중에 다시 의료계로 돌아갔고, 간호학 박사학위도 취득했다. 나의 뛰어난 손자들은 상당히 이질적인 직업을 택했는데, 두 명은 각각 '빅 데이터'와 고급 와인 관련 일을 하면서 샌프란시스코에 살고 있고, 한 명은 좀더 전통적인 직업을 택해 월스트리트에서 일하고 있다.

요즘 시대에 교육 수준이 높은 젊은이들이 갈 만한 곳이 그런 곳들 말고 달리 있겠는가.

아들 지미는 특별한 성장 과정을 겪었다. 어릴 적에 있었던 보행 및 운전 능력상의 장애를 극복하고, 뉴욕대학에서 학사학위와 석사학위를 받은 후 상업은행에서 잠시 업무 교육을 받았다. 그 뒤 결혼하고 나서는 보스턴으로 이주해서 의료 연구에 필요한 재원을 조달하는 일을 하고 있다. 그와 며느리 마사는 중국에서 여자아이 한 명을 입양했다. 그렇게 내 손녀가 된 제니퍼는 지금 대학에 다니면서 빙상 스케이팅에 푹 빠져 있는데, 공부도 그만큼 열심히 하고 있으리라 믿는다. 여성이 존중받는 이 세계에서 내게는 최소한 한 명의 '이름 계승자name carrier'가 있다.

바버라가 겪은 고생은 충분히 인정받아 마땅하다. 40년이 넘는 세월 동안 그녀는 남편이 멀리 떠나 있거나 일에 매몰되어 있을 때, 또는 그 두 가지 상황이 한꺼번에 일어난 기간 동안 혼자서 아이들의 양육을 책임졌다. 그녀는 뇌성마비가 다른 사람에게 의존할 핑계가 되어서는 안 된다는 소신을 언제나 단호하게 아들 지미와 그 주변 사람들에게 보여주었다.

그녀는 청소년기 이후 줄곧 당뇨병과 싸우면서 병의 예후와 관련하여 오랜 기간 유지되어온 확률을 극복했다. 평생을 인슐린에 의존했던 그녀는 1950년대에 당시로서는 선구적으로 당뇨병 환자로서 두 아이를 출산하는 위험을 감수했다. 당시 당뇨병 환자들에게는 흔치 않은 사례였는데, 그녀는 68세까지 생존해서 재니스와 지미가 행복하게 결혼하고 각자의 가정을 꾸려나가는 것을 지켜볼 수 있었다.

― 시가

연준 의장으로 재직하던 시절부터 나의 이미지는 항상 저렴한 시가 하나를 손에 쥐고 있거나, 종종 의회에서 증언하면서 '금연' 표지판 앞에서 자욱한 시가 연기에 둘러싸여 있는 모습으로 그려졌다. 아버지는 파이프 담배 애연가였는데, 가끔씩은 시가를 즐겼다. 실제로, 시가는 아버지가 티넥시의 관리인으로 재직하시던 동안에 유일하게 허용한 선물이었다. 나는 처음에 궐련 담배를 피웠지만, 결국 담배 연기의 흡입이 종종 두통을 유발한다는 것을 알게 되었다. 시가로 바꾼 것은 긴장감을 줄이는 데 도움이 되었다. 그리고 시가는 회의할 때 유용한 위안거리가 될 수 있었다. 하지만 결국 시가에 중독되었다.

시간이 흘러갈수록 동료, 친구, 가족을 시가 연기에 노출시키는 상황에 점점 죄책감을 느끼게 되었다. 세 아들을 키우면서 간호 업무를 배우고 있던 재니스는 끊임없이 흡연의 유해함을 상기시켰다. 하지만 이사회 임원으로 일했던 메이오병원에서 건강검진을 받은 후에, 건강 상태에 대해 엄중한 경고를 듣고 나서야 금연할 때가 되었다고 생각했다. 나중에 그 경고가 꾸며낸 것임을 알게 되었지만, 그래도 연준 재직 기간의 마지막 몇 달 동안 금연하기로 결심했다. 그때는 일로 인한 스트레스도 별로 받지 않았던 것 같다. 그 후로 30년 넘게, 그리고 송어 떼가 있는 하천에서 모기들이 주변으로 몰려들 때조차도 시가를 태우지 않았다.

— 낚시

바버라의 병세가 악화되면서, 밤마다 집에서 할 수 있는 취미활동에 점점 더 빠져들었다. 송어 낚시에 쓰는 미끼를 낚싯대에 매다는 법을 배운 것이다. 아이들이 떠난 뒤로는 방 하나에 낚시 본부를 차렸다.

수십 년 전 나는 중대한 실수를 저질렀다. 신혼여행 때 바버라와 함께 낚시를 하기 위해 그녀를 메인주의 야생지대로 데려갔는데, 그곳은 내게는 익숙한 환경이었지만 바버라에게는 전혀 낯선 곳이었다. 가장 가까이에 있는 작은 마을에서 곰들이 쓰레기 더미를 뒤지는 풍경도 그녀에겐 그다지 인상적이지 않았다. 우리는 서둘러 골프 리조트로 떠났다.

나는 오랫동안 낚시를 완전히 그만두었다. 키가 너무 커서 공을 똑바로 칠 수 없다는 핑계로 골프도 포기했다.

바버라의 부모님이 은퇴하신 후에 뉴욕 북쪽으로 이주해오면서 상황이 좀 달라졌다. 그분들은 송어 떼가 있는 개울 근처에 살았고, 덕분에 나는 송어 낚시 동호회 두 곳에 가입할 기회가 있었다. 그 후 나는 대서양 연안의 연어 동호회 가운데 최고 중의 최고인 레스티구시연어동호회Restigouche Salmon Club의 초대를 받았다. 이 회고록을 편집하고 있는 지금도 나는 그 동호회의 인디언하우스 앞 넓은 테라스에 앉아 연어가 솟구쳐 오르기만을 손꼽아 기다리고 있다. 운이 없게도 연어가 보이질 않는다. 30년이 지난 지금은 낚시하는 날이 드물어졌다. 하지만 더 이상 벌레를 쫓기 위해 시가 연기를 내뿜을 수 없다 해도 내 인생에서 낚시는 큰 특혜였다.

— 앙케

1988년에 울편슨에 합류하고 난 직후, 예기치 않은 순간에 누군가가 사무실 문을 두드렸다. 매력적인 40대 여성이었다. 말에는 독일식 어투

268

가 약간 섞여 있었다.

그녀는 내가 뉴욕 연방준비은행 총재로 근무하던 시절 나의 비서로 일하다가 당시 울펀슨으로의 이직을 도와주고 있었던 앤 포니아토스키의 권유로 나를 찾아온 것이었다. 그녀는 내가 뉴욕에 돌아왔다는 『뉴욕타임스』 기사를 읽고 나서 앤에게 연락을 취했다고 했다. 앤은 나를 돕는 일에 싫증이 난 나머지 새 비서가 필요하다고 생각했던 것일까?

그것이 내가 앙케 데닝을 만나게 된 경위였다. 그녀는 독일의 전문가 집안에서 성장했고, 공식적인 교육을 모두 마친 뒤 이탈리아와 프랑스에서 일했다. 그녀는 나를 만나기 몇 년 전에 뉴욕으로 왔는데, 빠르게 일자리를 구했고, 워싱턴포스트-뉴스위크Washington Post-Newsweek와 CBS의 고위급 간부 비서로 성장했다. 그녀는 영어, 독일어, 프랑스어 그리고 이탈리아어까지 유창하게 구사했다.

내 인생에서 망설이지 않은 적은 딱 그때뿐이다. 그 후로 30년이 흐른 지금, 그녀는 여전히 내 곁에 있다. 그녀는 2010년에 나의 공식적인 아내가 되었다. 그 후에는 우리의 지위가 역전되어, 지금은 그녀가 나의 상관이다.

12장 수많은 의장직

짐이 내게 울편슨을 맡기고 떠난 지 몇 달 후, 어떤 영국계 은행이 우리의 경쟁 상대인 글리처앤드컴퍼니Gleacher & Company라는 부티크를 1억3500만 달러에 인수한다는 발표가 있었다.[1] 그 즉시 나의 동료들은 우리 회사의 가치가 얼마나 높은지를 자각했고, 스스로를 훨씬 더 널리 인정받는 전문가로 인식하게 되었다. 나는 울편슨의 성장과 문화에 만족했기 때문에 회사를 매각하고픈 생각이 없었다. 하지만 동료들이 높은 인수 가액을 제시할 수 있는 적절한 파트너를 찾아볼 수 있다는 데에는 동의했다. 1996년 5월에 뱅커스트러스트가 울편슨을 인수했는데,[2] 뱅커스트러스트 신임 회장 프랭크 뉴먼이 투자은행업계에서도 인정받기를 강하게 원했기 때문이다.

나는 일흔 살이 다 되어가고 있었고 대형 은행의 이사직이나 자문 역할을 맡고 싶은 생각은 없었다. 하지만 울편슨 매각 조건에는 내가 한동안 뱅커스트러스트에서 근무해야 한다는 단서가 포함되어 있었다.

뱅커스트러스트 근무 이후, 나는 머지않아 기업과 자선단체 그리고 '정책 지향적' 기관에서 이사직을 너무도 많이 맡게 되었다. 민간 조직 내부에서 조직 경영에 대해 더 많이 배움을 얻을 기회였다.

― 민간부문으로부터 얻은 교훈

중앙은행가이자 투자은행가인 나에게는 위기가 닥쳤을 때 은행과 여타 금융기관 최고경영진의 취약점들이 너무도 자주 보였다. 기업의 규모가 더 클수록, 심각한 결과로 이어질 취약점들을 파악하고 위기가 일어나기 전에 선제적으로 대응하기가 더욱 어려워진다. 능력이 부족한 최고경영자, 내부 통제의 실패, 그리고 안이한 회계 관행이 위기의 발생을 예고한다 해도 외부자가 이를 감지하기는 힘들다. 불행히도, 이사회 구성원들도 매우 자주 이러한 한계에 직면한다.

이 점이 바로 내가 미국의 관행, 즉 이사회 전체가 적극적으로 활동하고 정보에 접근할 수 있도록 지원하는 독립 이사회 의장의 책임과 회사 정책의 개발 및 실행을 담당하는 최고경영자의 책임을 분리하는 관행을 선호하는 이유다. 이제 막 나타난 관행이지만 점점 확산되고 있다. 또한 나는 기업의 세계를 경험한 후에 상대적으로 규모가 작은 이사회를 강하게 옹호하게 되었다. 내가 일했던 대규모 이사회에서는 이사 개개인이 강한 영향력을 갖거나 책임감을 느끼기가 어려웠다. 그리고 요즘에는 여러 합리적 이유로 인해 은퇴 연령이 과거 평균인

70~72세보다 더 높아졌다. 하지만 75세면 충분할 것이다. 나이 제한이 없다면 '노인'들이 더 이상 도움이 되지 않는 나이에 이르렀을 때 떠나 달라고 부탁하는 일이 너무도 힘겨울 때가 있다.

이사직은 일반적으로 과거의 노고에 대한 보상으로 주어지는 자리, 즉 최고경영자(당연히 이사의 임명을 책임진다)를 전폭적으로 지지해주기만 하면 되는 일종의 안락한 보직으로 여겨진다. 그렇지만 나이나 능력에 상관없이 모든 이사는 전략적 목표 혹은 시장이나 기술에 대한 어느 정도의 통찰(이를 위해 컨설턴트를 고용할 수도 있다)을 제공하는 것뿐만 아니라 엄격한 경영적, 회계적, 윤리적 기준을 요구하는 것에 대해서도 개인적으로 진정한 책임감을 느껴야 한다.

나는 훌륭하게 운영되고 있었던 네슬레의 이사회에서 오래 일했다.[3] 네슬레의 회장은 열정적이고 매우 유능했는데, 그는 전략적 문제에 관해서는 소수의 스위스 출신 이사들과만 상의했다. 그 이사들 가운데 한 명인 프리츠 로이트빌러는 중앙은행에 근무하던 시절부터 나와 좋은 친구로 지냈다. 그는 내가 처음 참석한 몇 번의 이사회 회의 가운데 하나가 끝나고 나서 나를 한쪽으로 데리고 갔다.

"폴, 질문을 하는 건 괜찮은데, 어려운 질문은 안돼." 그의 말은 진담에 가까웠다.

거의 30년이 지나고 나서야 그러한 경향이 바뀌었음을 느꼈다!

나는 확실히 과거에 일했던 여러 이사회에서 경영진에 대한 감독의 중요성을 충분히 깨닫지도, 감독을 단호하게 요구하지도 못했다.

나는 높은 책임감이 요구되는 은행업계와 생명보험업계를 오랜 기간 훌륭하게 이끈 뱅커스트러스트와 프루덴셜인슈어런스Prudential Insurance의 이사로 재직하면서 힘겹게 이 점을 깨우쳤다. 나와 경험 많은 다른 이사들도 경영진이 윤리적 문제를 다루면서 저지른 실수와 실패에 대처할 준비가 되어 있지 않았다. 두 회사의 이사들은 충분히 신속하고 단호하게 행동하기를 망설였다. 그 결과 두 회사 모두 형사사건으로 기소될 가능성에 직면했지만, 기소는 겨우 면했다.[4] 그러나 기업의 미래에 대한 어두운 전망, 불안정한 경영진, 조직 활력의 저하, 그리고 회계 및 법률 서비스 비용의 급격한 증가를 피할 수 없었다. 나는 문제를 정확히 파악하기 위해서는 이사회가 주로 책임을 지는 내부 감독에만 의존해서는 안 된다는 점을 두 회사 모두에게 지적했을 것이다.

그 뒤로 몇 년간 나의 우려는 점점 더 깊어져갔다. 언론에서는 거의 매일같이, 지금은 보편화된 윤리적 기준을 준수하겠다는 서면상의 약속을 지키지 못한 경영자들을 보도하고 있다.

자선기관 이사회의 사정은 다르다. 이사의 자격 요건에는 불가피하게 사회적 명성뿐 아니라 과거 또는 미래의 금전적 기여도가 영향을 미친다. 명성이 높은 자선기관들의 경우 이사회가 너무 방대하고 비효율적으로 운영되는 경향이 있다. 일반적으로 이사회 내부의 소규모 그룹이 적극적으로 '전체 이사회를 대신하여' 모든 책임을 지는 것으로 알려져 있다. 그래서 그 소규모 그룹의 헌신과 경험이 무엇보다 중요하다.

울펀슨에서 '은퇴'한 지 한참이 지난 후에, 나는 개인적·직업적 관심에 부합하는 비영리기관 세 곳의 의장직을 수락했다. 사명은 각각 달랐지만 활동 범위로 보면 모두 세계적인 기관이었다. 뉴욕에 있는 인터내셔널하우스International House는 전 세계에서 온 대학원생 약 700명에게 주거 공간과 다양한 문화적 체험을 제공했다. 록펠러 주니어와 클리블랜드 도지가 설립한 기관인데, 둘의 집안은 거의 한 세기 동안 기관의 사명감과 경영의 연속성을 대중에게 인식시키기 위해 많은 노력을 기울였다. 그 기관은 미국의 여타 지역, 유럽, 일본 등에서 '국제기숙사I-House'의 모델이 되었다.

1920년대와 달리 오늘날에는 국제교육이 보편화되었다. 수십만 명의 외국 학생이 미국 대학으로 쏟아져 들어왔다.5 그럼에도 국제기숙사는 여전히 외국 및 미국 학생들에게 매일 다양한 문화적·직업적 체험을 제공하면서 고국에서 멀리 떨어진 또 하나의 집이라는 특별한 역할을 수행하고 있다. 뉴욕의 경우 약 30명의 이사가 공통의 목적을 이루기 위해 오랜 기간 함께 일해왔다.6 전부는 아니더라도 재원의 대부분은 자체 임대료 수입을 통해 조달한다. 도널드 큐니오Donald Cuneo가 이끄는 경영진은 몇 년 동안 이사회 규모를 작게 유지하면서 내부 규율을 철저하게 준수해오고 있으며, 나의 관점에서는 외부에서 영입한 의장인 나를 약간은 과잉보호한다는 느낌이 들었다.

거창한 이름을 가진 국제경제통화자문단Consultative Group on International Economic and Monetary Affairs은 G-30으로 더 잘 알려져 있는데, 이름에 비해 규모가 훨씬 작고, 기관 자체의 목적에만 몰두하는 경향이 다소 있다. 브레턴우즈시스템 붕괴 이후에 설립된 이 기관의 회원은 대부분 은퇴한 고위직 중앙은행가와 재무부 공무원들이었는데, 금융시장, 국제 기업 및 학계에서 적극적으로 활동했던 사람들도 일부 있다. 반년마다 열리는 정례 회의는 퇴직한 금융부처 고위공직자들이 비공식적으로 논쟁과 토론을 벌이는 매우 소중한 기회를 제공한다.

아마도 더 중요한 것은, G-30이 당면 이슈에 관한 연구를 종종 재정적으로 지원한다는 점이다. 1993년에 내가 의장으로 취임한 이후 처음 몇 달 동안 G-30은 당시 금융 계약의 신세계였던, 다른 기초 자산으로부터 가치를 얻는 파생상품에 대한 최고 수준의 보고서를 발간했다.[7]

2008년 7월에는 두 명의 동료와 함께 금융개혁을 위한 장기적이고 포괄적인 제안들을 연구하는 G-30 운영위원회의 의장도 맡았다. 연구 책임자는 고위직 중앙은행가로서 업무 경험을 쌓고 상업은행 리스크 관리에 대한 전문적 지식을 지닌 성실한 스티븐 시크Stephen Thieke였다. 2009년 1월에 그는 보고서 하나를 성공적으로 발표했는데,[8] 금융위기 이후 마련된 금융개혁안의 내용에 영향을 주기 충분한 시점이었다. 보고서는 가장 거대하고 복잡한 금융기관들에 대한 단일 기관의 통합적인 감독 및 규제, 강력한 자본기준capital standards과 위험통제(예금보험과 연준 대출 접근권으로부터 혜택을 받는 기관들의 자기자본을 이용한 증권투자 통제도 포함하여), 그리고 금융시장 전체에 대한 효율적 감독의 강화를 권고했다. 나는 신임 오바마 행정부와의 회의에서 이 권고안들을 제시했는데, 그 내용에 대해서는 뒷부분에서 기술할 것이다.

이러한 분야에서 공식적인 입장을 취할 때는 G-30도 다른 자생적인 전문 단체들과 마찬가지로, 자체 발간한 보고서들이 회원들의 특수한 이해를 추구하지 않으면서도 진정한 독립성을 유지할 수 있도록 주의를 기울여야 한다. 워싱턴에는 전문 로비스트가 너무 많다. 그러한 책임을 다하기 위해, G-30은 최근 들어 금융기관의 지도자들이 내부 규제를 강화하는 한편 문화적 가치를 준수하고 지지해야 한다는 점에 집중해왔다. 기업 가치에 대한 서면상의 진술 내용을 넘어서서 말이다. 그 내용에 관심이 있다면 2015년에 빌 로즈와 로저 퍼거슨Roger Ferguson이 의장을 맡았던 실무 그룹이 발간한 「은행의 문화와 업무: 지속적이고 포괄적인 개혁에 대한 요구Banking Culture and Conduct: A Call for Sustained and Comprehensive Reform」9라는 보고서를 읽어보기 바란다. 보고서의 내용은 확실히 중요하다. 하지만 실행은 어렵다.

좋은 예가 웰스파고Wells Fargo 은행이다. 당시로부터 불과 얼마 전까지만 해도 고객 지향적이고 책임감 있는 경영의 모범 사례로 칭송받아온 그 은행은 고착화된 기만적 영업 관행 때문에 공식적이고 대중적인 비난에 직면했다. 웰스파고는 회사의 유명한 윤리 강령마저 무력화시켰던, 경영진부터 일반 직원들에게까지 일률적으로 적용된 성과급 체계의 심각한 결함을 명백하게 보여준 사례였다.

웰스파고의 비도덕성은 창구 직원들에게까지 퍼졌을 정도로 그 규모 면에서 독보적일 것이다. 그러나 왜곡된 동기는 더욱 광범위하게 확산되었다. '독립적'이라고 인식되는 컨설턴트 회사의 주도하에 단기적 이윤(또는 주식 투자의 성과)과 관련된 일종의 전염병이 퍼지고 있다. 한 발 물러나 생각하면, 오늘날 선도적 은행(또는 다른 금융기관)의 최고경영자들이 과연 40년 전쯤의 전임자들처럼 회사나 경제 전체의 발전에 (물가 상승 폭을 고려했을 때) 정말로 다섯 배에서 열 배까지나 기여하고 있을까? 나는 회의적이다. 적어도 경제성장률, 그리고 확실하게는 노동자의 평균임금, 좀더 구체적으로는 금융위기 예방에 그들이 기여한 바를 찾을 수 없다.

나는 특정 '거래'를 성사시키면 높은 성과급을 주는 관행이 경영을 개선시키는지 확신할 수 없다. 그러한 성과급은 분명히 '관계형' 고객들과의 이해 충돌로 이어질 가능성이 있고, 실제로도 그러한 상황이 발생한다. 내가 과거에 체이스은행에서 개인에 대한 보너스 지급이 상업은행에 적합한 보수적인 고객지향 접근법을 훼손할 것이라고 주장하는 고위 간부의 강연을 들었던 때로부터 우리는 좋든 싫든 너무 멀리 와버렸다. 그의 말에 일리가 있다는 것이 입증되었다.

내가 근무한 적 있는 비영리기관 가운데 G-30은 규모가 작고 특정 주제에 집중하는 곳이었고, 반대편 극단에는 급속하게 성장하는 삼극위원회가 있었다. 1970년대 초반에 데이비드 록펠러가 학문적·정책적 경험이 풍부한 교수 즈비그뉴 브레진스키Zbigniew Brzezinski와 함께 설립한 단체인데, 직접적인 목적은 일본과 서방 자유민주주의 국가들이 경제적·정치적으로 좀더 밀접하게 협력하도록 이끄는 것이었다. 북미, 유럽 그리고 일본의 기업 지도자들뿐 아니라 학계와 연구기관들도 곧바로 그 취지에 관심을 보였는데, 이는 개방적이고 자유주의적인 국가들에 의해 세계 시장이 급속하게 팽창하고 있던 당시 상황을 반영했다.

초빙을 받은 회원 수는 200명 이상으로 빠르게 불어났다. 연례(나중에는 각 지역의) 회의에는 영향력 있는 회원들과 직접 대화하기를 원하는 현직 고위급 정책 결정권자들도 참석했다. 삼극위원회는 국제적으로 중요한 지정학적, 경제적, 환경적 이슈에 대한 많은 연구를 재정적으로 지원했다.

나는 1991년에 독일 자유민주당 대표인 람프스도르프Count Otto Lambsdorff, 소니의 공동창업자이자 회장인 모리타 아키오盛田昭夫와 함께 삼극위원회의 공동 의장을 맡아달라는 요청을 받았다. 아키오는 미야자와 기이치宮澤喜一에게 삼극위원회의 아시아 의장직을 물려준 후였다. 나는 10년간의 의장 재직 기간 중 마지막 몇 년 동안 멕시코 회원들을 성공적으로 유치한 점에 대해 각별한 만족감을 느꼈다. 일본은 오랜 시간 망설인 끝에 한국과 아시아의 다른 민주국가들을 삼극위원회에 초청했다. 위원회는 종종 러시아와 중국의 영향력 있는 정책 평론가들도 초대했다.

삼극위원회의 활동이 전하는 가장 분명하고 중요한 메시지는 자유민주주의와 시장 개방이 세계적 질서로 확립되었다는 점인데, 이는 소련의 궁극적 몰락과 동유럽으로의 민주주의 확산에 의해 분명하게 입증되었다. 1980년대와 1990년대에 중국이 좀더 자본주의적이고 시장 친화적인 시스템을 일부 수용했다는 사실은 제2차 세계대전 이후 미국의 지도력이 건설적인 새로운 세계질서를 확립하는 데 매우 성공적이었다는 점을 증명하는 듯했다.

애석하게도, 개방적이고 민주적인 사회와 자유무역에 대한 암묵적 합의는 오늘날 위험에 처했다. 비정상적인 포퓰리즘이 폭주하고 있다. 유럽 변방, 아시아, 그리고 라틴아메리카 일부 국가에 들어선 권위주의 정권에 대한 우려도 존재한다. 확실히 지금 세계에서는 사람들이 삼극위원회나 이와 비슷한 지향을 가진 기관들의 중요성에 의문을 제기하고 있다.

기관들의 규모와 활동 범위는 눈에 띄게 확대되었지만, 그에 대한 관심과 영향은 점점 줄어드는 듯하다. 다른 책임들을 수행하느라 기업들의 적극적인 참여를 유지하는 일이 더욱 어려워졌다.

— 미국 공공행정의 강화

나의 경력 전체를 관통하는 확실한 동기는 공직에 대한 도전과 만족이었다. 나는 미국 정부의 모든 층위에 비효율성과 낭비, 근시안적인 정치적 술수가 만연해 있다는 것을 잘 알고 있다. 우리의 집단정신에는 정부에 대한 깊은 회의가 깔려 있다. 그렇기 때문에 로널드 레이건은 "정부가 문제다"라고 공개적으로 말함으로써 항상 박수를 받을 수 있었다.

어떤 면에서는 맞는 말이다.

또한 그러한 문제는 국가의 존속과 사회의 성공에 반드시 수반되기 마련이다. 이를 피할 수 없다면, 국가를 효율적으로 작동하도록 만드는 편이 낫다.

이 점이 내가 연준에서 공식적으로 퇴임하기 2주 전에 민간 후원으로 창설된 전국공직위원회National Commission on the Public Service의 의장직을 수락한 이유였다.

그 무보수 의장직을 맡은 이유는 돈이나 권력에 있지 않았다. 당시에는 의식하지 못했지만, 나중에 돌아보니 그 동기는 좀더 개인적이었다. 공직은 중요하다. 공직을 폄훼하는 말을 들을 때, 입 밖으로 꺼내지는 않는 본능적인 반응은 이렇다. '젠장, 내 아버지가 공무원이었어. 보수는 얼마 되지 않았어도 무시당하지는 않았다고.'

전국공직위원회라는 구상 자체와 전문적 지도자들로 이루어진 그 위원회의 구성은 특히 연방 공직의 강력함과 이에 대한 존경심이 약해져가는 현실에 대한 깊은 우려를 반영했다. 최고의 지도자들 가운데 첫 손가락에 꼽힌 인물은 그즈음 고위급 외교관으로 은퇴한 브루스 레인전Bruce Laingen이었다. 1979년에 이란 주재 미국대사관의 임시 대리대사였던 그는 이란혁명 기간에 수개월 동안 억류된 채로 외부와 격리되어 있었다. 그의 억류는 몇 달 내내 지미 카터의 재선 시도뿐 아니라 미국인의 정신에까지 엄청난 영향을 미쳤던 이란 인질 위기에서 가장 주목받는 부분이었다.

브루스는 그러한 고초를 겪었음에도 공직의 가치를 부정하지 않았다. 반대로 오랜 외교 경험을 통해 효율적 정부를 만들어야 한다는 사명감이 더 강해진 듯했다. 공직, 특히 외교직의 영향력을 강화하기 위해 그가 최우선적으로 관심을 둔 일은 재능 있는 젊은이들을 채용하고, 적절히 교육하며, 합리적 보상을 제공하는 것이었다.

우리는 30년 전에 행정 관행상의 취약점들이 점점 더 많아지고 정부 전반으로 확대되던 상황을 '조용한 위기quiet crisis'라고 불렀다. 위기는 오랜 기간에 걸쳐 심화되었지만 대중은 이를 거의 인식하지 못했으며, 정치 지도자들도 마찬가지였다.

전국공직위원회에 합류하기 전, 브루스와 초기 후원자들이 이미 정부와 기업, 노동계, 학계로부터 경험 많고 뛰어난 대표적 지도자 몇 명을 영입해두었다. 전직 대통령 제럴드 포드부터 양당의 유명한 전직 각료들까지, 그들은 다양한 정치적 견해를 대변했다. 기업과 노동조합의 경험도 도움이 되었다.

소수의 헌신적인 직원들■과 함께 우리는 개인적 경험과 방대한 연구에 기초하여 「미국을 위한 주도권: 공직의 재건Leadership for America: Rebuilding the Public Service」[10]이라는 설득력 있는 보고서를 작성했다.

1989년 3월, 우리는 자랑스럽게도 백악관 국무회의실에서 조지 부시 대통령에게 그 보고서를 제출했다. 부시 대통령은 중앙정보국 국장과 부통령으로 재직하며 의회의 정치적 행태와 효율적 행정의 필요성을 인식하게 되었다. 그는 대통령으로서 우리의 목적에 공감했다.[11] 하지만 우리 모두는 건설적인 변화를 이루려면 보고서에서 주장한 대로 "지속적인 초超당적 헌신"이 필요하다는 것을 알고 있었다.

그 목적을 달성하기 위해, 우리는 필요한 개혁을 얼마만큼 추진했는지 매년 검토하는 새로운 소규모 단체의 설립을 법적으로 허용해달라고 의회를 설득하는 데 성공했다. 널리 존경받는 전임 펜실베이니아주 주지사이자 하원의원인 빌 스크랜턴William Scranton이 그 단체를 이끄

■ 공공행정학의 주요 학자이자 전국공직위원회 부이사로 일했던 찰스 러빈Charles Levine은 1988년 9월에 49세의 나이로 갑작스럽게 사망했다. 다행히도 헌신적인 소장 학자인 폴 라이트 Paul Light가 연구에 참여하여 보고서의 완성을 도왔다.

는 데에 동의했다. 나는 우리가 무언가를 성취해나가고 있다고 느꼈다.

빌 클린턴 신임 대통령은 취임 직후 첫 상하원 합동 연설에서 행정부의 최우선 추진 과제를 천명했다. 그는 연설 중간에 정부의 효율성을 증진하고 지출을 줄이려는 결단의 상징적 조치로서 수천 개의 연방정부 일자리 감축과 공무원 연봉 동결을 제안했다.[12] 공직에 투자할 것을 주장한 우리 보고서와 정확히 반대되는 내용이었다. 또한 그는 구체적인 정부 지출 감축안 150가지를 계획하고 있다고 말했다. 감축 대상에는 오랫동안 활동이 없었던 200주년위원회Bicentennial Committee와 같은 불필요한 프로그램도 있었지만,[13] 아직 활동을 시작하지 않았고 기본적으로 비용이 투입되지도 않는 독립자문위원회Independent Advisory Council도 포함된 것으로 밝혀졌다. 우리가 제안한 (그리고 매우 필요한!) 위원회였다.

아이러니하게도 최소한 그는, 정치권은 아니었을 수도 있겠지만, 좋은 의도를 가지고 있었다. 겉으로는 우리의 노력을 무시하는 듯했어도 클린턴 행정부는 나중에 중요한 개혁 조치를 지원하게 되는데, 바로 부통령 앨 고어의 '정부 재창조' 프로그램이었다. 공직 개혁이라는 과제에 대한 주의를 환기하는 데 도움이 되는 프로그램이었지만 효과는 제한적이었다. 결국 그 프로그램은 다른 우선 과제들 뒤로 밀려났다.

우리의 노력은 직접적으로 하나의 중요한 결과를 가져왔다. 전임 미시시피 주지사 윌리엄 윈터William Winter가 의장을 맡았던 정부 재창조 프로그램의 한 후속 위원회[14]는 전적으로 주 정부와 지역 정부에만 집중했다. 그 위원회가 내린 결론은 우리가 전국을 대상으로 작성했던 보고서의 결론을 보완했다. 대학의 공공행정 및 공공정책학과는 두 보고서 모두에 관심을 보였다. 하지만 프린스턴대학의 우드로윌슨스쿨에서 내가 경험한 것과 유사하게, 효율적 공공행정이라는 과제에 대한 학문적 관심과 지지는 서서히 줄어들고 있는 듯하다.

나는 공직 개혁에 대한 사명감을 포기하지 않고, 전국공직위원회(앞서 언급한 곳과 동명이지만 다른 단체다)에서 일하면서 공직 행정을 효율화하기 위해 계속 노력했다. 소수의 출중한 회원들이 연방정부의 행정 구조에 대한 전면적 검토를 요구하며 더 폭넓은 관점에서 개선안을 제시했다.15 일부 부처와 정부 산하기관들이 폐지되거나 통합될 가능성이 있었다. 강한 정치적 지도력이 요구되고, 전문적인 경력 관리가 강조되고 장려될 것이었다.

의도된 것이든 아니든, 그 개선안은 조지 W. 부시 행정부 기간 중에 연방정부 부처 및 기관 22개를 통합한 국토안보부Department of Homeland Security의 창설로 구현되었다.

시도는 좋았지만, 실행은 형편없었다.

정말이지 국토안보부는 강한 정치적 지도력도, 당연히 요구되는 행정적 실무능력도 없는 기관이었다. 2005년에 발생한 허리케인 카트리나에 대응하는 과정에서 범했던 정책 실패들이 그 점을 가장 극적으로 입증했다.

13장 진실함을 좇다

1996년 울펀슨에서의 나날이 끝나갈 때쯤, 세계유대인회의World Jewish Congress와 스위스은행연합회Swiss Bank Association를 대리하는 커티스 혹스터라는 중개인이 찾아왔다. 그는 내게 나치 박해의 희생자들이 예치해둔 자금을 스위스 은행들이 어떻게 처리했는지 조사하는 단체를 이끌 의향이 있는지 물었다.

정서적으로나 정치적으로나 분명 민감한 문제였다. 그전까지의 시도들은 모두 실패했다. 나는 엄청난 비용이 들어가고 많은 논쟁을 불러일으킬 게 분명한, 그리고 결론 없이 끝날지도 모를 조사에 두 기관이 정말로 끝까지 임하겠노라고 약속할 것을 요구했다.

스위스 중앙은행의 상징적 존재이자 네슬레의 이사였던 프리츠 로이트빌러는 내게 망설이지 말고 그 요청을 수락하라고 호소했다. 그는 스위스 국민에게 공정한 조사가 얼마나 중요한지를 강조했다. 스위스 은행들의 잘못된 행동은 유대인 공동체의 거센 비난을 받으며 은행뿐만 아니라 국가 전체에도 도덕적 오점으로 남아 있었기 때문이다. 공정하고 신뢰할 만한 조사가 양측 모두에게 도움이 될 수 있는 상황이었다.

프리츠와 나는 오래전부터 가까운 친구로 지내왔다. 그는 라틴아메리카 부채위기의 수습을 위해 유럽 은행들의 지지를 확보하는 과정에서 결정적인 도움을 주었다. 그는 내게 이렇게 주장했다. 조사를 이끈다 해도 잃을 게 거의 없을 것이다. 어찌되었건 50~60년 전에 개설되어 장기간 휴면 상태에 있는 은행 계좌에 대한 유용한 기록은 남아 있지 않을 것이다. 양측 모두가 나를 신뢰하고 있다. 양측의 상반되는 주장을 신속하게 평가한 뒤 최종 합의금에 대한 협상을 이끌어내기만 하면 몇 달 안으로 조사를 끝낼 수 있을 것이다.

그의 판단은 크게 빗나갔다.

미국 브루클린 연방법원에서 스위스 은행들에 대한 여러 건의 집단소송이 제기되면서 상황이 복잡해졌다. 그들은 홀로코스트 희생자 가족에 대한 수십억 달러의 현금 보상을 원했지만, 각 예금 청구권자의 신원과 스위스 은행의 계좌 처리 관행을 증명할 만한 확실한 증거가 부족했다.

에드워드 코먼Edward Korman 판사는 여러 건의 집단소송을 병합한 뒤, 내가 두려워하다 결국 의장을 맡기로 한 독립중요인사위원회ICEP, Independent Committee of Eminent Persons의 조사 결과가 발표되고 합의금 협상이 진행될 때까지 판결을 연기했다.[1] 그와 나는 떼려야 뗄 수 없는 관계를 맺도록 운명지어져 있었다.▪

나중에 '볼커 위원회Volcker Commission'[2]로 알려지게 된 그 조사단은 세계유대인회의와 함께 세계유대인재산반환기구World Jewish Restitution Organization가 임명한 세 명의 대표와 두 명의 대체 인력, 그리고 스위스은행연합회가 임명한 동수의 위원들로 구성되었다. 당연히 두 기관은 서로 불신의 골이 깊었다. 그러나 조사가 진행될수록, 적어도 은행연합회만큼이나 강경한 태도를 보였던 스위스 정부가 상황이 아무리 불편해진다 해도 진실이 명확하게 밝혀지기를 간절히 원한다는 점이 분명해졌다. 스위스의 은행 감독 기구는 은행의 과거 기록에 접근할 법적 권한을 부여해줌으로써 결정적인 도움을 제공했다. 1996년 12월에 스위스 의회는 국제 인사들로 이루어진 또 하나의 공식 조사위원회를 발족했다. 이른바 베르지에위원회Bergier Commission는 스위스, 나치, 유대인 간의 관계 양상을 좀더 폭넓게 조사하는 임무와 함께 은행 이외의 여타 기관까지 조사할 법적 권한을 부여받았다.

조사에 투입될 그 모든 시간, 엄청난 비용과 불확실성, 그리고 최종적으로 마련될 금전적 타협안들에도 불구하고 가장 중요한 목적은 돈이 아니었다. 유대인 측의 주요 관심사는 명확한 진실과 정의 관념이었다. 스위스 입장에서는 오랫동안 부인해온 부정행위에 대한 책임을 솔직하게 인정하고 국가의 자존심을 회복하는 것이 중요했다.

양측의 호의적 태도에도 불구하고 ICEP의 조사 과정은 순탄치 않았다. 처음에 접촉했던 일류 회계법인들은 평판과 법적 측면의 잠재적 위험 때문에 조사에 협조하기를 주저했다. 그러나 그들이 하나의 단체로

■ 이 회고록을 쓰고 있을 때가 되어서야, 집단소송 판결의 결과로 홀로코스트 희생자들에 대한 수천 건의 최종 보상금 지급이 이루어졌다는 것을 알게 되었다.

활동한다면 위험이 줄어들고 선의의 경쟁도 이루어질 것이라고 설득한 결과, 최종적으로 5개의 주요 회계법인이 참여했다.**

스위스 은행은 휴면계좌에 대한 기록이 거의 남아 있지 않을 것이라고 굳게 믿고 있었다. 스위스 법률상 10년이 지난 휴면계좌는 기록을 폐기할 수 있었기 때문이다. 그러나 그들의 기대와 달리 ICEP 직원들의 조사로 은행들이 오랫동안 잊고 있던, 존재하지 않는다고 가정하거나 그러기를 바랐던 수백만 개의 기록이 여기저기에서(알프스의 동굴에서도) 발견되었다.** 그 실존하는 기록에 담겨 있던 정보는 확실히 파편적인 경우가 많았다. 이름과 날짜만 있었고, 주소는 거의 없었으며, 최초 예치금 같은 사항들만 기록되어 있었다. 계좌가 개설되고 최초 몇 년이 지난 이후에는 거래 기록이 거의 남아 있지 않았다.

그럼에도 우리는 홀로코스트 시기에 개설된 스위스 은행들***의 계좌 680만 개 가운데 410만 개에 관한 기록이 남아 있다는 것을 파악했다. 기록이 전부 온전치 못한 것은 아니었다. 사실 초기 단계에서 은행 서류와 다른 조사(희생자 명단을 포함한)에 기초하여 이들 계좌 중 적어도 5만4000개는 '유력하게' 또는 '아마도' 홀로코스트 희생자들이

■ 아서앤더슨Arthur Andersen, 쿠퍼스앤라이브랜드Coopers & Lybrand, 딜로이트Deloitt, KPMG, 프라이스워터하우스Price Waterhouse였다. 쿠퍼스와 프라이스워터하우스에서 나온 팀들은 조사 기간 내내 회사 이름을 유지했는데, 두 회사는 1998년 7월에 합병되었다.
■■ 조사 중 흥미롭고 당혹스러우면서도 유의미한 사건이 하나 있었다. 한 은행 보안 요원이 제2차 세계대전 기간에 기록물 폐기 금지 명령을 위반해가며 서류 파쇄기로 운반되고 있던 중요 기록을 '구조'한 것이었다. 부드럽게 표현해서, 은행장으로서는 그 일을 설명하기가 어려웠다.
■■■ 1933년부터 1945년까지 존재했던 254개 은행은 우리가 조사를 진행하던 시점에 인수합병의 결과로 59개로 줄어 있었다. 사실 그중 141개는 스위스의 대형 은행 두 곳으로 흡수되었다.

소유했을 것이라는 결론을 내린 뒤였다.

한 차례 더 조사한 후 마침내 희생자들이 보유했을 것으로 유력하게 추정되는 약 2만1000개의 계좌를 공식적으로 발표했고, 소유권 분석에 활용할 수 있는 5만 개의 추가 계좌를 내부적으로 보관했다. 잠재적 예금청구권자 대다수가 이미 사망한 것이 확실했다. 가족과 상속자의 신원을 확인해야만 했다. 더 정확한 증거가 없었기 때문에 단지 계좌 규모와 소득 손실분을 추정할 수 있을 뿐이었다. 우리는 조사가 완료되자마자 개별적인 예금 청구 건들을 처리하기 위해 취리히에서 스위스와 미국의 변호사들로 구성된 법무팀을 꾸렸다.

각 계좌에 대한 불완전한 증거와 한참이나 흘러버린 시간, 잠재적 청구권자들의 수와 연령을 고려하면 스위스 은행들이 홀로코스트 희생자와 그 가족들을 어떻게 다루었는지 완전히 만족스럽게 조사할 수는 없었다.

우리의 조사만으로는 스위스 은행들이 의도적으로 그리고 공동으로 홀로코스트 생존자와 그 상속인들의 계좌에 대한 접근권을 거부하기로 담합했다는 구체적 증거를 확보할 수 없었다. 그러나 많은 은행이 개별적으로 잠재적 청구권자에 대한 접근을 차단하고 사실상 거부했다는 점에는 의심의 여지가 없었다. 스위스 은행들은 계좌 기록을 충분히 보존하거나 희생자 친족의 직접 조사를 수용하려는 어떠한 노력도 기울이지 않았다. 우리는 몇몇 은행이 확실히 의심스럽고 기만적으로 행동했다는 증거를 충분히 발견했다. 또한 스위스은행연합회 자체가 결과적으로 진실을 호도할 목적으로 소속 은행들에게 우리 조사에 제한적으로 응답하도록 조언한 것으로 보이는 사례도 몇 건 확인했다. 특히 예금 부채가 회계장부에서 삭제되었다는 점을 고려했을 때, 스위스 은행법상의 비밀 유지 조항과 시간의 경과 때문에 아무런 조치를 취할 수 없었다는 은행들의 주장은 공허하게 들렸다.

우리는 몇 년 뒤에 그러한 은행들 간의 합의를 파악하고 밝혀내지 못했던 우리의 조사가 보완되었다는 것을 알았다. 좀더 강력한 정부 권한을 부여받았던 베르지에위원회가 은행들의 공조 그리고 조사를 방해하려는 대형 은행들 간의 밀약이 있었다는 사실을 밝혀냈다.3

돌이켜보면, 수용된 예금 청구 건에 대해 우리가 마련했던 보상책이 충분했는지 나조차도 확신하지 못했음을 인정한다. 예금 잔고는 대부분의 경우 추정해야만 했다. 우리는 예금 청구권자에게 스위스의 평균 금리가 적용된 복리로 산출한 반환금을 지급해야 한다는 기술적 접근법을 택했는데, 그 금리는 국제적 수준과 비교하면 턱없이 낮았다. 우리는 다른 곳에 자금을 예치할 수 있었던 희생자들에게 보상금을 더 많이 산출해줄 수 있었고, 의무적으로라도 그렇게 했어야 했다. 하지만 그 보상금은 당연히 추측의 결과물이었을 것이다. 스위스 국적을 가진 '대리인'의 이름으로 개설된 계좌의 규모가 상당히 컸을 것으로 추정되었지만, 우리 위원회와 베르지에위원회는 이를 파악하지 못했다.

우리 보고서는 맡은 임무의 엄격한 범위를 넘어서는 하나의 강력한 주장으로 끝을 맺었다. 청구되지 않고 장기간 휴면 상태로 남아 있는 예금계좌의 처리에 관한 법률의 부재가 비일관적 관행 및 은행의 이윤 증대를 위해 유대인의 예금을 이용하려는 유혹을 불러왔다는 내용이었다. 일률적으로 적용 가능한 재산 반환 법률을 제정할 필요가 있었다.

내가 그 조사에 직접 참여한 지도 10년이나 흘렀다. 1999년 12월에 최종 보고서가 승인된 후에도, 우리는 개인 청구권을 평가하고 보상금 지급을 승인하는 절차에 대한 개요를 확정했다. 여전히 별개의 집단소송 건을 해결해야 했던 코먼 판사는 우리 일에 항상 관심을 가지고 지켜보고 있었다. 그는 집단소송의 합의금 12억5000만 달러 중 일부를 개별적인 예금 청구 건에 대한 보상금 지급용으로 떼어두자는 제안에 기본적으로 동의했다.

결국, 이 모든 일은 한 조각의 슬픈 역사였다. 더욱 슬픈 것은 볼커 위원회와 베르지에위원회 보고서가 내린 결론의 정당성을 부인하기 위한 정치활동이 재개되었다는 소식이다. 오래전에 세상을 뜬 프리츠 로이트빌러는 행복하지 못할 것이다.

전체 조사 과정에서 결정적으로 중요한 역할을 수행했던 한 사람을 소개한 뒤에야 홀로코스트 조사에 대한 이 기록을 끝맺을 수 있을 것 같다. 1970년대에 미국 재무부에서 함께 일했던 시절부터 나의 동료이자 절친한 친구였던 마이클 브래드필드다.

마이클은 조사가 시작되었을 때부터 스위스 은행들의 개인 계좌 기록이 사라졌거나 대량으로 폐기되었다는 주장을 받아들이지 않았다. 그는 사실을 밝혀내기 위해 은행과 회계사들을 압박했고, 청구권자들의 가족을 파악하는 절차를 기획하고 실행했다. 그는 내가 위원회를 떠나 코먼 판사 밑에서 '전문위원'으로 임명되어 일하는 동안에도 그 일을 계속했다.

마이클은 2017년에 사망했다. 그의 노력은 스위스 은행들이 홀로코스트 희생자와 그 상속인들에게 총 12억9000만 달러가량의 집단 소송 합의금 중에서 7억2000만 달러 이상을 지급하는 데 도움을 주었다. 그 예금 계좌들, 계좌를 소유했던 희생자들에게 무슨 일이 일어났는지를 하나하나 들려주려 했던 마이클의 단호한 의지는 앞으로도 그의 유산으로 남을 것이다.[4]

― 집단적 책임

나는 국제기구가 오늘날의 세계에서 없어서는 안 될 중요한 역할을 맡고 있다고 믿게 되었다. 분명한 사실은 UN, IMF, WTO, 세계은행 등 대부분의 국제기구가 미국의 지도력이 만들어낸 결과물이라는 점이다. 국제기구는 전 세계적으로 법률에 의거한 규칙을 유지하고 평화를 수호하며, 자연재해와 난민위기에 대응하고 개발을 촉진하는 등 많은 일을 수행하는 데 있어 그들 전체로서 하나의 핵심적인 연결 고리가 되었다.

나는 또한 국제기구 각각이 고유한 문화를 갖고 있다는 점을 알게되었다. 국제기구들은 자국의 관습, 법률 및 각종 절차로부터 어느 정도 격리되었지만 조직 내부 정치에는 매우 민감한 다국적 직원들에게 일종의 보호막을 제공한다. 일반적으로 국제기구의 가장 중요한 관심사는 효율성이 아니다. 국제기구에 대한 내부와 외부에서의 효과적 감독이 너무도 부족하다.

나는 2000년대에 국제기구의 사업 관리에 대해 두 건의 조사를 직접 수행하고 많은 관심을 기울이면서 이 모든 것을 알게 되었다. 첫 번째 건은 UN의 이라크 원유식량교환Oil-for-Food 프로그램을 관리하는 과정에서 부패 행위가 광범위하게 자행되고 있다는 비난과 관련된 것이었다. 그 혐의는 회원국들의 전반적인 지지를 얻고 있었던 코피 아난 사무총장에게까지 확대되었다.

두 번째 건은 세계은행 내부에서 자체 사업을 실행하는 과정에서 발생하는 부패를 어떻게 다뤄야 하는지를 두고 벌어진 하극상과 내부 갈등에 대한 조사였다. 그 갈등은 어느 순간에 이르자 세계은행 전체의 효율성마저 위협하는 듯했다. 신임 총재의 축출은 단지 하나의 참사에 불과했다.

— 시험대에 오른 UN: 원유식량교환 프로그램의 관리라는 숙제

그 시점 이후로, UN 역사상 최대 규모의 인도주의적 구호활동이 UN이 도입한 가장 포괄적인 강제적 경제 제재 조치들을 약화시켰다.[5]

UN 네덜란드 대사 페터르 판발쉼

UN의 원유식량교환 프로그램은 1996년에 아주 선량한 의도로 시작되었다. 프로그램의 목적은 위협적인 사담 후세인 부패 정권에 대한

UN의 무역 제재 조치를 유지하는 데 있었다. 그 프로그램의 지원을 받는다면 이라크의 후세인 정권이 자국민의 기아를 초래하거나 그들에게 다른 형태의 인도주의적 위협을 가하지 않을 것이었다. 프로그램의 성공을 위해서는 이라크와 수천 명의 수출입업자 간의 상거래를 감독해야만 했다. 프로그램이 실행된 7년 동안, 88개국의 무역업자들 사이에 총 640억 달러가 넘는 거래가 이루어졌다. 공식적으로 승인된 그 수많은 '인도주의적' 거래에서 물품들의 가격 책정 및 운송과 관련된 부패 행위가 상시적으로 일어나고 있었다. 근본적으로 느슨하게 관리되는 UN 조직이 극도로 복잡한 감시 업무를 수행해야 했던 점이 문제의 발단이었다. UN 안전보장이사회는 감독권을 행사할 수 있는 범위 내에서 이라크가 비밀리에 무기 또는 핵물질을 구매하고 있지는 않은지에만 신경을 쏟고 있었다.

코피 아난 사무총장은 그 조사를 맡아달라며 나를 한참이나 설득했다. 가장 솔깃했던 점은, 그가 제안한 독립적인 3인 위원회에 합류할 나머지 두 명과는 이미 잠정적인 합의에 도달했다는 것이었다. 둘 모두 매우 유능한 사람이었다. 남아프리카공화국 대법관 리처드 골드스톤 Richard Goldstone은 아파르트헤이트 정권이 종식되었을 때 경찰과 군대의 부패 및 잔학 행위를 조사하여 명성을 얻었다. 국제 기업 및 공공부문의 부패 행위와 자금 세탁에 대해 최고 수준의 전문 지식을 갖춘 스위스 변호사 마르크 피트Mark Pieth는 OECD에서 국제 무역 및 투자와 관련된 상습적 부패 행위를 억제하려는 활동을 주도해왔다.

나는 조사가 성공하기 위해서는 1년 이상 일할 수 있는 충분한 인력과 수백만 달러의 예산, 그리고 안전보장이사회의 전폭적 지지가 필요하다는 조건을 제시했다. 아울러 조사의 결론과 분석 결과가 공표되어야 한다는 조건도 추가했다.

코피 아난 사무총장은 명성이 추락할 위험에 처해 있었기 때문에 모든 조건에 동의했다. 그래서 나는 2004년에 또 하나의 조사단을 이끄는 의장직을 맡게 되었다. UN 독립조사위원회Independent Inquiry Committee는 이내 '볼커 위원회Volcker Committee'로 더 널리 알려졌다.

위원회의 기본 임무는 원유식량교환 프로그램에 대한 UN 자체의 관리 부실 또는 행정상의 오류에 대해 제기된 의혹을 조사하는 것이었다. 좀더 넓게는 UN의 계약 업체, 이라크 원유 구매 기업, 또는 불법적인 부패 행위에 가담한 인도적 지원단체들을 조사하는 일도 포함되었다.

많은 면에서 특유의 만족감을 주는 경험이었다. 일단 조사를 시작하고 나서부터는 미국 법무부와 여타 국가에서 선임급 변호사들을 어렵지 않게 영입할 수 있었다. 홀로코스트 희생자들의 스위스 은행 계좌를 파악할 때 함께 일했던 사람들을 포함하여 숙련된 회계사들도 합류했고, 유능하고 열정적인 젊은 직원들도 참여했다. 위원회가 가장 왕성하게 활동하던 시점에는 21개국에서 온 80명 이상의 직원이 있었다.

더 큰 과제는 복잡한 국제관계를 관리할 명망 있고 존경받는 지도자와, 의욕이 넘치면서도 소속된 조직이 없는 직원들을 구하는 일이었다. 은퇴를 앞두고 있던 미국의 선임급 변호사 몇 명은 잠재적 논란을 피하기 위해 제안을 거절했다. 그런데 뜻하지 않게 다른 곳에서 문제가 해결되었다.

어느 날, 전직 미국 대사였던 나의 캐나다 친구 앨런 고틀리브Allan Gotlieb가 내게 도움이 필요할 것 같다는 생각이 들었다면서 연락을 주었다. 그는 해결책을 제시했다. 리드 모든Reid Morden이 쉬고 있다는 것이었다. 리드는 캐나다의 고위 공무원으로 외무부 부장관을 역임했다. 그 후 규모는 상대적으로 작지만 미국 중앙정보국과 원자력에너지국에 해당하는 조직들을 이끌었다. 공직 경력의 초기에 UN에 파견된 적도 있었다. 잘 준비되어 있고 적극적이었던 리드는 최고의 에너지와 기량을 발휘하는 청년들을 이끄는 데 필요한 경험과 자질을 갖추고 있었다.

그 조사활동은 눈이 번쩍 뜨이는 경험이었다. 소환권 또는 국가적 권한이 없는 한 조사에 성공할 수 없을 것이라며 냉소를 보내는 사람이 많았다. 나중에 보니 둘 다 극복 가능한 문제였다.

조사팀의 경험 많은 조사관들은 이미 알고 있던 바였지만, 고발당한 사람들과 고발을 두려워했던 사람들은 우리와 대화하고 싶어할 것이었다. 스위스 은행들조차 우리에게 협력했다. 이번에는 이전과 다르게 스위스 정부 당국이 은행비밀유지법 해석의 폭을 극대화했다. (나는 스위스 정부가 적극적으로 협조한 것이 2002년 UN에 가입하면서 새 회원국으로서의 존재 가치를 보여주려는 의욕 때문이라고 추측했다.) 처음에는 부패 행위를 은폐했을 것이라는 의심을 받았지만 나중에 일관된 정확성을 갖춘 것으로 판명된 이라크의 거래 기록을 우리는 거의 무제한으로 열람할 수 있었다. 이라크 직원과 공무원들은 감독관들 중 누가 특정 거래를 승인했는지에 대해 정확한 기록을 남겨두고자 했던 것이다.

우리는 리베이트, 불법적인 가격 부풀리기 등 여러 규칙 위반 사례를 의심할 만한 명백한 근거를 확보했지만, 수천 건의 거래를 모두 조사할 수는 없었다. 다른 나라의 정부가 협력하는 정도에는 차이가 있었다. 놀랍게도 2004년 7월에 스코틀랜드의 엔지니어링 회사인 위어그룹Weir Group이 사실상 자발적으로 자사가 저지른 범죄 행위들을 공개했음에도,6 영국 정부는 거의 도움을 주지 않았다. 우리는 영국의 중대범죄수사청SFO이 원유식량교환 프로그램에서의 부패 행위를 확인하는 일과 관련된 사안에서만큼은 그다지 진지한 태도를 보이지 않는다는 사실에 당혹감을 느꼈다.

영국 정부는 2001년에 해외에서의 뇌물 수수를 불법화했음에도, 영국산 비행기를 사우디아라비아에 판매하는 대규모 계약에 대한 형사 수사를 종료하라고 SFO에 강요했다.7 영국의 법무장관 골드스미스 경Sir Goldsmith은 의회에서 SFO의 조사 종료 결정이 영국과 국제사회의 안보 문제가 법률적 규칙보다 더 중요할 수 있다는 사실을 반영한다고 증언했다.8 모든 의회의 기원인 영국 의회에서 일어난 일이라고는 믿기 힘든, 명확하지만 놀라운 진술이었다. 어찌 됐든 SFO에 원유식량교환 프로그램 조사 예산이 배정될 것이라는 점이 하나의 보상이라면 보상이었다. 다소 뒤늦고 인색한 결정이었다.

영국과는 대조적으로 프랑스에서는 한 판사가 고위급 정치인들이 연루되었을 가능성에 관심을 보였고, 우리는 조사를 통해 확보한 단서의 일부를 교환했다. 이는 나중에 사실인 것으로 드러났다. 예상했던 대로 러시아와 중국은 협조를 거부했지만 이라크의 기록은 그들이 공식적으로 연루되었다는 사실을 다시 한번 명명백백하게 드러냈다. 매주 모스크바에서 출발해 바그다드의 외교 행랑으로 운반된 그 많은 달러화 더미에는 분명 불법 자금이 포함되어 있었다.

우리 위원회는 각 국가가 개별적으로 계속 증거를 추적하기를 기대하면서, 불법 행위에 연루된 몇 안 되는 기업부터 완벽하게 조사하는 데 집중했다.[9] 나중에 입증되었는데, 당시 가장 큰 규모로 규칙을 위반했던 기업은 정부 지원으로 호주의 밀 수출을 독점하고 있었던 곡물 회사 AWB였다. AWB는 원유식량교환 프로그램에서 가장 많은 인도적 지원을 제공했는데, 트럭 운송 비용으로 위장한 2억2100만 달러 이상의 리베이트를 후세인 정부에게 공여했을 뿐만 아니라 명백한 가격 부풀리기에 연루되었다는 사실이 밝혀졌다.

호주 정부 또한 자국 내에서 적극적인 조사를 펼쳤는데, 이는 기본적으로 우리의 조사 결과를 확정짓고 구체화했다. 그러나 무슨 이유에서인지, 그 조사는 호주 정부가 AWB의 활동을 비밀리에 부추겼다는 의혹과 관련해서는 최종 결론을 내리지 않았다. 우리가 확실하게 알고 있는 사실은 독점 판매권을 가졌던 AWB가 사라졌다는 것이다.

우리가 밝혀낸 진실 중 하나가 인도의 유명 인사에게 예기치 못한 타격을 주었다. 우리가 작성한 최종 보고서에서는 나트와르 싱Natwar Singh이라는 사람이 불법 거래의 유력한 수혜자라는 점이 확인되었다. 우리는 모르고 있었지만, 그가 바로 대중에게 별 인기 없는 인도의 외무장관이라는 사실이 드러났다. 인도 언론들은 머리기사를 통해 '볼커 효과'[10]와 '볼커 보고서'[11]에 공을 돌리면서 그의 사임을 환영했다. 단 하루로 그쳤지만, 나는 인도의 영웅이었다!

UN 내부의 부패에 대한 의혹은 불가피하게 미국 의회의 정치적 관심을 불러일으켰다. 의회의 5개 위원회 모두가 원유식량교환 프로그램 문제를 주요 안건으로 상정한 적도 있었다. 의회의 편향된 조사는 분명 우리 일을 복잡하게 만들었다. 조사단의 독립성과 객관성을 유지하기 위해 나는 공개 증언 요청을 거부했다. 다만 의회와 볼커 위원회 사이가 긴장되고 양측이 경쟁한다면 양쪽의 조사 모두 부정적인 영향을 받을 것이라고 의회의 주요 지도자들을 설득할 수 있었다. 나는 미국 정부기관과 여타 UN 회원국에 비공식적으로 조사 결과를 제공한다는 데에는 동의했다. 조사의 초점을 유지하고 정치적 중립을 지키는 데 도움이 되는 접근법이었다.

미국 정치계와 UN 자체에 관련된 핵심 쟁점은 코피 아난이 원유식량교환 프로그램에 부당한 영향력을 행사했는지, 혹은 적어도 심각한 이해 충돌 관계에 개입했는지 여부였다. 그 의문에 우리 위원회의 관심이 집중되었다.

우리는 강도 높은 조사를 실시했다. 위원회에는 열정과 단호함을 갖춘 숙련된 조사관들이 있었다. 우리는 코피 아난 사무총장이 일부 측면에서 불법적 영향을 받았을 특정 거래를 승인함으로써 이익을 편취했다는 증거를 발견하지 못했다. 그보다 더 의심스러웠던 점은, 그가 특정 시점에 아들 코조를 채용한 회사에 배정된 계약 건들을 인식하고 있었는지 여부였다. 코조는 당시 뉴욕에서 한동안 코피 아난과 함께 지냈고, 원유식량교환 프로그램에 대해 알고 있었음이 분명했다.

한편 우리는 프로그램의 직접적 관리 책임자였던 UN 직원이 원유

판매 계약의 일부를 할당함으로써 간접 이득을 얻었다는 결정적 증거를 확보했다. 당사자인 베논 세반Benon Sevan은 우리의 주장을 부인했다. 그는 UN 내부에서 성공 가도를 달리며 점점 더 중요한 행정적 책임을 맡아오다가 마침내 부총장으로 승진해 있었다.

애석하게도 그는 유혹을 이기지 못하고 가까운 친구를 통해 약간의 불법 자금을 받아들였다. 세반은 기소를 면하기 위해 UN에 공식 휴가를 내고 고국 키프로스로 도주했다. 키프로스는 범죄인 인도를 거부했다. 이 사건은 지금까지도 UN의 오점으로 남아 있다.

우리의 최종 보고서는 원유식량교환 프로그램이 지속되는 동안 이라크 정권이 리베이트와 뇌물로 약 18억 달러를 받았다는 사실을 확정했다. 더욱이 이라크는 1991년부터 2003년까지 무역 제재를 직접적으로 위반해가면서 비밀리에 요르단, 터키 그리고 시리아에 원유를 수출했다. 미국과 안전보장이사회 회원국들은 틀림없이 이러한 불법적 원유 판매를 인식하고 있었을 것이다. 확실히 그들의 무대응은 무역 제재 조치의 경미한 위반을 정당화하는 구실이 되었다.

그 조사를 통해 또 다른 UN 내 부패의 원천을 발견했다. 원유식량 교환 프로그램이 아닌 구매 부서에서 나온 사건이었다. 두 사건이 UN 본부의 '모든' 행정에 부패가 만연해 있다는 점을 의미하지는 않았다. 하지만 UN의 내부 통제가 미흡했으며 내부 감사를 담당하는 직원들이 방만했다는 점은 너무도 명확했다. 우리의 보고서는 코피 아난 사무총장이 행정적 통제와 부패 방지에 주의를 기울이지 않은 점을 강력히 비판했다. 그는 외교적 책임과 철저한 행정 감독을 함께 수행하는 것이 어려웠음을 호소하면서, 결국 우리의 비판을 인정하게 되었다.

위원회의 중요한 권고 사항 가운데 하나는, UN이 내부를 통제하고 부패를 방지하기 위해 얼마나 노력하는지 점검하도록 명망 있는 회계사와 조사 전문가들로 구성된 효과적인 독립 감독이사회를 도입해야 한다는 것이었다. 나는 그 이사회의 활동이 몇 년 동안 효과를 보았으며 내부 통제 강화에 있어서도 상당한 진전이 있었다고 느꼈다. 그러나 구매 부서에 대한 감독이사회의 감사와 그 결과로 실행된 집중적인 자체 감사는 시간이 지나면서 중단되었다. 의심의 여지 없이 UN의 경영진과 직원들은 이사회의 감독이 지나치게 강압적이라고 느꼈을 것이다. 더욱이 회원국들마저 이사회의 활동에 대한 지원을 중단했다.

두 번째 권고 사항은 UN 총회에 의해 임명되고 총회에 직접 보고할 책임을 지는 유능한 '최고 운영 책임자'가 필요하다는 점이었다. 내부 통제를 강화하려 했던 이전 시도들은 시간이 지나면서 대부분 동력을 상실했다. 사실 이 두 개의 핵심적 제안도 유지되지 못했다. UN은 엄격한 경영 규율을 수용하지 않으려는 듯했다. 결국 내부 경영상의 느슨함은 UN의 기반인 회원국들의 정치적, 도덕적 지지를 약화시켰을 뿐이다.

2018년 초에 볼커 위원회의 직원들은 뉴욕에서 즉흥적인 모임을 가졌다. 참석률은 높았다. 어떤 직원들은 모임에 오기 위해 굉장히 먼 거리를 여행했다. 우리가 공유했던 사명감, 끈끈한 협력, 그리고 성공적이었던 전문적 활동에 대한 기억은 아흔 살 된 나의 영혼에 작은 위안을 준다. 하지만 근본적으로 그것들은 UN에 꼭 필요했던 철저한 행정 감독이 유지되지 못한 대가로 주어진 작은 보상일 뿐이었다.

─ 세계은행 프로그램의 부패

세계은행(공식적으로는 국제부흥개발은행International Bank for Reconstruction and Development)의 부패 위기는 그 건물 내부가 아니라, 사업 자금이 건물 밖으로 나온 뒤에 은행의 사업 프로그램들이 어떻게 실행되었는지에 관한 질문으로 시작되었다.

세계은행은 오래전부터 유능한 사업 프로그램 전문가들을 이사로 채용해왔는데, 그중 상당수는 회원국의 고위 공무원 출신이었다. 세계은행에는 전문가 정신과 기관의 독립성에 대한 감각이 있었다. 그리고 세계은행의 성과는 수혜국의 동의하에 프로그램이 얼마나 진척되고 예산이 얼마나 집행되었는지에 의해 평가받았다.

지금 명백한 점은, 그러나 오랫동안 습관적으로 간과되어왔던 점은, 어떤 프로그램이 일단 시작되어 지출이 발생하고 나면 그 후에는 효과적으로 실행되지 못한다는 것이다. 부패 방지를 위한 장치가 부족했다. 어째선지 부패는 세계은행이 아닌 수혜국이 감독해야 할 문제로 간주되었다.

나는 경영상의 위기로까지 심화된 한 프로그램의 실패를 몸소 경험하면서 그 문제를 인식하게 되었다. 세계은행 총재로 취임하고 나서 1년 넘게 지난 후, 짐 울펀슨은 용감하게도 "부패라는 암덩어리"[12]를 당면 해결 과제로 제시했다.

내가 '용감하게'라는 표현을 쓴 이유가 뭘까? 보통 지루하며 성과를 자축하는 행사인 IMF-세계은행 연차총회에서, 세계은행의 고위급 직원들은 그들이 오랫동안 외면하려 애써왔던 문제에 주의를 기울이라고 총재가 당부하자 불편한 기색을 비쳤다. 그들은 '부패'라는 단어가 세계은행의 공식 내부 보고서에서 자취를 감출 정도로 부패 문제를 외면하고 있었다. 부패는 경제개발에 집중하는 기관이 아닌 정치기관의 문제라는 게 명시적 이유였다. 하지만 짐은 그의 생각을 밀고 나갔고, 전문적인 직원들로 구성된 기관청렴국Department of Institutional Integrity을 설립했다. 그러나 내가 느끼기에 저항은 시작부터 거셌으며 기획은 적극적으로 추진되지 못했다.

울펀슨의 임기가 끝나고 2005년에 폴 울포위츠Paul Wolfowitz가 후임자로 임명된 뒤 상황은 급변했다. 폴은 조지 W. 부시 행정부의 신보수주의 강경파를 이끄는 지성적인 지도자로 알려져 있었다. 그는 이라크 침공을 강력하게 지지했으며 세계은행의 고참 직원들로부터 따뜻한 환영을 받지 못했다. 부패와의 전쟁을 좀더 적극적으로 수용한 그가 활력 넘치고 헌신적인 동료였던 폴섬Suzanne Rich Folsom에게 임무를 맡겼을 때 세계은행 직원들의 우려는 깊어졌다.

개인적인 적대감이 반부패 정책과 결합된 결과는 곧 구체적으로 나타났다. 세계은행이 지원한 대규모 사업이자 효과가 거의 없었던 인도 보건 프로그램이 부패로 얼룩져 있다는 조사 결과가 무시되었다. 이를 인도 정부에 제때 통지하지 않았다는 사실이 세계은행을 충격에 빠트렸다. 세계은행의 최대 수혜국이었던 인도는 그보다 훨씬 더 큰 충격을 받았다.

세계은행의 이사회는 기관청렴국 및 그 프로그램에 대한 정밀 감사를 요구했다. 정확한 이유가 떠오르지 않지만, 나는 다시 한번 조사위원회의 의장을 맡아달라는 부탁을 받았다. 세계은행 이사회가 추천한 다른 다섯 위원의 뛰어난 능력에 만족했기 때문에 나는 요청을 수락했다. 세계은행의 기관청렴국에 대한 독립조사위원단은 또 하나의 '볼커 위원회Volcker panel'가 되었다.[13]

나는 매우 직설적이고 목소리가 큰 직원들이 세계은행의 내부 경영을 좌지우지하고 있음을 곧 알게 되었다. 울포위츠 총재와 그가 임명한 직원들에 대한 명백한 불만이 강력하고 공공연하게 표출되었다. 그가 세계은행에서 일하던 여자친구의 승진과 연봉 인상 협상에 부적절하게 관여했다는 비난이 순식간에 사임을 강요하는 수단으로 이용되었다. 보수적 인사로서 많은 존경을 받던 미 국무부의 전임 부장관 로버트 졸릭Robert Zoellick이 그를 대체했다. 졸릭은 취임하자마자 분위기를 진정시켰다.

우리의 조사는 위원들이 서로를 존중하는 분위기에서 조화롭게 진행되었다. 제너럴일렉트릭General Electric의 경험 많은 변호사 하이너먼 Benjamin Heineman은 부패를 불식시키는 데 필요한 검증된 체계를 제공했다. 그리고 버뮤다 총독을 역임한 영국의 전직 고위 공무원 베리커 경Sir John Vereker은 과거 영국 SFO에 실망했던 나를 감동시켰다. 그는 보고서의 핵심적 내용과 표현을 명확히 하는 데 크게 기여했다. 콜롬

비아에서 온 가비리아Gustavo Gaviria와 케냐에서 온 기통오John Githong'o
는 개발도상국의 부패 문제에 대한 설득력 있는, 그리고 우리가 갖지
못했던 시각을 제공했다. 훌륭한 법학 교수 헤르번Walter Van Gerven은
유럽연합의 관점에서 중요한 발언을 해줬다.

우리는 사실상 세계은행의 모든 고위 간부와 인터뷰했다. 어떤 사람
들은 확실히 변화를 꺼렸다. 또 어떤 이들은 좀더 개방적이었다. 특히
세계은행의 한 신임 법무 책임자가 많은 도움을 주었는데, 아마도 그녀
는 세계은행의 기존 내부 조직문화가 '기이하다'고 판단했던 것 같다.
졸릭 총재는 어수선하고 분열된 조직 분위기 때문에 그가 위원회의 권
고안들을 무조건 수용해야 할 것 같다고 처음부터 솔직하게 얘기했다.
실제로 그는 약속을 지켰다.

나의 (아마 기대와는 다를) 관심은 세계은행뿐 아니라 복잡하고 많은
비용이 들며 정치적으로 민감한 프로그램들을 관리해야 하는 다른 국
제기구에도 적합한 제도적 장치들을 마련하는 데 있었다. 동료들은 나
와 목표를 공유했고, 이를 달성하는 데 필요한 경험을 가지고 있었다.

나는 보고서에 서명했다. 끝내지 못한 일이 하나 있었는데, 신망 높
은 사람을 찾아 세계은행 기관청렴국의 새로운 국장으로 임명하고 그
에게 세계은행의 조직 위계 내에서의 고위급 지위를 확실하게 보장해
주는 것이었다. 부패와의 전쟁이 세계은행 사업의 중심에 있다는 점을
보여주기 위해서는 기관청렴국장에게 다른 고위 간부들을 동등한 위치
에서 상대할 권한과 세계은행 총재에 대한 접근권을 부여하는 것이 필
수적이었다.

적당한 후보자가 나타났다. 많은 사람이 인정한 것처럼, 매카시 Leonard McCarthy는 남아프리카공화국에서 강력한 저항을 무릅쓰면서 반부패운동을 성공적으로 이끈 인물이었다. 그는 해외에서 새로운 도전에 응할 준비가 되어 있었다. 졸릭 총재의 재임 기간 내내, 그리고 김용Jim Yong Kim 의학박사의 총재 취임 이후에도 세계은행은 분명하게 반부패활동을 강조했다.

2006년에 중요하고 혁신적인 변화가 있었다. 영향력이 강한 다국적 엔지니어링 기업 지멘스Siemens AG가 국제 계약에 참여하기 위해 몇 년간 뇌물을 제공했다는 사실이 독일 사법 당국에 의해 드러났다. 수백만 달러가 개입된 문제였다. 독일 당국은 국제적 뇌물 공여를 조사 및 예방하는 것에 대해 오랫동안 수동적인 태도를 유지하고 있었지만(독일에서는 1999년까지 뇌물이 허용되었고, 이에 대한 세액공제가 가능했다), 그 문제를 더 이상 묵과할 수 없었다.[14]

지멘스가 국제기구들과 체결한 거액의 합의와 기업 내부 경영상의 혼란은 국제 개발기구들과 각국 정부의 이목을 집중시켰다. 세계은행은 지멘스로부터 합의금 1억 달러를 받았고, 4년 동안 지멘스 자회사를 거래 금지 기업 명단에 포함시켰다.[15]

세계은행이 부패와 단호하게 싸우고 있다는 또 다른 분명한 신호는 2012년에 방글라데시 파드마 다리의 건설 재원을 조달하기 위한 국제 사업에 더 이상 참여치 않기로 한 결정이었다. 사업을 추진하는 과정에서 세계은행 직원들이 부패 행위를 저지르는 경향이 발견되었기 때문이다.[16] 수동적인 사업 관리 방식을 끝내겠다는 강력한 신호였다.

졸릭, 매카시와 그의 절친한 동료 지머먼Steve Zimmerman이 주도했던 세계은행 개혁은 워싱턴에 소재한 미주개발은행Inter-American Development Bank 등의 개발기관들이 좀더 규율에 입각하여 부패와 싸우는 데 도움을 주었다.

진보는 지속될 것인가?

김용 총재는 개인적으로 개혁을 강력하게 지지한다고 누차 말해왔다. 그는 임기를 시작할 때부터 반부패 의지를 프로그램 기획에 반영했다. 공동의 대의를 강화하기 위해서는 다른 국제기구들과 협동하여 노력해야 한다. 개혁은 분명 지속적인 과제다. 나는 간헐적인 연설과 내부 점검만으로는 그 과제를 해결하기에 부족하다는 것을 충분한 경험을 통해 알게 되었다. 구체적 부패 행위를 정확하게 규명한 성공 사례들을 보여줄 필요가 있다. 개발기관들은 도덕적 표준을 설정하고, 크고 작은 회원국이 연루된 감당하기 힘든 진실을 추구하기 위해 계속 함께 노력해야 한다. 성공 사례들을 공표해가면서 다양한 위원회의 과제에 그러한 시도들을 포함시켜야 한다.

나는 감독위원회의 초기 5년간 활동이 성공적이었음에도 세계은행이 위원회를 해체했다는 점이 못내 애석하다. 매카시 기관청렴국장은 민간 자문 서비스 사업을 하기 위해 세계은행을 떠났다. 신임 국장의 권위가 중요하며, 이사회와 총재가 그를 전폭적으로 지지해야 할 것이다.

부패를 다루는 일은 어렵다. 종종 별 효과가 없는 것처럼 느껴지기도 한다. 하지만 다른 한편으로, 규율과 권위가 회원국에 대한 재정 지원 및 좀더 폭넓은 의미에서의 윤리적 기준과 밀접하게 연관된 단체에서는 반부패활동이 결정적으로 중요하다.

　종합적으로 얘기하면, 나는 적어도 어느 정도는 성공적이었던 그 일에 만족했다. 동료 위원들은 나의 의장직을 기리기 위해 앵무새 인형을 선물했다. 80세가 되던 2007년, '의장님'으로서의 경력을 끝내는 것이 적절해 보였다. 나는 그렇게 생각했다.

14장 회계기준 제정

복잡한 요즘 세상에서 회계와 관련된 개인적, 기업적, 국제적 문제들을 피해 가기는 어렵다. 나는 다양한 연유로 세 영역을 모두 경험했으며, 각 영역에서 회계업의 정수 또는 존재 이유라고 할 수 있는 신뢰가 일부 손상되는 것을 지켜봐왔다.

나는 민간부문과 미국 회계감사원Government Accountability Office에서 일하는 여러 리더를 존경한다. 범죄 수사 전문 회계사들은 홀로코스트 희생자들의 스위스 은행에 대한 예금청구 건과 UN 원유식량교환 프로그램의 부패 행위 조사에서 중요한 역할을 수행했고, 나는 그들이 얼마나 중요한 존재인지를 깨닫게 되었다. 그중에서도 국제적으로 존경받는 범죄 수사 전문 회계사 프랭크 하이도스키Frank Hydoski와 그 동료들은 경험과 전문적 지식이 확실한 증거를 확보하는 데 얼마나 크게 기여할 수 있는지를 분명하게 보여주었다.

불행히도 범죄 수사를 제외한 다른 영역에서는 회계업에 대한 회의

감과 우려를 불러일으키는 사건, 일을 안이하게 처리하려는 동기 그리고 이해 충돌이 너무도 많이 존재해왔다.

— 국제 회계기준에 대한 완강한 저항

2000년 중반경, 당시 미국 증권거래위원장이었던 아서 레빗이 내게 연락해왔다. 그는 여러 국가의 증권거래 규제기관이 참여하는 임시 단체와 함께 공동의 목표를 달성하기 위한 프로젝트를 추진하고 있었다. 정해진 규율에 따라 정교하게 적용될 수 있는 단일한 국제 회계기준을 도입하는 것이 그 목표였다.

나 또한 오랫동안 그 필요성을 염두에 두고 있었던 터라, 생각해오던 바를 실천에 옮기자는 그의 제안을 거절할 수가 없었다. 세계 각국의 기업, 회계, 금융 분야의 훌륭한 리더들로 구성된 새로운 단체가 프로젝트를 이끌어나갈 예정이었다.

그 임시 단체는 런던의 국제회계기준자문위원회IASC 재단이 임명한 19인의 위원회로 발전했고,[1] 그 후에는 전문 회계사들로 구성된 국제회계기준위원회IASB의 위원들을 임명하고 그 위원회를 감독하는 책임을 부여받았다. 주요 회계법인들이 위원회 운영 재원의 3분의 1을 지원해주기로 약속했다. 나머지 재원은 (적어도 처음에는) 프로젝트가 성공했을 때 혜택을 받을 국제 기업, 투자은행, 금융기관, 중앙은행 등이 후원하기로 했다.

프로젝트 성공의 관건은 전문성이 높은 위원회의 의장으로서 세계 각지에서 온 경험 많고 독립심 강한 회계사들을 이끌 적임자를 선택하는 것이었다. 영국 회계기준위원회Accounting Standards Board(지금은 재무보고위원회Financial Reporting Council)의 의장으로 퇴임한 데이비드 트위디 경Sir David Tweedie은 모든 사람이 첫손가락으로 꼽은 인물이었다. 그 또한 높은 수준의 국제적 회계기준 확립을 오랫동안 꿈꿔왔기에 의장직을 기꺼이 수락했다.

그 외에도 나와 위원회가 보기에는 미국을 참여시키는 게 무엇보다 중요했다. 증권거래위원회는 법적으로 미국의 회계업계를 감독하는 공식적인 권한을 가졌다. 그 기관은 회계업계, 대부분의 미국 기업 그리고 미국 금융회계기준위원회FASB와 함께 미국의 '일반적으로 인정된 회계원칙GAAP'이 황금률이라는 견해를 오랫동안 공유해오고 있었다. 그들에게 있어 회계기준의 국제적 일관성을 확보하는 가장 합리적인 방법은 전 세계 국가가 미국의 기준을 따르는 것이었다.

하지만 미국 내에서도 GAAP만의 특수한 합리적 장점과 탈정치성이 다소 과장되었다는 인식이 있었기 때문에 다른 나라들이 이를 쉽게 받아들이기는 분명 어려웠을 것이다.

어찌 됐든 회계기준은 미국의 발명품이 아니었다. 수천 페이지에 달하는 미국의 회계기준 모음집은 다른 나라의 시각에서는 너무도 상세하고 부담스러웠다. 그것은 미국의 규제기관과 규제 대상 기관이 모든 규칙을 기술하기를 선호한다는 점을 보여줄 뿐이었다. 이미 회계의 발원지인 스코틀랜드에서, 그리고 좀더 넓게는 영국 전체에서, 회계 전문가들이 책임감 있게 해석하고 적용할 수 있는 원칙을 마련하기 위한 작업이 성공적으로 진행되던 중이었다.

아서 레빗의 열정 때문이었는지는 확실하지 않으나, 증권거래위원회는 미국 기업이 국제적으로 합의된 기준을 단시일 내에 채택할 가능성이 낮다고 생각했음에도 불구하고 국제적 공통 기준이 갖는 장점들을 발굴하는 데 적극적으로 나섰다. 그러한 노력은 전임 증권거래위원회 위원장 한 명과 미국의 기업 대표들이 위원회에 합류하는 데 도움이 되었다. 많은 국제적 기업이 관심을 보였고, 미국공인전문회계사연구소 AICPA도 마찬가지였다. 미국 회원들은 내가 의장으로 있던 감독위원회 (IASC 재단 이사회)와 의사 결정을 담당하는 위원회인 IASB를 중요하게 생각했다.

적어도 처음 얼마간은 의장으로서 이사들을 이끄는 일이 즐거웠다. 나는 미국을 포함한 다양한 국가 출신의 이사들을 알고 있었는데, 우리는 모두 같은 목적을 공유했다. 또한 도전의식이 강한 프린스턴대학 졸업생 톰 사이던스타인Tom Seidenstein을 우연히 알게 되었는데, 그는 런던에 소재한 IASC의 운영위원이 된 이후에 조직 운영상의 과제들 그리고 그와 관련해서 우리가 이룬 성과와 보충해야 할 점들을 내게 지속적으로 알려주었다.

사실 우리는 단시간에 꽤 많은 성과를 이뤄냈다. 오랫동안 유지되어 온 유럽연합의 법률에 국제적 회계기준을 채택하는 절차를 도입시켰는데, 그 절차에는 사법 당국의 사전 검토와 함께 몇 개 금융기관에 부여된 특정 규칙에 대한 제한적인 '거부권'이 조건으로 포함되어 있었다.

오랜 회계기준 제정 역사와 안정된 금융시장을 가진 호주와 뉴질랜드 외에도 여러 국가가 동참했다. 증권거래위원회 위원장인 크리스토퍼 콕스Christopher Cox와 그의 수석 회계사들이 위원회에 합류했고, 일본과 여러 개발도상국도 관심을 보였다. 3~4년 만에 백여 개 국가가 우리의 새로운 회계기준을 기업회계에 적용할 기준 가운데 하나로 고려하는 것에 기본적으로 동의했다.

IASB는 기업의 스톡옵션을 비용으로 처리하는 것을 의무화해야 한다고 요구함으로써 기업 회계사의 독립성을 공고히 하고자 노력했다. 그러나 그 요구는 이미 미국에서 강력한 정치적 반대에 부딪혀 좌절된 적이 있었다. 아무리 이성적으로 정당한 일이라 해도 이미 형성되어 있는 고정관념을 바꾸기는 어려웠다. 증권거래위원회의 위원들은 한발 물러서려는 듯했다. 미국의 영향력 있는 회계감사관 몇 명과 행동파 단체들(마지막에는 FASB의 감독기구까지)은 개발도상국, 심지어는 선진국들도 국제기준을 수용할 의지와 능력이 충분하지 않을 수 있다는 의구심을 퍼뜨렸다. 좀더 중요한 점은, 데이비드 트위디와 IASB 위원 대부분이 견지한 원칙주의적 접근법이 GAAP의 상세한 규칙들과 조화를 이루기가 어렵다는 것이었다.

또한 위원회 참여를 주저했던 나라들이 위원회의 내부 경영 방식과 공식적으로 참여한 국가의 수가 적다는 점을 문제 삼았다. 그들이 그러한 의문을 제기할 것이라는 점을 사전에 예상했기 때문에 우리는 그 문제를 다루는 데 가장 적합한 5개 국제 경제단체의 지도자들에게 위원회 이사진의 구성이 적절한지 점검해달라고 요청했고, 그들은 우리의 제안을 수락했다.

5년간의 의장 임기가 끝나가던 2005년쯤에는 장애물들이 사라지는 듯했다. 우리가 성공의 척도로 삼았던, 적어도 국제활동에 적극적인 미국 기업이 우리의 국제기준을 선택할 수 있는 상황이 곧 도래할 것이라는 희망을 품게 되었다. 그 국제기준에 동의하는 국가의 수가 점차 늘어난다는 사실은 곧 그들이 최종적으로 그 기준을 수용하리라는 점을 시사했다. 미국과 국제 위원회들은 더 새롭고 복잡한 영역에서 공동의 기준을 만든다는 데 동의했다. 또한 2007년에 증권거래위원회는 외국 상장 기업에 그들의 국제회계기준International Financial Reporting Standards 계정과목을 미국의 GAAP와 일치시키라고 요구하던 것을 중단하기로 했다. 그것은 우리의 오랜 숙원 사업이었다.

그러나 진전은 더뎠다. 처음에 일률적 기준의 도입을 지지했던 미국 소재 국제 기업 가운데 일부는 국제기준이 보편화될 가능성이 사라지자 관심을 접어버린 듯했다. 그 기준이 진정으로 세계적인 기준이 되기 위해서는 미국의 관료, 기업 그리고 회계감사관의 전폭적인 지원이 필수적이었다. 미국의 세계 자본시장 지배력은 비록 줄어들고 있긴 했어도 여전히 강고했다. 미국이 적극적으로 참여하지 않는 상황에서 다른 국가에 국제적 회계기준을 받아들이라고 주장하는 것은 의미가 없었다. 현재 미국은 감독위원회와 규칙제정위원회에만 참여하고 있다.

하지만 국제기준을 제정하기 위한 노력은 지금도 이어지고 있다. 미국을 포함한 국제적인 회계기준 위원회의 헌신적인 회원들이 정기적인 회합을 통해 증권거래위원회와의 협업과 같은 공동 프로젝트에서 가시적인 성과를 거두고 있는 것으로 알고 있다. 그들의 지속적인 노력이 지금의 답보 상태를 끝내는 데 도움이 되기를 바란다.

— 붕괴: 엔론과 아서앤더슨

회계의 세계로 발을 내딛으면서, 곧 그 세계의 어두운 면에 맞닥뜨리게 될 것이라고는 전혀 예상치 못했다.

엔론Enron 회장 켄 레이Ken Lay를 알게 된 후, 나는 그를 존경하게 되었다. 과거에 울펀슨의 고객이었던 그는 가스·전기 공급업체였던 엔론을 세계 에너지 산업을 혁신할 정도의 기술 중심 회사로 탈바꿈시킴으로써 나를 놀라게 했다. 엔론은 컨설팅 회사 매킨제이앤드컴퍼니 McKinsey & Company의 대표 고객이었는데, 최고경영자인 제프리 스킬링 Jeffrey Skilling도 그 회사에서 영입해왔다.

진정한 혁신이었다. 그러나 10년간 급속도로 성장한 뒤에 그 기업에서 보이던 표면상의 균열들이 점점 커지기 시작했다. 막대한 손실은 계획적으로 설립된 다양한 특수목적법인의 손실로 위장되었다. 신뢰받는 회계법인인 아서앤더슨이 엔론의 회계감사를 맡아 그러한 관행을 도와주고 심지어는 부추기기까지 했다.

2001년 여름, 엔론의 재무건전성에 대한 의구심이 커져가던 와중에 스킬링의 갑작스런 사임은 이를 더욱 부채질했다. 켄이 내게 도움을 요청하지 않은 것이 천만다행이었다. 결국 엔론은 당시까지 미국에서 단일 기업으로는 최대 규모의 파산신청을 하게 되었다.

안타까운 사건이었다. 의회, 증권거래위원회 그리고 미국 검찰은 분식회계의 증거들을 찾아냈고 이는 스킬링을 포함한 최고위 간부들의 구속으로 이어졌다. 켄은 선고를 받기 전에 심장마비로 사망했다. 종합적으로 볼 때, 엔론은 현대식 경영의 무절제한 인센티브 관행을 보여주는 대표 사례였다.

한편 아서앤더슨은 미국 회계법인의 선두 주자로 인식되었는데, 오랫동안 미국 중서부 기업들의 높은 가치를 완벽하게 대변하는 기업으로 스스로를 홍보해오고 있었다. 1913년에 시카고에서 설립된 이래, 아서앤더슨은 세계 곳곳에서 공동경영체제를 발전시켜왔다. 아서 앤더슨과 그의 계승자 레오나르도 스페이섹Leonardo Spacek은 전 세계 회계업계에서 회계 규율을 철저하게 준수하는 리더라는 명성을 얻었다. 그들은 회계기준을 유지하면서 분쟁을 최소화하는 회계법인의 상징이 되었다.

그러나 시간이 흐르면서 젊고 적극적인 직원들이 구세대 회계 파트너들에게 도전장을 내밀었다. 그들은 아주 다양한 컨설팅 서비스를 제공함으로써 더 큰 이윤을 창출하는 사업을 꿈꾸었는데, 그 결과 10년 전 울펀슨이나 다른 컨설팅 기업들도 해결하지 못했던 격렬한 내부 투쟁이 뒤따랐다. 결국 고수익을 내며 성장을 거듭하고 있었던 컨설팅 부문이 액센처Accenture라는 이름의 새로운 기업으로 분리되어 나갔다.

아서앤더슨은 계속 존속했지만 그 후에 한 가지 전략적 실수를 범했다. 바로 엄청난 비용을 들여 자체 컨설팅 사업을 재건하려 했던 것이다.

엔론 사태 이전에 이미 아서앤더슨의 회계 관행은 부정행위에 의해 점점 악화되고 있었다. 2001년 중반에 아서앤더슨은 증권거래위원회가 폐기물관리회사Waste Management Inc.의 회계 부정에 대한 소송을 취하해주는 조건으로 당시까지 회계법인에 부과된 벌금으로는 사상 최대 수준인 700만 달러를 납부했다.[2]

이 사건으로 인해 적어도 공식 징계가 내려질 것으로 보였고, 추가 조사를 받을 가능성도 있었다. 아서앤더슨은 2002년 2월 초에 내게 독립적인 감독위원회의 의장을 맡아달라고 절박하게(정말로 절박한 상황이었다) 요청했다. 나는 업무를 함께할 변호사 두 명을 선발했다. 우리는 적어도 서류상으로는 회사의 정책과 인력을 완벽하게 통제할 권한을 위임받았다. 이는 왁텔립턴Wachtell Lipton 변호사들의 전문적인 (그리고 자발적인) 계약서 작성 능력이 발휘된 결과로, 분명 미국 기업의 역사에서 경영권이 가장 포괄적으로 위임된 사례들 중 하나였다. 전임 미국 회계감사원장이자 아서앤더슨의 파트너였던 척 보셔Chuck Bowsher와 머크앤드컴퍼니Merck & Company의 최고경영자로 막 은퇴한 로이 베이걸로스Roy Vagelos가 합류하면서 우리는 충분한 영향력을 확보했다고 생각했다.

그러나 상황을 개선시킬 가능성은 애초에 없었다. 비록 앤더슨의 대표 파트너 조지프 베라디노Joseph Berardino가 지속적으로 도와주면서 협조적인 자세를 유지했고 우리도 위험 요인을 파악하고 있었지만, 앤더슨 조직 전체의 전폭적인 지지를 얻기에는 우리를 도울 만한 결속력 있는 내부 그룹이 없다는 사실을 깨달았다. 경영이사회의 공식 구성원들은 지리적으로 서로 멀리 떨어져 있었고 거의 만나지도 않았다. 게다가 개별 파트너에 대한 그들의 권한은 제한적이었으며, 해외의 동업 기업은 나름의 고유한 방식으로 운영되고 있었다.

초기에 참석했던 회의에서 앤더슨의 독특한 오렌지 마크가 그려진 마케팅 자료를 보고 충격을 받았던 기억이 떠오른다. 첫 번째 페이지에 회사의 주요 업무들이 열거되어 있었는데, 회계감사는 사업 목록의 위쪽 어디에도 없었다. 그전 10년간 내부 갈등을 겪고 막대한 비용을 투입해 컨설팅 사업을 재건했음에도, 회사 내부의 긴장은 여전히 남아 있었다. 좀 과장해서 표현하자면, 회계 업무는 컨설팅 업무라는 객차에 딸린 화물칸처럼 보였다.

그 후에 회사의 존재 자체를 위협하는 일이 벌어졌다. 법무부가 앤더슨을 기소할 가능성이 있었던 것이다. 나는 처음에는 그럴 확률이 매우 낮다고 확신했다. 5개 거대 회계법인의 하나를 업계에서 사실상 퇴출시키는 것이 어떻게 공공의 이익에 부합할 수 있겠는가? 확신에 가득 찬 나는 독립자문위원회가 최선을 다해 감독한다면 앤더슨 또는 그 일부가 회계업계의 모범으로 거듭날 수 있을 것이라고 자신했다.

한편, 한 무리의 젊은 파트너들이 아서앤더슨이라는 이름을 유지하기를 원했고, 회사를 다시 전문 회계법인으로 만들고자 적극적으로 노력했다. 그러지 않으면 오래된 고객들이 떨어져 나갈 것이기 때문이었다. 이를 위해서는 숙련된 회계사들 중 핵심 인력을 임원급으로 임명하고, 회사 규모를 대폭 축소할 필요가 있었다. 새로운 방법으로 회사를 운영해나갈 가능성, 즉 근본적으로 원래의 아서앤더슨을 부활시킬 가능성이 있어 보였다. 하지만 그 젊은 임원들은 합의를 이끌어내지 못했고, 공동의 목표에 대한 인식이 너무 약했으며, 그들을 이끌 만한 영향력 있는 내부 인사도 없었다.

애석하게도 아서앤더슨이 회생할 수 있다는 실낱같은 희망은 사라져 버렸다.

법무부는 아서앤더슨의 한 변호사가 정부 조사에 쓰일 수 있는 문서들을 폐기하라고 임원급 변호사들에게 지시했다는 점을 구실 삼아 아서앤더슨을 정말로 기소했다. 나는 기소당한 기업을 감독하고 싶지 않았기 때문에 이사회 의장직을 그만두었다. 결국 미국은 국내 5개 대형 회계법인 중 하나를 잃었다. 아이러니하게도, 기소 이후에 내려진 유죄판결은 나중에 번복되었다. 내 견해로는, 법원이 개별 파트너들을 재판한 것은 당연했지만 회사의 혐의에 대해서는 재판을 하지 말았어야 했다.

그 사건에 관해 얘기해달라는 초청을 받아 앤더슨이 졸업한 대학을 방문했을 때 아서앤더슨의 비극이 더욱 분명하게 이해되었다. 노스웨스턴대학 근처 아서앤더슨기념관에서 스페이섹을 기리는 강연이 열렸고, 나는 국제회계기준을 포함한 개혁을 촉구하고 회계의 책임성에 더 많은 주의를 기울일 것을 주장했다.3 조금은 꿈을 꾸고 있다는 느낌이 들었다.

— 사베인스-옥슬리법과 상장회사회계감독위원회

엔론과 앤더슨 사태는 21세기가 시작될 즈음 빈번하게 발생한 기업 및 회계 부정 사건들의 정점이었다. 타이코인터내셔널Tyco International과 월 드컴WorldCom이 가장 규모가 크고 널리 알려진 사례였지만, 그 외에도 많은 사건이 있었다. 나는 2002년 초반에 데이비드 트위디와 함께한 장시간의 상원 은행위원회 증언에서, 나와 친분이 있던 의원들에게 회 계사의 책임을 명확하게 규정하고 그들의 독립성을 강화하는 법률을 제정해줄 것을 호소했다. 당시의 회계기준에 대해 양당 모두 거부감을 느끼고 있었고, 의회가 행동에 나서야 한다는 목소리도 점점 커지고 있었다.[4] 이러한 연유로 의회는 기업 지배 구조와 회계기준을 강화하고 자 했다.

2002년 중반에 소위 사베인스-옥슬리법Sarbanes-Oxley Act이 의회에 서 거의 만장일치로 통과되었다. 조지 W. 부시 대통령은 법안에 서명하 면서 그 법을 "프랭클린 루스벨트 대통령 시대 이래 미국의 기업 관행 을 가장 포괄적으로 개혁하는 방안"이라고 칭했다.[5] 과장일 수 있지만, 이 발언은 내가 의회 증언에서 언급했던 "한때 고상했던 직업의 갑작스 런 위기"[6]에 긴급히 대응해야 할 필요성에 대한 관심을 불러일으켰다.

사베인스-옥슬리법은 회계법인이 회계감사 의뢰인에게 제공하는 대 부분의 컨설팅 서비스를 금지했다. 아서앤더슨 등 회계법인들의 사례에 서 명백히 확인되었듯, 그것은 분명 회계상의 규율을 약화시키는 명백 한 이해 충돌을 초래하기 때문이었다. 하지만 그 법이 적용된다 해도 회계법인의 주요 수입원인 세무 컨설팅은 여전히 허용되었고, 회계감사 의뢰인을 제외한 다른 고객들에 대해서는 모든 컨설팅 서비스가 개발되고 판매될 수 있었다. 아쉽게도 회계법인이 오직 회계감사 업무만을 수행하도록 한다는 이상적 목표는 달성하지 못했다. 감사 대상 기업의 경영진이 감사를 수행할 회계사를 직접 선택하고 그 회계사가 그들로부터 보수를 받는다는 사실에 내재된 이해 충돌도 여전히 불가피했다. (최근 영국 의회가 발표한 한 보고서는 초대형 회계법인들을 강제로라도 분리해야 한다고 주장했다.7 앞으로도 사라지지 않을 이슈다.)

새로 설립된 상장회사회계감독위원회PCAOB는 증권거래위원회의 지원과 감독을 받는 준정부적 감시기관으로서 좀더 중요한 잠재적 의미를 지녔다. PCAOB는 회계기준을 수립하고, 특정 회계감사를 점검하며, 명시된 회계기준을 준수하지 않을 경우 벌금을 부과할 권한을 부여받았다. 가장 중요한 책무를 수행할 기관이었다.

기본 취지상 사베인스-옥슬리법은 폭넓은 지지를 받는 중요한 법률이었다. 언제나 새로운 규제 도입에 부정적이었던 『월스트리트저널』조차도 아서앤더슨의 실패 사례를 언급하며 이 법률을 공개적으로 지지했다. PCAOB가 내게 신설 이사회의 의장을 맡아달라고 요청했지만, 마침내 나는 거절하는 법을 터득했다. 유능한 이사진이 임명되었고, 일정 기간만 그들과 함께 일해달라는 요청을 받아들였다.

유감스럽게도, PCAOB가 예산을 넉넉하게 지원받을 수 있을지 그리고 회계법인들이 규율을 준수하기 위해 계속 충분히 노력할 수 있을지는 아직 우려스러웠다. 특히 PCAOB에 대한 증권거래위원회의 미시적

통제 방식은 효율적 감독과는 거리가 멀었으며, PCAOB는 그 규제 대상인 회계업계의 강력한 로비에 무방비로 노출되어 있었다. 이런 이유들 때문에 회계법인에 대한 검사 및 법 집행 임무를 PCAOB가 충분히 엄격하게 수행할 수 있는지에 대한 의문이 계속 제기되었다.

이 회고록을 쓰는 동안 한 회사의 갑작스러운 몰락으로 초래된 영국 회계업계의 위기에 관한 『파이낸셜타임스』의 연재 기사[8]를 읽고 있었다. 상당히 익숙한 내용이다.

좀더 개인적인 경험을 가지고 얘기하자면, 프린스턴대학 경제학과를 선도한 교수들 중 한 명이자 나의 오랜 친구였던 우베 라인하르트Uwe Reinhardt를 기리는 얼마 전의 추모 예배에서 그러한 위기가 초래된 이유를 더욱 분명하게 이해할 수 있었다. 우베는 추상적인 이론이나 고급 수학에 매몰되지 않았다. 그의 교수 시절에서 가장 빛나던 순간들은, 학교에서 배운 기업회계가 진실을 왜곡하거나 심지어 은폐하는 데 이용되는 방법 등 회계의 실제 작동 원리에 대한 통찰력을 학부생들에게 전해주던 때였다.

수많은 사람이 참석했던 추모 예배의 프로그램 전단에는 그가 퇴임하기 전 회계학과 학생들에게 전한 고별사가 큼지막하게 적혀 있었다. "내가 회계학을 가르치는 이유는 민주주의가 책임성에 의존하기 때문이다. 책임 있는 회계가 없는 한 책임성도 담보할 수 없다."

15장 새로운 금융의 세계: 붕괴와 개혁

연준 의장 임기가 끝나갈 무렵, 은행업과 금융시장의 구조를 통제하는 법률을 개정할 필요성이 뚜렷해졌다. 투자은행들은 위험회피적인 소규모 공동경영회사에서 트레이딩(채권, 주식, 외환 등의 매매 및 중개) 업무를 공개적으로 수행하는 모험적인 기업으로 바뀌어가고 있었다. 기업에 대한 자문 서비스와 기업이 발행한 증권 인수에만 집중해왔던 회사들이 자체적인 트레이딩 능력을 축적하고 있었다. 헤지펀드와 차입 자금을 이용한 기업매수펀드(차입매수펀드. 지금은 '사모펀드'로 불린다)가 등장하기 시작했다.

전통을 중시하는 연준 내부에서조차 광범위한 은행 규제들 중 일부의 폐지 여부를 논의하고 있었다. 우리는 주간 은행업 제한 조치를 완화할 것을 요구했는데, 그것은 오래전에 일어났어야 할 변화였다. 연준이 1933년에 제정된 글라스-스티걸법으로 알려진 은행법의 일부 조항에 대한 유연한 해석을 수용하자, 투자은행과 상업은행 사이 경계가 허물어지기 시작했다. 구체적으로 말하면, 우리는 은행지주회사의 자회사가 기업이 발행한 증권의 거래 및 인수를 (법적 표현으로) '주된 업무로 영위하지' 않는다는 조건하에 해당 활동을 제한적으로 허가했다.

은행의 자본 적립에 위험 요인으로 작용하지 않는 부동산 및 보험 중개활동과 관련해서도, 어느 순간부턴가 우리 연준은 은행의 제한된 자유를 확대하는 새 법률을 제안하자는 리건 재무장관의 의견에 거의 동의하는 듯했다.

1990년대 들어 금융산업이 더욱 빠르게 변화했는데, 이는 금융 관련 기술의 발전에도 일부 기인했다. 트레이딩 업무가 점차 투자은행의 주 소득원이 되어가고 있었다. 새로운 파생상품들은 위험을 감소시킬 기회를 열어주는 수단으로 여겨졌다. 성과급 체계와 엄청난 규모의 연말 보너스는 과도하게 공격적인 위험추구 행태를 유발했다. 사모투자회사와 헤지펀드들이 급격하게 늘어났다. 상업은행은 그러한 흐름에서 소외되었다.

— 글라스-스티걸법의 폐지

내가 연준을 떠난 뒤 10년이 지날 즈음, 금융산업의 변화에 적극적으로 대응할 필요성이 최고조에 달했다. 1998년 4월에 존 리드가 이끌던 시티뱅크는 대규모 보험 사업부와 스미스바니Smith Barney 투자은행을 소유한 샌디 와일Sandy Weill이 이끄는 트래벌러스컴퍼니Travelers

Company와 합병되었다. 글라스-스티걸법에 규정된 상업은행과 투자은행 간의 경계를 명백하게 허무는 거래였다. 그러나 곧 연준의 지원으로 그 조항이 무력화될 것임이 분명해졌다.

나는 당시에 두 가지를 주로 우려했다. 하나는 은행업과 (주요 활동 영역이 금융부문이 아닌) 상업 간 분리를 유지하는 것이었다. 이 주장은 맹렬하게 공격받았으며, 특히 소매유통업체 시어스로벅Sears Roebuck이 비판을 주도했다. 시어스로벅은 1980년대 초에 주식 중개회사 딘위터 레이놀즈Dean Witter Reynolds를 인수했는데, 두 회사의 결합은 종종 '양말과 주식socks and stocks'이라고 놀림받았다. 시어스로벅은 캘리포니아 주에서 소규모 저축대부업체를 운영했으며 나아가 은행 프랜차이즈도 구축하고자 했다. 시어스로벅이 주말마다 시카고로 의회 의원들을 초대하여 로비를 벌였던 기억이 선명하다.

나는 하원 의회 증언에서 은행업과 상업 간 구분을 유지해야 할 여러 근거를 제시했다. 내가 주로 우려했던 점들은 불가피한 이해 충돌, 지역 경제 자원의 부적절한 쏠림 그리고 지나치게 강한 경제 권력이었다. 예컨대 소규모 도시나 작은 마을에서 자영업자들이 어떻게 은행이 소유한 기업과 경쟁하여 살아남을 수 있겠는가? 기업을 소유한 대도시의 대형 은행조차 고객들과의 관계에서 생기는 갈등에 직면할 수밖에 없었고, 그로 인해 경영 과정에서 새로이 발생하는 위험을 부지런히 파악해내야 했다. (결국 2018년 1월 제너럴일렉트릭의 공격적이고 수익성 높은 금융 자회사 GE캐피털GE Capital이 보험금 잔액이 150억 달러 부족하다는 사실을 공개했을 때[1] 이 점이 분명하게 입증되었다.)

상업은행의 트레이딩과 여타 금융활동을 제한했던 글라스-스티걸법을 폐지한 소위 그램-리치-블라일리법Gram-Leach-Bliley Law의 입법 과정에서 아이오와주 하원의원 짐 리치Jim Leach가 집요하게 노력한 덕분에 은행업과 상업 간 경계가 유지될 수 있었다. (이 법의 명칭은 짐 리치, 텍사스주 상원의원 필 그램Phil Gramm, 버지니아주 하원의원 톰 블라일러Tom Bliley의 이름에서 유래한다.) 비록 원자재 상품 거래와 관련된 일부 규제가 미비해서 규제 공백 한두 개가 악용되는 경우는 있지만, 그 경계는 여전히 유효하다.

그램-리치-블라일리법에 대한 나의 또 다른 우려는 새로이 정의된 '은행' 또는 '금융'지주회사에 대해 연준이 강력한 통제권을 보유하는지 여부였다. 당시 새로 탄생한 시티그룹은 은행(시티뱅크), 중개회사(설로몬브러더스) 그리고 보험회사(트래벌러스)를 소유한 최대 규모의 금융지주회사였다. 시티그룹의 자회사들이 여전히 다른 규제기관(주의 보험규제기관, 증권거래위원회 등)의 감독 대상이었기 때문에 지주회사의 특정 활동을 최종 감독할 권한과 관련된 혼란이 불가피했고, 그러한 혼란은 실제로 일어났다. 짐 리치는 그 법률로 연준에 모든 은행지주회사의 감독기관이라는 지위를 부여하려 시도했으나 부분적으로만 성공했다. (10년 뒤 글로벌 금융위기가 발발하자, 그는 글라스-스티걸법을 폐지한 것이 실수였다고 후회하는 투로 말했다.)

— 파생상품의 세계

나는 '금융공학'의 급속한 발전과 그 활용법에 대해 전문적인 지식도 없을뿐더러 친숙하지도 않다. 그래서인지 20년 전 이탈리아 코모 호수가의 빌라데스테 호텔에서 열린 고위급 사업가들의 콘퍼런스에서 런던의 한 젊은 투자은행가가 열정적으로 발표한 내용에 내 또래의 다른 참석자들과 마찬가지로 깊은 인상을 받았다. 그는 새로운 금융상품들을 충분히 이해하고 사용할 능력이 없는 기업, 특히 금융회사는 몰락을 피하기 어려울 것이라고 강력하게 경고하며 발표를 마쳤다.

나는 청중석에서 우연히 1990년 노벨 경제학상 수상자 윌리엄 샤프William Sharpe 옆에 앉게 되었다. 그의 '샤프 비율Sharpe ratio'은 펀드 매니저들 사이에서 위험조정수익을 산출하는 수단으로 널리 사용되고 있었다. 나는 팔꿈치로 그를 슬쩍 밀면서, 금융공학이 GNP로 측정되는 경제성장에 얼마나 기여할지를 물었다. "아무것도요"라고 그가 속삭였다. 기대했던 답이 아니었다. "그럼 금융공학의 기능은 뭔가요?"

"그저 금융시스템 안에서 경제적 지대▪를 이리저리 옮길 뿐입니다. 꽤나 재미있기도 하고요." (그는 나중에 함께한 저녁 식사에서 금융공학이 경제 후생을 조금이나마 증진시킬 수 있다고 얘기했지만, 나는 이미 그의 진짜 생각을 파악했다고 느꼈다.)

짧은 시간에 큰 인기를 얻은 금융공학 발명품이 하나 있었다. 신용

▪ 경제적 지대는 인구밀도 상승에 기인하는 지가 상승분과 같은 불로소득을 의미한다.

부도스왑credit default swap은 원래 은행의 대출 포트폴리오를 부실위험으로부터 효과적으로 보호하는 수단을 제공할 목적으로 설계되었는데, 이후 트레이딩 상품으로 거래되면서 그 수가 급속도로 증가했다. 파생상품의 공개적 거래는 이른바 대출의 증권화securitization를 가능케 했다. 위험성이 높은 '서브프라임subprime' 대출 채권들을 매입하여 하나로 묶은 뒤에 다시 위험 등급을 세분해서 투자자에게 판매하는 증권이 대표적인 예다. 오직 소수의 현명한 사람들, 또는 '옛날 사람들'만이 파생상품의 안전성에 의문을 제기했다. 워런 버핏은 2002년에 주주들에게 보낸 편지2에서 파생상품을 "지금은 잠복해 있지만 나중에 치명적으로 변할 위험을 탑재한 금융시장의 대량 살상 무기"라고 불렀다.

나는 파생상품에 내재된 리스크를 모두 파악하고 있다고 확신할 수 없었기 때문에 이에 대한 내 견해를 적극적으로 밝히지는 않았다. 하지만 G-30의 의장으로 재임하던 중에 마침내 결정을 내려야 할 순간이 찾아왔다. 앞부분에서 언급한 대로, 당시 나는 G-30의 한 연구 모임이 파생상품에 관해 작성한 장문의 보고서 초안을 받았다.3 주요 은행과 그 자문기관들이 적극적으로 참여하여 깊은 고민을 나눈 흔적이 보였다. 보고서는 파생상품이 위험관리에 긍정적으로 작용할 수 있다는 점을 부각시켰으나, 한편으로는 파생상품의 잠재적 위험성, 강력한 내부 통제 및 충분한 자본 적립의 필요성에도 주의를 기울일 필요가 있다고 주장했다.

그러나 초안의 서문과 전반적인 연구 결과는 지나치게 긍정적인 느낌을 주었다. 이는 우리가 금융의 신세계로 진입하고 있음을 반영했다.

금융공학 기술로 신용을 '분해'한 뒤 위험 요소들만을 골라내, 그것을 감당할 수 있고 감당하려는 사람들에게 효율적으로 이전할 수 있다는 새로운 수사가 널리 퍼져나갔다.

나는 보고서의 내용 중 파생상품에 대한 지나치게 긍정적인 표현을 조금이나마 완화시킬 필요가 있다고 강하게 주장했다. 하지만 어떤 이들은 금융공학이라는 마술이 어떤 식으로든 위험을 해소할 것이라는 믿음을 너무 쉽게 받아들였다. 그들의 믿음과 달리, 당장은 눈에 결코 보이지 않았지만 곧 다른 모습으로 다시 나타날 위험에 주의를 기울이지 않은 크고 작은 금융기관들에 이끌려 우리는 금융위기를 향해 나아가고 있었다. '경제적 지대'를 이리저리 옮긴 비용은 막대했다.

— 짙어지는 먹구름

워싱턴에는 연방정부의 만성적인 적자와 심각한 재정 상태에 대해 상시적으로 우려를 표명하는 단체가 많다. 나는 그중 한 단체와 2000년대 초반에 회의를 가졌는데, 회의장을 떠나면서 누군가 던진 질문에 대해 즉흥적으로 우려 섞인 답변을 했던 것을 기억하고 있다.

"폴, 정말로 큰 규모의 금융위기는 언제쯤 닥칠까요?"

"75퍼센트의 확률로 5년 이내에 올 거라고 봅니다"라고 문을 나서면서 무심코 대답했다. 나는 나중에 참석자 중 적어도 한 사람이 기자였음을 알게 되었다.[4]

하지만, 이듬해 스탠퍼드대학의 대형 강연에서 발표할 연설문을 세심한 주의를 기울여 작성하던 순간에는 결코 무심할 수가 없었다.[5] "살얼음판 위에 있는 미국 경제"라는 강연 제목이 당시의 경제 상황을 반영하고 있었다.

물가는 안정되어 있었고, 경제는 성장세를 유지했다. 그러나 경제의 불균형 상태는 심각했다. 소비가 너무 많고, 저축은 너무 적었으며, 재정적자뿐 아니라 경상수지 적자(GDP의 6퍼센트로, 과거에는 상상하지도 못했던 수준이었다)도 매우 컸다. 분명 우리는 미국으로 유입된 외국자본으로 적자를 손쉽게 충당해가면서 경제적 여력을 넘어선 삶을 영위하고 있었다. 나는 이 모든 것이 "내가 기억할 수 있는 수많은 것 중에서 가장 위험하고 제어하기 힘든" 상황을 초래하고 있다고 지적했다. 또한 "지금 세계경제의 성장을 매우 튼튼하게 뒷받침하고 있는 자본시장에 대한 자신감이 앞으로 어느 시점엔가는 사라질 것"이라는 경고도 덧붙였다. 불행히도, 당시 상황은 결국 정책 변화가 아닌 '조정'으로밖에 대응할 수 없는 금융위기로 발전될 가능성이 컸다.

버냉키가 2006년 2월 연준 의장에 취임한 후 그와 처음 만났을 때, 나는 반 농담으로 향후 5년 내에 대규모 금융위기가 발생할 것이라는 개인적 전망을 언급했다. 글로벌 금융위기가 불과 몇 년 남지 않은 시점이었다. 그는 예의바른 웃음만 지었다.

그로부터 2년 후, 전임 재무부 차관이자 당시 뉴욕 연방준비은행 총재였던 팀 가이트너Timothy Geithner가 나의 아파트를 방문했다. 그는 서브프라임 모기지의 가치에 대한 금융시장의 불신이 커지면서 자금 조달에 어려움을 겪고 있던 베어스턴스Bear Stearns가 파산에 이를 수 있다며 조언을 구했다. 월스트리트의 5대 투자은행 중 하나의 파산은 분명히 심각한 영향을 미칠 것이었다. 나의 유일한(아마도 확실했을) 조언은 베어스턴스를 인수할 기업을 빨리 찾아보는 게 좋겠다는 것이었다.

가이트너, 버냉키 그리고 재무부 장관이었던 행크 폴슨Hank Paulson은 JP모건JP Morgan의 복잡한 베어스턴스 인수 작업을 완료하기 위해 주말 동안 고되게 일해야 했다. 인수 계약의 핵심적 요소는 연준이 베어스턴스의 모기지 자산 중 약 300억 달러를 보증하는 것으로, 굉장히 이례적이었다. 아주 오랫동안 사문화되어 있던 연방준비법 13조 3항, 즉 비은행기관에 대한 긴급 대출에 연준이사회의 절대 다수가 찬성해야만 보증이 가능했다. 특히 나는 1975년 뉴욕시가 거의 파산에 이르렀을 때도 연준이 은행시스템 이외의 영역에서 최종 대부자 기능을 수행하면 안 된다는 이유로 13조 3항의 긴급 대출이 거부되었다는 사실을 익히 알고 있었다.

베어스턴스 구제 조치가 실행되고 나서 몇 주 후에 나는 뉴욕경제클럽Economic Club of New York에서 강연을 했다. 내 강연 내용에서 한 문장이 사람들의(특히 옆에 앉았던 가이트너의) 큰 관심을 끌었다. 연준이 베어스턴스 구제에 있어서 "합법적이고 암묵적인 권한의 극단"에서 행동했다는 내용이었다. 그때나 지금이나, 그러한 비전통적 권한의 무분별한 사용을 권유하고 싶지 않다. 연설 뒷부분에서는 금융시스템에 필요한 개혁 조치들에 대해 개략적으로 얘기했다.

금융시장은 베어스턴스 사태 이후 다시 진정되었다. 조지 부시 행정부의 재무장관이었던 닉 브래디와 나는 과거 경험을 되살려가며 향후 계획을 마련하기 위해 종종 토론했다. 우리는 베어스턴스 사태가 나중에 더욱 심각해질 위기의 초기에 나타난 하나의 극단적 사례에 불과한 건 아닐지 우려했다. 대형 모기지기관인 패니매와 프레디맥 또한 자금 조달에 애로를 겪고 있었다. 단기자금시장 펀드는 취약해 보였고, 파생상품 시장에서는 과열 현상이 나타나고 있었다. 우리는 전 통화감독청장 유진 러드위그Eugene Ludwig와 함께 금융기관의 자산을 매입하고 취약한 기관에 자본을 투입할 권한을 갖춘, 연준과는 다른 정부기관을 설립하자는 계획을 수립했다. 1980년대 말과 1990년대 초반에 저축대부업체들의 문제를 정리하는 데 도움이 되었던 정리신탁공사Resolution Trust Corporation를 모방하는 것이었다. (정리신탁공사 자체도 보수 공화당원인 후버 대통령의 행정부가 1932년에 설립한 재건금융공사Reconstruction Finance Corporation를 모델로 삼았다.)

우리의 제안이 공표되었을 때, 리먼브러더스Lehman Brothers의 파산이 개별 금융기관의 문제들을 전면적인 금융시스템 붕괴로 확대시키고 있었다. 이 사태는 정치적 논란의 여지에도 불구하고 절박하게 요구되었던 7000억 달러 규모의 부실자산구제프로그램TARP에 대한 의회의 지지뿐 아니라, 연준과 재무부가 가진 권한의 이례적인 발동까지 정당화했다.

금융공학의 복잡함에 익숙한 사람이든 금융위기를 경험해본 노련한 전문가든 간에, 우리가 유일하게 알고 있던 사실은 미국 경제가 2008년의 대침체로 이어진 금융시스템 붕괴의 한복판에 서 있다는 점이었다. 금융시스템은 회복 불가능할 정도로 손상되었고, 어떤 정부기관도 금융시스템을 복구할 수 없었다. 미국뿐 아니라 유럽에서도 안전하게 작동하는 질서를 재건하는 데까지는 수년간의 노력이 필요했다.

이와 똑같은 정도로 예상된 바였는데, 새로운 질서를 보호하기 위한 개혁 조치들은 얼마 지나지 않아 조금씩 후퇴했다. 금융위기가 발생한 후로 10년이 지난 지금, 우리는 바쁘게 움직이는 다람쥐 같은 로비스트들이 궁극적 목적은 숨긴 채로 효율성과 단순함(그 자체로는 좋은 것이지만)을 제고시킨다는 명분하에 금융질서의 새로운 안전판들을 조금씩 갉아먹는 상황에 놓여 있다.

— 오바마 대통령과의 만남

2007년 말에서 2008년 초까지, 나 또한 다른 사람들처럼 미국의 미래와 지도력에 대한 좌절감에 사로잡혀 있었다. 하지만 젊은 버락 오바마의 갑작스러운 정치 무대 출현이 미래에 대한 희망을 압축적으로 보여주었다. 대통령 선거에 출마한 그의 존재는 로자 파크스의 앨라배마주 버스 탑승 운동과 "나에게는 꿈이 있습니다"라는 마틴 루터 킹의 링컨 기념관 연설에서 표현된 인종 간 평등이라는 이상을 구현하는 듯했다.

오바마에게 관심은 있지만 의심도 많았던 월스트리트 사람들과 함께 나는 오바마 선거 캠프가 마련한 워싱턴 만찬 행사에 참석했다. 모임이 끝나기 전, 나는 당장은 그를 공개적으로 지지할 수 없지만 계속 연락하자고 말했을 정도로 큰 감명을 받았다. 그로부터 얼마 후에 나는 한동안 오바마의 비공식 경제 참모로 활동했던 시카고대학 교수 오스턴 굴즈비Austan Goolsbee를 시카고에서 만나 장시간 대화하곤 했다.

종종 나를 민주당원이라 칭하는 글을 접했다. 내가 아들라이 스티븐슨에게 매혹되었던 60년 전에는 맞는 말이었다. 하지만 재무부나 연준의 고위직으로 생활하던 시기, 나는 (비록 성공적이진 않았지만) 정치적 꼬리표가 붙는 것을 피하려 노력했다. 내게는 두 정당 모두 기피 대상이었다. 유일한 예외는 2000년에 앨 고어를 상대한 빌 브래들리의 대통령 예비 선거에서 내 연설 중 최고로 꼽을 만한 연설로 그를 지지했던 때였다. 나는 선거에 나가길 주저하던 브래들리에게 입후보하라고 설득했던 많은 사람 가운데 하나였다. 그는 정치적 능력이 출중했고, 프린스턴대학에 대한 애정이 많았으며, (나보다 5센티미터 작았지만) 나와는 비교가 안 될 정도로 뛰어난 농구선수였다.

여하간 나는 2008년 1월에 오바마 상원의원에 대한 강력한 지지 선언문을 발표했고, 이후 선거운동 행사에 몇 번 참석했다.

선거가 끝나고 얼마 지나지 않아, 대통령에 당선된 오바마가 집으로 전화를 걸어왔다. 그는 두 가지를 물었다. 첫 번째 질문은 재무장관직에 조금이라도 관심이 있는지였다. 81세의 나이에 새로운 최고령 재무장관이라는 타이틀을 거머쥘 수 있겠다는 생각은 들었다. 하지만 나는 이미 충분히 역할을 다했다고 생각했으며, 정말로 새로운 도전을 원하는지 확신이 서질 않았다. 나는 임기를 확실하게 채울 준비가 되어 있지 않다고 답했다. 1~2년만 일하는 것은 의미가 없다고 생각했기 때문이다. 그도 그런 답변을 기대했고, 내 의견에 동의했다고 생각한다.

그가 정말 물어보고 싶었던 것은 재무장관과 백악관 경제자문위원 후보로 염두에 두고 있는 두 사람을 내가 어떻게 생각하는지였다(분명히 더 이상의 후보는 없었다). 나는 두 후보 모두를 알고 있었지만, 그들이 당시 위기를 어떻게 수습하려 하는지에 대해서는 실질적으로 아는 바가 없었다. 다만 내가 알고 있던 바는 그들의 성격과 지도자로서의 자질이 오바마의 결정을 좌우할 정도로 매우 이질적이라는 점이었다. 재무장관에 팀 가이트너, 대통령 국가경제위원회National Economic Council 위원장에 래리 서머스Larry Summers를 임명한 것은 그들 각자의 재능을 고려한 합리적 결정이었다.

― 오바마 자문위원회

나는 서머스, 가이트너, 오스턴 굴즈비 그리고 대통령 경제자문위원회의 신임 위원장 크리스티나 로머Christina Romer를 포함한 새로운 경제팀과의 기획 회의에 몇 번 참여했다. 새로운 재정 프로그램의 규모를 결정하고자 했던 가장 중요한 회의에서, 신임 관리예산실장이 내 옆에 앉아 있었다. "안녕하세요, 저는 피터 오재그Peter Orszag입니다. 의장님이 20년 전에 프린스턴대학에서 주최하셨던 세미나에 참석한 적이 있습니다."

한 세대가 흘렀다.

취임 직전, 오바마 대통령은 내게 대통령경제회복자문위원회PERAB 라는 새로운 조직을 이끌어달라고 요청했다. 경제에 대한 독립적이고 초당적인 조언을 전달할 통로로서 그가 계획하고 있던 조직이었다.

그래서 나는 다시 한번 '의장님'이 되었다.

그러한 위원회가 강한 영향력을 가질 거라는 환상은 없었지만, 회의 가 반드시 공개적으로 개최되어야 한다는 점과 구성원들의 정치적 성 향이 다양하다는 점을 알고는 더더욱 그랬다. 각 부처의 장관급 공무 원들과 자문 위원들 사이에서 경쟁과 갈등이 일어날 가능성이 문제가 될 수 있었다. 하지만 위원회는 의회와 오랫동안 소통해온 사람들과 접 촉할 수 있는 매개체이기도 했다. 또한 나는 그 위원회 덕분에 그전에 울펀슨에서 같이 일했던 동료 한 명을 워싱턴의 세계로 입문시킬 수 있었다. 웨스트포인트(육군사관학교)를 졸업한 토니 다우드Anthony Dowd 는 당시 사모펀드 매니저 겸 중소 기업 경영 전문가로 일하고 있었다. 나중에 보니 그는 위원회에 꼭 필요한 존재였다. 그는 회의 준비, 정책 과제 연구 등의 업무를 수행하면서 법인세, 모기지, 인프라 재건축 등 에 대해 유용한 보고서들을 작성하는 데에도 기여했다. 그뿐만 아니라 그는 위원회의 꿋꿋한 지지자이자 협상가이기도 했다. 그는 내가 위 과 제들과 관련된 입법 과정에 밀접하게 관여하도록 해주었고, 그러면서 판단력과 유능함을 인정받았다.

경제회복자문위원회는 그 후에 있을 금융규제 개혁 논의 테이블에 내 자리를 마련해주었다. 나중에 대통령 집무실로 이어질 자리였다.

― 도드-프랭크법, 규제 개혁, 그리고 볼커 룰

만약 내가 없었다면 가이트너와 서머스가 좋아했을 것이라고 확신한다. 실제로 정책적 접근법에 있어서 그들과 부딪힐 가능성이 존재했다.

하지만 타이밍이 괜찮았다. 신임 대통령의 취임 직전, G-30이 다소 포괄적인 개혁안들을 담은 「금융개혁: 금융안정을 위한 정책체계 Financial Reform: A Framework for Financial Stability」라는 보고서를 발표했다. 여러 나라 출신의 실무 연구진이 작성한 권고안이었지만, 보고서에는 주요 저자인 나의 생각이 정확히 반영되어 있었다. 보고서에서 제시된 대부분의 개혁 조치가 금융개혁 논의 과정에서 다루어졌다.

국제적으로 활동하는 대형 은행뿐 아니라 모든 '시스템상 중요한 금융기관'에 대해 더 높은 자본 적립 기준을 공통적으로 적용해야 할 필요성이 크게 확대되었다. 특히 미국에서는 복잡하고 빠르게 팽창하는 금융시장을 감독하는 기관이 중복되거나 가끔은 아예 존재하지 않는 문제를 해결해야 했다. 또한 중앙은행의 금융안정 역할을 강화해야 한다는 주장이 부각되었다. 이러한 주장에는 행정부 내의 공통 의견이 반영되어 있었다. 그러나 행정부 내에서 합의되었다 하더라도, 그처럼 폭넓고 일률적인 내용이 구체적인 입법안으로까지 이어지기는 어려웠다. 대통령은 조바심이 났다. 그는 (내가 보기에는 순수한 의도로) 신임 재무장관에게 재무부의 전략을 공개적으로 발표하라고 요구했다. 구체적 제안들에 대한 충분한 검토와 내부 평가가 이루어지지 않았다는 사실을 모두들 잊고 있었다. 그 결과, 가이트너는 금융위기를 예방하기 위한 대략적인 계획을 마련하는 데 모든 에너지를 쏟으며 고통스럽고 힘든 시간을 보내야 했다. 그의 계획들이 실제로 어떻게 실행될지에 대한 불안감 때문에 주식시장은 급락했다.[6]

가이트너가 몇 주 만에 내부적으로나 대외적으로나 권위와 영향력을 되찾을 수 있었다는 사실은 그의 성품과 능력이 얼마나 훌륭한지를 여실히 보여주었다. 금융개혁을 위한 그의 활약이 널리 인정받고 모범이 된 것은 당연하다. 그의 기본적인 아이디어는 스트레스 테스트를 도입하자는 것이었다. 장기적 경기침체 혹은 2008년 금융위기와 같은 극단적이고 예기치 못한 상황이 벌어졌을 때 전체 금융시스템에 위협을 가할 수 있는, '시스템상 중요한' 금융기관들의 회복력을 정기적으로 평가하는 테스트다. 지금 이 테스트는 미국뿐 아니라 세계 여러 나라에서 금융규제 및 감독의 필수적인 요소가 되었다.

한편, 하원 금융서비스위원회의 바니 프랭크Barney Frank 위원장과 얼마 후 상원 은행위원회 위원장을 맡은 크리스 도드Chris Dodd가 그들이 생각하는 중요 사항들을 입법화하려 준비하고 있었다. 금융시장 안정화와 경기 부양뿐 아니라 소비자 보호, 건강보험 법률, 제너럴모터스와 크라이슬러 구제금융 등 정치적으로 민감한 문제들에 몰두해 있던 행정부는 금융개혁에 있어 적어도 의회에는 뒤지지 말라는 압박을 받고 있었다.■

■ 2009년 초에 널리 퍼져 있던 불확실성과 좌절감은 나를 '경제 황제'라고 부르자는 의회 일부의 제안과, 내가 연준의 지원으로 회생시킨 거대 보험회사 AIG의 임시 회장을 맡아야 한다는 요구에 의해 명백하게 드러났다. 나는 두 가지 모두에 대해 관심이 없었다. 경제회복자문위원회에서 수행한 역할로도 충분했다.

나는 경제회복자문위원회 의장으로서 많은 내부 토론에 참여했고, 상원위원회 소속 일부 위원들의 견해를 알게 되었다. 우리는 대마불사 문제를 다뤘고, 연방정부의 금융 안전망으로부터 혜택을 받는 은행들의 투기적 트레이딩과 여타 자기자본을 이용한 투자를 축소시키는 금융규제 구조에 관한 핵심 사항들을 관철하려 노력했다. 그런 유형의 투자는 과도한 위험을 초래하기 마련이었다.

우리는 대통령에게 제안할 경제회복자문위원회의 금융개혁 권고안들을 비공개 상태로 유지했는데, 권고안이 재무부나 백악관의 제안과 공개적으로 충돌하지 않도록 하기 위해서였다.

그해 6월 오바마 대통령은 많은 사람이 열망해온 금융 소비자 보호 기관 신설을 포함하여 미국 금융규제 체계의 전면적인 개혁 방안을 제안했다.[7] 또한 주요 금융기관에 대한 연준의 감독을 강화할 필요성과 유관 기관들 간의 상호작용을 좀더 효율화할 필요성도 강조했다.

나는 금융규제 구조의 진정으로 효과적인 재편, 단기자금시장 펀드의 역할에 대한 적절한 규정 등 핵심 쟁점 몇 가지가 해결되지 않았다고 생각했다. 결정적으로 정부의 보호를 받는 상업은행의 투기적 거래를 제한하자는 제안은 논의조차 되지 않았다. 현재 그러한 상업은행의 범주에는 위기가 최고조에 달하면 연준의 감독과 지원을 받을 수 있는 주요 투자은행들도 포함되어 있다.

나는 충분히 많은 금융위기를 경험하고 충분히 오랫동안 연준이사회 이사 및 연준 의장의 직책을 수행한 후에야, 우리가 금융안정에 대한 잠재적 위협에 주의를 기울이지 못하는 실수를 반복하고 있다는 사실을 깨달았다.

연준은 유일한 은행 감독기관도 아니고, 금융위기에 대해 책임을 져야 할 유일한 기관도 아니다. 그러나 연준은 맡은 책무가 광범위하기에 감독권 실행의 효율성과 독특한 방식으로 연결되어 있으며, 이를 신경 써야만 한다. 하지만 하루, 한 달 혹은 한 해 주기로 위험을 파악하고 필요한 규율을 집행하는 데 항상 충분히 관심을 기울이지는 못한 것 또한 사실이다. 적어도 최근까지는 다른 금융감독기관들도 마찬가지였다. 기본적으로 높은 전문성이 필요하며 정치적으로 민감한 활동이기 때문이다.

더욱이, 세기말 전부터 과도하게 왕성해진 금융활동이 은행업의 경계를 넘어 은행 감독기관들의 직접적 감시와 정책적 관심이 미치지 못하는 영역에서 이루어지고 있다. 도드-프랭크법에 의해 설립된 금융안정감독위원회FSOC의 존재가 이러한 문제에 대한 인식을 보여준다. 그러나 FSOC는 감독기관 각각의 활동 영역과 정치적 우선 사항을 조화시키려는 정치적이고 조잡한 노력의 결과물이었을 뿐이다.

개혁이 전면적으로 이루어지지 않았기 때문에 나는 연준이 금융규제 개혁에 지속적으로 관심을 기울이고 집중해야 하며 연준의 감독능력도 강화되어야 한다고 온 힘을 다해 끈질기게 주장했다. 이를 위한 법적 수단은, 연준 이사들 가운데 한 명을 연준 자체의 감독 기능을 이끌면서 기존 규제 정책 및 방식의 적절성에 대해 의회에 정기적으로 보고할 책임을 지는 부의장으로 임명하는 것이었다.

연준 이사 한 명에게 그렇게 큰 책임을 부여하는 것이 적절한가라는 의문이 제기되었다. 그 이사가 연준 의장과 충돌하면 어떤 일이 일어날지 모른다는 것이었다. 그러나 내가 아는 한, 이사회 내에서의 의견 불일치는 일견 해로울 수 있지만 한편으로는 유용한 측면도 있다.

2010년에 제정된 도드-프랭크 금융개혁법의 일부가 된 그 새로운 직책을 담당할 사람은 몇 년이 지나서야 공식적으로 임명되었다. 그사이에는 유능한 이사였던 대니얼 터룰로Daniel Tarullo가 그 책임을 주로 수행했다. 도널드 트럼프 대통령이 첫 번째로 임명한 연준 이사인 랜들 퀼스Randal Quarles는 2017년 10월에 금융감독이라는 구체적 책무를 부여받았다. 우연히도 퀼스는 유타주의 에클스Eccles 가문과 연준 사이의 오랜 인연을 이어가게 되었다. 그의 부인 호프 에클스Hope Eccles는 금융규제에 많은 주의를 기울였던 전임 연준 의장 매리너 에클스의 친척이었다. 그러한 인연이 연준의 가장 중요한 책무인 금융감독에 대한 책임감을 높이는 데 도움을 줄 것이라 생각한다. 금융시스템의 안정을 위협하는 비이성적 과열은 오래전부터 있어왔다. 돌이켜보면 자주 반복되어온 일이지만, '감독기관들은 도대체 뭘 하고 있었던 거지?'라는 질문에 대해 적절한 답변이 나온 적은 없었다.

방대한 도드-프랭크법은, 좀더 근본적인 수준에서, 금융규제 구조의 분절 문제를 적절히 해결하지 못했다. 의회의 위원회들은 좀더 긴급해 보이는 개혁 조치들 사이에서 분절 문제는 너무도 복잡하고 정치적인 사안이라고 판단했다.

의회의 망설임은 이해할 수 있었다. 하지만 대부분의 규제기관, 규제 대상 금융기관 그리고 의회 위원회의 리더들은 기존 금융규제 체계의 중복, 비일관성, 사각지대 등의 문제점을 알고 있었다. 정부의 무능과 비효율이 나타나는 영역을 파악하는 데 몰두하고 있는 지금, 그 문제들은 각별한 주의를 요하는 영역이라고 생각한다. 그러나 다음번에 찾아올 위기가 감독 체계상의 취약점들을 충분히 드러낼 때까지 해결되지 않을 가능성이 매우 높다.▪

  도드-프랭크법의 복잡한 내용 중에서 또 다른 논쟁거리이자 널리 알려진 규제에는 나의 이름이 붙어 있다. 규제의 목적은 자기자본을 이용한 투자 행위, 그리고 상업은행이 사모투자펀드 및 헤지펀드를 소유하고 통제하는 행위에 내재된 이해 충돌과 부적절한 인센티브를 개선하는 데 있다. 고객과의 관계 및 윤리를 우선시하겠다는 금융기관의 도덕적 약속과는 모순되게, 특정 거래를 성사시킨 대가로 성과급을 지급해주는 관행과 이해하기 어려울 정도로 복잡한 금융공학이 결합되면 고객에게 손해를 입히는 부적절한 행위로 이어지기 마련이다. 본질적으로 고객의 이해와 충돌하는 투기적 자기자본 투자에 성공했을 때 주어지는 보상은 실제로 트레이딩룸을 넘어 최종적으로는 은행 전체의 분위기와 보상 체계를 왜곡시킨다.

  연방정부의 '안전망'으로부터 혜택(연준의 유동성, FDIC의 예금 보험 등 여타 무형의 지원 수단들)을 받는 금융기관이 안전하고 효율적이며 유용한 지급 시스템을 이용하면서 다른 한편으로 예금수취, 대출, 여타 대

▪ 볼커 연맹은 2015년 4월에 「금융규제 시스템의 재편Reshaping the Financial Regulatory System」이라는 보고서에서 그 문제에 대한 분석 결과를 발표하고, 실행 가능한 개혁 조치들을 제시했다.

고객 서비스 등 은행의 핵심 업무와 무관한 고위험 투자를 실행하는 것은 부적절하다고 생각한다. 지금은 이러한 견해가 폭넓게 공유되고 있다.

상업은행의 자기자본을 이용한 투자를 금지하자는 나의 제안은 몇 달이 지나도록 오바마 행정부 내에서나 외부에서나 거의 관심을 끌지 못했다. 행정부의 지원이 없었기 때문에 위원회에서 함께 일한 다우드가 여름과 가을 내내 의원들과 그 보좌진을 직접 만나가며 설득했고, 결국에는 상원 은행위원회에서 어느 정도의 지지를 끌어낼 수 있었다.

내가 느꼈던 좌절감과 분노는 『월스트리트저널』의 후원으로 2009년 12월에 열린 한 콘퍼런스에서 극에 달했다. 그날 오후 내내 규제가 트레이딩과 '혁신'을 저해해서는 안 된다는 은행가들과 트레이더들의 경고를 들어야 했기 때문이다. 그들의 발언에 대한 나의 충동적 반응은 나중에 『월스트리트저널』에 그대로 보도되었다. "정말입니다, 여러분. 정신 차리세요. 저는 당신들의 반응이 부적절하다는 점만 말씀드릴 수 있습니다. 누구라도 최근의 금융혁신과 경제성장 간의 관계에 대한 객관적인 증거 몇 개를, 아니 단 하나의 정보만이라도 제시해주면 좋겠습니다."[8] 나는 명백한 투기 행위를 상업은행의 시스템 바깥에 두자는 나의 제안이 '결국에는 승리할' 것이라 예상했다.

하지만 당장은 승리의 징후를 찾을 수 없었다. 그러나 나의 예상은 정확했다. 크리스마스 직전에 조 바이든 부통령이 내게 전화했다.

"자기자본을 이용한 트레이딩을 규제하자는 당신 제안은 어떻게 진행되고 있습니까?"

"좋은 제안이기는 합니다만, 조력자가 없습니다."

"신경쓰지 마세요. 제가 돕겠습니다."

통화는 그렇게 간단하게 끝났다.

나중에 오바마 대통령이 금융개혁의 속도가 느리다고 그의 경제팀을 질타했던 중요한 회의에서 바이든 부통령이 내 제안에 대한 대통령의 지지를 얻어냈다는 사실을 알게 되었다. 내가 이미 오리건주의 제프 머클리와 미시간주의 칼 러빈이 이끄는 주요 상원의원 몇 명을 설득해 놓았다고 바이든이 언급한 게 도움이 되었다.

2010년 1월 21일, 오바마 대통령은 개혁안 홍보를 위한 기자 설명회 개최를 요청했다. 설명회장에서 나는 그의 참모들과 나란히 줄지어 서 있었다. 오바마는 자신의 행정부가 "저의 뒤에 서 계시는 이 키 큰 분의 이름을 따 '볼커 룰'이라고 부르는"9 상업은행의 투기적 활동 금지 조치를 지지한다고 선언했다.

정말 놀라운 일이었다. 이후의 결과가 어찌되든 간에 나는 힘겨운 입법 과정에 관여해야 했다. 포괄적인 도드-프랭크법에 포함될 핵심적인 요소였던 그 조치를 막기 위해 엄청난 로비 공세가 펼쳐졌고, 행정부는 적극적으로 지지해주지 않았다. 하지만 볼커 룰은 최종 단계에서 예외 조항 몇 개만 추가된 채로 결국 상원의 60번째 표결을 통과했다.

요즘에는 더 이상 볼커 룰을 가지고 논쟁할 필요가 없다. '공공의 돈이 도박에 쓰여서는 안 된다'라는 이 기본적인 생각은 모든 이가 동의하는 원칙이 된 듯하다. 그 규제가 대출을 억제하고, 투자에 필요한 유동성을 감소시키고, '금리 격차'를 확대시키며, 심지어는 경제성장을 제약한다는 등 그간 제기된 많은 반론들은 로비스트들이 만들어낸 허구일 뿐이라는 것이 입증되었다.

시장은 원활하게 작동하고 있으며, 유동성은 풍부하다. 은행 수익은 2008년 금융위기로부터 완전히 회복되었다. 전반적인 경제 상황은 실업률이 종종 사상 최저 수준에 근접할 정도로 좋은 편이다. 그리고 은행가들도 트레이딩룸의 환경이 건설적인 방향으로 변했다고 말할 것이다. 잠재적 이해 충돌에 더 주의를 기울이게 되었고, 특정 거래를 성사시켜야 한다는 압박감이 줄어들었다고 말이다. 하지만 트레이더들이 어떤 식으로든 그 경계선을 시험하게 되리라는 점은 확실하다.

— 효율적 규제라는 도전

볼커 룰에 대한 로비스트들의 비판 중 순전히 꾸며낸 얘기라고 볼 수 없었던 부분이 있다. 5개 기관 각각의 조치들을 조율할 필요성 때문에 오랫동안 발표가 지연된 시행규칙이 지나치게 상세하다는 점이었다. 시행규칙은 트레이딩 활동을 대규모로 영위할 능력이 없는 소형 은행에까지도 불필요하게 적용되었다.

모두가 규제의 복잡함을 우려했고, 이는 금융규제에만 국한된 우려가 아니었다. 수천 페이지에 달하는 연방규제집을 찍은 사진은 선거운동에 유용하게 활용되었다. 나도 그 사진을 볼 때면 다른 사람들처럼 진저리를 치곤 한다. 하지만 '단순한' 가계재물보험증권상의 권리와 제약 사항들을 상세하게 설명한 80페이지 정도의 우편물을 받을 때도 그러기는 마찬가지다.

연준 의장으로 취임했을 때 그 문제의 핵심적인 원인을 이해했다. 뉴욕 연방준비은행에서 일하던 시절, 은행 중역들이 연준의 공정대출 Truth in Lending 규제에 대해 지속적으로 불만을 제기해왔다는 얘기를 들었다. 개념적으로 단순한 공정대출 규제는 기본적으로 그 목적도 충분히 수긍할 만했다. 은행은 금리에 대한 분명하고 일관된 정의, 대출 만기, 그리고 대출 및 신용카드 서류상의 여타 사항들을 의무적으로 고객에게 제공해야 한다는 내용이었다. 그 규제는 가능한 모든 시나리오하에서 요구되는 것들을 설명하려 했기 때문에 너무 장황했다. 복리를 일별로, 월별로, 연간으로 계산할 것인지 아니면 아예 복리를 적용하지 않을 것인지, 휴일은 어떻게 처리할지, 금리 변동에 대해 얼마나 많은 정보를 주는 것이 적절한지 등의 내용까지 들어 있었다.

공정대출 규제는 연준이사회의 소관 사항이었다. 연준 의장으로 취임하자마자 나는 관련 업무를 담당하는 직원들을 소집했고, 그들에게 규제를 검토하고 규제집을 200~300페이지나 그 이하로 줄이라고 제안 (마지막에는 요구)했다. 그들은 불가능한 일이라고 호소했지만 나는 굽히지 않았다.

그들은 얼마 후 100페이지 정도 되는 문서를 들고 찾아왔고 나는 이렇게 말했다. "좋습니다. 이제 문서를 은행에 배포해서 의견을 들어봅시다."

은행들로부터 받은 수많은 코멘트 모두가 무언가를 추가해달라고 간청하는 내용이었다. 자신들 고유의 금리 산출 방법을 수용해달라, 어떤 복리 계산 방법이 허용되는지를 다시 정확하게 정의해달라, 대출의 자동 연장이 허용되고 거부되는 기준을 규정해달라는 등의 요구였다. 의심의 여지 없이, 처음에 규정의 내용이 길다고 불평했던 은행들은 다시 '명료성'을 높여야 한다는 의견을 제시했다.

그 불만들을 훨씬 크고 한없이 복잡한 21세기의 트레이딩 시장에 대입해보라. 거기에다 다양한 정부기관이 규제 하나의 주요 사항에 대해 각자 자체 규정을 가진다는 점을 추가해보라. 그러면 볼커 룰을 단순화해달라는 요구가 어느 정도 이해될 것이다.

나는 단순화가 가능하다고 확신한다. 물론 중요한 것은 어떻게 변경하든지 핵심 원칙을 유지해야 한다는 것이다. '공공의 돈은 도박에 쓰여서는 안 된다'는 원칙 말이다.

해가 거듭될수록 입법 및 선거에 영향을 미치기 위해 워싱턴이라는 늪으로 쏟아져 들어오는 수천 명의 사람과 수억 달러의 돈에 효과적으로 맞설 수 있는 세력은 어디에도 없다. 정말이지, 정치권으로 유입되는 돈이 늘어나는 것은 우리가 표방하는 민주적 이상에 대한 심각한 도전이다. 우리는 수년간 금융시장이 안정되고 경제성장세가 지속될 때 규제 및 감독 규율이 느슨해지는 경향이 있음을 자주, 반복적으로 보아왔다. 내가 이 글을 쓰고 있는 2018년에도 그러한 경향이 나타나고 있다. 은행에 대한 자본 적립 규제를 완화하고, 엄격한 감독을 받는 거대 금융기관의 수를 줄여달라는 요구가 이를 입증한다.

우리가 이 상황을 개선시킬 방법을 알 수 있을까?

16장 세 가지 진정한 가치

평온한 케이프메이, 뉴저지주, 9월 5일, 1927년.

소란스러운 뉴욕, 뉴욕주, 9월 5일, 2018년.

지리상으로 케이프메이와 뉴욕시는 그리 멀리 떨어져 있지 않다. 교통신호가 없는 고속도로와 가로수가 있는 직선 도로를 타고 가면 불과 250킬로미터밖에 되지 않는다.

연대기적으로 되돌아보면, 내 90년간의 개인적 여행은 몇몇 중요한 과제와 맞닥뜨렸던 긴 우회로에서 중단되기도 하는 등 굴곡으로 가득 차 있었다. 그 과제들은 지금까지도 우리의 주의를 요하고 있다.

어렸을 적 나는 건실하고 안정적인 가정 덕분에 대공황의 영향을 받지 않고 자랐다.

10대 때는 나치 독재 정권에 거의 홀로 맞섰던 윈스턴 처칠과 네 가지 자유 선언문Declaration of Four Freedoms을 발표한 루스벨트 대통령으로부터 영감을 받았고, 제2차 세계대전이 진정한 '미국의' 승리로 끝나며 그 영감은 정점에 다다랐다.

학생 시절에는 명문 대학이 제공하는 최고 수준의 교육을 받았으며, 정치와 경제에 대한 다양한 관점을 이해하기 시작했다.

성인이 되어서는 삶의 거의 모든 시간을 정부에서, 구체적으로는 재무부와 연준에서 보냈고, 자유세계를 이끌어야 할 사명을 가진 당당하고 강력한 국가의 일부라는 점을 자랑스러워했다.

아내는 젊고 아이들은 어렸던 1960년대와 1970년대에 가족과 워싱턴에서 보냈던 나날들을 나는 사랑한다. 당시 우리에게는 공직에 종사하는 좋은 친구들이 있었다. 우리는 경제정책 수립에 이바지함으로써 자유민주주의, 개방된 시장 그리고 법치주의라는 미국의 이상에 기여한다는 확고한 자부심을 공유했다.

오늘날의 환경은 그때와는 다르다. 그냥 다른 정도가 아니라 근본적으로 다르다. 중국의 역사적인 부상과 극단적인 포퓰리즘, 독재 정권의 재등장이 미국의 지도력과 이상을 시험하고 있다. 국내의 분열, 심지어 유서 깊은 정당들 내부에서도 일어나고 있는 이데올로기적 분열 또한 심각하고 새로운 도전이다.

우리는 위대한 미국 사회의 모든 고유한 특징들, 즉 공교육 체계와 존경받는 대학들, 한때 '신뢰할 가치가 있었던' 자유 언론은 말할 것도 없고, 전문적인 과학 지식에 대해서까지 의문을 품게 되었다. 또한 법원, 의회, 심지어 대통령제와 같은 헌법적 민주주의의 근간이 되는 모든 제도의 정당성마저 의심하게 되었다.

과거에는 영예로운 표현이었던 '유능한 정부'는 오늘날에 와서는 미국 사회에서 합의된 목표라기보다 하나의 형용모순으로 인식된다. 냉소주의가 만연해 있다.

나는 이 점만은 확실히 안다. 즐거운 마음으로 직장생활의 대부분을 보내고 한때는 가족의 고향이라 여겼던 워싱턴을 더는 찾고 싶지 않다는 것이다. 그리 오래되지 않은 과거만 해도 주로 중산층이 거주하는 중간급 규모에 공직 윤리가 지배하는 도시였던 워싱턴은 오늘날 부와 특권의식이 말 그대로 흘러 넘치는 도시가 되었다. 뉴욕과 같은 금융도시나 실리콘밸리와 같은 IT 중심지도 아닌 탓에 워싱턴에 있는 돈은 특정 계층에게 이로운 공공정책과 법안을 마련하는 데 쓰인다. 워싱턴에서 활동하는 변호사가 빠른 속도로 늘어나고 변호사와 로비스트가 이용할 사무 공간, 호화로운 호텔, 고가의 아파트와 식당 등에 대한 수요가 증가하고 있다는 사실로 이를 확인할 수 있다.

보고된 바에 따르면 워싱턴 인근 지역 주민의 1인당 평균소득이 현재 사상 최고 수준에 이르렀다고 한다. 나는 지역 주민에 얼마나 많은 상·하원의원이 포함되어 있는지, 그들의 소득이 얼마인지 모른다. 하지만 그들이 엄청난 비용이 투입되는 선거운동 자금을 마련하기 위해 '돈 걷는 전화'에 과도한 시간을 쓰고, 동료 의원들과의 모임에 참여하고, 타협과 합의의 여지를 타진하는 곳인 워싱턴에서는 상대적으로 적은 시간을 보낸다는 점만은 잘 알고 있다.

우리는 공공의 목표에 대한 인식과 정부에 대한 신뢰감을 회복시켜야 한다는 중대한 과제에 직면해 있다. 그 과제를 해결하기 위해서는 정치적 과정에 가장 필요한 개혁 방안들을 실행해야 한다. 또한 위대한 민주주의의 밑거름인 연대의식을 회복하고 지켜나갈 지도자들이 필요하다.

정치계에 익숙하지 않은 원기왕성한 젊은이들이 감당하기에는 만만치 않은 도전일 것이다. 하지만 이 나이 많은 전직 관료가 수십 년의 공직생활을 통해 깨달은 중요한 교훈 몇 가지를 아직은 그들에게 들려줄 수 있다. 사실 그 점이 내가 '세 가지 진정한 가치'라 부르는 것들로 끝을 맺는 이 회고록을 쓰게 된 결정적 동기이다.

─ 안정된 물가

두 번째 연준 의장 임기의 초반, 한 동료가 공개시장위원회 회의 중에 연준이 "자동 반사적인 인플레이션 파이터"[1]라고 비난받고 있다고 불평했다. 나는 "꽤 좋은 평판"이라고 즉시 답했는데, 우리가 인플레이션을 진정시켜나가고 있다는 징표로 해석했기 때문이다.

화폐에 대한 신뢰는 효율적인 정부와 경제성장에 근본적으로 중요한 요소다. 그 신뢰의 영향은 달러화와 미국의 금융시스템이 세계에서 차지하는 핵심적인 역할 때문에 미국 너머로 확장된다.

미국의 통화시스템은 거의 모든 나라와 마찬가지로 내재적 가치가 없는 명목화폐fiat money에 의존한다. 달러화(혹은 은행예금)를 고정된 가격으로 교환할 수 있는 금 또는 가치를 지닌 그 이외의 유형자산은 존재하지 않는다. 현재 가지고 있는 화폐로 오늘, 내일 그리고 몇 년 후에 구매할 수 있는 것들(식료품, 집 혹은 앞으로 고정된 금액을 지급하기로 한 채권까지)을 생각할 때, 화폐가치의 안정성은 암묵적으로 당연하게 받아들여지고 있다. 또는 그럴 것이라고 추측된다.

그러한 기대와 신뢰를 유지하는 것은 통화정책의 핵심 책무이다. 일단 그 기대와 신뢰가 무너지면 매우 고통스러운 결과가 초래되며, 화폐가치를 다시 안정시키기가 어려워진다. 금리가 상승하고, 저축은 감소하며, 외환시장에서 화폐의 가치는 하락한다. 일부 증권매매업자와 투기업자는 이익을 보겠지만, 임금 근로자나 대부분의 은퇴자처럼 고정소득에 의존하는 사람들의 삶은 힘들어질 것이다.

미국은 1970년대의 '스태그플레이션' 시기에 그러한 상황을 잠시 겪었는데, 정점은 물가상승률이 제2차 세계대전 이후 최고치를 기록한 순간이었다. 언제나 그랬듯, 인플레이션 과정inflation process은 물가가 상승할 것이라는 기대가 인플레이션을 심화시키는 요인으로 작용하면서 자체적으로 전개되어나갔다. 다른 효과적인 수단이 없었기 때문에 결국 강력한 통화정책으로 그 과정을 끝내야 했다. 극심한 경기침체를 피할 수는 없었다. 인플레이션을 낮추기 위한 소극적 노력이 실패로 끝났던 1970년대 중반, 그리고 훨씬 더 오랜 기간 노력해야 했던 1980년대 초반의 경험들은 물가안정이 회복되고 나면 이를 유지하는 일이 얼마나 중요한지를 상기시킨다.

지금의 환경은 과거와는 상당히 다르다. 스태그플레이션을 직접 겪험한 세대가 저물고 있다. 그때와 달리, 우리는 인플레이션이 매우 낮거나 아예 없을 것이라는 기대가 뇌리에 깊이 각인되었을 정도로 지난 30년간 물가를 안정적으로 유지해왔다. 이는 중국 등지에서 수입한 제품의 가격이 저렴했다는 점에도 일부 기인하지만, 통화 당국이 물가안정 유지의 중요성을 명확하게 인식해오고 있었다는 점이 주된 이유다. 그처럼 확고하게 안정된 기대인플레이션은 미국이 2008년 금융위기 기간과 그 이후 대규모 재정적자와 (연준이 공급한) 막대한 유동성을 인플레이션 압력의 확대 없이 감당해내는 데 크게 기여했다.

내가 경력을 통해 얻은 교훈은 성공이 그 자체로 파국의 씨앗이 될 수 있다는 점이다. 나는 여러 국가가 하나씩 하나씩 파괴적인 인플레이션을 경험하면서 물가안정을 회복하기 위해 고군분투하는 것을 지켜보았다. 그 후에 인플레이션에 대한 승리가 눈앞에 보이면, 통화 당국은 긴장을 풀고 경기를 부양할 수 있다는 기대감에 '약간의 인플레이션'을 수용한다. 그 결과 인플레이션의 확산 과정이 다시 처음부터 전개된다. 많은 라틴아메리카 국가의 참담한 경제정책 역사에서 그 예들을 찾을 수 있다.

역사적으로 미국은 인플레이션을 반복적으로 겪어온 라틴아메리카와는 다르다. 하지만 미국은 통화정책과 재정정책 양 측면에서 지속적인 도전에 직면하고 있다. 지금도 이어지고 있는 장기간의 경기 확장, 그리고 노동시장에서의 수요 압력을 점점 증대시키는 완전고용 상태에도 불구하고 물가안정 기조는 여전히 유지되고 있다. 그러나 바로 지금이 통화정책에 있어 매우 중요한 시기이다.

앞서 회고한 대로, 고인이 된 빌 마틴 전 연준 의장은 "파티가 한창 진행되고 있을 때 펀치볼을 치우는 것이 중앙은행이 할 일"이라는 말로 유명하다. 살면서 알게 된 엄연한 사실은 파티를 연 사람들 거의 모두가 파티를 일찍 끝내고 싶어하지 않는다는 점이다. 그들은 너무 오래 기다리는 경향이 있다. 위험이 뚜렷해졌을 때 사고는 이미 일어나 있다.

중앙은행가들은 경제라는 파티의 주최자다. 아무리 인기 없는 정책이라 해도, 통화 긴축은 너무도 빈번하게, 너무도 오랫동안 지연된다. 인플레이션은 일단 시작되고 나면 억제하기가 더욱 어려워진다는 사실을 명심해야 한다.

오늘날에는 하나의 원칙이 필요하다는 인식하에, 미 연준을 포함한 중앙은행들 사이에 통화정책적 관점에서 인플레이션에 '임계치'가 존재한다는 주목할 만한 합의가 형성되었다. 주의 깊게 편제된 소비자물가지수의 2퍼센트 상승은 수용 가능하고 바람직한 상한이라는 내용이다.

그 근거가 무엇인지 궁금하다. 2퍼센트의 인플레이션 목표 혹은 상한은 내가 옛날에 보던 교과서에는 없었던 내용이다. 그 이론적 근거에 대해서도 아는 바가 없다. 소비자물가상승률 2퍼센트는 인플레이션의 목표인 동시에 상한이 되기는 어렵다. 그리고 2퍼센트의 인플레이션율이 성공적으로 유지된다 해도 한 세대 후에는 물가수준이 두 배나 오르게 된다.

나는 그와 관련된 진실 몇 가지를 잘 알고 있다. 어떤 물가지수도 0.1퍼센트나 0.25퍼센트의 낮은 수준에서는 소비자물가의 진정한 변화를 제대로 포착할 수 없다. 상품과 서비스의 다양성, 수요의 이동, 그리고 가격 결정과 제품 품질의 미묘한 변화, 이 모든 것은 너무도 복잡해서 전월 대비 또는 전년 대비로 정확하게 측정할 수 없다. 더욱이 경제 성장이 가속되거나 둔화됨에 따라 물가가 변동하는 경향이 존재한다. 경기 확장기에는 물가 상승 폭이 커지고, 둔화기나 침체기에는 상승 폭이 약간 줄어드는데, 전년과 비교해보면 항상 다른 수준을 나타낸다.

그러나 내가 이 글을 쓰고 있는 지금, 경제성장률이 개선되고 실업률은 역사상 최저치에 가까운 수준을 보이는 상황임에도 소비자물가가 너무 완만하게 상승하고 있다는 우려의 목소리가 나오고 있다. 단지 소비자물가상승률이 0.25퍼센트라는 이유, 2퍼센트 목표 아래에 있다는 이유만으로 말이다! 그것이 경제가 완전고용 상태에 있는데도 통화정책을 '완화'하거나 최소한 통화정책의 긴축을 늦추어야 한다는 신호가 될 수 있을까?

확실히 말이 안 된다. 어떻게 중앙은행가들이 소비자물가지수의 모든 근본적인 단점을 알면서도 지수 하나만의 미미한 변화를 그렇게까지 중시하는 함정에 빠졌단 말인가?

나는 그 기원을 알 것 같다. 이론이나 심층적인 실증 연구와는 아무 관련이 없다. 단지 저 먼 곳에서 이루어진 매우 현실적인 결정과 연관돼 있다.

뉴질랜드는 다른 무엇보다 일류급 숭어 낚시 장소로 유명한 작은 나라다. 그래서 나는 1987년에 연준을 떠날 때 뉴질랜드의 초청을 기쁜 마음으로 받아들였다. 나중에 알게 되었지만, 뉴질랜드 방문을 결심하면서 내세운 구실 가운데 낚시는 잘못된 구실이었다. 오클랜드 공항에

내리자마자 송어 낚시 철이 끝났다는 사실을 알았기 때문이다. 낚싯대
들을 집에 두고 오지 못한 게 아쉬웠다.

뉴질랜드 방문은 다른 면에서는 환상적이었다. 뉴질랜드의 경제정책
은 근본적인 변화를 겪고 있었다. 몇 년간 높은 인플레이션과 저성장
이 지속되고 대외부채 증가 폭이 최고 수준에 달하면서, 전통적 좌파
인 노동당은 시장 자유화를 지지하고 인플레이션에 강력하게 대응하기
위해 경제정책을 급격하게 전환하고 있었다.

중앙은행의 책무를 단일 목표에 집중시키는 것도 변화에 포함되어
있었다. 인플레이션율을 사전에 정한 목표 수준으로 낮추는 것이었다.
새 정부는 0~2퍼센트의 연간 인플레이션율을 중앙은행의 핵심 목표
로 설정했다.[2] 목표의 단순함은 인플레이션목표제가 가진 장점 중의 하
나로 인식되었다(변명이 허용되지 않고 어떤 단서도 달리지 않은 단 하나의
정책과 단 하나의 수단만 있기 때문이다). 약 1년 만에 인플레이션율은 거
의 2퍼센트까지 하락했다.

뉴질랜드 중앙은행 총재였던 도널드 브래시Donald Brash는 인플레이
션목표제를 홍보하는 일종의 방문판매원이 되었다. 그는 많은 고객을
확보했다. 연준의 '물가안정' 목표에 관한 토론이 기록된 1996년 7월의
FOMC 회의 의사록[3]을 읽었을 때 그 제도가 가진 현실적 장점이 다시
떠올랐다. 당시 재닛 옐런Janet Yellen은 앨런 그린스펀 의장에게 물었다.
"물가안정을 어떻게 정의하십니까?" 나는 그린스펀이 유일하게 수긍할
만한 답을 주었다고 생각한다. "전반적인 물가수준의 변화에 대한 기대
가 기업이나 가계의 의사결정에 사실상 영향을 주지 않는 상태입니다."

옐런은 계속 물었다. "그럼 수치로 말씀해주실 수 있을까요?"

내게는 전적으로 적절해 보이는 앨런 그린스펀의 일반적 원칙이 마침내 그런 과정을 통해 수치화되었다. 어쨌거나 계량경제학을 학습한 실무진이 추정하는 회귀분석 모형에는 원칙이 아닌 숫자가 필요했다.

나는 2퍼센트라는 '물가안정' 상한에 대한 합리적 근거가 제시될 수 있다는 점을 이해한다. 공식 물가지수는 시간이 지나면서 나타나는 재화 및 서비스의 품질 향상을 반영하지 못하기에 물가 상승 폭을 일반적으로 과대 측정한다는 점을 보여주는 많은 분석 결과가 있다. 또한 교육, 의료 등 생산성이 느리게 향상되는 서비스보다는 생산성 향상과 치열한 경쟁 때문에 가격 상승 폭이 제한되는 재화의 가격이 인플레이션 기대와 행태를 결정한다는 주장도 제기되었다.

그러한 외견상의 수치적 정밀성이 경제 상황에 따라 물가 목표를 유연하게 재설정하면서 통화정책을 미세 조정할 가능성을 시사한다는 점 또한 사실이지만, 바로 여기에 위험이 존재한다. 만약 경기가 둔화된다고 생각하면 약간의 자극을 주기 위해 인플레이션 목표를 3퍼센트로 높일 수 있지 않을까? 그리고 3퍼센트가 충분치 않다면 4퍼센트로 올릴 가능성도 있지 않은가?

인플레이션 목표를 높이자는 주장은 내 생각이 아니다. 연준 간부나 IMF 이코노미스트, 특히 경제학 교수들이 그러한 생각을 밝힌 자료들을 읽었다. 일본에서는 그러한 주장이 마치 복음성가처럼 울려 퍼졌다. 하지만 경제 상황이 이렇게 좋은데도 지금까지 아무도 인플레이션 목표를 낮춰야 한다는 주장을 제기하지 않았다.

통화정책이나 재정정책 수단으로 물가 목표를 정밀하게 달성하는 것이 바람직하다 해도, 그건 불가능하다는 게 엄연한 사실이다. 경기가 어떻게 반응할지를 '살짝 떠보고 싶은' 유혹에 굴복한다면, 바람직한 통화정책에 필수적인 물가안정에 전념하던 자세를 약화시키는 결과만 초래될 수 있다.

나를 가르친 하버드대학 교수들은 소폭의 인플레이션은 고용 증대에 도움이 된다는 오래된 신념을 설파했고, 노벨상 수상 연구나 수십년간의 경험이 그 반증을 제시해왔음에도 이는 여전히 회자되고 있다. 이 신념이 새롭고 좀더 정교화된 형태로 계속 제기되는 근본적인 이유는 디플레이션에 대한 두려움인 것 같다.

물가수준이 큰 폭으로 하락하는 현상인 디플레이션이 장기간 지속된다면 분명 심각한 문제가 초래될 것이다. 하지만 80년 넘는 세월 동안 미국에서 디플레이션이 실제로 발생한 적은 없다.

금리는 명목상으로 제로 수준 밑으로 크게 하락할 수 없다. 그래서 '약간의 인플레이션'이라는 안전장치를 통해 (경기침체에 빠졌을 때조차도) 간접적인 방식으로 '실질' 금리를 마이너스 상태로 유지하자는 주장이 제기된다. 그렇게 하면 소비자들은 내일 가격이 오를지도 모를 제품들을 오늘 사두려는 동기를 갖게 되고, 기업들은 제로 또는 낮은 금리에 자금을 차입하여 물가가 오르기 전에 투자하곤 유혹을 느낄 것이다.

이 모든 주장에는 경험적 근거가 거의 없다고 본다. 그러나 디플레이션에 대한 두려움은 관료들과 경제 논평가들 사이에 널리 퍼져 있다.

(아주 오래전 1984년 7월에 인플레이션율이 여전히 4퍼센트대에 머물러 있던 상황을 나와 연준 동료들이 지켜보고 있었을 때도 『뉴욕타임스』는 1면 논설에서 디플레이션이 일어날 가능성을 경고했다.[4]) 디플레이션이 실제로 일어나는 경우는 드물다. 그에 대한 두려움은 중앙은행의 의도와 달리 오히려 디플레이션 위험을 증대시키는 정책들로 귀결된다.

역사가 이 점을 증명한다. 미국은 1950년대와 1960년대 초반, 그리고 1990년부터 2000년대 초반에 이르기까지 수십 년간 인플레이션이 없는 견실한 성장기를 경험했다. 또한 그 안정된 시기들은 대부분 디플레이션 위험을 유발하지 않고 단기간에 끝난 여덟 번의 경기침체로 특징지을 수 있다.

우리는 지난 세기에 단 한 번의 디플레이션을, 그것도 심각한 디플레이션을 1930년대에 경험했다. 2008년부터 2009년 사이에도 디플레이션의 발생 가능성을 우려할 만한 근거가 있었다. 두 시기의 공통적인 특징은 금융시스템이 붕괴되었다는 점이다.

미래에도 모든 금융시장 과열과 경기침체를 사전에 막을 수 있을 거라고 기대하기는 어렵다. 그것은 자유시장, 금융혁신 그리고 인간의 타고난 '동물적 본성' 때문에 역사에서 반복적으로 일어나는 현상이다.

과거의 경험으로부터 얻을 수 있는 교훈은 내게는 더없이 명백하다. 디플레이션은 금융시스템의 근본적 붕괴가 야기하는 위협이라는 점이다. 반면 금융시스템의 손상을 수반하지 않는 저성장과 반복되는 경기침체는 디플레이션 위험을 초래하지 않았다. 심지어 더 심각했던 1975년과 1982년의 침체도 마찬가지였다.

진정한 위험은 인플레이션을 조장하고 부주의하게 용인함으로써 극단적 투기와 위험추구가 금융시장에 거품을 만들고 과열을 일으킬 때 찾아온다. 아이러니하게도, 디플레이션을 방지하기 위한 방편으로 중앙은행이 정책금리를 낮추어 '약간의 인플레이션'을 유지하려 노력하는 과정에서, '저금리에 빌린 돈'이 종국에는 디플레이션을 초래할 수 있다.

바로 이 점이 통화정책에 관해 내가 들려줄 수 있는 가장 중요한 교훈이다. 통화정책은 물가안정을 중시하면서 금융시스템도 신중하게 감독해야 한다. 이 두 가지 필수 요건은 중앙은행의 책무로 직결된다.

― 건전한 금융

중앙은행은 오랜 기간 존속해왔다. 원래 중앙은행이라는 제도는 정부의 재원 조달을 돕기 위해 고안되었다. 중앙은행은 화폐를 발행하고 다른 일반은행이 지켜야 할 규율을 부여했다. 알렉산더 해밀턴에 의해 설립된 후 짧은 기간 존속했던 미합중국국립은행National Bank of the United States이 하나의 예다.

초기 형태의 중앙은행은 성공적이지 못했는데, 동부 해안지역의 부유한 기업들이 각 주의 경제적 독립성과 경제성장을 저해할지도 모른다는 두려움 때문이었다. 은행위기가 경제에 점점 더 큰 피해를 가져오자 미국은 1913년에 화폐의 발행, 은행 지급준비금 예치의 정당화, 은행에 대한 대출 권한 부여, 전국 차원의 금융감독 기능 발전 등을 위해 진정한 의미에서의 중앙은행인 연방준비제도를 창립했다. 그리고 그 새로운 시스템이 최대한의 권한을 보유하게 되기까지 다시 20년이라는 시간이 걸렸다.

연방준비제도의 구조는 여러 합당한 이유로 인해 복잡하게, 그리고 복잡한 상태가 유지되도록 설계되었다. 정치적 타협의 산물인 그 '시스템'은 각 주의 이익에 민감한 통합 정책의 필요성, 공적 책임이 수반되는 독립성, 민간부문의 참여를 매우 제한적으로 허용하는 정부 통제라는 세 요소 사이에서 균형을 이루도록 설계되었다.

아울러 연준은 종종 논쟁의 중심에 서게 되는데, 기관의 본질적인 성격상 자연스러운 일이다. 논쟁은 연준의 독특한 조직구조가 아니라 정책과 권한에 집중된다. 그러나 정책과 조직은 분리할 수 없다.

핵심은 '독립성'이다. 내가 카터 대통령과의 첫 면담을 준비하면서 첫 번째로 메모한 사항이 독립성이었던 것은 결코 우연이 아니다. 두 번째로 강조했던 사항은 '정책'이었는데, 이는 독립성을 행사하는 방식에 관한 것이었다.

연준은 통화긴축정책이 필요할 때, 그리고 감독과 규제가 금융기관의 자유를 제한할 때 논쟁의 대상이 될 수밖에 없다. 그것이 바로 내가 암묵적 무시 또는 당파적 이해에서 비롯되는 정치적 압력이라고 부르는 것들로부터 연준을 보호해야 하는 이유다.

동시에 연준은 분명 정부 조직의 일부분이다. 연준의 권한은 "화폐 주조 및 이를 통한 화폐 가치의 조정"이라는 의회의 헌법상 책무에서 비롯된다. 따라서, 오래전 1984년에 백악관 도서관에서 짐 베이커가 뭐라고 주장했든, 연준은 '대통령의 명령'에 종속되는 행정부의 일부가 아니다.

현실적으로 435명의 하원의원과 100명의 상원의원이 중앙은행의 일상적인 정책 운용 및 결정에 책임을 진다는 것은 불가능하다. 하지만 의회는 그 권한을 대통령에게 위임하는 것도 원치 않았다. 이러한 연유로 소위 독립적 기관들이 설립되었는데, 그들 가운데 일부는 연준보다 오랜 역사를 지니고 있다. 그러나 연준은 독립성 또는 명시적·암묵적 책무를 보호하기 위해 의회가 오랜 세월에 걸쳐 부여해온 구조적 수단의 다양성 측면에서 모든 기관을 능가한다.

- 연방준비제도는 공개시장운영으로부터 발생하는 풍부한 수익으로 재원을 자체적으로 조달한다.
- 연준이사회를 구성하는 7명의 이사는 14년의 임기를 보장받고, '충분한 사유'가 있을 때만 해임될 수 있다.
- 연준 이사들 가운데 의장의 임기는 4년이다.
- 공개시장운영 및 정책 일부에 대한 책임을 지는 12개의 지역 연방준비은행은 미국 전역에 분포되어 있다. (지금은 약간 이상하게 보일 수 있지만, 연준이 설립된 1913년 당시의 정치 상황을 고려한다면 합리적인 방식으로 분포해 있다.)
- 12개 지역 연방준비은행의 총재는 각 은행의 이사진이 연준이사회의 승인을 얻어 임명하는데, 연준이사회는 또한 각 지역 연방준비은행의 이사 9명 가운데 3명을 임명한다. 남은 이사 6명은 다양한 이

해와 경험을 대변해야 한다는 점을 조건으로 지역 연방준비은행의 민간 '회원은행들'이 임명한다.

연준은 겉보기에도 그렇지만 사전지식이 없는 사람이 "어떤 일을 하고 계시죠?"라고 물으면 설명하기 힘들 정도로 그 구조가 매우 복잡하다. 연준 조직의 작은 변화를 고려하는 것은 흥미로운 일이다. 지역 연방준비은행의 현재 위치(미주리주에 있는 두 개를 포함해서)가 적당한가? 법적으로 연준의 감독을 받는 민간 회원은행이 지역 연방준비은행을 소유한다는 점이 정치적으로 곤혹스럽지 않은가? 회계감사원이 연준을 '감사'해야 한다는 제안이 자주 제기되는데, 이는 적절한가?

연준에서 일해온 우리도 어떠한 변화가 논리적으로 타당한지에 대해 나름의 견해를 갖고 있다. 하나의 작은 변화는 또 하나의 변화를 불러온다. 겉으로는 아무런 해가 될 것 같지 않은 제안도 근저에는 다른 동기가 숨겨져 있다.

특히 회계감사원이 연준이사회와 FOMC를 감사해야 한다는 일부 의회 의원의 요구가 좋은 예다. 숨겨진 속셈은 명백하다. 의원들의 진짜 속내는 정책 운용상의 효율성을 감독하고 경비 지출의 정확한 회계 처리를 보장하는 데 있지 않다. (이사회의 경비 지출에 대한 감사는 지금도 회계감사원이 맡고 있고, 지역 연방준비은행의 경우에는 민간 회계법인이 담당한다.) 그들의 주장은 통화정책에 영향력을 행사하기 위한 말장난에 불과하다.

연준뿐 아니라 은행 및 금융감독에 관여하는 모든 기관의 조직 구성에 대한 더 큰 질문들이 제기되고 있다. 권한이 중복되고 종종 정책의 일관성을 유지하지 못하는 일군의 금융감독기관은 역사의 우연에 의해 존재하게 되었다. 통화감독청은 남북전쟁 중에 은행의 전국적 영업이 공식적으로 허용되었을 때 도입되었다. 각 주에서 인가한 은행들은 대공황기 중 은행시스템이 붕괴되고 난 후인 1933년부터 연방예금보험공사의 감독을 받게 되었다. 설립 당시, 연준은 연방정부에 의해서든 주 정부에 의해서든 설립이 인가된 자체 회원은행에 대한 감독권을 이들 기관과 공유했다. 연준은 1970년대에 와서야 오늘날의 대형 은행 대부분을 소유하고 있는 은행지주회사에 대한 감독권을 확보했다. 증권거래위원회는 독립적 투자은행에 대한 감독권에 더해 은행지주회사의 증권 중개·매매 기능에 대한 감독권을 보유하고, 은행과 유사한 자금시장펀드MMF를 규제한다. 증권거래위원회와 상품선물거래위원회 모두 파생상품 거래를 감독한다. 헤지펀드를 포함하여 그와 비슷한 종류의 금융회사를 감독하는 기관은 정해져 있지 않다.

그렇다면 전체적인 감독을 책임지는 기관은 어디인가?

솔직히 2008년 위기 이전에는 그런 기관이 존재하지 않았다.

통화정책, 은행지주회사, 전반적 금융안정 등에 대한 책임의 성격상 연준은 종종 주도적 역할을 맡거나 맡으려 시도했다. 그러나 그것은 특정 인물과의 이해관계 때문이었다.

현재는 어떤 면에서 2010년 도드-프랭크법에 의해 도입된 FSOC가 전체적인 감독을 책임진다. FSOC의 설립 목적은 재무부의 주도로 금융감독기관들 간의 정책 일관성 및 협력을 증진하는 데 있다. 그러나 현재까지는 그렇게 효과적이지 못했다. 공통된 감독 규정을 제정하려는 시도는 가치 있는 일이었지만 강력하게 추진되지 못하고 있다. 중요한 것은 과거에 전통적 은행이 금융시장을 주도하던 시기에 도입된 규제 체계가 분명 현대 금융의 핵심적 요소들, 트레이딩을 주업으로 삼는 기업들, 그리고 증권화 및 파생상품의 발달을 따라잡지 못하고 있다는 점이다. 새로운 신용기관들이 은행과 유사한 기능을 수행하고 있다. 기업 부채는 기존의 감독권이 영향을 미칠 수 있는 수준 이상으로 계속 증가하는 중이다.

내가 만나본 정부기관장, 은행가, 여타 경험 많은 금융사업가들 모두 현재의 규제 체계에 상당한 중복과 빈틈이 존재한다고 믿고 있다. 감독 및 법 집행에서의 과도하고 비일관적인 조치들은 금융시스템을 조작과 붕괴에 취약하게 만든다. 재무장관을 지낸 폴슨과 가이트너 그리고 버냉키가 금융위기를 수습하면서 느꼈던 좌절감을 모르고서는 그들의 탄식을 이해할 수 없다.

그렇다면 무엇을 해야 할 것인가? 특히 법과 관행에 의해 가장 포괄적인 책임을 지고 있는 연준에 대해 어떤 행동을 취해야 할 것인가? 연준은 통화공급을 통제하고 금리에 영향을 주면서 통화정책을 단독으로 운용한다. 정책 목표를 달성하기 위해 사실상 국채를 무제한으로 매매하면서 거대한 국채시장에 직접 개입한다. 대형 은행지주회사에 대한 직접적인 규제권과 감독권을 보유하고 있다. 그리고 외국의 통화정책 및 금융규제 당국과 계속 접촉한다. 한편, 비상 상황이 발생하면 막대한 자금을 동원할 수 있다.

이처럼 연준이 은행업과 금융시장에 매우 넓게 관여한다는 점을 (그리고 의회와 대중 모두 연준을 금융안정의 수호자로 생각하면서 연준에 의존한다는 사실을) 고려할 때, 연준의 책임이 법률에 실제로 명시된 범위를 넘어서는 것은 어찌 보면 당연하다.

상업은행 감독을 뛰어넘어 금융시스템 전반에 대한 감시 책임을 수행하기 위해 워싱턴의 연준 본부와 지역 연방준비은행의 인력은 계속 늘어났으며, 늘어나야 마땅하다. 하지만 비공식적 감시는 아무리 효과적이라 해도 명시적인 책임과 권한보다는 못하다. 그리고 연준이사회나 지역 연방준비은행의 지도자들은 그들이 생각하기에 가장 중요한 통화정책 책무에 집중하기 위해 종종 금융감독 임무를 수행하기를 꺼려왔고, 심지어 거부하기까지 했다.

전임 연준 의장인 재닛 옐런과 관련된 또 다른 일화가 이 점을 분명하게 보여준다. 정부의 글로벌 금융위기에 대한 조사에 임해 증언하면서, 그녀는 샌프란시스코 연방준비은행의 총재로 일할 때 서브프라임 모기지 대출 급증에 대한 우려를 제기했던 사실을 떠올렸다. 샌프란시스코가 그 중심에 있었기에 옐런 총재는 자연스럽게 신용의 공급 과잉 상태를 다른 지역보다 더 빨리 인식할 수 있었다. 지역 연방준비은행의 존재가 갖는 중요성을 입증하는 증거였다!

그렇다면 '옐런은 무엇을 했는가?'라는 질문이 자연스럽게 따라온다. 압축해서 답하자면, 샌프란시스코 연방준비은행에는 아무런 권한이 없었다.

워싱턴에 있는 연준은 어땠는가? 옐런과 다른 내부 인사 한두 명이

(조용히) 그 문제를 지적했음에도 연준 또한 서브프라임 모기지 문제를 인식하지 못했다.

연준이 감독하는 은행지주회사에서도 대출을 실행하지 않았나? 그 말도 맞다. 하지만 그 대출을 주로 실행한 것은 다른 규제 당국이 일차적인 감독 책임을 지고 있던 증권 중개·매매회사 등 비은행 금융기관들이었다.

2010년 11월에 금융위기조사위원회 직원들과 가진 인터뷰에서 당시 옐런 이사는 이렇게 설명했다. "우리는 은행시스템에만 집중하고 있었고, 전체 금융시스템의 위험에는 충분한 주의를 기울이지 않았다고 생각합니다."[5]

그 후 얼마 되지 않아 서브프라임 모기지는 금융이라는 거대한 배를 침몰시켰다.

오바마 정부의 경제회복자문위원회 의장으로서, 나는 금융규제 개혁을 논의하는 자리에 참석했다. 반복되는 금융위기에 대한 경험은 당시 폭넓은 지지를 받던 상업은행 자본 적립 기준의 상향 조정 이외에도 내게 두 가지 우선 과제를 던져주었다. 하나는 금융시장에 대한 포괄적 감시였으며, 다른 하나는 부실화되고 있는 은행을 궁극적으로는 청산하면서도 질서 정연한 방식으로 해체하거나 서서히 폐쇄할 권한을 확보하는 것이었다.

은행의 자기자본을 이용한(즉, 고객의 자금을 이용하지 않는) 트레이딩을 제한하는 소위 볼커 룰은 그 이름 때문에 유명해졌다. 볼커 룰의 단순한 논리적 근거는, 연방정부의 안전망에 내재된 보호 조치의 혜택을 받는 금융기관들이 궁극적으로 그리고 일반적으로 공적 자금으로 인식되는 자기자본을 투기에 사용하지 말아야 한다는 데 있다. (글로벌 금융위기 때, 안전망의 기존 역할은 소매예금에 대한 보험 및 정상적 은행에 대한 재할인 창구 접근권의 제공을 훨씬 넘어서는 영역으로까지 확대되었다. 예를 들어 TARP는 재무부가 납세자의 돈을 금융기관뿐만 아니라 심지어 자동차 산업을 구제하는 데까지 사용할 수 있도록 했다.6) 다섯 개의 유관 기관▪이 합의할 수 있다는 가정하에, 감독기관의 비공식적인 감시로부터 얻은 정보에 기초하여 볼커 룰의 세부사항이 결정될 것이었다.

하지만 각 기관마다 자체 지도자, 직원, 후원기관, 그리고 기관을 감독하는 의회 위원회가 있다는 게 정치적인 현실이다. 또한, 각 기관은 감독과 법 집행에 있어 무엇이 더 긴요한지에 대해 서로 다르게 인식하고 있다. 그래서 볼커 룰의 경우 수천 페이지에 달하는 규정이 합의되는 데까지 5년이라는 긴 시간이 걸렸다.

내가 두 번째로 기여한 바는 좀더 단순하고 직접적이다. 나는 연준이 금융시스템 안정에 대한 폭넓은 책임을 효율적이고 일관되게 수행할 수 있도록 연준을 자극하고 준비시킬 필요성을 느꼈다. 그래서 나는 금융안정에 대한 연준의 관심을 유지시킬 목적으로 연준 이사 일곱 명 가운데 한 명을 대통령이 임명하고 의회가 인준하는 금융감독 담당 부의장으로 지정하자고 제안했다. 부의장은 금융시스템 상황에 대한 보고서를 연 2회 작성하여 의회에 제출함으로써 금융안정 상황에 대

▪ 이 다섯 개 기관은 연준, 통화감독청, 연방예금보험공사, 증권거래위원회 그리고 상품선물거래위원회다.

해 직접적으로 설명할 책임을 질 것이었다.

금융감독을 책임지는 부의장의 존재가 연준 의장에게는 조금 불편할 수도 있다. 그러나 규칙을 제정하고 감독할 책임은 여전히 의장과 이사회 전체에 귀속될 것이었다. 중요한 점은 이사회 구성원 중 한 명이 금융감독을 책임진다는 점을 법률에 명시함으로써 금융시스템 전체를 연준의 감독 책임하에 두는 것이었다.

그 직책은 한참이 지난 후에야 채워졌다. 랜들 퀄스 씨, 앞으로 어떻게 일하는지 관심을 두고 지켜보겠소!

연준 조직에 관한 훨씬 포괄적이고 좀더 근본적인 질문은 감독기관들 사이의 중복과 공백의 문제를 어떻게 해결할 것인지다.

볼커 연맹은 실행 가능한 접근법 하나를 제시하는 보고서를 발표했다. 보고서는 유관기관들 각각의 대표가 참여하는 위원회를 설립해 금융시스템에 대한 감독 기능을 집중시키는 한편, 연준의 새로운 금융감독 담당 부의장이 위원회의 주도적 지위를 맡거나 적극적인 역할을 수행하도록 해야 한다는 권고안을 담고 있었다. 견제와 균형의 원리에 충실하기 위해 위원회의 규칙 제정(규제 기능)은 연준이 FSOC 참여 기관 등의 검토와 논평을 받으면서 그 과정을 주도해나가는 것이었다.

분명 다른 접근법도 많을 것이다. 금융위기 이전에 재무장관이었던 폴슨은 볼커 연맹이 제시한 것과 유사한 접근법을 마련하기 위해 끝까지 노력했다. 금융위기 이후 영국은 영란은행 내에 건전성감독청 Prudential Regulation Authority을 신설함으로써 일상적인 금융감독 권한을 통화정책에 밀접하게 결부시켰다. 유럽연합에서는 다른 접근법들이 논의되고 있다.

핵심적인 쟁점은 감시, 감독 그리고 규제에 대한 중앙은행의 책임 범위다. 효과를 키우고 효율성을 높이기 위해서라면 하나의 기관이 통합적인 책임을 지는 것이 적절하다. 중앙은행이 통합적인 책임을 지지 않는다면 얻을 수 있을, 관점의 다양성 및 견제와 균형의 가능성이 갖는 장점도 고려할 필요가 있다. 그러나 금융시장의 안정에 대한 태생적 관심, 규제·감독 책임의 범위, 그리고 정치적 압력으로부터의 상대적으로 높은 독립성을 고려할 때 연준의 적극적인 금융감독 기능을 배제할 수는 없으며, 배제하지 않는 것이 합리적이다.

영국의 경험이 그 대표적인 예다. 약 20년 전 영란은행이 정책운용상의 독립성을 회복한 시점에, 금융감독 권한은 밀접하게 연관된 신설 기관으로 이관되었다. 실제로 일어난 결과는 금융시장이 보이지 않게 과열되어 있었다는 사실과, 별로 알려지지 않았지만 공격적 경영을 했던 일개 은행의 파산*에 금융시스템이 얼마나 취약할 수 있는지를 불행히도 뒤늦게 인식한 것이었다.

영국 정부는 신속하게 결정을 번복하여 명시적으로 금융감독 기능을 영란은행의 권한으로 되돌려놓았다.

최근에 한 친구로부터 연준이 지금까지 트럼프 행정부로부터 기본 조직과 기능적 책무에 대한 위협을 받지 않은 거의 유일한 연방기관이라는 얘기를 들었다.

■ 2007년 9월에 사실상 파산한 영국의 노던록Nothern Rock 은행을 의미하는 듯하다. (옮긴이)

나는 지난 수년간 연준이 사실상 의회와 대통령 모두의 존중을 받아왔다고 생각하고 싶다. 정부에 대한 신뢰가 위험스러울 정도로 낮은 환경에서 연준은 여전히 높은 신뢰를 받고 있다. 그 점에서, 연준은 국가 전체의 자산이다.

연준은 책임을 넘어서는 권한을 행사하지 않는다.

연준도 실책을 범할 수 있다.

연준이 그 권한을 계속해서 책임 있게, 효율적으로 행사할 수 있는 여건을 보장하기 위해 의회가 많은 주의를 기울여야 한다. 그리고 연준은 당파적 이해를 추구하는 정치적 압력으로부터 보호받을 필요가 있다.

결론적으로 말하자면, 연준은 앞으로도 문제가 발생할 때 미국의 귀중한 자산으로 활용될 것이다.

― 유능한 정부

유능한 정부. 더는 자주 들리지 않는 표현이다.

자주 들리는 표현이 있다면, 당장 떠오르는 것은 로널드 레이건의 "문제는 정부다"라는 표현이다. 이 회고록을 마치면서 나는 우리가 자랑스러워하는 민주 정부가 진정 모든 수준에서 문제가 있다고 매우 확실하게 말할 수 있다.

발표되는 여론조사 결과마다 그 점을 증명하고 있다. 연방정부가 대부분의 경우에 적절한 정책을 펴고 있다고 믿는 사람들은 단 20퍼센트에 불과하다.7 대중은 의회의 수준이 더욱 떨어졌다고 생각한다. 법원뿐 아니라 민주 정부의 제4부라 불리는 언론에 대한 평판도 나쁜 편이다.

단순히 여론조사나 대중의 견해에 국한된 문제가 아니다. 공공행정학 분야의 저명한 교수 폴 라이트는 볼커 연맹에 제출한 정책 보고서에서 21세기가 시작된 이후 발생한 매우 명백한 정책 실패 사례 48가지(언론이 상당한 관심을 가질 정도로 중요한 실패)를 제시했다.8 9·11 테러 예측이 가능했을 만큼 충분한 정보를 확보해놓고도 취합하지 못한 것, 뉴올리언스를 강타한 허리케인 카트리나에 효과적으로 대응할 능력이 없었던 것, 멕시코만 원유 시추 시설 사고 및 2008년 금융위기 이전에 금융시스템의 취약성을 파악하거나 예견할 수 없었던 이유를 충분히 조사하지 못한 것 등이 주요 사례로 제시되었다.

나는 우리가 살아가는 이 복잡하고 상호의존적인 세계에서 공공관리상의 실책이 어느 정도는 불가피하다는 점을 이해한다. 정책들은 서로 충돌하기 마련이다. 또한, 정치(조악한 선거 정치)가 불필요하게 개입된다. 하지만 라이트 교수의 면밀한 분석은 우려스러운 결론으로 이어진다. 바로 시간이 지날수록 정책 실패가 더 빈번해져왔다는 점인데, 이는 정부가 보유 자원과 능력의 한계를 넘어서는 일들을 시도했기 때문일 수 있다. 집권 정당이 민주당이든 공화당이든 그러한 추세는 행정부와는 무관하다. 원인은 매우 다양하다. 정책이 잘못 이해되었기 때문일 수도 있고, 재원과 인적자원이 부족했기 때문일 수도 있으며, 책임 기관들의 구조가 부실하고 지도력이 약했기 때문일 수도 있다.

그러나, 정부에 대한 존경과 신뢰 그리고 정부의 임무에 대한 존중을 회복하는 것까지는 바라지 않는다 해도, 이런 심각한 공공행정 실패의 기록이 이어지는 것은 용인해서도 안 되고, 용인할 수도 없다.

사실 로널드 레이건이 정부 실패를 지적하면서 정부 조직이 비대하다고 주장했을 때, 그 주장에는 정부가 반드시 필요하다는 인식 또한 내포되어 있었다. 그는 분명히 국가 안보에 대한 예산 지원을 지지했는데, 국방·정보기관에 투입되는 예산만 해도 연방 예산에서 매우 큰 비중을 차지한다. 그는 사회보장프로그램이나 의료보험의 일부 적용 항목을 폐지하자는 공약을 제시하지 않았다. 또한 우리를 전염병으로부터 지켜주고 전염병의 파악, 치료 및 예방에 필요한 연구의 재원을 지원하는 질병통제센터와 국립보건원 같은 보건기관을 폐쇄하는 것도 원치 않았다.

우리는 정부의 규모, 정부 책무의 범위 그리고 재정 지원 적격 프로그램의 선택에 대해 논의할 수 있으며 논의해야만 한다. 아울러 반드시 필요하다고 결정된 사업에 예산이 지출되도록 하기 위해서는 효과적이고 공정한 조세체계가 필요하다.

이 모든 일은 정치적 과정에 의해 결정된다. 일단 결정이 이루어지면 그 후에는 공공행정 및 공공관리에 의해 결과가 산출된다. 알렉산더 해밀턴은 무려 200년도 더 되는 과거에 『연방주의자 논집Federalist Papers』에서 이미 효율적 행정이 유능한 정부의 핵심 조건이라고 역설한 바 있다. 변한 게 있다면 사회가 복잡해졌고, 기술이 급격하게 발전했으며, 공공 프로그램이 매우 다양해진 데다 정치인과 로비스트가 행사하는 압력이 강해졌다는 점이다.

70년 전에 아버지가 직면했던 지방정부의 문제들은 지금보다 단순했다. 그는 공직에서 일한다는 것과 그 일을 훌륭하게 수행한다는 것에 대해 자부심을 느꼈다. 토목기사였던 아버지는 정부를 훈련, 전문적 지식 및 규율을 통해서만 성공적으로 실행될 수 있는 하나의 과학으로 생각했다. 그러한 접근은 아버지가 관리했던 시민과 납세자들을 이롭게 했다.

미국 정부(지역·주·연방 수준에서)의 예산은 GDP의 약 40퍼센트를 차지한다. 국민의 필요를 파악하고 충족하는 일은 특별한 능력, 정교한 기술, 무엇보다 적절한 판단력이 요구되는 크나큰 도전이다.

그럼에도 현재의 연방정부는 내가 1962년에 참여했던 케네디 행정부 때와 거의 비슷한 수의 공무원만을 고용하고 있다. (미국 인구는 그간 거의 두 배나 증가했다.[9] GDP와 연방 지출은 1962년에 비해 세 배 이상 급증했다.[10]) 오늘날의 정부는 상대적으로 반복적이고 일상적인 업무뿐 아니라 안보, 우주, 보건, 환경 등 상상할 수 있는 한 최고의 기술력이 요구되는 분야의 일들까지도 민간 기업과 일부 비영리 조직에 위탁하거나 외주를 주고 있다.

그 일들이 원활하게 수행되고 있다는 합리적 확신을 얻기 위해 우리가 할 수 있고 해야만 하는 일을 실천하고 있는가? 어떤 일을 외주로 주고 어떤 일을 정부에서 직접 처리할지 결정할 준비가 진정 되어 있는가? 어떻게 수천, 수만의 계약업체를 지도하고 감독해야 하는가? 이 일들에는 교육, 경험 그리고 무엇보다 책임감이 요구된다.

사회간접자본의 확충이라는 명백한 과제를 예로 들어보자. 우리는 그에 관한 매우 많은 기사를 접하고 있지만 실행된 것은 거의 없다. 어떤 것을 신축하고 어떤 것을 재건축해야 하는가? 바람직한 공공정책을 수립하고 효율성을 확보하려면 연방·주·지역 정부 및 민간 기업 간에 얼마만큼의 협동이 필요한가? 책임자는 적재적소에 배치되어 있는가? 그들은 적절한 훈련과 교육을 받았는가? 비용을 정확하게 예측할 수 있는가?

아쉽게도 이 질문들에 대한 답은 주로 '아니다'이다.

역대 행정부는 형식적으로라도 개혁의 필요성을 언급했다.

내가 경험한 바로는, 닉슨 대통령은 당시 기업 컨설턴트들 사이에서 유행했던 '목표관리제'를 강조했다.

카터 대통령은 '제로 기준' 예산 관리를 높이 평가했다.

클린턴 대통령은 고어 부통령에게 '정부 재창조'라는 좀더 포괄적인 과제를 맡겼다.

조지 W. 부시 대통령은 국토안보국을 신설하여 여러 유관 기관을 통합하는 대규모의 구조적 개혁을 시도했지만, 유능한 지도력을 발휘했다고 보기는 어렵다.

100년 전에는 여론조사라는 것이 없었다. 그리고 정부는 지금보다 책임 범위가 훨씬 더 좁았기 때문에 규모도 작았다. 기술력은 오늘날의 기준으로 보면 초보적인 수준이었다. 그러나 정부에 대한 불만은 미국의 건국 시점부터 제기되었을 정도로 오래되었다. 종종 정부의 부패가 공정함과 유능함에 대한 신뢰를 갉아먹었다. 결국, 오랜 세월에 걸쳐 많은 역대 행정부가 정부에 대한 불만에 대응할 방안을 강구해야 했다.

1881년 제임스 가필드 대통령 암살 사건은 공공 조직을 개혁하는 계기가 되었다. 최초로 독립적 기관이 설립된 시점은 19세기로 거슬러 올라간다. 공화당의 시어도어 루스벨트, 민주당의 우드로 윌슨, 두 대통령 모두 효율적인 정부를 강력하게 추구했다. 루스벨트는 국립공원과 반독점정책만큼 거리가 먼 문제들을 다루었고 윌슨은 정부의 행정조직 전체에, 특히 연준에 많은 관심을 쏟았다. 1930년대의 뉴딜정책, 그리고 1940년대 말과 1950년대에 트루먼 대통령과 아이젠하워 대통령의 요청으로 실행된 허버트 후버의 개혁으로 현재의 정부 조직과 인사 구조의 대부분이 갖추어졌다.

'유능한 정부'를 만들어가는 데 있어서 학교, 특히 대학의 역할이 중요하다. 주립대학을 중심으로 공공행정학 과정을 개설하는 학교가 급격히 늘어났는데, 그중에는 유서 깊은 대학들도 일부 포함되어 있다. 아이비리그 삼총사인 하버드, 프린스턴 그리고 예일은 새로운 자체 프로그램을 개발하기 위해 기부금을 이용하여 관련 사업을 추진하고 있다.

애석하게도, 우리가 수십 년에 걸쳐 길러온 열정과 진취적 정신이 사라져버렸다. 대학의 기부금과 연구 지원금은 주로 정책에 관한 질문, 즉 외교 및 국제관계나 사회보장 프로그램의 장단점을 토론하고 논의하는 데 쓰일 가능성이 매우 크다. 학자와 학생들 모두 국가 교육정책, 국제 협력 등 도전적 주제들에 대해 큰 관심을 지니고 있기 때문이다. 그러나 아무리 훌륭하게 기획된 정책이라 하더라도 정책 자체만으로는 목표를 성공적으로 달성할 수 없다.

내가 호소하고픈 내용은 매우 단순하다. 효과적인 정책은 결국 효율적 관리에 의존한다는 것이다.

효율적 관리는 내가 2013년에 설립한 정치 중립적 단체인 볼커 연맹의 핵심적 지향점이자 임무이다. 공공관리 연구에 재정을 지원하고 주요 공직자 및 학자들의 공동체를 형성하는 우리 활동을 통해 연방, 주, 지역 각각의 수준에서 더 효과적이고 효율적인 정부를 향한 새로운 접근법이 개발되어나가기를 희망한다.

다행히도, 정부에서 갓 일을 시작했거나 전문직을 염두에 두고 있는 소수의 유능한 젊은이들이 여전히 공직을 매력적인 도전이라 느낀다는 징후가 보인다.

그들에게는 공통의 관심사가 있다. 적절한 연수 프로그램이 마련되어 있는가? 대학 교과 과정은 대중의 새로운 요구를 충족하는 데 적합한가? 공직 수행에 필요한 접근 방식 및 역량이 무엇인지에 대해 일치된 의견이 존재하는가? 빅데이터와 같은 새로운 기술이 공공관리 이슈들에 어떤 영향을 미치는가? 정부는 무엇을 직접 수행하고 무엇을 외부 민간업체에 맡겨야 하는가? 오늘날의 기술과 생활 방식에 비추어봤을 때 공공조직의 구조를 진지하게 재점검할 필요는 없는가?

내가 의장을 맡았던 공공부문 개혁과 관련된 두 개 전국 위원회의 주요 권고안들에 대해 정부가 소극적 반응을 보였을 때 느낀 실망감을 앞부분에서 토로한 바 있다. 당시 우리는 위기가 조용하게 형성되고 있다고 생각했다. 현재 우리가 주변에서 관찰하고 있는 위기는 더 이상 조용하다고 얘기할 수 없다.

정부에 대한 신뢰의 저하, 연방·주·지역 정부 간 협력의 명백한 필요성, 기술의 도전 등의 문제를 해결해야 한다고 정치권이 아우성치는 와중에도 효율적 공공관리에 대한 관심을 부활시키려는 우리의 노력이 과연 호응을 이끌어낼 수 있을까?

― 장기적 관점

불가피하게도 나는 이 회고록을 깊은 우려로 끝맺을 수밖에 없다. 내가 살아왔고 일해왔던 개방적 민주사회를 향한 진보의 거센 물결이 잦아들고 있다.

유럽의 일부 국가들이 권위주의적 지도자들에게 호응하고 있다. 라틴아메리카에서는 몇몇 국가가 지속적이고 강력한 민주주의를 정착시키기 위해 노력하고 있지만, 반복되는 경제위기가 그들의 발목을 잡는다. 아프리카와 아시아에서는 경제 발전을 가로막는 부패라는 암적 존재가 막대한 잠재력을 훼손하는 일이 너무 자주 일어난다. 잠재적으로 가장 중요한 점은 중국과 러시아가 미국과 맞설 경제·정치적 모델을 확립하기 위한 노력을 단호하게 지속하고 있다는 것이다.

여기 우리 조국에서 경제적, 사회적, 문화적 격차들이 민주적 절차에 대한 신념을 약화시켰다. 언론과 (진정으로 한 분야의 전문적 지식 또는 확립된 사실인) 학문에 대한 공격이 세계를 선도할 우리 능력을 제약했다. 환경 및 이민정책에 대한 비판적 질문들이 해결되지 않은 상태로 남아 있고, 국제 교역과 국가 안보를 위해 오랫동안 존속해온 기관들의 존재가 위협받고 있다.

아마도 바로 지금이, 미국이 과거부터 많은 도전에 직면해왔다는 사실을 상기하기에 적절한 시점일 것이다. 내가 살아온 90년 동안 미국은 제2차 세계대전, 여러 암살 사건, 베트남과 중동에서 역효과만 일으킨 불필요한 전쟁들, 극심한 인종 갈등, 두 자릿수의 높은 인플레이션율, 수많은 테러를 겪어왔다.

거의 한 세기를 산 어머니는 1990년에 돌아가셨다. 나는 절망감에 빠져 어머니에게 깊은 슬픔과 근심을 토로했던 적이 있다. "자랑스러운 우리 조국은 어디로 가고 있는 걸까요? 왜 우리는 제대로 일하지 못하는 걸까요?"

어머니의 응답은 내게 유일하게 설득력 있는 답변으로 남아 있다.

"미국은 세계 역사에서 가장 오래되고 강력한 민주주의 국가잖니. 그리고 지난 200년 동안 숱한 위기를 이겨냈단다. 돌아가서 일하려무나."

나가며

칭송받아 마땅한 사람들

나는 이 회고록의 처음부터 끝까지 대통령, 내각 장관, 의장, 기업 회장, 동료 그리고 직원들의 이름을 거명했다. 어떤 이들은 널리 알려져 있고, 어떤 이들은 그렇지 않다. 그중 몇 명과는 정부와 민간 기업에서 절친한 친구로 지냈다.

이 지면을 빌어, 내 공직 인생에서 결정적으로 중요했던 순간에 나와 밀접하게 함께 일했던 사람들에게 특별한 감사의 말을 전하고자 한다. 그들 가운데 대부분은 오랜 기간 공직자로 일해왔다. 그리고 모두 정부 효율화라는 과제에 헌신해오고 있다.

두 명과는 직장생활의 절반 이상을 함께했다. 나는 2017년에 그 둘 모두를 잃었다.

— 마이크 브래드필드

거의 50년 전 재무부 차관으로 재직하던 시절 마이크 브래드필드가 국제부문 법무담당 비서로 나에게 배정되었다. 10년 뒤에 그는 나와 함께 연준 법무담당관으로 일하면서 강력한 팀을 만들었고 규제 및 의회 관련 사안들에 대한 핵심 조언자로 자신을 자리매김했다. 그는 제2차 세계대전 이후 스위스 은행들이 홀로코스트 희생자들의 예금계좌를 어떻게 처리했는지에 대한 '나의' 조사를 실질적으로 이끌었다. 그는 나중에 법적 측면 등에서 볼커 연맹을 조직화하는 데 도움을 주었다. 나는 그를 소중한 조언자로 여겼으며, 일상적 업무뿐 아니라 가족들의 법률 문제와 같은 그리 일상적이지 않은 일들에 대해서도 그에게 의지했다.

— 듀이 데인

나와 듀이 데인의 관계는 그보다 이른 1962년, 재무부에서 그가 내 직속상관이었던 때부터 시작되었다. 나보다 나이가 열 살 가까이 많고 하버드대학 공공행정대학원 리타워스쿨의 초기 졸업생이었던[1] 그는 오랫동안 연준 이사로 재직하면서 나와 각별한 사이가 되었다. 우리는 셀 수 없이 많은 국제회의에 함께 출장을 다녔다. 그는 '이사'라는 직책을 좋아했는데, 그 직책 덕분에 그가 재무부 차관이었을 때보다 더 좋은 비행기 좌석을 제공받곤 했기 때문이다. 우리 가족은 그가 연준에서 은퇴한 후 테네시주의 내슈빌에서 은행업과 교수직에 종사하면서 그의 사랑하는 아내 바버라와 함께 편안한 노후를 보내던 시절에도 어느 정도는 그와 삶을 함께했다.

─최고의 기량을 가진 공직자들

빌 테일러는 1992년에 53세의 이른 나이로 세상을 떠났다. 연방예금보험공사 의장으로 그의 경력에서 가장 화려한 시절을 보내던 때였다. 내가 보기에 그는 워싱턴에서 가장 뛰어난 은행감독관이었는데, 연준 안팎에서 업적을 인정받아 그 자리에 임명되었다. 내가 연준 의장에 취임한 후 금융위기들을 하나씩 수습해야 했을 때 다행히도 그가 연방예금보험공사 의장으로 재직하고 있었다. 그는 나중에 재무장관 닉 브래디의 요청으로 1980년대 말 저축대부조합 사태의 해결에 도움을 주었다. 번뜩이는 재치와 출중한 지도력으로 그는 우리 모두에게 교과서와 경제 이론으로는 배울 수 없었던 금융의 현실을 가르쳐주었다.

연준에서 장기간 근무했던 두 직원인 전직 연합통신Associated Press 기자 조 코인과 예수회 신자 돈 윈Don Winn은 내가 언론과 정치인들을 상대로 실수를 범하는 것을 막아주었다. 무엇보다 가장 고마웠던 점은, 적대적인 언론 또는 의회를 상대할 때 모든 고위직이 반복적으로 느끼는 모호한 언어 구사(또는 진실의 호도)에 대한 유혹을 떨쳐버려야 한다는 사실을 그들만의 방법으로 상기시켜준 것이었다. 최고의 기량을 가진 공직자들이었다.

제리 코리건은 내가 뉴욕 연방준비은행 총재로 복귀한 이후 중요했던 몇 년간 함께 일했다. 그리고 나중에 내가 연준 의장으로 재직하던 때, 인플레이션에 대한 연준의 공격이 극적인 절정에 달했던 시기에도 나와 함께했다. 금융위기들이 계속 터질 때마다 제리는 즉각 행동을 취하면서도 불확실성과 정치적 공격, 로비스트의 압력에 굴하지 않고 강력하고 설득력 있게 대응하는, 대학에서 훈련받은 이코노미스트들에게서는 보기 드문 능력을 발휘했다. 그가 몇 년간 미니애폴리스 연방준비은행 총재로 재직하던 시절에 우리는 따로 시간을 내 만나곤 했는데, 나는 그의 관할지역인 로키산맥에서 그를 플라이 낚시의 세계로 입문시켰다!

아마 그의 재능이 가장 빛을 발했다고 말할 수 있을 순간은 그가 뉴욕 연방준비은행 총재로 재직하던 시절에 찾아왔다. 주가가 단 하루만에 20퍼센트 급락했던 1987년의 '검은 월요일Black Monday' 이후, 단기자금시장에 자금을 투입하고 이를 지원하라고 은행들을 독려(또는 요구)했던 때다. 당시 나는 연준 밖에서 일하고 있었기 때문에 그의 활약상을 그저 감탄하면서 지켜보기만 했다.

당시 연준과 재무부의 핵심 간부들이었던 스티븐 액설로드, 샘 크로스, 테드 트루먼은 모두 책임감 강한 공직자의 전형이라 할 수 있다. 그렇게 최고의 기량을 가진 전문적인 공직자들은 우리에게 만족스러운 공공서비스를 제공할 것이며, 나는 그 가치를 믿는다.

그리고 8년 동안 나의 연준 사무실 출입문 바로 바깥에 앉아 있었던 캐서린 맬러디를 어떻게 잊을 수 있겠는가? 그녀는 제2차 세계대전 중에 10대의 나이로 워싱턴에 처음 발을 디딘 후 장기간 연준에서 근무한 젊은 여성들 가운데 가장 뛰어난 이들이 지니고 있던 신중함, 유능함 그리고 헌신적 태도를 상징하는 인물이었다.

― 정부 바깥의 사람들

공직 밖에서 오랜 세월 친구로 지내며 함께 일하고 건설적인 반대 의견을 주었던 이들의 이름을 모두 기록할 수는 없을 것 같다.

짐 울펀슨은 그가 설립한 투자은행 부티크에 일자리를 마련해줌으로써 내게 민간 금융계로 돌아갈 훌륭한 통로를 제공했다. 나는 울펀슨앤드컴퍼니Wolfensohn & Company(구 제임스울펀슨)의 사업 방식에 대한 자부심을 그와 공유했다. 소규모의 젊고 나이 든 동업자, 동료 그리고 경제분석가들 모두 높은 수준의 자질을 지닌 이들이었고, 지금도 마찬가지다. 이름을 모두 거명할 수는 없지만 감사의 마음을 전한다.

내가 투자은행업계를 떠날 때 함께 일하자면서 록펠러센터에 있는 작은 사무실로 초대하여 구원의 손길을 내밀었던 딕 래비치Dick Ravitch와 그의 절친한 동료 돈 라이스Don Rice에게 한없는 고마움을 느낀다. 20년이 넘는 세월이 흐른 뒤에도 나는 여전히 같은 의자에 앉아 있다. 그들과 함께 일을 시작한 지 얼마 지나지 않아, 나는 딕이 몇 년에 걸쳐 뉴욕시와 뉴욕주 등 많은 지역의 모든 주요 정치계 인사와 교분을 텄다는 것을 알게 되었다. 그는 규모가 확대된 뉴욕교통공사Metropolitan Transportation Authority를 몇 년 동안 운영했는데, 그 시절에는 기차가 (거의 언제나) 정시에 도착했다. 그는 뉴욕시의 준파산 상황을 수습하는 데 있어 핵심적인 역할을 수행했다. 미국 전역에서, 그리고 지금은 푸에르토리코까지 포함하여, 각 시와 주가 받는 극심한 재정 압박에 관해 그보다 더 많이 알고 있는 사람은 이 나라에 없을 것이다.

어니 루사토는 최소 30년 동안 모든 개인적 법률 문제와 때때로 복잡한 세금 문제까지 처리해주었다. 나는 그에게 영원히 고마워할 것이다.

리드 모든이 이끌던 UN 원유식량교환 프로그램 조사팀의 높은 사기와 열정에 관해서는 앞에서 이미 언급했지만, 미국 지방검찰청 검사였던 현직 지방법원 판사 제프리 마이어Jeffrey Meyer와 마크 칼리파노Mark Califano, 수 링글러Sue Ringler 그리고 마이클 코나키아Michael Cornacchia가 지녔던 책임감에 관해서는 기술하지 못했다. 그들의 재능과 열정 그리고 경험 덕분에 보고서가 더 유의미하고 정확해질 수 있었다. 그들 모두는 법적 절차가 진행되는 과정에서 관련 사실들을 바로잡으면서 내게 절제된 지성의 중요함을 깨닫게 해주었다.

상대적으로 젊은 동료 두 명은 미래의 우리에게 필요할 재능과 열정과 판단력을 전형적으로 보여주었다.

토니 다우드는 내겐 여전히 젊은이로 남아 있다. 울편슨앤드컴퍼니에서 그를 동료로 처음 만난 이후로 벌써 30년이 흘렀다. 그는 버크셔에 있던 다 쓰러져가는 낚시 가게를 인수하려던 나를 강력하게 제지하여 적어도 한 번 이상은 나를 구제해주었다. 그는 20년 뒤 대통령 선거 때 나와 버락 오바마의 관계에 관한 기사를 읽고 나서 나를 돕겠다고 나섰다. 선거가 끝난 후에 그는 대통령경제회복자문위원회에서 나의 핵심 참모로 일했는데, 행정부, 의회 직원 그리고 금융기관 중역들과 소통할 때 나보다 훨씬 더 절제된 자세로 임했다. 그는 많은 협상과 중요한 법안을 준비하기 위해 쉼없이 일했고, 나중에 마이크 브래드필드와 함께 볼커 연맹을 발족했다. 그는 여전히 볼커 연맹에서 핵심적인 존재이며, 지금은 기업가적 재능을 살려 민간 기업에서 일하고 있다. 공직에 대한 철저한 신념과 육군사관학교에서 길러진 규율 감각을 그는 영원히 간직할 것이다. 나는 언젠가 그에게 정부 고위직으로 일할 기회가 주어질 것이라고 확신한다.

처음에 나를 버락 오바마에게 이끈 사람은 시카고대학의 젊은 경제학 교수 오스턴 굴즈비였다. 내가 경제회복자문위원회 의장으로 재직하던 시절에 지지와 위로를 보내주었던 그는 탁월한 유머와 타고난 분별력으로 워싱턴 정가에서 살아남을 수 있었다. 그는 학생들을 가르치고, 논문을 저술하며, 사람들과 소통한다. 우리는 굴즈비 그리고 그와 비슷한 사람들이 다시 공직에서 일할 수 있도록 해야 한다.

— 볼커 연맹

2018년을 살아가는 모든 이가 이 나라의 미래, 좀더 구체적으로는 공공서비스의 수준에 대해 강한 우려감을 느낄 것이다. 정부를 대하는 태도에 불신과 적대감이 스며 있다. 혹독한 비판을 받는 관료 집단, 특히 의회와 행정부의 핵심 요직에서 근무하는 최고의 공직자들 가운데 너무도 많은 이가 너무도 일찍 공직을 떠났다. 그들이 내는 목소리가 정책에 반영될 수 있을지 또는 그들의 목표가 달성될 수 있을지 의심스러웠기 때문이다.

그러한 상황을 바꿔야 한다. 쉽지는 않을 것이다.

나의 우려를 알리기 위해 불가능한 임무를 수행할 단체를 설립하기로 결심했다. 정부가 21세기의 요구에 응답할 능력을 갖출 방법을 다시 생각해보도록 다른 기관들(특히 공공정책, 경영 및 행정대학)을 자극하려면 어떻게 해야 할까?

지금 볼커 연맹에서는 톰 로스가 이끄는 소수의 직원이 일에 매진하고 있다. 톰 로스는 고향 노스캐롤라이나주에서 판사 겸 교육계 지도자로 존경받으며 오랜 경험을 활용하여 볼커 연맹의 목적을 달성하기 위해 노력하고 있다. 지도자로서 경쟁하고 있는 폴 라이트와 도널드 케틀은 과거에 나와 함께 일했고, 지금은 다시 고위 간부들의 자문위원으로 활동하고 있다. 빌 글래스골과 고러브 바시슈트는 주와 지역 정부의 행정·금융개혁 과제에 몰두하고 있는데, 볼커 연맹의 모든 의제를 책임지고 있다. 에밀리 볼턴은 한동안 발레리나와 공직자 중 무엇을 택할지 고민했는데, 지금은 정부가 효율적으로 작동하도록 만드는 일에 열중하고 있다. 이전에 그녀는 UN 원유식량교환 프로그램과 세계은행을 조사하는 데 필요한 준비를 책임졌고, 지금은 볼커 연맹에서 '매우 중요한' 역할을 맡고 있다.

감사의 말

감사라는 단어는 (영어로) 길고 음절이 많지만, 이 책의 공동 저자에 대한 고마움을 담기에는 충분치 않다. 크리스틴 하퍼는 회고록의 시작부터 끝까지 함께했으며 나를 격려하고, 자극하고, 절제시켰다. 또한 글의 의미를 명료하게 만들고 글을 교정했으며, 당연한 얘기지만, 능숙하게 글을 썼다.

이유는 모르겠지만 그녀는 블룸버그뉴스 금융부의 선임 편집자로서 하던 일을 제쳐두고, 내가 회고록을 쓰도록 거의 말 그대로 손을 잡아 끌었다. 그녀는 이렇게 조언했다. "A라는 일 다음에 B라는 일이 일어났다는, 희미해지는 기억에 의존하지 마세요. 기억은 믿을 게 못 됩니다. 책에 기록할 일화들을 그 일과 관련된 다른 사람들에게 확인해보세요."

한 해가 흐른 뒤 나는 크리스틴을 거의 가족의 일원으로 생각하기 시작했는데, 아마도 어떤 이유에서건, 일찍 우리 곁을 떠난 넷째 누나로 여겼던 것 같다(누나는 공무원 아버지를 진정한 영웅으로 생각했다). 그저 이 회고록이 그녀가 기여한 바를 적절하게 알려서 만족할 만한 전문직인 블룸버그의 고위직으로 그녀를 쉽게 복귀시켜주기만을 바랄 뿐이다. 나는 그녀가 블룸버그 내에서 그리고 그 밖의 사람들에게도 왜 그렇게 많은 존경을 받는지 확실히 알고 있다.

그리고 지금 이 회고록 집필 작업의 마지막 순간에, 나의 비서 멜러니 마사가 최종 원고를 탈고했다. 그녀는 내가 써놓은 사실상 알아보기 힘든 글을 읽을 수 있는 글로 바꾸어주었고, 어떤 이유에서인지 모르겠으나 크리스틴의 첨삭을 충실하게 기록해두었다. 그녀는 나의 사무실과 시간을 관리하는 귀중한 역할을 담당해왔으며, 곧 도시계획 분야의 일을 시작할 예정이다. 새로운 직장에서 잘 생활하기를 바란다.

이미 언급한 대로, 내 기억을 되살리기 위해 많은 이가 원고의 전부 또는 일부를 열심히 읽고 도와주었다. 그 점에서 척 보셔, 자크 드 라로지에르, 존 디울리오, 토니 다우드, 에드윈 그레이, 주더 그리베츠Judah Gribetz, 스티브 해리스Steve Harris, 프랭크 하이도스키, 도널드 콘, 리드 모든, 빌 로즈, 톰 사이던스타인 그리고 테드 트루먼에게 각별한 감사의 정을 전한다.

내 경력 초기의 경험 일부를 기록한 책,『달러의 부활』을 교텐 도요오 그리고 편집자 래리 모킨과 함께 저술한 것을 행운으로 생각한다. 제프리 마이어와 마크 칼리파노가 UN 원유·식량교환 프로그램 조사에 관해 쓴『선의의 타락Good Intentions Corrupted』처럼, 그 책은 조지프 트리스터와 윌리엄 실버가 저술한 나에 관한 훌륭한 전기들과 함께 유용한 참고서적으로 쓰였다.

뉴욕 연방준비은행에서 일하는 케네스 가베이드와 엘리자베스 홈키스트는 찾아내기가 항상 쉽지만은 않은 과거의 경제통계를 검색하는 과정에서 끊임없이 도움을 주었다.

프린스턴대학 머드도서관의 기록물 관리자 대니얼 링키와 세라 로그는 내 보고서들을 보존하는 중요한 역할을 맡아주었으며, 이 회고록 집필을 위해 그 보고서들을 정리하는 과정 내내 우리를 이끌어주었다. 내 보고서들이 계속 쌓여가고 있기 때문에 그들은 몇 개의 상자를 더 준비해야 할 것이다.

조카 빅토리아 스트라이트펠드는 그녀의 어머니이자 나의 누나 버지니아가 보관했던 옛날 편지, 사진 등 문서들을 공유하기 위해 시간을 할애해주었는데, 그것들은 나의 기억을 되살리는 데 도움이 되었다. 그녀의 남자 형제 앤디도 사진들을 제공했고, 공직에서의 과제 및 만족감을 인식시키기 위해 나와 볼커 연맹을 다루는 다큐멘터리를 완성하려고 열심히 일해오고 있다.

두 아이 재니스와 지미는 바쁜 시간을 쪼개 나보다 그들이 더 잘 기억하고 있는 오래전 일들에 관한 질문에 답해주었다. 그 점에도 감사하지만, 그들이 나의 삶을 풍성하게 만들어준 그 모든 셀 수 없는 것들에 대해 더 크게 감사한다. 나는 더할 나위 없이 행복한 아버지이자 (생산적 활동에 종사하는 젊은 남자 세 명과 전도유망한 젊은 여자 한 명의) 할아버지, 그리고 이제는, 증조할아버지다.

오래전 그날들에 대한 일부 기억을 일깨워준 점에 대해 퍼블릭어페어스 출판사의 설립자 피터 오스노스의 기획을 고마워해야 할지 개탄해야 할지 모르겠다. 우리가 『달러의 부활』을 펴내기 위해 함께 일한 지도 25년이 넘게 흘렀다. 나는 회고록을 쓸 마음이 전혀 없었지만, 피터는 1년 전쯤에 분명히 회고록 출판을 염두에 두고 있었다. 그는 크리스틴 하퍼를 공동 저자로 섭외하고 존 머해니와 퍼블릭어페어스의 유능한 팀에 편집 및 제작을 맡기겠다는 말로 나를 설득하는 데 성공했다.

독자분들께 지면상으로나마 반가움의 인사를 전합니다.

여러분에게 보내는 이 편지에서 제가 폴 볼커의 회고록을 번역하게 된 배경, 중앙은행가central banker인 저 자신이 이 책으로부터 얻은 가장 중요한 영감, 그리고 번역을 도와주신 분들에 대해 말씀드리고자 합니다.

제가 폴 볼커를 알게 된 계기는 지금으로부터 20여 년 전인 2001년 1월, 한국은행 신입 직원 연수를 받으며 시청했던 한국은행 창립 50주년 기념 다큐멘터리였습니다. 1980년대 초반, 볼커 의장이 연기가 피어오르는 시가를 손에 쥐고 의회 증인석에 앉아 의원들을 상대로 자신의 견해를 당당하게 밝히던 모습이 제 가슴에 화인처럼 각인되었습니다. 그 소신에 찬 모습은 이후 제가 한국은행에서 일하면서 길을 잃을 때마다 다시 올바른 항로를 가리켜준 북극성이었습니다.

그로부터 17년여가 흐른 뒤인 2018년 가을, 볼커의 회고록이 출간되었다는 소식을 듣고 영문판을 구해 읽어나가면서 그의 개인적 삶과 그가 공직자로서 지향했던 바를 더 깊이 이해하게 되었습니다. 회고록이 출간된 지 3년여가 지난 2022년 2월, 저와 같이 일하게 된 신입 직원에게 선물할 생각으로 이 책의 번역본을 구하려 했는데 그때까지도 번역이 되지 않았다는 사실을 알게 되었습니다. 현대 경제사에서 가장 중요한 인물 가운데 한 명이자 공직자의 표상으로서 각계각층의 존경과 신뢰를 한 몸에 받았던 볼커의 회고록이 3년 넘도록 번역되지 않았다는 점이 무척 의아했고 안타까웠습니다.

이후 저는 볼커의 회고록을 번역해서 그가 남긴 교훈을 더 많은 이에게 소개하고 싶다는 욕구와 그래야 한다는 의무감을 느끼면서도, 한편으로는 제대로 된 번역을 할 수 있을지, 번역의 힘겨움을 감내할 수 있을지 등등의 회의감에 휩싸였습니다. 그러다 불현듯, 볼커 회고록을 번역하는 일이 막연하게 사회에 기여하고 싶다는 생각을 품고 중앙은행에 들어와 20여 년을 중앙은행가로 살아온 제게 운명적으로 맡겨진 과제라는 생각이 들면서 결국 번역에 나서게 되었습니다. 비록 찬란했던 봄날들을 고스란히 번역에 바치긴 했어도, 그 과정에서 볼커로부터 얻은 영감과 번역에 도움을 주신 분들과의 교감은 햇빛에 반짝거리며 나리던 벚꽃잎보다도 아름다웠습니다.

다음으로는 볼커가 전한 많은 교훈 가운데 제가 가장 중요하게 여기는 세 가지를 말씀드리고자 합니다. 이 책을 번역하며 가장 인상 깊었던 점은 볼커가 공직자에게 주어진 결정권을 '권한authority'이 아닌 '책임responsibility'으로 표현했다는 점입니다. 자신의 아버지가 티넥시의 경찰 책임자를 임명하는 일이 시 관리인인 그의 '책임'이라고 주장했다는 문장이나, 1971년 당시 대통령 보좌관이었던 슐츠가 재무장관으로서의 '책임'을 지고 있었더라면 자유변동환율제를 채택했을지도 모른다고 서술한 문장이 그 예입니다.

통상 '권한'이라는 단어가 쓰이는 자리에 왜 볼커가 '책임'이라는 표현을 사용했는지 곰곰이 생각해보았습니다. 제 추측으로는 볼커가 기본적으로 공직자를 '권한을 행사하는 사람'이 아니라 '책임을 수행하는 사람'으로 인식했기 때문이 아닌가 합니다. 그러한 인식은 분명 공직자가 가진 '권한'의 본질이 사회 전체의 복지와 후생을 증진하기 위해 부여된 '책임'이라는 상식에 바탕을 두었을 것입니다. 볼커가 1980년대 초반에 인플레이션과의 전쟁에서 승리를 거둔 것도 자신에게 주어진 통화정책 결정권을 '책임'으로 인식하면서 일신상의 안위나 영달에 연연하지 않고 그 책임을 완수하는 데에만 집중했기 때문에 가능했다고 생각합니다.

하지만 어느 사회에서나 일부 공직자들은 자신에게 맡겨진 책임을 특정 개인에게 전속된 '권한'으로 인식하고, 그 권한을 과시하며 심지어 남용하기도 하는 것이 현실입니다. 또 공직사회의 바깥에서는 공직자들을 유혹하여 특혜를 얻으려 분주하게 움직이는 이들이 적지 않습니다. 책임과 권한에 대한 전도된 인식은 공직자들을 쉽게 오만에 빠뜨리고, 사적 이익에 눈멀게 하며, 공익이 아닌 사익의 증진을 위해 치열하게 경쟁하게 합니다. 겉으로만 공익을 외치면서 실제로는 더 많은 권한과 이익을 누리기 위해 행동하는 이들 간의 경쟁은 당연히 공중公衆의 손실로 이어집니다. 특히 공직자의 지위가 높을수록 그 폐해는 눈덩이처럼 불어납니다.

그럼에도 우리 사회에는 여전히 공익을 증진하기 위해 볼커처럼 진지하게 고민하고 노력하는 공직자들이 존재합니다. 이 책을 번역하는 과정에서 제가 아는 이들 가운데 한국의 볼커라고 불릴 만한 사람이 누구일까 하는 질문이 종종 떠올랐습니다. 그때마다 두 분의 얼굴이 선명하게 그려졌는데, 몇 년 전 한국은행 전북본부에서 저와 함께 일했던 이영희 님과 김성원 님이었습니다. 그분들에게는 승진의 기회가 주어지지 않아 보통 사람들의 관점에서는 열심히 일할 유인이 적었고, 수행하던 업무도 크게 주목받지 못하는 일들이었습니다. 하지만 그분들은 중앙은행 직원으로서 맡은 소임과 동료들에 대한 책임을 최대한 잘 수행하기 위해 말 그대로 열과 성을 다하셨습니다. 정년퇴임이 얼마 남지 않은 시점에서 두 분이 보여주신 순수한 열정은 진실로 존경스럽고 감동적이었습니다. 그 두 분처럼 비록 알아주는 이가 적고 현실적 보상이 크지 않다 해도 주어진 책임에 묵묵하고 성실하게 임하는 분들의 정신이 한국은행, 그리고 더 크게는 이 사회를 성숙시켜온 원동력이었고, 앞으로도 그러하리라고 믿어 의심치 않습니다.

제가 두 번째로 중요하게 생각하는 교훈은 인플레이션을 억제하기 위한 통화정책 전략과 인플레이션 목표제가 가진 한계에 대한 볼커의 통찰이었습니다. 그는 인플레이션이 확대되기 시작하면 시간이 갈수록 제어하기가 더욱 힘겨워지기 때문에 중앙은행이 초기 단계에서 과감하게 금리를 인상해야 한다고 강조합니다. 지난 6월에 미국의 인플레이션율이 9퍼센트대까지 치솟은 데에 볼커가 중앙은행의 습관적 폐해로 지적했던 '머뭇거림'이 주요한 원인 중 하나로 작용했다는 점에는 누구도 의문을 제기하지 않을 것입니다. 그리고 그는 인플레이션이 정점을 지나 하락세를 보인다 해도 중앙은행이 경기 부양을 목적으로 금리를 섣불리 낮추게 되면 인플레이션이 다시 확대된다고 경고했습니다. 현 연준 의장인 파월도 이 경고를 인플레이션과의 전쟁에서 전략적 지침으로 삼고 있는 듯합니다. 최근 들어 미국의 인플레이션율이 낮아지고 있음에도 파월 의장은 성급한 금리 인하가 역사적 경험으로 볼 때 매우 위험하기에 강력한 긴축 기조를 오랫동안 유지할 필요가 있다고 발언한 바 있습니다.

또한 2퍼센트의 인플레이션 목표치를 달성하기 위해 저금리를 유지하는 동안, '쉽게 빌린 돈'이 금융 불균형을 누적시켜 애초의 의도와는 다르게 디플레이션의 원인으로 작용할 수 있다는 볼커의 지적은 인플레이션 목표제의 근원적인 한계를 가장 잘 드러냈다고 생각합니다. 이와 비슷한 맥락에서, 경기침체의 발생 가능성을 낮추고 인플레이션 목표를 달성하는 데 기여한 저금리 정책이 한편으로는 가계의 과다 차입과 자산 가격의 급등을 통해 과도한 금융 불균형을 초래함으로써 더 큰 부작용을 야기하지는 않았는지 객관적으로 평가해볼 필요가 있겠습니다. 예를 들어, 코로나19 위기 이후 각국 중앙은행들이 실행한 초

저금리 정책과 대규모 양적완화가 과연 장기적·총량적 차원에서 경제적 후생을 증대시켰는지는 의문입니다.

세 번째 교훈은 볼커가 물가안정보다 금융안정을 더욱 중시했다는 점이었습니다. 물론 이 점은 저의 해석입니다만, 연준이 금융안정을 유지하려는 여러 기관의 노력을 선도할 능력이 있다는 점에 안도감을 느끼며 은퇴할 수 있었다는 표현이나, 글로벌 금융위기 이후 연준의 금융안정 역할을 강화하기 위해 얼마나 적극적으로 노력했는지를 서술한 부분이 그 근거로 작용했습니다. 인플레이션이라는 괴물을 죽인 전설의 주인공인 볼커가 물가안정보다 금융안정을 더 중시했다는 해석은 어떤 독자분들께는 의외로 느껴질 수 있겠습니다. 하지만 미국뿐 아니라 전 세계에서 숱하게 일어난 금융위기들이 거시경제를 얼마나 불안정하게 만들었는지를 몸소 경험하면서 디플레이션이 금융시스템의 근본적 붕괴로 인해 나타난다는 역사적 사실을 고찰한 결과, 금융안정이 유지될 때만 물가안정이라는 목적을 달성할 수 있다는 결론을 도출하지 않았나 추측해봅니다. 이런 이유에서 중앙은행은 필연적으로 금융안정을 유지하기 위한 노력에 깊이 관여할 수밖에 없고, 그 때문에 통화정책을 보완할 수 있는 적절한 거시건전성 정책 수단들을 보유해야 한다고 생각합니다.

마지막으로 이 책의 번역을 도와주신 분들을 소개해드리고자 합니다. 이 책의 번역은 제게 오랜 인연을 다시 이어주고 소중한 새 인연을 맺어준 가교였습니다. 오랜 친구들인 제이미 잉글듀Jami Ingledue와 제이슨 베넷Jason Bennett의 조언 덕분에 저의 능력으로 해석하기 어려웠거나 해석이 정확한지 반신반의했던 문장들을 성공적으로 번역할 수 있었습니다. 10년 동안이나 연락이 끊겼음에도 저의 다급한 질문들에 즉각적으로 응답해준 그들의 우정이 없었다면 이 번역은 불가능했을 것입니다. 그리고 번역의 마지막 단계에서 귀중한 시간을 내어 졸고를 다듬어준 저의 직장 동료들인 김민정, 윤영진(현 인천대 교수), 송병호, 정천수, 이홍후, 박민철, 박으뜸 님에게 깊은 감사를 전합니다. 그들의 열성적인 검토는 번역의 완성도를 높였을 뿐만 아니라 제게 끝까지 최선을 경주할 힘을 주었습니다.

한국어판 서문을 써달라는 부탁에 흔쾌히 응해주신 크리스틴 하퍼와 추천사를 써주신 토머스 찬수 강과의 조우는 번역이 제게 가져다준 가장 큰 선물 가운데 하나였습니다. 이메일을 주고받으면서 저는 그분들이 볼커의 겸손하고 올곧은 자세와 그가 지향했던 가치들을 가슴 깊이 공유한다는 것을 느낄 수 있었습니다. 그분들과의 교감, 그리고 번역 작업에 대한 그분들의 격려는 번역의 고단함을 씻겨 내리는 단비와 같았습니다.

번역의 취지에 공감하고 추천사를 써주신 이성태 전 한국은행 총재님과 저의 은사이신 서승환 교수님께도 깊이 감사드립니다.

또 번역의 시작부터 끝까지 저의 고충을 들어주고 아낌없는 지지를 보내준 아름다운 벗들, 이종환, 최호길, 강길원, 김수영, 남지영에게도 고마움을 전합니다.

근본적으로 이 번역본이 세상에 나올 수 있었던 것은 강성민 글항아리 대표님이 이 책을 번역하고 싶다는 저의 제안을 받아들여주시고 진상원 편집자님이 교정과 편집에 정성을 기울여주신 덕분입니다. 번역의 성과라고 할 만한 게 있다면 대부분은 이 두 분의 몫이고, 저의 몫은 번역의 부족함에 대한 책임뿐입니다.

시인들은 자신의 시가 백 명에게 한 번 읽히기보다는 한 사람에 의해 백 번 읽히기를 원한다고 들었습니다. 출판사 관계자분들께는 죄송한 말씀이지만 저 역시 이 책이 비록 소수일지라도 뜻있는 분들에 의해 깊게, 그리고 자주 읽히기를 소망합니다.

끝으로, 철들지 않는 이상주의자와 살아온 아내와 유은, 호범에게 미안함과 고마움, 그리고 사랑을 전합니다.

2023년 4월 2일, 벚꽃잎이 나리는 계남산 인근에서
옮긴이 남민호 드림

일대기

1927년 9월 5일	폴 볼커 2세, 뉴저지주 케이프메이에서 출생.
1930년	볼커 가족, 폴 볼커 1세가 20년 동안 시 관리인으로 일한 뉴저지주의 티넥시로 이주.
1944년 7월	IMF 및 세계은행 창립.
1949년	볼커, 연방준비제도(연준)에 관해 쓴 졸업논문으로 최우등 등급을 받고 프린스턴대학 졸업.
1951년	볼커, 박사과정 일반시험 합격 후 하버드대학 공공행정대학원을 떠남.
1951년 3월 3일	연준, 연준-재무부 협약 체결로 재무부로부터의 독립성을 다시 확보.
1951년 4월 2일	윌리엄 마틴, 연준 의장에 취임.
1951~1952년	볼커, 로터리클럽 장학생으로 런던정경대학에서 유학.
1952년	볼커, 뉴욕 연방준비은행에 초급 이코노미스트로 취직, 뉴욕의 브루클린다저스 홈구장에 가까운 브루클린하이츠로 이주.
1954년 9월 11일	볼커, 뉴저지주 저지시티에서 바버라 마리 밴슨과 결혼.
1955년 8월 20일	딸 재니스 루이스 볼커 출생.
1957년	볼커, 뉴저지주 플레인필드로 이주, 체이스은행에서 연구 전문 이코노미스트로 취직.
1958년 5월 10일	아들 제임스 폴 볼커 출생.

1962년 1월 8일	볼커, 재무부의 로버트 루사와 더글러스 딜런 장관 밑에서 신설된 금융분석국 국장으로 근무 시작.
1963년 11월 18일	볼커, 재무부의 통화부문 담당 부차관 듀이 데인의 후임자로 임명.
1963년 11월 22일	케네디 암살 사건 발생, 린든 존슨 대통령 취임.
1964년 12월 31일	루사, 재무부에서 브라운브러더스 해리먼으로 이직.
1965년 4월 1일	조 파울러, 딜런의 뒤를 이어 재무장관 취임.
1965년 10월 6일	존슨 대통령, 백악관에서 금리 인상을 연기할 것을 요구하며 마틴 연준 의장과 충돌.
1965년 11월	볼커, 체이스맨해튼은행 미래전략기획부 부장으로 복귀, 뉴저지주 몽클레어로 이사.
1969년 1월 20일	리처드 닉슨 대통령 취임.
1969년 1월 22일	볼커, 대통령 집무실에서 재무장관 데이비드 케네디, 재무부 제1차관 찰스 워커와 함께 닉슨 대통령 면담에 참석. 볼커, 그가 "세계에서 가장 좋은 일자리"라 칭한 재무부 통화부문 담당 차관에 공식 임명.
1970년 2월 1일	아서 번스, 마틴을 대신하여 연준 의장에 취임.
1971년 2월 11일	존 코널리, 재무부 장관에 취임.
1971년 5월 28일	코널리 장관, 독일 뮌헨에서 열린 국제은행콘퍼런스에 참석하여 국제 무대 데뷔.
1971년 8월 15일	닉슨, "새로운 경제정책"의 일부로 금 교환창구를 폐지함으로써 금 1온스와 35달러를 교환하는 공식적 태환을 종료.
1971년 9월 15일	코널리 장관, 런던에서 개최된 G-10 회의에서 미국이 대외수지 균형을 위해 130억 달러에 달하는 큰 폭의 수지 개선을 원한다고 언급.
1971년 11월 30일	로마에서 G-10 회의 개최.
1971년 12월 14일	닉슨 대통령, 아소르스에서 열린 프랑스 조르주 퐁피두 대통령과의 회담에서 금 태환의 재개 없이 달러화의 가치 절하 및 환율 조정에 대해 합의.

1971년 12월 18일	G-10, 다자간 스미소니언 환율 협약 체결.
1972년 5월 16일	닉슨 대통령, 코널리 장관 후임으로 조지 슐츠 임명.
1972년 6월 23일	국제통화시스템 개혁을 위한 20개국 위원회 출범.
1973년 2월 12일	달러화 가치, 주요국 통화 대비 약 10퍼센트 절하. 공식 금 가격, 1온스당 42달러 22센트로 변동.
1973년 3월 9일	파리에서 열린 G-10 회의에서 일시적 자유변동환율제 채택.
1973년 9월	볼커가 주도하던 새로운 통화시스템 협상을 위한 활동 중단.
1974년 4월 8일	볼커, 6월 개최 예정인 20개국 위원회 참석 후에 재무부를 떠나겠다는 사임 의사 표명.
1974년 8월 9일	닉슨 대통령 사임, 제럴드 포드 대통령 취임.
1974년 9월 11일	볼커, 우드로윌슨스쿨의 선임 연구교수에 임명.
1975년 8월 1일	볼커, 뉴욕 연방준비은행 총재 취임.
1977년 12월 27일	카터 대통령, 연준 의장을 아서 번스에서 윌리엄 밀러로 교체.
1979년 7월 15일	카터 대통령의 '무기력증' 연설.
1979년 7월 19일	카터, 마이클 블루먼솔 재무장관을 밀러로 교체.
1979년 8월 6일	볼커, 연준 의장에 취임. 밀러, 재무장관에 취임.
1979년 8월 16일	연준이사회, 재할인율을 10.0퍼센트에서 10.5퍼센트로 인상.
1979년 9월 18일	연준이사회, 재할인율 11.0퍼센트로 인상. 찰스 파티Charles Partee, 낸시 티터스Nancy Teeters, 에멧 라이스Emmett Rice 등 3명의 이사가 반대 의사 표명. 금·은 가격, 투기 확산으로 급등.
1979년 10월 2일	볼커, IMF 연례회의장을 일찍 떠나 워싱턴으로 복귀.
1979년 10월 6일	FOMC, 재할인율 12퍼센트로 인상. 지급준비금 예치규모 상향 조정, 단기금리 대신 통화공급량 조절 중시 등 새로운 통화정책 패키지를 의결하고, 오후 6시 기자회견을 통해 이를 공표.

1980년 3월 14일	카터 대통령, 전년 대비 130억 달러가 감축된 1981년 예산안 및 신용통제를 포함한 인플레이션 억제 방안 발표.
1980년 3월 27일	은 가격 하락으로 헌트 형제가 대량 보유하고 있던 은 선물에 대한 마진콜이 촉발되면서 배치그룹 및 여타 금융기관의 유동성 위기 발생.
1980년 4월 28일	퍼스트펜실베이니아은행이 연방예금보험공사 및 연준이 보증하는 15억 달러의 구제금융을 수용했다고 공표.
1980년 5월 22일	연준, 갑작스러운 경기침체 발생으로 3월부터 실행해온 대부분의 신용통제 조치를 철회.
1980년 10월 2일	카터 대통령, 연준이 대선을 앞두고 통화정책을 긴축한 것에 대해 온건한 비판 표명.
1980년 11월 4일	로널드 레이건, 대통령 당선.
1981년 1월 20일	레이건, 대통령에 취임하고 도널드 리건을 재무장관에 임명.
1981년 1월 23일	볼커, 재무부에서 도널드 리건, 대통령 경제자문위원회 의장 머리 위든바움과 함께 레이건 대통령과의 오찬에 참석.
1982년 6월 30일	멕시코, 세계 최대 규모의 차입 국가로서 미국 은행들로부터만 215억 달러를 차입. 연준, 신임 멕시코 대통령이 IMF에 적극 협력한다는 조건으로 단기 통화스왑에 동의.
1982년 7월 5일	펜스퀘어 은행, 주요 은행에서 유전 개발 사업을 위한 대출로 입은 손실이 드러나면서 은행규제기관들의 명령에 따라 폐업.
1982년 8월 17일	설로몬브러더스의 이코노미스트 헨리 코프먼이 퍼스트보스턴의 알베르트 보이닐로베르에 이어 금리 상승 예측을 번복, 연준의 통화정책 완화로 장·단기금리 모두 하락할 것으로 예상. 주가 급등, 금리 하락.
1982년 8월 20일	멕시코 장관들, 뉴욕 연방준비은행에서 115개 채권은행과의 회의에 참석, IMF의 지원하에 장기적인 라틴아메리카 부채위기 수습 절차에 돌입.
1982년 10월 9일	볼커, 버지니아주 핫스프링스에서 통화정책 전략은 변경하지만 인플레이션 억제 정책은 계속 추진할 것이라고 언급.

1983년 6월 6일	볼커, 레이건 대통령과의 면담에서 연준 의장에 재임명될 경우 약 1년만 재직하겠다는 의사를 표명.
1983년 6월 18일	레이건 대통령, 볼커에게 오전 11시에 전화를 걸어 연임을 요청하고, 토요 라디오 대담에서 이를 공표.
1984년 5월 17일	콘티넨털일리노이에 연방예금보험공사의 출연금 15억 달러가 포함된 구제금융자금 지원.
1984년 7월 23일	콘티넨털일리노이에 연방예금보험공사의 부실채권 인수를 지원하는 연준의 대출금 35억 달러가 포함된 45억 달러의 추가 구제금융자금 지원.
1984년 7월 24일	볼커, 레이건 대통령 및 제임스 베이커 비서실장과 백악관 도서관에서 회동.
1985년 2월 4일	제임스 베이커, 도널드 리건을 대신하여 재무장관에 취임.
1985년 9월 22일	플라자협정, 1973년 이후 주요 환율 관련 국제공조 조치로서 미국, 서독, 일본, 영국, 프랑스 등 5개 국가에 의해 체결.
1985년 10월 8일	베이커 재무장관, 대한민국 서울에서 개최된 IMF-세계은행 연례회의에서 라틴아메리카 부채위기에 대한 기존 접근을 수정하는 '베이커 계획' 제안.
1986년 2월 24일	프레스턴 마틴, 재할인율 인하를 요구하며 연준이사회 내에서 폴 볼커에 대한 반란 주도.
1986년 3월 7일	연준, 서독 및 일본과의 공조하에 재할인율을 0.5퍼센트포인트 낮추어 7.0퍼센트로 인하
1986년 3월 21일	프레스턴 마틴, 연준 이사직 사임.
1987년 2월 22일	루브르협정, 미국, 영국, 프랑스, 일본, 서독, 캐나다 등 6개국에 의해 체결. 시장에서는 이를 2년간 지속되고 있던 달러화 가치 하락에 마침표를 찍는 신호로 해석.
1987년 5월	볼커, 대통령 비서실장 하워드 베이커와 재무장관 제임스 베이커에게 연임을 원치 않는다고 언급.
1987년 6월 1일	볼커, 레이건 대통령과 면담을 갖고 공식적으로 작성한 사직서를 제출.

1987년 6월 2일	레이건 대통령, 연준 의장에 앨런 그린스펀 임명.
1987년 7월 7일	볼커, 마지막 FOMC 회의를 마치면서 "모든 사람들에게, 특히 최근 몇 년간 적극적으로 협조해준 데 대해 감사를 표한다. 이 모험은 때때로 예상하기 힘들고 통제할 수 없다. 하지만 의미 있는 모험이며, 나는 여러분의 지성적이고 강력한 노력으로 모험이 계속될 것이라고 확신한다"라고 언급.
1987년 7월 23일	볼커, 그가 정부 행정의 '조용한 위기'라고 불렀던 문제들에 대해 연구하기 위해 국가공직위원회의 의장직 제안 수용.
1988년 3월 2일	볼커, 우드로윌슨스쿨의 교수 및 제임스울펀슨의 공동대표로 취임할 것임을 공표.
1989년 3월 29일	전국공직위원회, 조지 부시 대통령에게 보고서 제출.
1990년 9월 23일	볼커, 워싱턴에서 열린 IMF-세계은행 연례회의 페르 야콥슨 강연에서 '중앙은행은 과연 승리했는가?'라는 제목으로 강의.
1995년 6월 1일	제임스 울펀슨, 세계은행 총재로 취임. 볼커, 울펀슨앤드컴퍼니로 개명된 제임스울펀슨의 최고경영자로 취임.
1996년 5월 22일	뱅커스트러스트, 울펀슨앤드컴퍼니 인수에 합의.
1996년 5월	스위스 은행들이 보유한 홀로코스트 희생자들의 보유 자산에 대한 조사를 위해 '볼커 위원회Volcker Commission'라 불린 독립중요인사위원회 설립
1998년 6월 14일	첫 번째 아내 바버라 밴슨 볼커 타계.
1999년 11월 12일	금융서비스현대화법(일명 그램-리치-블라일리법) 제정.
1999년 12월 6일	볼커 위원회, 스위스 은행들의 홀로코스트 시기 예금계좌에 관한 보고서 발표.
2000년 5월	볼커, 국제회계기준 수립을 위해 설립된 19인의 국제회계기준 자문위원회 의장으로 임명.
2002년 2~5월	볼커, 아서앤더슨에 대한 독립감독위원회 의장직 수행(검찰은 3월 14일에 아서앤더슨에 대한 기소 사실 공표).

2003년 1월	볼커가 참여한 또 다른 전국공직위원회의 보고서 발표.
2004년 4월 16일	볼커, 또 다른 '볼커 위원회Volcker Committee'라 불렸던 UN 원유식량교환 프로그램의 부패행위 조사를 위한 독립조사위원회 의장에 임명.
2005년 10월 27일	볼커 위원회, UN 원유식량교환 프로그램에서 파악된 부패행위를 상세하게 서술한 623쪽에 달하는 보고서 발표.
2007년 2월	볼커, 세계은행 기관청렴국 업무 및 반부패 활동의 효과성을 평가하기 위해 도입된 '볼커 위원회Volcker Panel'라 불린 독립조사위원단의 의장으로 폴 울포위츠 세계은행 총재에 의해 임명.
2007년 9월 13일	볼커 위원단, 세계은행 신임 총재인 로버트 졸릭에게 반부패 활동의 근본적인 변화를 촉구하는 보고서 제출.
2008년 1월 31일	볼커, 버락 오바마 대통령 후보에 대한 공개 지지 표명.
2008년 11월 4일	버락 오바마, 대통령 당선.
2009년 1월 15일	볼커가 의장을 맡은 G-30 실무단, 포괄적 금융개혁을 제안하는 보고서 발표.
2009년 2월 6일	오바마 대통령, 볼커를 2년 임기의 대통령경제회복자문위원회 의장으로 임명.
2010년 1월 21일	오바마 대통령, 도드-프랭크법에 포함된 '볼커 룰'을 지지하는 계획을 공표.
2010년 2월 11일	볼커, 앙케 데닝과 결혼
2010년 7월 21일	도드-프랭크법 제정.
2013년 5월 26일	볼커 연맹, 공공정책의 효과적 실행이라는 과제를 해결하고 정부에 대한 신뢰를 회복시킬 목적으로 설립.
2019년 12월 8일	향년 92세로 자택에서 타계.

주

들어가며

1 Alexander Hamilton, James Madison and John Jay, *The Federalist Papers* (New York, New American Library of World Literature, 1961), 414.

2 Pew Research Center, "Public Trust in Government: 1958–2017," http://www.people-press.org/2017/12/14/public-trust-in-government-1958-2017/.

1장 공직자의 아들

1 "1st City Manager in Jersey to Quit," *New York Times*, July 26, 1948, 9, https://timesmachine.nytimes.com/timesmachine/1948/07/26/85298535.pdf.

2 이 내용은 아버지의 은퇴 기념 만찬 행사 프로그램에 들어 있다. 지금도 티넥시의 웹사이트에서 행사 프로그램을 확인할 수 있다. http://www.teaneck.org/virtualvillage/Manager/volcker.pdf.

3 "Paul A. Volcker for Municipal Manager of Cape May City," *Lebanon Daily News*, March 25, 1925, 1.

4 당시 아버지가 말씀하셨던 내용은 언론에서 다음과 같이 인용되었다. "다른 해안 도시와 내륙지역에 사는 대체로 아직 어리고 아주 매력적인 젊은 여성들이 매년 화려한 의식을 치르고, 애틀랜틱 등 도시로 보내져 키와 몸무게를 재고, 품평받고, 호기심 가득한 대중의 시선을 받는 것이 적절치 않다고 생각한다"("Beauty to Stay Home," *Wilmington Morning News*, June 12, 1925, 7).

5 이 문구는 원래 조지 워싱턴이 1977년 1월 9일 조지 베일러 대령에게 보낸 편지 내용에 들어 있었다. https://founders.archives.gov/documents/Washington/03-08-02-0018.

6 Edward T. Radin, "There's No Crime in Teaneck," *Saturday Evening Post*, July 28, 1945, http://www.teaneck.org/virtualvillage/police/no_crime_in_teaneck.htm.

7 "Teaneck on Film as Model Town," *New York Times*, September 22, 1949, 28, https://timesmachine.nytimes.com/timesmachine/1949/09/22/84279327.pdf.

8 나의 홈룸homeroom 선생님이셨던 빌 무어 선생님은 1984년에 한 인터뷰에서 다음과 같이 말했다. "네, 당시 폴은 그 고등학교 217번 교실에서 저의 홈룸에 출석했는데, 언젠가 하루는 결석을 하더니 이튿날에 부모님이 결석 사유를 적어 보내는 평범한 편지를 들고 왔어요. 그런데 시 관리인이 쓴 것이라 보통의 편지와는 조금 달랐죠. 타자기로 친 그 편지에는 이렇게 적혀 있었습니다. '친애하는 무어 선생님께, 어제 폴의 결석을 양해해주시길 부탁드립니다. 제가 폴을 낚시에 데려갔습니다. 저는 하루 동안 낚시하는 것이 티넥고등학교에서 하루 동안 공부하는 것만큼이나 가치가 있다고 생각합니다. 폴 볼커의 아버지 드림.' 편지를 읽고 나서 처음에는 어떻게 대응해야 할지 몰랐습니다. 왜냐면 우리 홈룸 교사들이 다른 교사들에게 메시지를 전달할 때 사용하는 메모에 '낚시를 위한 결석을 용인했음' 같은 문구를 써본 적이 없었기 때문이죠. 하지만 저는 폴의 결석이 정당하다고 인정했고, 지금까지도 그렇게 처리하길 잘했다고 생각하고 있습니다. 무엇보다 아버지 볼커 씨가 절대적으로 옳다고 생각하게 되었고, 두 번째로는 폴이 여전히 낚시를 끔찍이 좋아하기 때문입니다. 저 역시 그가 아버지와 하루 동안 낚시한 경험이 티넥고등학교에서의 하루만큼이나 가치 있었다고 생각합니다." http://www.teaneck.org/virtualvillage/OralHistory2/moorewilliam.html.

9 John Drebinger, "61,808 Fans Roar Tribute to Gehrig," *New York Times*, July 5, 1939, 1, https://timesmachine.nytimes.com/timesmachine/1939/07/05/112698231.html?pageNumber=1.

10 어머니의 급우 중 한 분은 나중에 당시의 프랭클린 루스벨트 행정부의 재무장관 헨리 모건도 주니어와 결혼했다.

2장 프린스턴, 하버드, 런던

1 Form 4653, "Notification Concerning Foundation Status," signed by Charles Robertson on August 20, 1970. Doug White, *Abusing Donor Intent: The Robertson Family's Epic Lawsuit Against Princeton University* (Paragon House, 2014), 96에서 재인용.

2 Karin Dienst, "Princeton's informal motto recast to emphasize service to humanity," October 24, 2016, Princeton University website: https://www.princeton.edu/news/2016/10/24/princetons-informal-motto-recast-emphasize-service-humanity.

3 Federal Reserve transcript of the Federal Open Market Committee's January 31, 1951, meeting, p. 24, https://www.federalreserve.gov/monetarypolicy/files/FOMChistmin19510131.pdf.

4 프린스턴대학에 방문교수로 와 있던 웨슬리언대학의 펠너 교수는 어느 날엔가 우리 대학의 대부분 교수들과 달리 당시 널리 수용되던 경제 이론이 불확실하다는 견해를 제기함으로써 나에게 깊은 인상을 남겼다. 그는 저명한 경제학자였던 자신도 해답을 몰랐던 이자율 분석을 포함한 경제학 이론의 문제점들을 분명하게 보여주었다.

5 Associated Press, "Morgenthau's Talk to Monetary Conference," *New York Times*, July 2, 1944, 14, https://timesmachine.nytimes.com/timesmachine/1944/07/02/85184564.pdf.

6 당시 캔자스시티는 펜더개스트라는 인물이 이끌던 정치 조직의 영향력으로 악명이 높았다.

3장 젊은 이코노미스트

1 마틴 전 의장은 1955년 연설의 마지막 두 번째 문단에서 이 표현이 다른 무명의 저자에 의해 처음 사용된 것이라고 언급했다. 다음의 웹페이지를 참조하기 바란다. https://fraser.stlouisfed.org/scribd/?item_id=7800&filepath=/files/docs/historical/martin/martin55_1019.pdf.

2 『뉴욕타임스』 기자 밀턴 비오스트에 따르면 프리드먼의 키는 160센티미터였다. *New York Times*, January 25, 1970, 196, https://www.nytimes.com/1970/01/25/archives/freidmanism-n-doctrine-of-most-audacious-us-economist-esp-theory.html.

3 이 표현은 1979년 9월 12일에 프리드먼에게 보낸 서한에 들어 있다. September 12, 1979, letter to Milton Friedman from Paul Volcker papers, MC279, Box 1, September 1979 folder, Seeley G. Mudd Library, Princeton University archives.

4 Simon London, "Lunch with the FT, Milton Friedman: The Long View," *Financial Times* magazine supplement, issue no. 7, June 7, 2003, 12–13.

5 1978년에 발간된 *Manias, Panics, and Crashes: A History of Financial Crises*의 저자로 유명한 찰스 킨들버거는 해리트루먼도서관의 부탁을 받고 구술한 기록에서, OSS 내에서 그가 이끌던 경제학자들로 이루어진 독특한 팀에 대해 얘기했다. 루사는 그 팀에서 복무했다. 다음의 웹페이지를 참조하기 바란다. https://www.trumanlibrary.org/oralhist/kindbrgr.htm.

6 연준이 프라이머리 딜러primary dealer의 역사에 관해 작성한 다음의 유용한 연구 보고서를 참고하기 바란다. https://www.newyorkfed.org/medialibrary/media/research/staff_reports/sr777.pdf?la=en.

7 캘리포니아주 정부의 허가로 주 전역에 지점을 개설할 수 있었던 뱅크오브아메리카Bank of America 또한 규모는 컸지만 상업은행이라는 외피를 두른 저축은행으로 편制되었다.

8 그 보고서는 1961년 6월에 케네디 대통령에게 제출되었다. (John F. Kennedy: "Remarks to the Membersof the Commission on Money and Credit," June 19, 1961. Online by Gerhard Peters and John T. Woolley, American Presidency Project, http://www.presidency.ucsb.edu/ws/?pid=8195.)

9 나보다 직급이 한참 높고, 분명히 체이스은행의 최고 경영진이 되는 것을 목표로 삼았던 한 동료가 어느 날 내게 "앞으로 체이스은행의 어느 부서에서 일할 것 같나?"라고 물은 적이 있다. 당시 내가 가장 선망했던 곳은 시티뱅크의 실력이 뛰어난 경제 연구 부서였는데, 그곳에는 그 분야에서 많은 존경을 받던 세 인물이 있었다. 그중 한 명이 체이스은행의 부회장이었기 때문에, 나는 은행의 핵심 간부보다는 자문을 담당하는 부회장이 되어 콘실리에레consigliere 역할을 맡고 싶다고 대답했다. 일반적으로 많은 결정이 내려지는 대규모 조직의 고문직에는 명예뿐만 아니라 경제적 여유도 따를 것이었다.

4장 워싱턴으로

1 미국은 1950년대 거의 내내 대외지급수지가 적자를 나타냈지만, 외국 정부들은 달러화를 기꺼이 보유하려 했고 금 태환을 거의 요구하지 않았다. 1958년에 달러화와 외국통화의 교환이 자유화되면서 더 많은 미국 자본이 높은 이자를 얻기 위해 해외로 이동했고, 그 결과

외국 중앙은행들이 자국으로 유입된 달러화를 금으로 교환해달라고 점점 더 많이 요구하기 시작했다. 세인트루이스 연방준비은행이 1961년 3월에 발간한 "The United States Balance of Payments"를 참고하기 바란다. https://fraser.stlouisfed.org/files/docs/publications/frbslreview/rev_stls_196103.pdf/.

2 Wayne Phillips, "Kennedy Pledges He Will Maintain Value of Dollar," *New York Times*, October 31, 1960, 1, https://timesmachine.nytimes.com/timesmachine/1960/10/31/105454271.pdf.

3 나의 임명은 1961년 12월 28일에 공표되었고, 공식 업무는 1962년 1월 8일에 시작되었다. Associated Press, "Fiscal Job Filled," *Wilmington Morning News*, December 29, 1961, 29.

4 훗날 대통령 경제자문위원회의 위원장을 역임한 월터 헬러는 1960년 10월에 케네디 대통령이 그에게 던진 첫 번째 질문이 5퍼센트 경제성장률을 달성하겠다는 그들의 선거 공약을 지킬 수 있겠냐는 것이었다고 회고한 바 있다. (JFK Library, Council of Economic Advisers Oral History interview, JFK#1 08/1/1964, https://archive1.jfklibrary.org/JFKOH/Council%20of%20Economic%20Advisers/JFKOH-CEA-01/JFKOH-CEA-01-TR.pdf.)

5 케네디 대통령이 1962년 6월 7일 언론 간담회에서 발언한 내용은 다음의 웹페이지에서 확인할 수 있다. http://www.presidency.ucsb.edu/ws/index.php?pid=8698&st=&st1=. (John F. Kennedy: "The President's News Conference,"June 7, 1962. Online by Gerhard Peters and John T. Woolley, American Presidency Project, http://www.presidency.ucsb.edu/ws/?pid=8698.)

6 이 수치들은 미 연준의 "Banking and Monetary Statistics: 1941-970"에 실린 그래프 15.1 "U.S. Liquid and Nonliquid Liabilities to Foreign Institutions and Liquid Liabilities to All Other Foreigners" 외에, 연준 월보monthly bulletin에 실린 "Gold Reserves of Central Banks and Governments" 도표에서 가져왔다. 이 자료들 모두 세인트루이스 연방준비은행의 온라인 서비스인 FRASER에서 열람할 수 있다.

7 아서 슐레진저의 다음 책에 따르면 케네디 대통령은 참모들에게 대외수지 적자와 핵전쟁이 그의 가장 큰 두 가지 걱정거리라고 말하곤 했다. Arthur M. Schlesinger Jr., *A Thousand Days: John F. Kennedy Jr. in the White House* (Houghton Mifflin Co., 1965, 652-665).

8 John F. Kennedy, "Special Message to the Congress on Balance of Payments," July 18, 1963. Online by Gerhard Peters and John T. Woolley, American Presidency Project, http://www.presidency.ucsb.edu/ws/?pid=9349.

9 Clyde H. Farnsworth, "City of London Regains Status as Market for Raising Capital," *New York Times*, November 2, 1963, 45, https://timesmachine.nytimes.com/timesmachine/1963/11/02/89971248.pdf.

10 Adren Cooper, Associated Press, "$3\frac{1}{2}$ Years of Robert V. Roosa Won't Be Easily Forgotten," *Cincinnati Inquirer*, December 6, 1964, 14D.

11 그리고 존슨 대통령은 재선에 성공한 지 1년 후인 1965년에 실제로 '고등교육법Higher Education Act'에 서명했다. (Lyndon B. Johnson: "Remarks at Southwest Texas State College Upon Signing the Higher Education Act of 1965," November 8, 1965. Online by Gerhard Peters and John T. Woolley, American Presidency Project, http://www.presidency.ucsb.edu/ws/?pid=27356.)

12 "Remarks by Fowler on the International Monetary System," *New York Times*, July 11,

1965, 57, https://timesmachine.nytimes.com/timesmachine/1965/07/11/101555669.
pdf.

13 Lyndon B. Johnson, "Statement by the President on the Raising of the Discount Rate
by the Federal Reserve Board," December 5, 1965. Online by Gerhard Peters and
John T. Woolley, American Presidency Project, http://www.presidency.ucsb.edu/
ws/?pid=27395.

14 그 빌딩의 높이는 248미터에 달했는데, 1961년 완공 당시 세계에서 여섯 번째로 높은 빌딩
이었다. Charles Grutzner, "Chase Opens 64-Story Tower," *New York Times*, May 18,
1961, 24, https://timesmachine.nytimes.com/timesmachine/1961/05/18/101463880.
pdf.

5장 세상에서 가장 좋은 일자리

1 그 메모는 다음의 웹페이지에서 확인할 수 있다. https://www.nixonlibrary.gov/
virtuallibrary/documents/nssm/nssm_007.pdf. (Memo: Henry Kissinger to
Secretaries of State, Treasury, Chairmen of the CEA and Federal Reserve, National
Security Study Memorandum No. 7; January 21, 1969; Richard Nixon Presidential
Library and Museum, Yorba Linda, California.)

2 케네디 대통령은 그 면담 후에 찰스 워커와 나의 임명 사실을 공표하면서 미국이 금 가격을
변동시키지 않을 것이라는 성명서도 함께 발표했다(Edwin L. Dale Jr., "Treasury's Chief
Rules Out Change in $35 Gold Price," *New York Times*, January 23, 1969, 1). 다른 보
고서들에 따르면 그는 미국이 인플레이션 억제 조치를 취할 것임을 확실하게 언급했다(John
R. Cauley, "Vows Drive on Inflation," *Kansas City Times*, January 23, 1969, 1).

3 Edwin L. Dale Jr., "7 Nations Back Dual Gold Price, Bar Selling to Private Buyers,"
New York Times, March 18, 1968, 1, https://timesmachine.nytimes.com/timesmachi
ne/1968/03/18/79937229.pdf.

4 Henry Tanner, "De Gaulle Orders Austerity Plan, Wage-Price Freeze, Budget Cuts;
Blames Spring Strikes for Crisis," *New York Times*, November 25, 1968, 1, https://
timesmachine.nytimes.com/timesmachine/1968/11/25/76972133.pdf.

5 Henry Tanner, "De Gaulle Quits After Losing Referendum; Senate Leader to Serve
Pending Election," *New York Times*, April 28, 1969, 1, https://timesmachine.nytimes.
com/timesmachine/1969/04/28/90099539.pdf.

6 그들이 1967년에 벌였던 논쟁은 워싱턴 소재 미국기업연구소가 발간한 다음의 책에 기록
되어 있다. Milton Friedman and Robert V. Roosa, "The Balance of Payments: Free
Versus Fixed Exchange Rates," Washington, DC, American Enterprise Institute for
Public Policy Research, 1967.

7 Clyde Farnsworth, "U.S. Scores Idea of Money Reform," *New York Times*, February,
13, 1969, 63, https://timesmachine.nytimes.com/timesmachine/1969/02/13/77439795.
pdf.

8 데이터의 출처는 다음과 같다. "Banking and Monetary Statistics: 1941-1970, Board
of Governors of the Federal Reserve System" and from *Federal Reserve Bulletin*,

July 1969, https://fraser.stlouisfed.org/scribd/?toc_id=333555&filepath=/files/docs/publications/FRB/1960s/frb_071969.pdf&start_page=144.

9 Clyde H. Farnsworth, "Franc Is Devalued to 18C," *New York Times*, August 9, 1969, 1, https://timesmachine.nytimes.com/timesmachine/1969/08/09/78389549.pdf.

10 다음의 웹페이지에 실린 요약을 참고하기 바란다. https://history.state.gov/historicaldocuments/frus1969-76v03/d130. (Foreign Relations of the United States, 1969-1976, Volume III, Foreign Economic Policy; International Monetary Policy, 1969-1972, Document 130.)

11 Edwin L. Dale Jr., "I.M.F. Nations Vote for 'Paper Gold' as a World Money," *New York Times*, October 4, 1969, 1, https://timesmachine.nytimes.com/timesmachine/1969/10/04/81867494.pdf.

12 코널리는 1980년에 대통령 선거에 입후보해서 고배를 마셨는데, 선거 유세 당시 이 말로 일본 보호무역주의에 반대하는 정서를 전면에 내세웠다. Paul Burka, "The Truth About John Connally," *Texas Monthly*, November 1979, https://www.texasmonthly.com/politics/the-truth-about-john-connally/.

13 Robert H. Farrell, ed., *Inside the Nixon Administration: The Secret Diary of Arthur Burns, 1969–1974* (University Press of Kansas, 2010).

14 Clyde H. Farnsworth, "Germans Decide to 'Float' Mark in Money Crisis," *New York Times*, May 9, 1971, 1, https://timesmachine.nytimes.com/timesmachine/1971/05/09/91298207.pdf.

15 Paul Volcker and Toyoo Gyohten, *Changing Fortunes* (Times Books, 1992), 74-75.

16 Clyde H. Farnsworth, "Connally Tells Bankers U.S. Will Defend Dollar," *New York Times*, 28, May 29, 1971, 28, https://www.nytimes.com/1971/05/29/archives/connally-tells-bankers-us-will-defend-dollar-burns-also-at-munich.html.

17 James M. Naughton, "Nixon Vetoes a Works Plan; Bars Tax Cut," *New York Times*, June 30, 1971, 1, https://www.nytimes.com/1971/06/30/archives/nixon-vetoes-a-works-plan-bars-tax-cut-confidence-cited-connally-to.html.

18 코널리가 백악관에서 닉슨 대통령과 회의한 내용은 카세트테이프에 녹음되었는데, 다음의 웹페이지에서 확인할 수 있다. https://history.state.gov/historicaldocuments/frus1969-76v03/d164. (Foreign Relations of the United States, 1969-1976, Volume III, Foreign Economic Policy; International Monetary Policy, 1969-1972, Document 164.)

19 Edwin L. Dale, "Devalued Dollar Is Asked in Study," *New York Times*, August 8, 1971, 1, https://www.nytimes.com/1971/08/08/archives/devalued-dollar-is-asked-in-study-congress-unit-sees-benefits-in.html.

20 Edwin L. Dale Jr., "Shift in Monetary Set-Up Is Proposed in House," *New York Times*, June 4, 1971, 45, https://www.nytimes.com/1971/06/04/archives/shift-in-monetary-setup-is-proposed-in-the-house-reuss-resolution.html.

21 그들이 논의한 내용은 다음의 웹페이지에서 확인할 수 있다. https://history.state.gov/historicaldocuments/frus1969-76v03/d165. (Foreign Relations of the United States, 1969-1976, Volume III, Foreign Economic Policy; International Monetary Policy, 1969-1972, Document 165.)

22 William Safire, *Before the Fall: An Inside View of the Pre-Watergate White House*

(Doubleday, 1975).

23 Richard Nixon, "Proclamation 4074—Imposition of Supplemental Duty for Balance of Payments Purposes," August 15, 1971. Online by Gerhard Peters and John T. Woolley, American Presidency Project, http://www.presidency.ucsb.edu/ws/?pid=107023.

24 1971년 8월 2일에 녹음된 백악관 카세트테이프를 들어보면 닉슨이 코널리에게 잠재적인 정책 조치에 대해 해외에서 이루어지는 모든 논의가 키신저를 거쳐야 한다고 말했던 것을 알 수 있다. "국무부가 외국 정부의 이해를 대변했기 때문에 어떤 상황에서도 국무부에 자문을 구해서는 안 된다." Foreign Relations of the United States, 1969‒1976, Volume III, Foreign Economic Policy; International Monetary Policy, 1969‒1972, 455, https://history.state.gov/historicaldocuments/frus1969-76v03/d164.

25 하지만 캐나다와 미국 간 자동차 협정을 수정하는 협상은 1971년 12월 6일에 미국과 캐나다 경제관료들이 좀더 포괄적으로 "무역 장애물trade irritants"을 다루었던 협상에 포함되었다. 다음의 웹페이지를 참고하기 바란다. https://history.state.gov/historicaldocuments/frus1969-76v03/d85. (Foreign Relations of the United States, 1969‒1976, Volume III, Foreign Economic Policy; International Monetary Policy, 1969‒1972, Document 85.)

6장 통화개혁, 좌절되다

1 Richard Nixon, "Address to the Nation Outlining a New Economic Policy: 'The Challenge of Peace,'" August 15, 1971. Online by Gerhard Peters and John T. Woolley, American Presidency Project, http://www.presidency.ucsb.edu/ws/?pid=3115.

2 "Ebullient Investors Send Stocks Soaring in Record Day's Climb," *Wall Street Journal*, August 17, 1971, 1.

3 샘 크로스가 준비한 그 회의 내용의 개요는 다음의 웹페이지에서 확인할 수 있다. https://history.state.gov/historicaldocuments/frus1969-76v03/d170. (Foreign Relations of the United States, 1969‒1976, VolumeIII, Foreign Economic Policy; International Monetary Policy, 1969‒1972, Document 170.)

4 John M. Lee, "Currency Parley Enlivens Trading," *New York Times*, September 20, 1971, 39, https://www.nytimes.com/1971/09/20/archives/currency-parley-elivens-trading-one-result-of-group-of-10s-meeting.html.

5 우리가 필요 개선 폭을 130억 달러로 추산한 과정에 대한 기록은 다음의 웹페이지에서 확인할 수 있다. https://history.state.gov/historicaldocuments/frus1969-76v03/d76. (Foreign Relations of the United States, 1969‒1976, Volume III, Foreign Economic Policy; International Monetary Policy, 1969‒1972, Document 76.)

6 Clyde H. Farnsworth, "U.S. Ready to End Surtax If Currencies Go Up 11%," *New York Times*, November 30, 1971, 1, https://www.nytimes.com/1971/11/30/archives/us-ready-to-end-surtax-if-currencies-go-up-11-group-of-10-seeking.html.

7 코널리가 우리의 입장을 설명하기 위해 로마에서 닉슨 대통령에게 보낸 외교 전통문은 다음의 웹페이지에서 확인할 수 있다. https://history.state.gov/historicaldocuments/

frus1969-76v03/d211. (Foreign Relations of the United States, 1969-1976, Volume III, Foreign Economic Policy; International Monetary Policy, 1969-1972, Document 211.)

8   Clyde H. Farnsworth, "Progress at the Palazzo Corsini," *New York Times*, December 5, 1971, 315, https://www.nytimes.com/1971/12/05/archives/progress-at-the-palazzo-corsini-devaluation-hint-by-us-unlocks.html.

9   Tad Szulc, "Nixon Agrees to a Devaluation of Dollar as Part of Revision of Major Currencies," *New York Times*, December 15, 1971, 1, https://www.nytimes.com/1971/12/15/archives/pact-with-france-azores-talks-opening-way-to-wide-accord-in.html.

10 풍피두와 닉슨이 서명한 서류의 복사본은 다음의 웹페이지에서 확인할 수 있다. https://history.state.gov/historicaldocuments/frus1969-76v03/d220. (Foreign Relations of the United States, 1969-1976, Volume III, Foreign Economic Policy; International Monetary Policy, 1969-1972, Document 220.)

11 코널리는 스미소니언 회담 이후 언론 간담회에서 달러화가 다른 OECD 국가들의 통화에 대해 평균적으로 12퍼센트 절하될 것이라고 언급했으나, 특정 국가의 통화를 언급하지는 않았다. 다음 웹페이지를 참고하기 바란다. https://history.state.gov/historicaldocuments/frus1969-76v03/d221. (Foreign Relations of the United States, 1969-1976, Volume III, Foreign Economic Policy; International Monetary Policy, 1969-1972, Document 221.)

12 닉슨이 발표한 성명서는 다음의 웹페이지에서 확인할 수 있다. http://www.presidency.ucsb.edu/ws/index.php?pid=3268&st=&st1=. (Richard Nixon: "Remarks Announcing a Monetary Agreement Following a Meeting of the Group of Ten," December 18, 1971. Online by Gerhard Peters and John T. Woolley, American Presidency Project, http://www.presidency.ucsb.edu/ws/?pid=3268.)

13 Michael Stern, "Devaluation Fear Spurs a Renewal of Dollar Sales," *New York Times*, February 9, 1973, 1, https://www.nytimes.com/1973/02/09/archives/devaluation-fear-spurs-a-renewal-of-dollar-sales-bonn-buys-up-16.html.

14 코널리는 나중에 그의 회고록에서 대통령이 재무부 간부들의 임명 건에 대해 그와 상의하기로 한 약속을 어겼기 때문에 사임한 것이라고 설명했다. John Connally with Mickey Herkowitz, *In History's Shadow: An American Odyssey* (Hyperion, 1993).

15 Edwin L. Dale Jr., "U.S. Orders Dollar Devalued 10 Per Cent; Japanese Yen Will Be Allowed to Float; Nixon to Submit Trade Plan to Congress," *New York Times*, February 13, 1973, 1, https://www.nytimes.com/1973/02/13/archives/gold-to-be-4222-controls-on-lending-abroad-also-will-be-phased-out.html.

16 Clyde H. Farnsworth, "Gold Touches $90 as Dollar Erodes in Trade Abroad," *New York Times*, February 23, 1973, https://www.nytimes.com/1973/02/23/archives/gold-touches-90-as-dollar-erodes-in-trade-abroad-renewed.html.

17 Clyde H. Farnsworth, "Monetary Crisis Flares Up Again; Dollar Weakens," *New York Times*, March 2, 1973, 1, https://www.nytimes.com/1973/03/02/archives/monetary-crisis-flares-up-again-dollar-weakens-markets-closed-us-is.html.

18 Clyde H. Farnsworth, "U.S. and 13 Others Adopt Measures on Dollar Crisis," *New*

York Times, March 17, 1973, 1, https://www.nytimes.com/1973/03/17/archives/us-and-130-others-adopt-measures-on-dollar-crisis-plans-are.html.

19 "Text of Shultz Talk Before International Monetary Fund and World Bank," *New York Times*, September 27, 1972, 70, https://www.nytimes.com/1972/09/27/archives/text-of-shultz-talk-before-international-monetary-fund-and-world.html.

20 Edwin L. Dale Jr., "Schweitzer of I.M.F. Won't Quit His Post Despite U.S. Stand," *New York Times*, September 24, 1972, 1, https://www.nytimes.com/1972/09/24/archives/schweitzer-of-imf-wont-quit-his-post-despite-us-stand-schweitzer.html.

21 Edwin L. Dale, "New U.S. Monetary Plan Asks Wider Fluctuation in World Exchange Rates," *New York Times*, September 27, 1972, 1. https://timesmachine.nytimes.com/timesmachine /1972/09/27/91349838.pdf.

22 다음 웹페이지를 참고하기 바란다. "Major Elements of Plan X" at https://history.state.gov/historicaldocuments/frus1969-76v03/d239. (Foreign Relations of the United States, 1969-1976, Volume III, Foreign Economic Policy; International Monetary Policy, 1969-1972, Document 239.)

23 대통령 경제자문위원회의 1973년 연례보고서에는 다소 복잡했던 그 제안의 모든 내용이 기록되어 있다.

24 Kenneth B. Noble, "Fannie Mae Loses $70 Million," *New York Times*, January 19, 1982, D3, https://www.nytimes.com/1982/01/19/business/fannie-mae-loses-70-million.html.

25 헤드헌팅 회사 러셀레이놀즈가 그러한 직책에 대한 면담을 요구하기 위해 1973년 11월 23일에 한 유명 금융회사 앞으로 보낸 다음의 서한을 참조하기 바란다. Balance of Payments folder 1, Box 23, MC279, Paul Volcker papers, Mudd Library, Princeton University special collection.

26 워싱턴 클리블랜드가의 집은 몽클레어에 있던 집의 약 절반 크기였다. 투자은행 폴저놀런앤드컴퍼니 창립자 클리프 폴저의 소유지에 속한 너비 15미터 땅 위에 지어진 집이었다. 그는 나중에 그 집을 구매한 후 철거했다.

7장 다시 출발점으로

1 뉴욕 연방준비은행의 1979년 연례보고서에 실린 〈그림 8〉을 참조하기 바란다.

2 Jeff Gerth, "S.E.C. Overruled Staff on Finding That Citicorp Hid Foreign Profits," *New York Times*, February 18, 1982, 1, https://www.nytimes.com/1982/02/18/business/sec-overruled-staff-on-finding-that-citicorp-hid-foreign-profits.html.

3 그 법의 전문全文인 Public Law 95-188, 95th Congress, H.R. 9710은 다음의 정부간행물 출판국 웹페이지에서 확인할 수 있다. https://www.gpo.gov/fdsys/pkg/STATUTE-91/pdf/STATUTE-91-Pg1387.pdf.

4 지미 카터 대통령이 그 법안에 서명하면서 남긴 말은 다음의 자료에서 확인할 수 있다. "Full Employment and Comprehensive Employment and Training Act Bills Remarks on Signing H.R. 50 and S. 2570 Into Law," October 27, 1978. Online by Gerhard Peters and John T. Woolley, American Presidency Project, http://www.presidency.ucsb.

edu/ws/?pid=30057.

5 1980년 6월 30일에 재할인율을 7.25퍼센트로 인상하는 데 두 명이 반대하고 세 명이 찬성했다. 밀러는 반대표를 던졌다. Steven Rattner, "Miller Opposes Move to 7 $\frac{1}{4}$% Discount Level," *New York Times*, July 1, 1978, 23, https://www.nytimes.com/1978/07/01/archives/miller-opposes-move-to-7-discount-level-fed-acts.html.

8장 인플레이션과의 전쟁

1 Clyde H. Farnsworth, "Prices Rose Sharply Again in May, Spurred by Increasing Costs of Fuel," *New York Times*, June 27, 1979, 1, https://www.nytimes.com/1979/06/27/archives/prices-rose-sharply-again-in-may-spurred-by-increasing-costs-of.html.

2 "Address to the Nation on Energy and National Goals: 'The Malaise Speech,'" July 15, 1979. Online by Gerhard Peters and John T. Woolley, American Presidency Project, http://www.presidency.ucsb.edu/ws/?pid=32596.

3 연준은 정말로 그 주 주말이었던 7월 20일 금요일에 달러화의 가치를 방어하기 위해 재할인율을 종전보다 0.5퍼센트포인트 높은 10.0퍼센트로 인상해야 했으며 외환시장에도 개입했다.

4 당시 뉴욕과 워싱턴 간 왕복 비행기는 말 그대로 통근 비행기였다. 비행기는 작았지만 한 시간 간격으로 운항했고, 만석일 경우에는 추가 비행편이 배정되었다. 9·11 사태 이전에는 출발지부터 목적지까지 두 시간이 채 걸리지 않았다.

5 Karen W. Arenson, "Reserve Raises Loan Rate to Banks to Record 10$\frac{1}{2}$% from 10% Level," *New York Times*, August 17, 1979, 1, https://www.nytimes.com/1979/08/17/archives/reserve-raises-loan-rate-to-banks-to-record-10-from-10-level.html.

6 Robert A. Bennett, "Reserve Board, by 4-3, Raises Rate on Loans to Banks to Record 11%," *New York Times*, September 19, 1979, 1, https://www.nytimes.com/1979/09/19/archives/reserve-board-by-43-raises-rate-on-loans-to-banks-to-record-11.html.

7 대표적으로 당시 베어스턴스의 이코노미스트였던 로런스 커들로가 찬반으로 나뉜 투표 결과에 대해 "정황상 앞으로의 정책 조정 폭이 매우 작을 것이라는 점을 시사한다"고 논평한 바 있다. Associated Press, "Fed Boosts Discount Rate But Vote Is Not Unanimous," *St. Louis Post-Dispatch*, September 19, 1979, 6.

8 Robert D. Hershey Jr. "Gold Price Soars at Record Pace in Wild Trading," *New York Times*, September 19, 1979, 1, https://www.nytimes.com/1979/09/19/archives/gold-price-soars-at-record-pace-in-wild-trading-hits-37778-at.html.

9 Paul A. Volcker, "The Contributions and Limitations of 'Monetary' Analysis" address delivered before the Joint Luncheon of the American Economic Association and the American Finance Association in Atlantic City, New Jersey, September 16, 1976. *FRBNY Quarterly Review*, https://www.newyorkfed.org/medialibrary/media/aboutthefed/monanal.pdf.

10 Clyde H. Farnsworth, "Burns Cites Limits on Fed Powers," *New York Times*, October 1, 1979, 45, https://timesmachine.nytimes.com/timesmachine/1979/10/01/112122164.

html?pageNumber=45.

11 나는 10월 6일 기자 설명회를 시작하면서 우스갯소리로 그 소문들을 언급했다. "저는 이 기자 설명회의 목적이 어제 떠돌았던 소문과 달리 제가 연준 의장직을 사임하지 않았고, 가장 최근에 났던 소문과 달리 제가 여전히 생존해 있다는 것을 증명하는 데 있다고 말하고 싶습니다"(Transcript of Federal Reserve press conference, October 6, 1979, Paul A. Volcker papers (MC279), folder October 6, 1979 action, Box 29, MuddManuscript Library, Department of Rare Books and Special Collections, Princeton University Library).

12 그 의사록은 다음의 미 연준 웹페이지에 실려 있다. https://www.federalreserve.gov/monetarypolicy/files/FOMC19791006meeting.pdf.

13 재무부 증권의 금리 및 상업은행의 우대금리에 대한 데이터는 1979~1987년 중 연준이사회의 H.15 보고서에서 가져왔다. 30년 만기 주택담보대출의 주간 금리는 다음의 웹페이지로부터 얻었다. http://www.freddiemac.com/pmms. 뉴욕 연방준비은행에서 재직 중인 케네스 가베이드의 도움을 받아 통계를 작성했다.

14 Associated Press, "Demonstrators Protest High Interest Rates," *Tampa Times*, April 14, 1980, 11.

15 이 결정은 1981년 4월 15일에 존 덴클러가 볼커에게 보낸 "개인 안전"에 관한 연준의 기록에 나와 있다. April 15, 1981, Federal Reserve memo "Personal Security" to Volcker from John M. Denkler. Paul A. Volcker papers (MC279), folder memoranda from Michael Bradfield, Box 29, Mudd Manuscript Library, Department of Rare Books and Special Collections, Princeton University Library.

16 UPI, "Suspect Is Seized in Capital in Threat at Federal Reserve," *New York Times*, December 8, 1981, 19, https://www.nytimes.com/1981/12/08/us/suspect-is-seized-in-capital-in-threat-at-federal-reserve.html.

17 Jimmy Carter: "Budget Message: Message to the Congress Transmitting the Fiscal Year 1981 Budget," January 28, 1980. Online by Gerhard Peters and John T. Woolley, American Presidency Project, http://www.presidency.ucsb.edu/ws/?pid=32851.

18 3월 31일 카터 대통령이 제출한 개정 예산안은 165억 달러 흑자로 추정되었다. 그해 1월에 제출된 예산안과 비교할 때 지출은 43억 달러 삭감되었고, 원유 수입세 126억 달러가 흑자의 대부분을 차지했다. Jimmy Carter: "Budget Revisions Message to the Congress Transmitting Revisions to the Fiscal Year 1981 Budget," March 31, 1980. Online by Gerhard Peters and John T. Woolley, American Presidency Project, http://www.presidency.ucsb.edu/ws/?pid=33205.

19 Jimmy Carter, "Anti-Inflation Program Remarks Announcing the Administration's Program," March 14, 1980. Online by Gerhard Peters and John T. Woolley, American Presidency Project, http://www.presidency.ucsb.edu/ws/?pid=33142.

20 Clyde H. Farnsworth, "Volcker Criticized by Carter on Rates," *New York Times*, October 3, 1980, 1, https://timesmachine.nytimes.com/timesmachine/1980/10/03/111177523.pdf.

21 특히 민주당 소속의 텍사스주 하원의원이었던 헨리 곤잘레스는 나와 여타 FOMC 구성원들의 탄핵을 요구하는 법안을 발의했다. 하지만 그 법안은 온데간데없이 사라졌다. 다음 웹페이지를 참고하기 바란다. https://www.congress.gov/bill/97th-congress/houseresolution/196.

22 "Housing Recovery Tied to Inflation," *New York Times*, January 26, 1982, D11, http://www.nytimes.com/1982/01/26/business/housing-recovery-tied-to-inflation.html?scp=787&sq=volcker&st=nyt.

23 Michael Quint, "Interest Plunges, Elevating Stocks to a Record Gain," *New York Times*, August 18, 1982, 1, https://www.nytimes.com/1982/08/18/business/interest-plunges-elevating-stocks-to-a-record-gain.html.

24 나는 1982년에 이 이야기를 언론인 앤드루 터바이어스에게 말했고, 그는 이 일화를 그가 쓴 기사에서 언급했다. "A Talk with Paul Volcker," *New York Times*, September 19, 1982, 271, https://timesmachine.nytimes.com/timesmachine/1982/09/19/issue.html.

25 Peter T. Kilborn, "Volcker Suggests Federal Reserve May Shift Tactics," *New York Times*, October 10, 1982, 1, https://www.nytimes.com/1982/10/10/us/volcker-suggests-federal-reserve-may-shift-tactics.html.

26 레이건 대통령의 일기 모음집인 "The Reagan Diaries" (HarperCollins, 2007), 158쪽에 서술된 1983년 6월 7일 화요일 일기를 참조하기 바란다.

27 CQ Almanac, 1983, https://library.cqpress.com/cqalmanac/document.php?id=cqal83-1198874.

28 1984년 7월 24일 오후 3시 반에 있었던 백악관 도서관 회동은 레이건의 일정표에 기록되어 있다. 그 일정표에는 에드윈 미즈, 리처드 다먼 그리고 마이클 디버가 동석한 것으로 기록되어 있으나, 내가 기억하기로 그들은 분명 그곳에 없었다. 레이건은 그의 일기에 그 회동에 관해서는 아무것도 기록하지 않았다. 다음 웹페이지를 참조하기 바란다. https://www.reaganfoundation.org/ronald-reagan/white-house-diaries/diary-entry-07241984/.

9장 국내 그리고 국제 금융위기들

1 "Bank Failures Lag; Patman Is Worried," *New York Times*, June 17, 1963, 48, https://timesmachine.nytimes.com/timesmachine/1963/06/17/89537226.pdf.

2 Robert B. Semple Jr., "Rejection of Pennsy Loan Is Laid to Political Risks," *New York Times*, 1, June 23, 1970, https://www.nytimes.com/1970/06/23/archives/rejection-of-pennsy-loan-is-laid-to-political-risks-sidetracking-of.html.

3 Reuters, "Big Bank Closed by West Germany," *New York Times*, June 27, 1974, 65, https://www.nytimes.com/1974/06/27/archives/big-bank-closed-by-west-germany-privatee-institution-herstat-of.html.

4 Arnold H. Lubasch, "Sindona Is Convicted by U.S. Jury of Fraud in Franklin Bank Failure," *New York Times*, March 28, 1980, 1, https://timesmachine.nytimes.com/timesmachine/1980/03/28/112148354.pdf.

5 John H. Allan, "Franklin Found Insolvent by U.S. and Taken Over," *New York Times*, October 9, 1974, 1, https://www.nytimes.com/1974/10/09/archives/franklin-found-insolvent-by-us-and-taken-over-european-group-in.html.

6 Judmi Miller, "Congress Approves a Compromise Plan on Aid to Chrysler," *New York Times*, December 21, 1979, 1, https://www.nytimes.com/1979/12/21/archives/

congress-approves-a-compromise-plan-on-aid-to-chrysler-15-billion.html.

7 Bernard D. Nossiter, "Chrysler Chairman Will Retire Early," *New York Times*, September 18, 1979, 1, https://www.nytimes.com/1979/09/18/archives/chrysler-chairman-will-retire-early-riccardo-plans-to-leave.html.

8 UPI, "Chrysler Announces Accord with Banks," *New York Times*, February 26, 1981, D5, https://www.nytimes.com/1981/02/26/business/chrysler-announces-accord-with-banks.html.

9 Thomas J. Lueck, "Chrysler Tops Bids to Buy Back Stock Rights," *New York Times*, September 13, 1983, 1, https://www.nytimes.com/1983/09/13/business/chrysler-top-bids-to-buy-back-stock-rights.html.

10 Robert A. Bennett, "Position Limits Adopted in Comex Silver Futures," *New York Times*, January 8, 1980, D1, https://timesmachine.nytimes.com/timesmachine/1980/01/08/111760374.pdf.

11 H. J. Maidenberg, "Comex Curbs Trade in Silver Futures," *New York Times*, January 22, 1980, D1, https://timesmachine.nytimes.com/timesmachine/1980/01/22/111137098.pdf.

12 Federal Reserve Press Release, March 14, 1980, 3. Papers of Paul A. Volcker (MC279), Folder: Monetary Improvement Program, Box 29. Mudd Library, Department of Rare Books and Special Collections, Princeton University Library.

13 Paul A. Volcker, Statement Before the Subcommittee on Agricultural Research and General Legislation, U.S. Senate Committee on Agriculture, Nutrition and Forestry, May 1, 1980, https://fraser.stlouisfed.org/files/docs/historical/volcker/Volcker_19800501.pdf.

14 Mario A. Milletti, "First Pennsy's Golden Boy," *New York Times*, September 25, 1977, 119, https://www.nytimes.com/1977/09/25/archives/first-pennsys-golden-boy.html.

15 "First Penn to Receive Rescue Aid," *New York Times*, April 29, 1980, D1, https://timesmachine.nytimes.com/timesmachine/1980/04/29/111234761.pdf.

16 Irvine H. Sprague, *Bailout: An Insider's Account of Bank Failures and Rescues* (Basic Books, 1986) 96.

17 Vartanig G. Vartan, "Drysdale Securities Out of Business," *New York Times*, June 16, 1982, D1, https://www.nytimes.com/1982/06/16/business/drysdale-securities-out-of-business.html.

18 Robert A. Bennett, "Bigger Banks Are Hurt by Failure in Oklahoma," *New York Times*, July 7, 1982, D1, https://www.nytimes.com/1982/07/07/business/bigger-banks-are-hurt-by-failure-in-oklahoma.html.

19 Robert A. Bennett, "$4.5 Billion Credit for Chicago Bank Set by 16 Others," *New York Times*, May 15, 1984, 1.

20 Winston Williams, "U.S. Puts Together $7.5 Billion in Aid for Illinois Bank," *New York Times*, May 18, 1984, 1, https://www.nytimes.com/1984/05/18/business/us-puts-together-7.5-billion-in-aid-for-illinois-bank.html.

21 언론사에 배포한 보도자료에는 다음과 같은 핵심적인 문장이 포함되어 있었다. "콘티넨털 일리노이를 둘러싼 모든 상황을 고려한 결과, 연방예금보험공사는 영구적인 해결책 마련

에 필요한 어떤 조치를 취하더라도 그 은행의 모든 예금자와 다른 일반 채권자를 완전하게
보호할 것이며, 은행 고객들에 대한 서비스도 중단되지 않을 것임을 보장한다." 이 문장은
William H. Isaac, *Senseless Panic: How Washington Failed America* (John Wiley &
Sons, 2010)의 70쪽에서 가져왔다.

22 Robert A. Bennett, "U.S. Will Invest $4.5 Billion in Rescue of Chicago Bank, Vowing
More Aid If Needed," *New York Times*, July 27, 1984, 1, https://www.nytimes.
com/1984/07/27/business/us-will-invest-4.5-billion-in-rescue-of-chicago-bank-
vowing-more-aid-if-needed.html.

23 "Nomination of Edwin J. Gray to Be a Member of the Federal Home Loan Bank
Board," February 17, 1983. Online by Gerhard Peters and John T. Woolley, American
Presidency Project, http://www.presidency.ucsb.edu/ws/?pid=40941.

24 Dan Fesperman, "Former Regulator Blames S&L Crisis on Congress," *Baltimore
Sun*, November 27, 1990, http://articles.baltimoresun.com/1990-11-27/
news/1990331046_1_loan-crisis-ethics-committee-gray.

25 "U.S. taxpayer losses amounted to $123.8 billion, or 81 percent of the total costs."
Timothy Curry and Lynn Shibut, "The Cost of the Savings and Loan Crisis: Truth
and Consequences," *FDIC Banking Review*, December 2000, https://www.fdic.gov/
bank/analytical/banking/br2000v13n2.pdf.

26 1989년 6월 당시의 1238억 달러를 노동통계국Bureau of Labor Statistics의 인플레이
션 계산기를 이용하여 현재 가치로 환산하였다. https://www.bls.gov/data/inflation_
calculator.htm.

27 The Best Way to Rob a Bank Is to Own One: University of Texas Press, 2005.

28 FDIC Division of Research and Statistics, "An Examination of the Banking Crises
of the 1980s and early 1990s," ch. 5. "The LDC Debt Crisis," https://www.fdic.gov/
bank/historical/history/191_210.pdf.

29 Alan Riding, "Man in the News: Survivor: Jesus Silva Herzog," *New York Times*,
August 21, 1982, 29, http://www.nytimes.com/1982/08/21/business/man-in-the-
news-survivor-jesus-silva-herzog.html.

30 Edward Cowan, "Loans and Credits for Aiding Mexico Are Mapped by U.S.," *New
York Times*, August 21, 1982, 1, https://www.nytimes.com/1982/08/21/business/
loans-and-credits-for-aiding-mexico-are-mapped-by-us.html.

31 Robert A. Bennett, "Bankers Pressured to Assist Mexico," *New York Times*, August 21,
1982, 32, https://www.nytimes.com/1982/08/21/business/bankers-pressured-to-
assist-mexico.html.

32 자크 드 라로지에르는 2017년에 Éditions Odile Jacob이라는 출판사를 통해 회고록을 출
간했다. 영어판 제목은 *50 Years of Financial Crises*다.

33 Ronald E. Yates, "Baker's Plan May Be Too Late," *Chicago Tribune*, October 9, 1985,
http://articles.chicagotribune.com/1985-10-09/business/8503080744_1_debt-crisis-
world-bank-baker-plan.

1   James Sterngold, "Dollar Falls Sharply on Bonn Move," *New York Times*, September 22, 1984, 39, https://www.nytimes.com/1984/09/22/business/dollar-falls-sharply-on-bonn-move.html.

2   Peter F. Kilborn, "Reagan's New Dollar Strategy," *New York Times*, March 3, 1985, 141, https://www.nytimes.com/1985/03/03/business/reagan-s-new-dollar-strategy.html.

3   Paul Lewis, "Plan Emerging on Currency Rates," *New York Times*, March 18, 1985, D1, https://www.nytimes.com/1985/03/18/business/plan-emerging-on-currency-rates.html.

4   Peter T. Kilborn, "U.S. and 4 Allies Plan Move to Cut Value of Dollar," *New York Times*, September 23, 1985, 1, https://www.nytimes.com/1985/09/23/business/us-and-4-allies-plan-move-to-cut-value-of-dollar.html.

5   A front-page story the next day: Peter T. Kilborn, "Group of 5 Hints at Effort to Cut Interest Charges," *New York Times*, January 20, 1986, 1, https://www.nytimes.com/1986/01/20/business/group-of-5-hints-at-effort-to-cut-interest-charges.html.

6   도쿄에서 열린 국제회의에서 나는 라틴아메리카가 경제정책을 수정해야 한다는 마틴 부의 장의 제안이 "이해할 수 없는" 것이고, 라틴아메리카 정부들이 추진 중이던 부채관리 정책을 높이 평가한다는 성명을 발표했다. Robert A. Bennett, "Volcker Rebukes Martin on 3d-World Debt Ideas," *New York Times*, June 21, 1985, D2, https://www.nytimes.com/1985/06/21/business/volcker-rebukes-martin-on-3d-world-debt-ideas.html.

7   Susan Chira, "Japan Says It Will Join in Rate Cut; French, Dutch Follow Lead of West Germans," *New York Times*, March 7, 1986, D1, https://www.nytimes.com/1986/03/07/business/japan-says-it-will-join-in-rate-cut.html.

8   Robert D. Hershey, "Martin Resigning from Fed; Denies Move Is Tied to Dispute with Volcker," *New York Times*, March 22, 1986, 35, http://www.nytimes.com/1986/03/22/business/martin-resigning-from-fed.html.

9   '이란-콘트라 사건'으로도 알려진 이란게이트는 미국 의회가 니카라과의 공산주의 정권에 대항했던 반군에 대한 추가적인 자금 지원 금지를 의결한 후에도, 지원을 계속하는 데 필요한 자금을 마련하기 위해 무기수출 제한 조치를 위반해가며 이란에 비밀리에 무기를 수출한 정치적 사건이었다.

10 Peter T. Kilborn, "Accord on Dollar Appears Remote," *New York Times*, 13, February 22, 1987, https://www.nytimes.com/1987/02/22/world/accord-on-dollar-appears-remote.html.

11 Robert D. Hershey Jr., "Volcker Sees Danger to Economy of U.S. If Dollar Falls More," *New York Times*, April 8, 1987, 1. https://www.nytimes.com/1987/04/08/business/volcker-sees-danger-to-economy-of-us-if-dollar-falls-more.html.

12 연설문은 다음 링크를 참조하라: https://piie.com/commentary/speeches-papers/quest-exchange-rate-stability-realistic-or-quixotic.

13 Charles Goodhart, *The Basel Committee on Banking Supervision: A History of the Early Years, 1974–1997* (Cambridge University Press, 2011).

14 Nathaniel C. Nash, "Similar Standards for Banks Are Set by U.S. and Britain," *New York Times*, January 9, 1987, 1, https://www.nytimes.com/1987/01/09/business/similar-standards-for-banks-are-set-by-us-and-britain.html.

15 Nathaniel C. Nash, "12 Countries Want Banks to Increase Capital," *New York Times*, December 11, 1987, 1, https://www.nytimes.com/1987/12/11/business/12-countries-want-banks-to-increase-capital.html.

16 Jack Ewing, "Global Regulators Make Move to Prevent Next Financial Crisis," *New York Times*, December 8, 2017, B1, https://www.nytimes.com/2017/12/07/business/global-regulators-agree-on-rules-to-prevent-financial-crises.html.

17 Ryan Tracy and Lalita Clozel, "Plan Aims to Ease Bank Rule on Capital," *Wall Street Journal*, April 12, 2018, https://www.wsj.com/articles/u-s-proposes-retooling-big-bank-capital-rule-1523478608.

18 이 소문은 공화당 의원들이 나의 재임명에 대해 논의했던 현장을 목격한 사람의 진술에 근거하고 있는데, 다음의 자료에서 언급되었다. Thomas Ferguson, Paul Jorgenson, and Jie Chen, "Fifty Shares of Green: High Finance, Political Money and the U.S. Congress," Roosevelt Institute, May 2017, http://rooseveltinstitute.org/wp-content/uploads/2017/05/FiftyShadesofGreen_0517.pdf.

11장 연준 이후

1 Michael Quint, "Saudi Prince to Become Citicorp's Top Stockholder," New York Times, February 22, 1991, 1, https://www.nytimes.com/1991/02/22/business/saudi-prince-to-become-citicorp-s-top-stockholder.html.

2 Paul Volcker and Toyoo Gyohten, *Changing Fortunes: The World's Money and the Threat to American Leadership* (Times Books, 1992).

3 노동통계국의 인플레이션 계산기를 이용하여 산출했다. https://www.bls.gov/data/inflation_calculator.htm.

4 그 기부금과 이후에 그와 관련하여 벌어졌던 논쟁은 다음의 책에 상세하게 기술되어 있다. Doug White, *Abusing Donor Intent: The Robertson Family's Epic Lawsuit Against Princeton University* (Paragon House, 2014).

5 Fred M. Hechinger, "Gift of 35 Million Goes to Princeton," *New York Times*, August 6, 1961, 1, https://timesmachine.nytimes.com/timesmachine/1961/08/06/118046661.pdf.

6 이 표현은 로버트슨 가문의 기부로 우드로윌슨스쿨이 지게 된 책임을 설명하는 다음의 프린스턴대학 웹페이지 내용에 포함되어 있다. https://www.princeton.edu/robertson/documents/implementing_mission/.

7 Doug White, *Abusing Donor Intent: The Robertson Family's Epic Lawsuit Against Princeton University* (Paragon House, 2014), 97-99.

8 화해 협약서의 본문은 다음의 웹페이지에서 확인할 수 있다. https://www.princeton.edu/robertson/documents/docs/Robertson_Settlement_Agreement-Executed.pdf.

12장 수많은 의장직

1 Peter Truell, "NatWest to Buy Gleacher in $135 Million Stock Deal," *New York Times,* October 18, 1995, D2, https://www.nytimes.com/1995/10/18/business/natwest-to-buy-gleacher-in-135-million-stock-deal.html.

2 Saul Hansell, "Bankers Trust to Acquire Wolfensohn," *New York Times,* May 23, 1996, http://www.nytimes.com/1996/05/23/business/bankers-trust-to-acquire-wolfensohn.html.

3 정확히는 1988년 5월부터 2000년 5월까지다. 다음을 참조할 것. https://www.nestle.com/media/pressreleases/allpressreleases/recordperformance-25feb00.

4 뱅커스트러스트는 도이체방크Deutsche Bank의 인수에 동의한 뒤 약 6개월이 흐른 후인 1999년 3월에 경영성과를 높이기 위해 고객들의 미청구 자산을 이용했다는 연방검찰의 형사기소와 관련하여 유죄판결을 받았다. Benjamin Weiser, "Bankers Trust Admits Diverting Unclaimed Money," *New York Times,* March 12, 1999, https://www.nytimes.com/1999/03/12/nyregion/bankers-trust-admits-diverting-unclaimed-money.html.

5 미국 대학에 등록한 외국인 학생 수는 2016년에 108만 명으로 최고 수준을 기록한 뒤 2017년부터 줄어들었다. Nick Anderson, "Report finds fewer new international students on U.S. college campuses," *Washington Post,* November 13, 2017, https://www.washingtonpost.com/local/education/report-finds-fewer-new-international-students-on-us-college-campuses/2017/11/12/5933fe02-c61d-11e7-aae0-cb18a8c29c65_story.html?utm_term=4997869e8653.

6 전체 명단은 다음의 웹페이지에서 확인할 수 있다. https://www.ihouse-nyc.org/about-student-housing-in-ny/board-of-trustees/.

7 이 보고서는 다음의 웹페이지에서 확인할 수 있다. http://group30.org/images/uploads/publications/G30_Derivatives-PracticesandPrinciples.pdf.

8 이 보고서는 다음의 웹페이지에서 확인할 수 있다. http://group30.org/images/uploads/publications/G30_FinancialReformFrameworkFinStability.pdf.

9 "Banking Conduct and Culture: A Call for Sustained and Comprehensive Reform," published in July 2015, http://group30.org/images/uploads/publications/G30_BankingConductandCulture.pdf.

10 The National Commission on the Public Service, "Leadership for America: Rebuilding the Public Service," *Washington Post,* 1989, http://www.washingtonpost.com/wp-srv/opinions/documents/Leadership_for_America_Rebuilding_the_Public_Service.pdf.

11 Robert D. Hershey, "The Government Is Hiring, Which Isn't Easy," *New York Times,* July 23, 1989, 115, https://www.nytimes.com/1989/07/23/weekinreview/nation-government-hiring-which-isn-t-easy-civil-service-doubts-within-without.html.

12 "오늘 밤 저는 연방정부에 근무하는 모든 직원의 임금을 1년간 동결할 것을 요구합니다. 그리고 그 이후 4년간의 급여 인상률을 연방정부 직원의 급여 인상분을 산출할 때 참고하는 생계비의 상승 폭보다 1퍼센트포인트 낮게 책정할 것을 제안합니다. 다음으로는 여러분들이 알고 계시는 대로 150개의 구체적인 예산 감축안을 마련할 예정이며, 우리가 예산을 더 많이 감축해야 한다고 주장하는 모든 사람이 앞서 제가 말씀드린 것과 같은 구체적인 방안

을 제시해줄 것을 제안합니다." William J. Clinton: "Address Before a Joint Session of Congress on Administration Goals," February 17, 1993. Online by Gerhard Peters and John T. Woolley, American Presidency Project, http://www.presidency.ucsb.edu/ws/?pid=47232.

13 "정부는 사업 시작은 매우 잘하지만, 사업을 중단시키는 데는 서투르다. 그래서 당신이 믿든 안 믿든 여전히 200주년위원회에 우리의 세금이 쓰이고 있다. 이미 1976년에 폐지되었는데도 말이다. 그리고 이와 유사한 사례들이 부지기수다. 비록 예산이 적게 쓰이고 있다고는 하나 이를 정당화할 근거는 없다. 정말로 심각한 문제가 아닐 수 없다." William J. Clinton: "Remarks and a Question-and-Answer Session on the Economic Program in Chillicothe, Ohio," February 19, 1993. Online by Gerhard Peters and John T. Woolley, American Presidency Project, http://www.presidency.ucsb.edu/ws/?pid=45998.

14 National Commission on the State and Local Public Service를 의미한다. "Winter Commission"으로도 알려져 있다.

15 보고서는 "Urgent Business for America: Revitalizing the Federal Government for the 21st Century"라고 불린다. 다음 웹페이지에서 확인할 수 있다. https://ourpublicservice.org/publications/viewcontentdetails.php?id=314.

13장 진실함을 좇다

1 다음 자료에 실려 있는 연대기를 참고하라. "Swiss Banks Settlement: In re Holocaust Victim Assets Litigation," official website: http://www.swissbankclaims.com/Chronology.aspx.

2 위원회의 구성에 관한 자세한 내용은 우리의 최종 보고서에 기록되어 있다. Independent Committee of Eminent Persons, "Report on Dormant Accounts of Victims of Nazi Persecution in Swiss Banks," 1999, http://www.crt-ii.org/ICEP/ICEP_Report_english.pdf.

3 "1954년 5월에 대형 은행의 합법적 대표들은 모든 종류의 조사를 회피하기 위해 각 은행이 일치된 방법을 사용하도록 재산 상속인들에 대한 대응책을 사전에 공모했다"(베르지에위원회 최종 보고서).

4 모든 수상 내역은 다음의 웹페이지에서 확인할 수 있다. http://www.crt-ii.org/_awards/index.phtm.

5 *The United Nations Security Council from the Cold War to the 21st Century*, David Malone, ed. (Lynne Reinner, 2004), 182에서 인용되었다.

6 "Weir Group Admits Iraq Oil for Food Contracts Were Inflated," *Herald of Scotland*, July 22, 2004, http://www.heraldscotland.com/news/12497592.Weir_Group_admits_Iraq_Oil_for_Food_contracts_were_inflated/.

7 David Leigh and Rob Evans, "'National Interest' Halts Arms Corruption Inquiry," *Guardian*, December 15, 2006, https://www.theguardian.com/uk/2006/dec/15/saudiarabia.armstrade.

8 골드스미스 경이 2006년 12월 14일에 상원에서 발표한 성명서는 다음의 웹페이지에서 확인

할 수 있다. https://www.theyworkforyou.com/lords/?id=2006-12-14d.1711.2.

9 두 명의 선임급 직원이 작성하고 내가 서문을 쓴 「선의의 타락Good Intentions Corrupted」이라는 전체 보고서는 그 모든 복잡한 사항을 상세하게 기술했다. 국제기구의 부실한 관리 실태를 이해하기 위해서라면 읽어볼 가치가 있는 보고서다. Jeffrey A. Meyer and Mark G. Califano, *Good Intentions Corrupted: The Oil-for-Food Scandal and the Threat to the U.N.* (PublicAffairs, 2006).

10 Press Trust of India, "Volcker Effect: Natwar Singh Removed as Foreign Minister," *Times of India*, November 7, 2005, https://timesofindia.indiatimes.com/india/Volcker-effect-Natwar-Singh-removed-as-Foreign-Minister/articleshow/1287392.cms.

11 Saurabh Shukla, "Volcker Report: Aniel Matherani's revelations leads to Natwar Singh's resignation," *India Today*, December 19, 2005, https://www.indiatoday.in/magazine/nation/story/20051219-volcker-report-aniel-matherani-s-revelations-leads-to-natwar-singh-resignation-786387-2005-12-19.

12 http://www.worldbank.org/en/about/archives/history/past-presidents/james-david-wolfensohn. 그리고 다음 링크의 연설문을 참조하라. http://documents.worldbank.org/curated/en/135801467993234363/pdf/99712-WP-Box393210B-PUBLIC-1996-10-01-People-and-Development.pdf.

13 http://www.worldbank.org/en/news/press-release/2007/09/13/world-bank-president-robert-zoellick-welcomes-volcker-panel-review-world-bank-institutional-integrity-department.

14 지멘스의 부패에 대한 소송은 몇 개 국가의 사법 당국과 국제기구들이 연루되기 이전에 뮌헨에 있는 한 검사실에서 시작되었다.

15 http://www.worldbank.org/en/news/press-release/2009/07/02/siemens-pay-million-fight-fraud-corruption-part-world-bank-group-settlement.

16 다음 링크에서 세계은행의 진술문을 참조하라. http://www.worldbank.org/en/news/press-release/2012/06/29/world-bank-statement-padma-bridge.

14장 회계기준 제정

1 https://www.iasplus.com/en/binary/resource/01iascfar.pdf.

2 Floyd Norris, "Accounting Firm to Pay a Big Fine," *New York Times*, June 20, 2001, http://www.nytimes.com/2001/06/20/business/accounting-firm-to-pay-a-big-fine.html.

3 내 발언은 다음의 웹페이지에서 확인할 수 있다. http://www.kellogg.northwestern.edu/news_articles/2002/volcker_text.aspx.

4 나의 증언 도중에 앨라배마주 공화당 의원 리처드 셸비가 다음과 같이 진술했다. "저의 개회사와 볼커 박사가 말씀하신 내용의 일부를 다시 말씀드리고자 합니다. 볼커 박사는 이렇게 말씀하셨습니다. '다행히도 기업의 수익은 매우 자주 수정되었고, 서류상의 수익에 대한 의심도 매우 빈번하게 제기되어왔습니다. 또한 영업권goodwill에 대한 수십억 달러의 벌금이 갑자기 부과되기도 했으며, 기업의 파산에 수반되는 회계부정 사례가 수없이 드러났습니다.

하지만 회계감사를 정확하고, 투명하며, 더 의미 있게 만들기 위해서는 근본적인 변화와 개혁을 추진해야만 합니다." 볼커 박사님, 저는 그 내용을 당신보다 더 훌륭하게 표현할 수 없습니다." (Transcript of S. Hrg. 107-948, Volume 2--Accounting Reform and Investor Protection Volume 1 S. Hrg. 107-948 Accounting Reform and Investor Protection.)

5 George W. Bush: "Remarks on Signing the Sarbanes-Oxley Act of 2002," July 30, 2002. Online by Gerhard Peters and John T. Woolley, American Presidency Project, http://www.presidency.ucsb.edu/ws/?pid=73333.

6 2002년 2월 14일에 내가 상원 은행위원회에서 증언한 내용이다(Transcript of S. Hrg. 107-948, Volume 2 —Accounting Reform and Investor Protection Volume 1 S. Hrg. 107-948 Accounting Reform and Investor Protection).

7 Madison Marriage, "Big Four accountancy firms plan for forced break-up," *Financial Times*, May 16, 2018, https://www.ft.com/content/6c07f5d8-591b-11e8-bdb7-f6677d2e1ce8.

8 Jonathan Ford and Madison Marriage, "The big flaw: auditing in crisis," *Financial Times*, August 1, 2018, https://www.ft.com/content/29ccd60a-85c8-11e8-a29d-73e3d454535d.

15장 새로운 금융의 세계: 붕괴와 개혁

1 Sonali Basak, Katherine Chiglinsky, and Rick Clough, "GE's Surprise $15 Billion Shortfall Was 14 Years in the Making," *Bloomberg News*, January 25, 2018, https://www.bloomberg.com/news/articles/2018-01-25/ge-s-surprise-15-billion-shortfall-was-14-years-in-the-making.

2 http://www.berkshirehathaway.com/letters/2002pdf.pdf.

3 2장의 내용을 참고하라.

4 내가 한 그 말은 2004년 8월에 언론인 조지 앤 가이어가 Universal Press Syndicate에 기고한 칼럼에 실렸다. Georgie Ann Geyer, "Economic Experts Outline Precarious Financial Situation," *Daily Spectrum* (Saint George, Utah), August 23, 2004, A6.

5 워싱턴포스트는 그 연설의 내용을 수정하여 공표했다. Paul A. Volcker, "An Economy on Thin Ice," *Washington Post*, April 10, 2005, B7, http://www.washingtonpost.com/wp-dyn/articles/A38725-2005Apr8.html.

6 Eric Dash and Jack Healy, "New Plan, Old Doubts: Investors Register Disappointment, Sending Markets Into a Swoon," *New York Times*, February 11, 2009, B1, https://archive.nytimes.com/www.nytimes.com/2009/02/11/business/11markets.html.

7 Barack Obama: "Remarks on Financial Regulatory Reform," June 17, 2009. Online by Gerhard Peters and John T. Woolley, American Presidency Project, http://www.presidency.ucsb.edu/ws/?pid=86287.

8 "Paul Volcker: Think More Boldly," *Wall Street Journal*, December 14, 2009, R7, https://www.wsj.com/articles/SB10001424052748704825504574586330960597134.

9 Barack Obama: "Remarks on Financial Regulatory Reform and Consumer Protection

Legislation," January 21, 2010. Online by Gerhard Peters and John T. Woolley, American Presidency Project, http://www.presidency.ucsb.edu/ws/?pid=87436.

16장 세 가지 진정한 가치

1 Federal Open Market Committee meeting transcript, July 17, 1984, 67, https://www.federalreserve.gov/monetarypolicy/files/FOMC19840717meeting.pdf.

2 Reserve Bank of New Zealand, Policy Targets Agreement 1990, https://www.rbnz.govt.nz/monetary-policy/policy-targets-agreements.

3 Federal Open Market Committee meeting transcript, July 2-3, 1996, 50-51, https://www.federalreserve.gov/monetarypolicy/files/FOMC19960703meeting.pdf.

4 Peter T. Kilborn, "After Years of Absence, Deflation Causes Worries," *New York Times*, July 23, 1984, 1, https://www.nytimes.com/1984/07/23/business/after-years-of-absence-deflation-causes-worries.html.

5 재닛 옐런이 2010년 11월 15일에 금융위기조사위원회와 가졌던 인터뷰 내용에 있는 표현이다. https://fcic.law.stanford.edu/interviews/view/201.

6 2008년 10월에 의결된 TARP 법안의 세부 사항은 다음의 웹페이지에서 확인할 수 있다. https://www.treasury.gov/initiatives/financial-stability/TARP-Programs/Pages/default.aspx#).

7 퓨 리서치센터Pew Research Center의 "Public Trust in Government" 설문조사도 이러한 여론조사 결과들의 한 예다. http://www.people-press.org/2017/12/14/public-trust-in-government-1958-2017/.

8 Paul C. Light, "Vision + Action = Faithful Execution: Why Government Daydreams and How to Stop the Cascade of Breakdowns That Now Haunts It," Volcker Alliance, December 2015, https://www.volckeralliance.org/sites/default/files/attachments/Vision%20%2B%20Action%20-%20The%20Volcker%20Alliance.pdf.

9 인구총조사 데이터를 활용하여 추계한 2018년 미국의 총인구는 3억2800만 명이다(https://www.census.gov/popclock/). 1962년에는 1억8600만 명이었다(다음 웹페이지에서 세계은행의 데이터를 참조하라. https://fred.stlouisfed.org/series/POPTOTUSA647NWDB).

10 미국의 GDP는 1962년에 6051억 달러였는데, 2017년에는 약 19조4000억 달러로 늘어났다(연준의 자료: https://fred.stlouisfed.org/series/GDP#0). 연방정부의 총지출은 1962년에 1068억 달러, 2017년에 3조9800억 달러였다(Office of Management and Budget, table 14.2, "Total Government Expenditures 1948-2017").

나가며

1 사실 듀이는 리타워스쿨 역사상 최초로 공공행정학 박사학위를 취득했다. https://www.federalreservehistory.org/people/j_dewey_daane.

미스터 체어맨

1판 1쇄 2023년 5월 9일
1판 2쇄 2023년 6월 26일

지은이 폴 볼커, 크리스틴 하퍼
옮긴이 남민호
펴낸이 강성민
편집장 이은혜
책임편집 진상원
마케팅 정민호 박치우 한민아 이민경 박진희 정경주 정유선 김수인
브랜딩 함유지 함근아 박민재 김희숙 고보미 정승민
제작 강신은 김동욱 임현식

펴낸곳 (주)글항아리 | **출판등록** 2009년 1월 19일 제406-2009-000002호

주소 10881 경기도 파주시 심학산로 10 3층
전자우편 bookpot@hanmail.net
전화번호 031) 955-8869(마케팅) 031) 941-5159(편집부)
팩스 031) 941-5163

ISBN 979-11-6909-102-2 03320

잘못된 책은 구입하신 서점에서 교환해드립니다.
기타 교환 문의 031-955-2661, 3580

www.geulhangari.com